격리-낙인-추방의 문화사:

한센병 계몽 잡지《새빛 The Vision》과 한국문학

隔離-烙印-追放

격리-낙인-추방의 문화사:

한센병 계몽 잡지《새빛 The Vision》과 한국문학

인 쇄 2022년 4월 11일
발 행 2022년 4월 15일

저 자 한순미
발행인 정성택
발행처 전남대학교출판문화원

등 록 1981. 5. 21. 제53호
주 소 61186 광주광역시 북구 용봉로 77
전 화 (062) 530-0571~2 마케팅 530-0573
팩 스 (062) 530-0579
홈페이지 http://www.cnup.co.kr
이메일 cnup0571@hanmail.net

값 24,000원

ISBN 978-89-6849-880-0 (93800)

이 저서는 2017년 정부(교육부)의 재원으로 한국연구재단의 지원을 받아 수행된 연구임
(NRF-2017S1A6A4A01020194)
This work was supported by the National Research Foundation of Korea Grant funded by the Korean Government(NRF-2017S1A6A4A01020194)

격리-낙인-추방의 문화사:

한센병 계몽 잡지《새빛 The Vision》과 한국문학

The cultural history of Isolation-Stigma-Expel 隔離-烙印-追放 한순미 지음

전남대학교출판문화원

이 책은 2017년 한국연구재단 인문저술지원사업에 선정된 연구과제<과제명: 낙인의 기억과 서사의 위치: 한센병 잡지 《새빛》(Vision)과 한국문학>의 결과물이다. 연구과제를 수행하면서 한국연구재단 등재(후보)지에 몇 편의 학술논문을 게재하였다. 본 저술은 아래의 논문을 토대로 작성한 것이다.(저술지원 사사표기 논문)

「점점 사라져가는 얼굴들 곁에서: 한국 한센병문학 연구의 특수한 시점」, 『횡단인문학』4, 숙명인문학연구소, 2019.

「"나병은 낫는다": "당신은 (이 사실을) 아십니까?" –잡지 《새빛》 수록 나병 계몽 운동 자료 검토(1964~1970)」, 『구보학보』21, 구보학회, 2019.

「"달과 별이 없어도 밝은 밤": 한센병의 감각과 증언」, 『구보학보』26, 구보학회, 2020.

「비/국민의 차별과 배제 - 재일한센인의 수기와 한일 요양소 기행」, 『상허학보』58, 상허학회, 2020.

「위생, 안보, 복지: 1970년대 나병 계몽 운동의 변곡점–잡지 《새빛》 수록 나병 계몽 운동 자료 검토(1970~1979)」, 『지방사와 지방문화』23(2), 역사문화학회, 2020.

일러두기

잡지 《새빛》(1964-1979, 새빛사)의 자료를 인용할 경우에는 필자의 소속과 지위, 글의 제목, 한자, 부호, 인용 출처 등을 가능하면 발간 당시 원본에 표기된 대로 옮겨 적으려고 했다. 원자료의 맥락을 보이려 한 것이다. 책의 본문에서는 주로 《새빛》의 발간연도와 호수만을 기재하였다.

잡지 《새빛》에 수록된 자료들이 대부분 한자로 되어 있어서 가독성을 고려해 한글(한자)의 형식으로 표기하거나 한글로 바꾸었다. 각주에는 원본의 맥락을 살려서 한자를 그대로 옮긴 곳이 많다. 일본인 이름과 작품명 등은 원본대로 두었다.

한센인/한센병이라는 용어를 주로 사용하되 나환자, 한센인, 한센병 환자 등을 혼용했다. 원자료를 인용할 때에는 '문둥이', '나병 환자', '나환자', '미감아' 등 차별적인 용어들을 그대로 옮겨 서술했다. 이 부분에 대해 너그러운 이해를 부탁드린다.

곁에서 쓴다는 것

> "그건 물론 그들이 숨을 거두고 났을 때지요.
> 그들은 누구나 숨을 거두고 나서 비로소 말을 시작합니다.
> 사자死者의 섬에선 언제나 그렇듯이 사자들만이 말을 하니까요."
> — 이청준, 『당신들의 천국』, 문학과지성사, 1976.

점점 사라져가는 얼굴들. 그 '곁'에서 쓴다는 것은 어떤 사유의 경험을 요청하는가. 글을 쓴다는 행위는, 곁이라는 단어를 단지 공간적 혹은 심리적으로 가까운 거리를 의미하는 것으로 가두지 않는다. '곁'은, 쓴다는 행위와 더불어 누가 어디에서 무엇을 말하고자 하며 어떻게 쓰고 있는가라는 물음, 즉 재현에 관한 질문을 다시 일으킨다.

곁의 시점은 정면으로 얼굴을 바라보거나, 거슬러 올라가는 것과는 다른 각도의 몸짓을 개시한다. '곁에서 쓴다는 것'은 곁의 무엇과 완전히 동일한 것이 되지 않으면서 그것과 함께 머물러 있으려 하는 행위이다. 나는 한국 한센인/한센병과 관련된 기록을 연구해 오면서 '곁에서 쓴다는 것'에 대해 생각해 보게 되었다. 그것은 다음 몇 편의 글들과 마주친 과정에서 생겨난 것이다.

“분홍색 미치광이”

국립소록도병원을 무대로 한센인들의 이야기를 다룬 작가 이청준李淸俊의 장편소설 『당신들의 천국』(1974~1976) 속의 등장인물 ‘윤해원’에게서 받은 인상은 여전히 강렬하게 남아있다. 윤해원은 이런 사람이었다.

> (…) 그는 이를테면 분홍색 미치광이였다. 무엇보다도 그는 바로 그 자신에게서 분홍색을 기다렸고, 끝내는 그 분홍색의 절망까지도 다른 사람과 똑같이 경험을 하고 난 위인이었다. 다름 아니라 그는 애초 이 섬 미감아 보육소의 관리원직을 자청하고 왔을 때는 이 병과 아무 상관도 없는 건강인에 틀림없었지만, 이후 몇 년 동안 이해할 수 없는 분홍색 집착증에 빠져들면서 그는 자기 자신에게서마저 초조할 정도로 분홍의 반점을 기다리기 시작했고, 끝내는 그 어이없는 분홍색의 절망을 스스로 경험하고 났던 것이다.
>
> 그는 분홍의 증세가 시작되자 행복스러운 듯이 철조망을 건너 병사지대로 들어갔다. 소록도병원 40년 역사에서 건강인 지대의 병원 직원이 발병을 기록한 최초의 인물이었다. 하지만 사람들은 그때까지도 병사 지대 안에 그의 누이 한 사람이 병을 앓고 있다는 사실은 까맣게들 모르고 있었다.[1]

그는 “분홍색 미치광이”였다. 자신의 몸에 한센병 발병의 징후인 “분홍의 반점”이 나타나는 것을 두려워하지 않았다. 오히려 벚꽃무리가 온몸에 번지길 기다렸다. 그는 왜 분홍빛 반점이 생겨나길 그렇듯 원했던 것일까. 나중에 알려진 바에 따르면, 그가 그런 기이한 행동을 하게 된 이유는 병사지대에 누이가 살고 있었기 때문이라고 했다. 그에겐 나균에

1 이청준, 『당신들의 천국』, 문학과지성사, 1976/2003, 50~51쪽.

스스로 전염되는 것만이 누이 '곁'에 머물 수 있는 유일한 방법이었다. 누이의 곁을 향한 갈망은 "분홍색 집착증"에 빠져들게 했고 나병에 전염될 수 있다는 두려움과 공포를 넘어서게 만든 것이다.

소설 속 윤해원의 이야기는 치유된 후에도 몸에 남아있는 흔적으로 인해 낙인의 대상이 되었던 한국 한센인들의 자기서사에서 특별한 위치를 차지한다. 누이의 곁에 머물기 위해서 나병에 걸리는 것을 간절하게 원했던 것은 바깥에서 몸속으로 병균이 침투해 발병된다는 전염병의 구조를 위반한다. 그것은 그동안 잘 드러나지 않았던 한센인들의 또 다른 삶과 역사를 드러낸다.

"분홍빛"은 『당신들의 천국』에서 양가적인 이미지로 등장한다. 한센인에게 분홍빛은 병든 몸의 증상으로서 자기 존재를 질문하게 하는 표지였다. 한편 그것은 한센인과 건강인을 식별하는 낙인이자 섬 사람과 육지 사람을 구별짓는 심리적 경계선의 은유이기도 했다.

이청준은 분홍빛 벚꽃으로 뒤덮인 소록도의 그늘진 역사를 '문학의 시선'으로 다시 읽는다. 분홍빛 섬, 소록도는 과연 한센인들을 위한 진정한 낙원이라고 말할 수 있는가. 『당신들의 천국』은 서로 다른 사연[來歷]을 지닌 인물들의 시선을 교차하는 방식으로 한센인들의 기억과 서사를 다각도에서 현상한다. 초판이 출간된 지 10여 년이 지난 후, 작가가 남긴 '후기'는 지금 여기의 "현실 상황"을 돌이켜 보게 한다.

> 굳이 사족을 더할 바가 없겠지만, 소설의 제목 '당신들의 천국'은 당시 우리의 묵시적 현실 상황과 인간의 기본적 존재 조건들에 상도한 역설적 우의성寓意性에 근거한 말이었다. 그러면서 나는 어느 땐가 그것이 '우리들의 천국'으로 바뀌어 불려질 때가 오기를 소망했고, 필경은 그때가 오게 될 것을 확신했다. 그리고 아마도 그때가 오게 되면 '당신들의 천국'이라는 사시적斜視的 표현이나 그 책의 존재는 무용지물이 될 것이었다.[2]

작가 이청준은 이 소설의 운명을 '당신들의 천국'이라는 "사시적斜視的 표현"이 사라지고 '우리들의 천국'이 실현되는 순간까지이길 소망했다. 그때가 오면 아무것도 아닌 것이 되어, 쓸모없이 사라지게 될 이 한 권의 책. 그러나 그것은 아직 오지 않은 세상을 비스듬히 응시한다.

여기가 아닌 다른 곳을 말하고 쓰는 행위는 그런 세상이 우리 곁에 도래하길 기다리는 동안, 지속될 수밖에 없는 일이다. 소설 『당신들의 천국』은 사라져가는 한센인들의 얼굴 곁에서 우리들의 얼굴을 되비춘다.

소각된 사진들

1968년 8월 17일, 《조선일보》에는 나병에 걸렸다는 사실을 비관하여 자살한 한 여인에 대한 기사가 실렸다. 이 짧은 기사는 "몸뚱이와 피부에 이상한 증상이 나타나" "나병환자임을 비관"한 여인이 "'문둥병환자가 됐다'는 공포에 떨다가 며칠 전 자기 옷가지와 사진 등을 모두 불태워버리고 자살할 것을 결심"했다는 "끔찍한 참사"를 보도했다.[3]

나는 신문 기사를 이렇게 바꾸어 읽었다. 문둥병에 걸려 비관자살한 그녀가 죽기 전에 소각한 물건들 중에는 옷과 '사진'이 포함되어 있었다. 그녀는 나병에 걸린 후에 공포스러운 모습으로 변해버린 자신의 얼굴이 찍힌 사진들을 모두 없애버리길 원했다. 비관자살한 여인은 자신의 죽음과 동시에 사진 속에 담긴 모든 기억들이 소멸되길 원했던 것은 아닐까.

소록도병원 100년의 역사(1916~2016)를 사진으로 엮은 『사진으로 보는 소록도 100년』(2017)[4]을 펼쳐 보면, 한센인들의 얼굴을 정면에서 찍은

---

2 이청준, 「개판본을 다시 꾸미면서」(1984년 9월), 『당신들의 천국』, 앞의 책.

3 「남매 죽이고 자살—주부가 나병을 비관」, 《조선일보》 1968년 8월 17일.

4 국립소록도병원, 『사진으로 보는 소록도 100년—한센병 그리고 사람, 백년의 성찰』(정근식 편),

사진을 거의 찾아보기 어렵다. 한센인들이 살아온 소록도병원 100년의 역사는 한센인들의 얼굴이 아닌 것들로 기록될 수밖에 없다는 듯이 말이다.

한국 한센인들의 몸은 역사적, 정치적인 맥락에 의해 의미변화를 거듭해 왔다. 사회학자 정근식은 한센병 환자들과 면담하면서 그들이 보여준 태도와 몸짓을 다음과 같이 해석한 바 있다.

> 나는 한국의 환자들이 사진을 찍는다거나 자신의 이름을 밝히는 것을 대단히 싫어한다는 것도 알게 됐다.
>
> 나는 이러한 경험을 통해 한국의 한센병 환자들이 몸가짐과 관련하여 특별히 훈련된 그 나름의 자세와 태도를 갖고 있는 것은 아닌지, 환자들의 이른바 '신체작법身體作法'과 관련된 특정한 하위문화가 발달해온 것은 아닌지 생각하게 됐다. 바로 그것이 내가 신체규율 문제에 관심을 갖게 된 출발점이었다.[5]

한센인들은 자신들의 얼굴이 "사진"에 찍히는 것을 싫어하고, 본래의 "이름"을 드러내는 것을 꺼렸다. 이렇듯 타인의 시선을 피하고 본래의 이름을 가명으로 바꾸어 쓰는 일은 한센인들의 신체에 새겨진 낙인과 차별의 흔적을 뚜렷하게 보여준다. 한센인들의 "몸가짐", "특별히 훈련된 그 나름의 자세와 태도"에서 일제강점기부터 내면화된 "신체규율"을 발견할 수 있다.

타인의 시선에서 자꾸 멀어지면서 가짜 이름 뒤에 자신의 존재를 숨기려 했던 한센인들의 모습은 비단 한국의 한센인들에게만 국한된 일은 아

2017. 12쪽.

5 정근식, 「식민지지배, 신체규율, '건강'」, 『생활 속의 식민지주의』, 미즈노 나오키 외, 정선태 역, 산처럼, 2007, 82쪽.

닐 것이다. 한센인들의 신체규율에 관한 연구는 동아시아 식민지 통치하의 한센병 관리 정책과 연관해 다룰 부분이다. 한센인들을 향한 낙인의 감성이 동아시아 국가에서 형성, 전개된 과정을 살펴보면서 그 동일성과 차이를 비교해 볼 수 있을 것이다.

"죽은 자의 시야에 있는 것"

곁의 시선은 도미야마 이치로富山一郎가 다카하시 가즈미高橋和巳의 에세이 「죽은 자의 시야에 있는 것死者の視野にあるもの」에서 읽은 한 편의 우화에 대한 해석을 상기시킨다.

> 폭력에 대항할 가능성을 사고하려면, 우리는 바로 죽은 자의 망막에 포착된, 이 곁에 있는 사람의 얼굴에서부터 시작해야 한다. 시체 옆에 있는 자는 항상 응시의 대상이며, 그런 의미에서 총살을 기다리는 사람들조차도 아직 결판이 난 것은 아니다. 망막에 각인된 그 영상은 나의 얼굴이자 당신의 얼굴일 것이다.(2001년 7월 타이베이에서)[6]

도미야마 이치로는 저 장면에 오랫동안 붙들려 있었던 것 같다. 그는 『전장의 기억』(2002)에서 죽은 자의 눈에서 "나"와 "당신"의 얼굴을 동시에 떠올린다. 시체 곁에서, 죽은 자의 망막에 찍힌 영상에서 "나의 얼굴이자 당신의 얼굴"을 겹쳐 읽는다. 죽은 자 곁에서의 사유 경험을 『폭력의 예감』(2002)에서는 잠재적 위기를 예감하는 "언어감각"으로 확장하고

6 도미야마 이치로, 임성모 역, 「한국어판 서문」(2001년 7월), 『전장의 기억』, 도서출판 이산, 2002, 13쪽.

『유착의 사상』(2015)에서는 다시 "휘말린다는 신체감각"으로 사고한다.

> "옆에서 일어나는 일이지만 이미 남의 일이 아니다"라는 구절은 말하자면 어떤 대상을 안다는 행위가 그 대상에 휘말리는 일이기도 하다는 신체감각을 확보하고 있다. 이는 연구라 불리는 영역에서 '오키나와의 역사' '오키나와의 싸움'과 같은 대상이 확립되는 가운데 내가 줄곧 느껴온 위화감과도 관련된다.[7]

이 "위화감"은 곧 자기 옆에서 일어난 폭력이 결코 남의 일이 아니라는 것을 신체감각과 언어감각으로 확보하는 과정에로 연결된다. 죽어가는 자의 곁은 새로운 시야가 열리고 행동을 개시하는 장소이다. 도미야마 이치로는 죽어가는 시체의 망막에 휘말려 들어가면서 휘말려 들어가고 싶지 않다는 위화감 속에서 연대의 가능성을 발견하고 폭력의 순환을 끊어내는 방법을 찾고자 한다.

'오키나와沖縄'는 바로 그런 경험을 사고하는 것을 가능하게 하는 지점이다. 오키나와와 본토의 관계를 주변과 중심의 대립구도로 단순화하지 않고 여러 층위로 분할해서 살필 필요가 있다. 오키나와를 본토와 변별되는 공간으로 인식하는 것은 동아시아 한센병 역사를 둘러싼 문제들을 섬세하게 사고하려는 장소감과 언어 감각을 열어준다.

자기 자신의 삶을 사실 그대로 말하는 것과 그것을 마치 다른 사람의 이야기인 것처럼 말하는 것은 분명한 차이가 있다. 그렇다고 해서 허구적인 성격을 지닌 한센인들의 글이 반드시 작가의 자전적 체험과 관계없는 것이라고 단언하긴 어렵다. 그것은 자기를 말하는/쓰는 방식과 연관되는 문제이다. 한센인 작가들이 설정한 그런 말하기/쓰기의 장소를 폭

---

7 도미야마 이치로, 심정명 역, 「서장. 위화를 경험하다」, 『유착의 사상: '오키나와 문제'의 계보학과 새로운 사유의 방법』, 글항아리, 2015, 24~25쪽.

력에 저항하는 글쓰기의 방법으로 사유할 수 있다.

추방된 몸/연루된 몸

한센인 요양 시설이 자리한 소록도小鹿島는 육지 곁에 바로 인접해 있으나, 육지와는 구별되는 장소였다. 그 섬은 육지와 매우 가까운 거리에 있지만 결코 육지와 동일한 곳이 될 수 없었다. 한센인과 건강인의 관계 또한 소록도와 육지 사이의 장소 감각에 빗대어 생각할 수 있다. 그런 장소 감각은 한센인들의 삶과 역사가 담긴 기록, 그것을 읽고 쓰는 이의 위치에 대한 고민을 불러온다.

한센인이 아닌 위치에서, 소록도에 거주한 한센인들, 이름과 고향을 잃어버린 그 사람들의 기억을 읽고 쓴다는 것은 가능한 일인가. 명료하게 정돈되지 않은 기록들에서 '나'는 어떤 말들의 파편에 휘말리게 될 것인가. 거기에서 누구의 목소리와 몸짓을 보고 들을 수 있을 것인가. 사라진 기억과 흔적을 매만지는 '나'는 어디에 위치할 수 있을 것인가.

위와 같은 질문들은 더 이상 새롭지 않다. 한센인과 한센인이 아닌 사람들 사이에 보이지 않는 경계선을 새삼스럽게 강조할 필요도 없을 것이다. 한센인들의 얼굴을 '곁에서 쓴다는 것'은 결코 그들이 될 수 없는 채로 그들이 남긴 기록들 사이를 만지고 더듬기 위해 요청한 방법적 위치이다.

근대 이후 한국 한센인들의 실재와 만나기 위해서는 아직 소멸되지 않은 '낙인의 기억과 서사'를 살피는 일부터 시작해야 한다. 다양한 빛깔의 숨결과 목소리가 교차하는 장소에 귀를 기울이면서 공식적인 역사에 기록되지 않은 한센인의 흔적을 드러낼 수 있길 기대한다.

이 책에서 사용한 '곁에서 쓴다는 것'이라는 표현은 한센병 문학을 읽는 정교한 이론이나 방법론이라고 하긴 어렵다. 그것으로, 나는 근대 이후 일제강점기에서 유신체제기를 거쳐오는 동안 누적된 한센병 문학 자료에 다가서기 위해서는 기록/재현하는 주체의 각도를 달리하면서 섬세하게 접근해야 한다는 점을 드러내고 싶었다.

한센병 기록에서 문학 관련 자료를 수집하고 검토하는 작업을 진행하는 동안 '한국' 한센병 문학은 다른 질병 문학과는 변별된 읽기의 방법이 요구된다고 생각했다. 한센인들의 삶과 역사를 읽어보려는 시도는 어느 한곳에 머물지 않고 머물 수도 없는 난민의 위치를 요구한다.

점점 사라져가는 한센인들의 얼굴 곁에서 우리가 할 수 있는 것은 어딘가로 향하고 있는 것인지를 도무지 예측할 수 없는 채로 어딘가로 유랑하고 있는 말들에게 길을 내어주는 일이다. 거기에서 속삭이는 증인들을 기다리는 일이다.

손길이 아직 닿지 않은 자료들이 많다. 아껴둔 것들도 있다. 이 책은 '나병 계몽 잡지' 《새빛》(1964~1979)을 중심으로 나병 계몽 운동의 흐름과 함께 한국의 한센병/문학 자료를 소개하는 기초 연구이다. 향후 본격적인 한센병 문학 연구를 진행하기 위한 첫걸음에 해당한다.

2022년 4월 3일

한순미

목차

6부. 위생과 안보: 기독교/반공주의

1부

한국 한센병/문학 연구의 쟁점

1. 격리와 낙인: '당신들도 문둥이 되오!'

근대 이후 한국 한센인의 이름은 사회와 국가에서 차별, 소외, 배제된 역사적 타자이자 사회적 소수자로 기억된다. 1916년에 설립된 국립소록도병원(소록도자혜의원)은 한센병을 치유하기 위한 병원이라기보다는 감금과 통제, 강제동원의 수용소와 크게 다르지 않았다.

1928년 무렵, 조선나병근절책연구회朝鮮癩病根絕策研究會를 결성하게 된 배경에서 보듯이 당시 '나환자 구료救療 문제'는 매우 중대한 과제였다. 잡지 《새빛》 1965년 8월호 '특집 광복 20년의 나병' 「8.15 광복 전후의 구라회고」와 1966년 8월호 '특집 좌담회' 「구라운동의 어제와 오늘」의 요지문과 함께 실린 '조선나병근절책연구회취지'에서 읽을 수 있다. 다음은 최흥종 목사의 발언과 취지문의 일부를 옮긴 것이다.

> 나환자 구료문제에 있어서도 오물汚物 처리하듯이 비인도적 취급을 하는 저들에 맞서 인도주의적 인류애로 처우할 것을 주장하고 동포애로 따뜻이 감싸주기를 동포들에게도 강조하며 지냈다. 그런 뜻에서 우리나라 저명인사를 총망라한 연구회(조선나병근절책연구회－1928년 조직)를 일찍이 조직도 했던 것이다. 명문가名文家 안재홍(安在鴻, 당시 조선일보 사장) 씨로 하여금 기초케 한 발기 취지문의 서두와 말미의 말 그대로이다.[1]
>
> 「조선나병근절책연구회」 중에서: "격리의 취지는 타他에 재在치 아니하니 교통과 접촉과 매개로써 병균의 번식을 근절하자 함이 유일의 목

1 崔興琮(牧師), 特輯 光復 20年의 癩病 「8.15 光復 前後의 救癩回顧」, 《새빛》 1965년 8월호, 5쪽, 17쪽. 『한국나병사』(1988)에는 다음과 같이 기록했다. "최흥종崔興琮의 노력으로 규합된 동지 38명이 취지문을 채택 공표하고 조선나병근절책연구회를 발족시켰는데, 조선일보 주필 안재홍安在鴻이 기초한 이때의 취지문은 민족의 자존과 독립정신을 담고 있다." 大韓癩管理協會, 『韓國癩病史』, 1988, 80~83쪽.

적이요, 이 때문에는 기후와 산물이 적당한 격리도隔離島의 채택과 농예農藝와 공작工作으로 그 생활을 자급하고 그 위안을 주는 것이 가장 필요한 것이다. 나병자 구제의 사업은 차등此等을 실현함으로써 그 취지를 관철하는 것이니 이 때문에는 내외각계의 온갖의 지지와 조력을 요할 바이요, 또는 유식자有識者와 독지가篤志家의 공사각계公私各界의 합작合作을 기하는 바이다. 인도人道의 대의大義로는 모든 힘을 사용使用할 수 있는 것이다. 천하의 혈성血誠있는 사녀士女들은 어찌 성誠과 력力을 모으지 아니하랴? 민중보건民衆保健에로! 할 수 있는 역량을 집중하자!"[2]

조선나병근절연구회는 "나병자 구제의 사업"을 "실현"하는 것, 나환자의 "생활을 자급하고 그 위안을 주는 것"을 목표로 설정하였다. 궁극적으로는 "민중보건"을 수호하기 위한 목적으로 결성되었다. 연구회는 "민족의 선각자들이 모여 하나의 민간운동으로서 구라사업을 시작"한 것으로 외국인 선교사에 의존한 구라사업과 달리 "민족의 자존과 독립정신을" 내세우며 출발했다.

모임의 취지에 따르면 "교통과 접촉과 매개로써 병균의 번식을 근절하자 함이 유일의 목적"이라는 구호 아래 한센인 격리 정책을 제안하였음을 볼 수 있다. '격리의 취지'는 "인도人道의 대의大義로는 모든 힘을 사용할 수 있는 것이다"라는 단호한 어조의 문장에 압축되었다. 일제강점기 한센인 격리 수용 정책에는 한센인의 몸을 전염 "병균"을 내장한 몸으로 인식하는 태도가 투영되어 있다.

1932년 1월 21일 《조선일보》에는 "일역문명一域文明의 중추지인 경성京城의 문화도시文化都市에도" 문둥이들이 "방황하고 있는" 현실을 우려하고 있다는 내용의 기사문이 실렸다.

---

2 "「編輯者註」: 一九二九년 民族의 先覺者들이 모여 하나의 民間운동으로서 救癩事業을 시작했던 趣旨文이다." 特輯 「救癩運動의 어제와 오늘」, 《새빛》 1966년 8월호, 6~7쪽 하단.

> 조선내에 있는 일천수백만의 민중이여 '당신들도 문둥이 되오!' 경성사십만부민京城四十萬府民이여 '당신들도 문둥이 되오!' 그러나 당신들과 당신들의 사랑하는 자녀들이 차차 모다 문둥이 될 운명에 빠져 있는 것을 괜찮다고 하는가? (…) 조선각계의 사녀士女여! 현상現狀대로 인순因循하면 '당신들도 문둥이 되오' 경성사십만의 부민과 및 가장 빈번히 출입하는 사녀들이여 방심하고 있는 동안 '당신들도 문둥이 되어' 만일 스스로와 또 그 자녀들이 차차 문둥이 될 운명을 감심甘心할 수 없다면 그 가련한 문둥병자 제군諸君에게 각난閣難 구제의 방법을 지급至急히 강구 및 단행할 필요가 있을 것이다.[3]

이 목소리는 "조선내에 있는 일천수백만의 민중"을 향해 외친다. "문둥이"는 "사십만부민四十萬府民"과 동서내외東西內外에서 드나드는 천하교통天下交通하는 민물民物에게는 더욱 중대한 위협으로 되는 것"으로, 나환자 "구제의 방법"을 단행하라고 호소한다. "당신들"을 호명하는 저 목소리는 만약 "문둥이들"을 소홀하게 방치한다면 누구든지 나병에 전염되어 문둥이들이 될 수 있다는 공포심을 자극하였다. 거리를 부랑하는 나환자들을 격리 구제하는 방법은 "당신들"과 "당신들 자녀들"의 건강을 지키기 위해서 필요하며, 나아가 "조선" "민중"을 위해서 긴급하게 요청되는 일이었다.

1933년 6월 7일 《동아일보》에는 전염병이 유행하는 현상에 직면해 "일반민중과 의학과의 밀접한 관계를 설파"한 "통속의강通俗醫講" 등 의학강연회를 개최한다는 소식이 보도되었다.[4] "통속"과 "의학"이라는 단어를 결합한 것에서 짐작되듯이 대중강연은 "일반민중"에게 전염병에 대한 의학지식을 쉽게 전달하려는 의욕이 담겨 있다.

1939년 무렵 소록도병원 확장 공사가 끝날 시기에, 신문에서는 '소록

3 「당신들도 문둥이 되오!—京城癩患者隔離問題」, 《조선일보》 1932년 1월 21일.

4 「通俗醫講盛況」, 《동아일보》 1933년 6월 7일.

도갱생원'에서 도주한 "문둥이들"과 무리를 지어 다니는 "나병자들"이 늘어나고 있는 상황을 크게 보도했다. 도시 거리를 활보하는 '부랑 나환자들'은 공포스런 존재로 부각되었다. 부랑하는 나환자들을 소록도로 강제 수용해야 한다는 목소리는 더욱 높아졌다.[5]

한국 최초 한센병 문학을 남긴 작가 심숭沈崧의 장편소설 『애생금哀生琴』에서는 나환자들이 소록도로 격리 수용되는 상황을 이렇게 들려준다.

> "암만 그래도 소용 없다니까 그래! 여봐! 오늘 '××도'로 갈 사람은 몇백 몇십 몇명 하고 이름은 누구 누구 발써 다 작정해논거야— 경찰서에서 그러니깐 인저 한 사람도 더 보탤 수도 없고, 누굴 빼낼래야 빼낼 수도 없고 한 거야!"[6]

나환자들은 사회 안전과 도시 위생을 위해서 우선 격리해야 할 위험한 사람들로 규정되었다. 그런데 경찰서의 통제 하에 소록도로 수용된 환자들 중에는 강제로 "모집"된 사람들도 있었고 그곳으로 들어가기로 이미 결정된 사람들도 포함되어 있었다.

비슷한 시기에, 일본에서도 나환자들을 격리 수용하는 정책을 시행하였다. 그 목적은 "병들지 않은 사람들의 건강을 위해, 건강한 사람이 살아가는 국토로 정화하기 위해" "병든 사람들은 격리"해야 한다는 것이다.[7] 즉 나병을 척결하기 위해 나환자를 격리 수용하는 것은 가족, 사회, 국가를 보호하고 "건강한 사람"을 위한 "국토로 정화하기" 위해 선결할

5 「小鹿島更生園 癩病者가 逃走」, 《동아일보》 1939년 1월 18일; 「문둥이 너무 만하」, 《동아일보》 1939년 6월 16일.

6 沈崧, 『哀生琴』(上), 正音社, 1949, 103쪽.

7 아베 야스나리, 「양생에서 위생으로」(강현정·전미경 역), 『감성의 근대』(1870~1910년대 Ⅱ), 고모리 요이치 외 공저, 허보윤 외 역, 소명출판, 2011, 67~100쪽 참조.

과제였다.

한센인/한센병에 대한 부정적인 이미지가 소문과 이야기, 신문, 잡지 등을 통해 널리 전파되는 가운데 한센인은 건강한 사회를 무질서하게 만드는 존재로 인식되었다. 한센인 격리 수용 정책은 한센인을 향한 낙인의 감성이 대중적인 공감을 얻어가는 사회적 분위기에서 실현될 수 있었다.

한센병 발병의 기원과 경로가 명확하게 밝혀지지 않는 동안 한센인/한센병에 대한 낙인의 감성은 확산되었다. 한센인을 향한 차별, 낙인, 혐오의 감정은 이미 준비되어 왔던 감정과 이미지가 특정 대상에게 투사된 결과라고 할 수 있다. 그것은 새로운 언어 체계가 편성되는 과정, 표상 체계, 정치체제의 변화와 긴밀한 짜임관계를 이루면서 형성되었다.[8]

근대 이후 한센인들에 대한 낙인의 감성이 어떻게 형성, 전개되었는지를 살펴봄으로써 그 기원적 구조를 드러내는 일은 중요한 과제이다. 일제강점기, 분단과 전쟁, 유신체제기를 거치는 동안 한센인과 일반인이 한센인/한센병을 각기 다른 시선에서 바라본 지점을 비교 고찰하는 가운데 한센인들이 어떻게 낙인찍혀 공동체에서 타자화 되었는지를 구체적으로 읽을 수 있을 것이다.

2. 추방: 소록도의 안과 밖

한센인/한센병을 향한 낙인은 소록도小鹿島의 안과 밖을 가르는 무의식적 표지로 자리했다. 낙인의 감성은 환자와 건강인, 비정상과 정상을 구분하는 틀로서 한센인을 '우리(사회)'로부터 추방할 수 있는 근거로 작

8 고모리 요이치, 「차별의 감성」(허보윤·정성필 역), 『감성의 근대』, 앞의 책, 17~64쪽 참조.

동하였다. 낙인찍힌 한센인들을 격리 수용하는 것은 곧 사회에서 한센인들을 추방하는 것과 다르지 않았다.

그러면 소록도병원 및 한센인 요양소는 과연 한센인들을 위한 곳이었다고 할 수 있을까. 한센인과 한센인이 아닌 사람들을 분류하고 한센인을 병원이나 요양소에 격리 수용한 것은 건강한 일반인과 사회를 보호하기 위한 방안이었다. 일제강점기 한센인의 요양소 격리 수용은 한센인을 향한 낙인의 감성과 추방의 논리가 결합한 정책이라는 점 또한 눈여겨보아야 한다.

> 추방? 이런데도 추방이란 게 있소? 신앙생활信仰生活과 병의 치료, 곧 몸과 맘 닦는 일—그것만을 생활의 전부로 삼고 있을 단순한, 이런 병원 안에도 살 수 없이 쫓기어 나야 만할, 사상思想의 죄인罪人이란 게 있단 말요? 마치 한 나라 안에 용인될 수 없는 사상의 소유자가 있어서, 국외추방國外追放을 당하는 모양으로….[9]

> 오물汚物 청소작업하듯, 나환자를 절해고도絕海孤島에 쓸어넣고 무자비한 철권관리鐵拳管理를 감행한 일제日帝의 구라救癩방법은 확실히 잘못된 것이었다./ 그들은 나균癩菌이라는 하나의 미생물만 봤지, 그 균을 내포하고 있는 생명체 곧 인간이라는 점을 미처 못깨다른 것 같다.
>
> 인간이라는 것이 어디 그리 단순한 것인가! 고도의 지성과 감정과 윤리의 소유자이며, 자유활동을 부수하는 사회적 존재인데—.
>
> 그 어느 때보다도 철권관리가 욱심하여 가히 공포사회였던 슈호周防시대의 소록도에도 순정의 꽃을 피운 청춘의 낭만은 있었다. 그것도 환자남성과 불가침적 존재인 건강인 직원 간호원과의 사이에—.[10]

9 沈崧, 『哀生琴』(中), 正音社, 1950, 143쪽.

10 金白, 連載實話 「무지개 피는 날까지」(7), 《새빛》 1966년 3월호, 19쪽.

위의 장면은 사상의 자유마저 허락하지 않았던 요양소의 상황을 보여준다. 심숭의 장편소설 『애생금』의 주인공 현수는 병원에서 용인될 수 없는 "불온사상不穩思想"의 소유자라는 이유로 추방을 당한다. 이 부분은 여수 애양원에서 실제로 일어난 사건과 연관된다. 이 사건으로 인해 작가 심숭 등을 포함해 나환자들이 소록도형무소로 강제 이송되었다.

한센인 작가 심숭의 소설과 윤지영의 시에서는 한센인들이 공동체에서 어떻게 인식되어 왔는지를 짐작할 수 있다. 다음은 심숭의 장편소설 『애생금』(1946~1947)에 나오는 「금실애가金實哀歌」라는 노래의 일부와 윤지영의 시 「축복祝福」(1959)의 전문이다.

> 이다지도 사람의 애를 끊나니,
> 열일곱 아가씨의 슬픈 말로末路여/
> 너는 지금 어디서 우나? 너는 오늘 밤
> 어디서 자나? 바람은 차구나!/
> 이다지도 우리동네 너를 두고 눈물짜거늘
> 너는 길이 돌아오지 않으려나?
> 말 물어보자! 금실. 네 댕기는 길 그 어디메냐/
> 아아, 금실! 이다지도 우리, 네 이름
> 불러볼 때 슬프거늘, 네속이야 오직할가?
> 그뉘가 알소냐? 네 가슴에 맺힌 한을.
> 네 가슴에 타는 불을.
> 부를때마다 눈물, 네이름 금실. 오직 네속이 알뿐.[11]

> 오늘도/나에게/나의/실낱같은 목숨이 살아 있다면//
> 인생은/아름다운 것이라고/축복하고 돌아 가리라//
> 꽃같은 삶도/하늘에 사뭇치도록/통곡痛哭하는 고기 덩어리도//

---

11 沈崧, 『哀生琴』(上), 앞의 책, 55쪽.

이 세상/한세월 아름답게 살고지고져//
오늘도/나에게/나의/실낱같은 목숨이 살아 있다면//
인생은/아름다운 것이라고/축복하고 돌아 가리라//12

소설 『애생금』에 삽입된 노래 「금실애가」는 나병을 앓고 떠도는 여인 금실이의 기구한 운명을 담고 있다. 화자는 "그저 동네 청년들이 동정해서 한두마디 지껄였든" 노래라고 표현한다. 노래 가사는 변사의 가락에 맞추듯 "눈물"과 "가슴에 맺힌 한을" 안고 떠도는 금실이의 애환과 "가슴에 타는 불을" 대신해 들려준다. 그것은 단지 금실이라는 여인만이 아니라 한국 한센인들이 겪을 수밖에 없었던 슬픈 역사의 가락이었다.

시인 윤지영은 한센인들이 견뎌온 세월이 "통곡"하는 삶이었다고 해도 "인생은 아름다운 것이라고" 노래한다. 병든 몸이 인간이 아닌 "고기 덩어리"로 취급당하는 "목숨"에 불과할지라도, 시인은 "이 세상"을 "축복하고 돌아 가리라"고 다짐한다. 그의 시에서는 사회에서 추방당한 한센인으로서의 체념과 새 삶에의 의지가 동시에 느껴진다.

1960년대 이후 소록도는 일제강점기의 소록도와는 다른 모습으로 변화했을까. 《새빛》 1965년 9월호부터 연재를 시작한 한센인 작가 김백의 연재실화 「무지개 피는 날까지」에서는 병원에 들어가지 못한 채 유랑하는 나환자들의 생활을 다음과 같이 기록했다.

> 그 동환同患의 말인즉, 소록도에 들어가면 일생을 나올 수 없고, 일본놈들이 죽도록 일만 시키며 채찍아래 맞아 죽은 놈도 많고, 견디다 못해 바다를 헤엄쳐나온다면 소용돌이에 말려 물귀신 되기 일수라는 것이고 서양 사람이 경영하는 여수麗水 병원에 가보아야 입원금이 몇백 석 상당 값이라 어림도 없다는 것이었다.

12 尹之影, 「祝福」, 『祝福』, 人間社, 1959, 68~69쪽.

옳거니! 하고 이십대 동녀배인 그 동환을 따라 소위 '우리 집'이란 곳에 이르러 보니 그게 바로 깊숙한 계곡에 있는 짐짜리乞人窟였다.[13]

고향과 병원에서 모두 추방당한 나환자들에게 '우리 집'이란 "깊숙한 계곡溪谷에 있는 짐짜리乞人窟" 같은 곳뿐이었다. 《새빛》 1967년 3월호에 실린 심전황의 시 「경계선」과 그의 편지글에서는 이렇게 묻고 대답한다. 노석현의 소설 『오계』(1982)에서는 한센인들에게 소록도가 어떤 곳으로 자리해 왔는지를 보여준다.

그 누구의 죄입니까?/ 천벌이라면 가혹합니다./ 인위라면 가증스럽소.// 눈물이 자욱 자욱 맺쳐진 선을 두고/ 몇 천 번 울고 울어도 지울 수 없어/ 혈육도 모른다고……/ 처절한 가슴도/ 태양같은 붉은 열정도 거기에 묻어두고// 인과응보이냐……/ 유전이냐……/ 전염이냐……/ 불가사의는 흘러// 조상도/ 부모도 없이/ 이심전심도 할 수 없어/ 아이로니의 선을 두고[14]

문둥이가 마지막 가는 전라도 길, 그 최남단의 소록도에서의 악몽을 어떻게 씻는다는 말인가? 정관 수술을 받기 싫어 그곳을 뛰쳐 나왔고 두 번째는 오마도 간척 공사에 동원되어 일하다가 두 달 전의 야영 탈출에 성공했었다.[15]

국립소록도병원 문예실에서 지내던 심전황은 한센인과 한센인 아닌 사람을 가르는 그 "경계선"이 견고한 심리적 장벽으로 자리해 있는 현실을 탄식한다. 한센병의 발병 원인을 "천벌", "인과응보"와 같은 것으

13 金白, 連載實話 「무지개 피는 날까지」(1), 《새빛》 1965년 9월호, 19쪽.

14 심전황(국립소록도병원 문예실), 애독자 페이지 「경계선」, 《새빛》 1967년 3월호, 24쪽.

15 노석현, 『五季』, 호암문화사, 1982, 51쪽.

로 생각하거나, “유전이냐” 혹은 “전염이냐”는 선택적인 물음에 대해 답할 수도 없다. 작가들은 일제강점기부터 오마도 간척 공사가 이루어질 때까지 소록도는 진정 한센인들을 위한 곳이었는지를 다시 묻는다.

『소록도 80년사』(1996)의 연혁에 따르면 국립소록도병원의 명칭은 여러 차례 바뀌었다. 1916년 2월 24일, 조선총독부 제7호에 의거해 소록도 자혜의원이 설립된 후, 1934년 9월 14일 조선총독부나요양소관제 제정 및 조선총독부지방관제 개정 칙령으로 소록도자혜의원은 폐지되고 소록도갱생원으로 확대 개편되었다. 1949년 5월 6일 소록도갱생원을 중앙나요양소로, 1960년 7월 1일 직제개정으로 국립소록도병원으로 개칭하였다. 1962년 2월 9일 전염병예방법이 개정되어 나환자에 대한 강제격리 규정이 삭제되었다. 1968년 11월 8일 직제개정에 따라 국립나병원으로 개편, 1974년 경계선 철조망이 철거되고 보호실(감금실)이 철폐되었다.[16] 소록도병원의 명칭은 여러 번 바뀌었지만 소록도의 안과 밖에 거주하는 한센인들의 비극적인 상황은 크게 달라지지 않았다.

근대 이후 한센병에 대한 사회적 인식은 전통 시기와 차이를 보였다. 한센인은 점차 가족과 마을 공동체의 바깥으로 추방되었고 병원과 국가라는 장치가 그 자리를 대신하였다. 한센병 요양 시설 및 치료 병원은 건강인과 사회, 국가를 보호하기 위해 한센인을 격리하는 장소로 사용되었다. 조르조 아감벤의 논의를 빌려 말하면 이 ‘추방’된 자들은 배제와 포함 사이의 비식별역, 즉 인간도 아닌 짐승도 아닌 삶의 영역에 자리해 있었던 것이다.[17]

16 국립소록도병원, 『소록도 80년사』, 1996; 국립소록도병원, 정근식·채규태 편저, 『소록도 100년 : 한센병 그리고 사람, 100년의 성찰』(역사편/의료편), 2017. 이 책에서 나는 소록도병원에서 발간한 몇 권의 소록도 역사서를 참조했는데, 『소록도 80년사』(1996)에 실린 자료들을 주로 인용하였다. 소록도병원에 관한 역사 기록은 그 기록의 주체와 집필 및 발간에 참여한 주체들에 따라 조금씩 차이를 보이므로 역사 기록을 징후적으로 독해하고자 한 것이다.

17 조르조 아감벤, 박진우 역, 『호모 사케르—주권 권력과 벌거벗은 생명』, 새물결, 2008, 215쪽. 이 부분에 관한 논의는 다음 논문을 참조. 한순미, 「한국 한센병과 가족이라는 장치: 전통 시기 설화에

3. 문둥이: “저주의 상징”

‘문둥이’는 한센인들에게 부여된 낙인을 보여주는 언어적 표지다. 한센인/한센병에 관한 부정적인 은유와 이미지는 소문과 유언비어, 신문과 잡지 등을 통해 전파되었다. 한센인들의 몸은 질병 자체보다 치유된 이후에도 남겨진 병의 흔적으로 인해 공포와 두려움을 주는 위험한 존재로 인식되었다.[18]

질병의 언어는 그 시대의 증상을 함께 앓는다. 미셸 푸코의 말을 빌리면 특정한 질병에 대한 사회적 편견은 질병 자체에서 비롯된 것이라기보다는 “지식의 태도”와 “언어”에 의해 형성된다. 즉 질병에 대한 인식은 “말하는 주체와 말해지는 대상 사이에 맺고 있던 지식의 태도와 그곳에서 재주를 피우게 된 언어”[19]에 의해 만들어진 것이다.

한센병에 걸린 몸은 사회적 차별과 배제의 시선이 응집된 곳이나 다름없었다. 그런 점에서 한센인의 몸은 단지 아픈 신체만을 의미하지 않았다. 작가 김백과 한하운은 이렇게 절규한다.

> 여러분! 문둥이라는 어휘에 우리들은 몸서리 쳐집니다. 그 얼마나 부르기 거북하고 듣기 불쾌한 정죄의 상형문자요, 저주의 상징입니까! 문둥병門同病이란 오늘날에 있어서는 시대착오적이요, 비과학적인 어투입니다. 오늘은 원자과학의 시대입니다. 우리의 모든 인간적 특권 위에 부

서 근대 소설로의 이행 과정에 관한 몇 가지 검토」, 『인문사회과학연구』 15(2), 부경대학교 인문사회과학연구소, 2014.

18 일제강점기에서 유신체제기로 옮겨가는 동안, 한센병에 대한 부정적인 인식이 크게 달라지지 않았다는 점을 다양한 언술을 통해서 살폈다. 한순미, 「나환과 소문, 소록도의 기억－나환 인식과 규율체제의 형성에 관한 언술 분석적 접근」, 『지방사와 지방문화』13(1), 역사문화학회, 2010.

19 미셸 푸코, 홍성민 역, 『임상의학의 탄생』, 인간사랑, 1993, 17～18쪽.

정의 낙인을 사정없이 찍어놓은 무자비한 인간말살의 이 야만적인 어휘를 우리의 주위에서 우리의 국토에서 단호히 배격하고 속거천리速去千里시킵시다. 그 저주할 이름은 장속곡과 함께 오늘로서 영원히 안녕하기로 다짐합시다. 네, 성우星友들![20]

나환자는 법法의 보호를 받지 못하고 있다. 뿐만 아니라 불법과 무법이 인간의 존엄성尊嚴性마저 유린하는 망할 놈의 세상이다. 이런 세상에 나환자가 산다는 것은 산다는 자체가 억지다. 그 학대는 죽어서도 잊히지 않을 것이다. (…)

나환자가 먹고 살것이 없어서 황무지 땅이라도 개척해서 살겠다는 것을 삼십명이나 학살하고 또 학살한 사람은 한 사람도 실형을 받은 사람이 없다. 오히려 비토리飛兎里 사람들은 '문둥이 죽여도 죄가 되나?'하고 세상에 묻는 것이다.[21]

작가 김백은 문둥이라는 비칭을 "불쾌한 정죄의 상형문자요, 저주의 상징"이라고 비판했다. "원자과학의 시대"에도 "무자비한 인간말살의 이 야만적인 어휘" "그 저주할 이름"이 나환자들에게 "부정의 낙인"을 찍고 있다는 것이다. 문둥이들은 '인간'으로서 '법'의 보호를 받지 못하고 "인간의 존엄성"이 보장되지 않는 사람들이었다. 시인 한하운은 "조국"과 "사회"의 일원으로서 살아갈 권리마저 박탈당한 나환자들이 "인간해방人間解放의 거룩한 빛"을 누릴 수 있게 해달라고 호소하였다.

해방공간, 분단, 전쟁기에 있었던 '소록도 나환자 학살사건'과 '비토도飛兎島 나환자 학살사건'은 한센인들의 인권 말살을 보여주는 대표적인 사례이다. 한하운은 「한국 나환자 학살사」를 작성하면서 1945년 8월 20

20 金白, 連載實話 「무지개 피는 날까지」(8), 《새빛》 1966년 4월호, 22쪽.

21 韓何雲, 「후기: '나의 슬픈 반생기'에 대하여」, 『孤孤한 生命—나의 슬픈 半生記』, 인간사, 1958; (재)인천문화재단 한하운전집편집위원회, 『한하운 전집』, 문학과지성사, 2010, 315~317쪽, 493쪽.

일에 일어난 소록도 학살사건을 신중하게 기록하기 위해 소록도 자활회 기관지 『소록小鹿』 1권 1호에 실린 김학수金鶴壽의 「해방 당시 소록도 환자 학살사건의 전후 전말」을 토대로 목격자들의 증언을 참조해 원고를 작성했다고 밝혔다.[22]

여러 유형의 기록을 겹쳐 본다면 한센인들이 '나환자 학살사건'의 기억을 구성해나가는 방식, 혹은 그와는 다른 방향에서 학살사건의 기억을 어떻게 서사화해 왔는지를 비교해 볼 수 있을 것이다. 『한센인 인권 실태조사』(2005)에 따르면 한센인 집단학살의 성격이나 유형은 "한센인을 사회적 타자로 보는 정상인들의 편견을 기초로 하면서 좌우이념의 투쟁을 이용한 학살의 형식"을 띠고 있었다고 한다.[23]

1968년 3월호 《새빛》의 '창간 5주년 특집' 언론인 좌담회 「계몽사업과 언론」에 참석한 유준 박사는 한센인에 대한 차별적인 용어가 확산되지 않도록 무엇보다 언론 대중매체의 역할이 중요하다고 언급했다. 나환자에 대한 "염오"(혐오)의 감정을 없애고 나병이 치유될 수 있다는 사실을 대중에게 알리는 작업이 필요하다는 데에 의견을 모았다.

> 인류사회에서 어떤 사람이 질병에 걸리게 되면 대개의 경우 그를 동정하기 마련인데, 유독 나병환자만을 범죄시하고, 염오하는 것은 나병 자체가 가지는 역사적인, 병리학적인 특성 때문입니다. 그러나 오늘날에 와서 나병의 치유가 과학적으로 증명되고, 조기진단하여 치료만 하면 아무런 후유증도 없이 치유되므로 우리 사회에서 범죄시하고, 격리하고, 염오할 필요가 없는 것입니다.[24]

---

22 한하운, 「한국 나환자 학살사」, 『한하운 전집』, 앞의 책, 784~789쪽.

23 국가인권위원회 인권상황실태조사 연구용역보고서, 『한센인 인권 실태조사』, 서울대학교 사회발전연구소, 2005.

24 창간 5주년특집 언론인좌담회, 「계몽사업과 언론」, 《새빛》 1968년 3월호, 9쪽.

1970년대 중반 나병 계몽 운동이 활발하게 전개되는 동안, '나병은 낫는다'는 구호 아래 한센인/한센병에 대한 부정적 인식을 개선하려는 노력이 이어졌다. 잡지에서는 현대의학의 발달로 한센병을 치료, 예방할 수 있게 되었다는 '사실'을 연이어 광고했다.

잡지 《새빛》의 신정하 주간은 나병에 대한 편견과 차별을 극복하기 위한 "구라救癩캠페인"을 위해서는 "언론의 참여"가 중요하다는 점을 강조했다. 그는 "나병은 단순한 질환이 아니라 다른 질병에서는 찾아볼 수 없는 신체적 정신적 복합질환複合疾患이라고" 하면서, 1965년부터 1970년까지 "지난 10년 동안 주요 일간지에서 나병문제가 얼마나 게재취급되었는가를" 조사한 결과를 게재했다.

〈제3표〉 구라救癩캠페인에 언론의 참여[25]

년도	구분	란	제목
1965.5.12.	한국일보	사설	나환자에게도 동족의 사랑을 보이자
1965.5.12.	부산일보	〃	문둥이란 이름도 서러운데
〃 5.27.	경향신문	〃	음성나환자에 대한 인간애가 아쉽다
〃 5.28.	조선일보	〃	음성나환자의 미감아 취학의 문제
〃 6.12.	한국일보	단평	<여적余滴>
1966.8.30.	조선일보	〃	<만물상萬物相>
1967.1.27.	동아일보	〃	<횡설수설>
〃 1.28.	한국일보	사설	나병은 불치의 병이 아니다
〃 1.31.	한국일보	〃	<지평선地平線>
1968.1.27.	동아일보	사설	나병과 나병환자
1969.1.25.	경향신문	〃	문둥병은 유전이 아니며 또 불치의 병이 아니다
1969.5.14.	한국일보	단평	<메아리>
1969.1.25.	동아일보	사설	나환자들에 대한 따뜻한 손길
1970.6.15.	중앙일보	〃	구라행정의 문제

25 辛定夏(本誌 主幹), 創刊 第9周年紀念論文 「나병에 관한 啓蒙敎育」, 《새빛》 1972년 2·3월호, 7쪽.

위와 같은 “매스콤의 참여도”는 1965~1970년 사이에 발간된 신문에서 나병, 문둥병, 나환자, 구라사업 등에 관해 언급한 글들을 목록화해 제시한 것이다. 나병 계몽 운동기에도 쉽게 바뀌지 않은 사회적 인식을 볼 수 있다.

각계의 인사들은 한센인/한센병에 대한 혐오와 차별의 감정이 담긴 용어들을 없앨 수 있도록 ‘용어정화운동’을 제안했다. 《새빛》 1974년 2월호의 「편집 후기」에서는 “국정교과서에서 ‘문둥병’이란 단어가 있음은 큰 ‘놀람’을 안겨 주는 유감된 일이 아닌가 한다.”고 하면서 “‘한센씨병’에 대한 용어정화운동의 사명은 자못 크다 아니 할 수 없다.”[26]라고 의견을 덧붙였다. 유준 박사는 “음성나환자 또는 음성자라는 용어를 ‘나회복자’ 또는 ‘나병회복자’라고”[27] 바꾸어 부르길 제안했다.

4. 유랑: 소록도=나병

한센인들이 사회적 소수자로서 재현된 것은 소록도병원이 한센인 수용 시설로 확장되는 과정과 상관되어 보인다. 한센인 요양 병원의 설립이 곧 한센병이라는 질병과 한센인이라는 존재를 특별하게 바라보는 계기가 되었다고 말할 수 있다.

1916년 소록도병원 설립 이후에 한센인들을 격리 수용하면서 ‘소록도=나병’이라는 인식이 자리를 잡게 되었다. 여기에는 “‘소록도는 쓸모없는 인간들의 유배지’라고들 하더라는”[28] 형식의 근거 없는 소문의 화법이

26 「편집 후기」, 《새빛》 1974년 2월호.

27 柳駿, 「卷頭言: 한센씨병과 연관된 用語 淨化 문제—「음성나환자」에 관하여—」(1), 《새빛》 1974년 3월호, 6쪽.

한몫을 더했다. 나병 계몽 운동의 '밝은 빛' 아래에서도 한센인들은 자신들의 얼굴과 목소리를 자유롭게 드러낼 수 없었다.

1961년 국립소록도병원에 입원한 한 환자의 증언이 들려주듯이, 나병에 걸린 이후 환자들은 고향에서 이웃 마을로, 병원으로 옮겨 다녀야 했다. 그 여정의 경로는 단조롭지 않았다. 소록도병원으로 가는 길은 매우 복잡한 노정을 거쳐야 했다.

> 61년도[병원에 입원한 해]에 고향에서 떠난 것이 아니고, 한센이라고 해가지고 초등학교는 거기서 나오고 그 후로는 거기서 못살고 쫓겨날 택이제. 병이 발병이 되니까 '함께 샘물을 못 먹는다' 어쩐다 몇 번 그렇게 해갖고, 할 수 없이 작은 집이랑 친척들 다 놔두고 나하고 어머님만 영암으로 들어갔어요. 영암군, 내 기억으로는 지금 병영[전남 강진군 병영면]으로 가는 그 길목이거든요. 거기서 2년 살았을 겁니다. 거기서도 자꾸 소문이 나니까 할 수 없이 여기로 와 분거죠, 작은집 할아버지하고. 그 당시에 여기 계신 아버지하고 편지 왕래도 있었고 자발적으로 왔습니다. 그때 아침 8시, 영암 거기서 버스 타가지고 병영으로 왔거든요. 병영서 또 갈아타고 장흥으로 와서 벌교까지 와가지고, 여기 오니까 오후 완전한 석양은 아니고 해가 조금 있었으니까. 그래갖고 녹동에서 노 젓는 배 타고 왔어요.[29]

그는 병에 걸린 후부터 고향 마을 사람들과 함께 샘물을 마시지 못하게 되자 어머니와 강진에서 영암에 소재한 마을로 들어가 살아야 했다. 그러나 다른 마을에서도 나병 환자라는 소문이 나서 살지 못하게 되었다. 이후에 전라남도 병영, 장흥, 벌교 등지를 떠돌아다니다가 배를 타고

---

28 송용식(국립소록도병원), 애독자 페이지 「울었던 얼굴에 웃음이」, 《새빛》 1965년 7월호, 23쪽.

29 이준호(가명) 증언, 정근식 편, 『또 하나의 고향, 우리들의 풍경』(국립소록도병원), 선인, 2011, 188쪽.

소록도로 들어 왔다고 한다.

한센인들은 고향과 이웃 마을에서 살 수 없었기 때문에 유랑 생활을 하였다. 그들은 고향을 떠난 것이 아니라 고향이라는 삶의 터전에서 쫓겨날 수밖에 없었다. 한센인들이 마을 공동체에서 추방되어 다른 곳으로 강제 이주하거나, 유랑하다가 소록도병원으로 들어오기까지의 과정을 재구성한다면 한센인들의 자기서사에 담긴 역사적 맥락을 풍부하게 해석할 수 있을 것이다.

《새빛》 1969년 5·6월호 「나계 소식」란에는 "보사부는 6월 24일 경북 칠곡분원漆谷分院에서 신체 부자유 나환자 약 3백명을 소록도로 이송할 예정이"라는 기사를 실었다. 그런 이유는 "육지의 칠곡병원을 폐쇄하여 현지정착촌으로 만든다는 정부 나병 관리시책의 일환책으로 추진되고 있다."[30]는 설명이었다. 여전히 소록도는 육지에서 쫓겨난 나환자들을 마지막으로 보내는 곳이라는 인식이 지배하고 있었다.

1970년대로 접어들면서 "시인 한하운 외 육지정착장 대표들은 다음과 같은 여섯가지의 이유를 들어 소록도 국립 나병원을 폐쇄하고 육지병원을 존속시킬 것을 주장하는 진정서를" 제출했다. 심전황의 역사 기록에서 인용해 본다.

1. 비인간적인 분위기 하에서 인간 회복은 어렵다.
2. 소록도에 가는 것은 마지막 길이라는 생각에서 환자는 입원하지 않고 병만을 악화시킨다.
3. 과거의 예를 보더라도 육지 병원보다 치유도가 나쁘다.
4. 일제 때부터의 폐습이 고질화 되어서 그것을 개선하고 근대화하는 것은 어렵다.
5. 마지막 길이라는 관념에서 소록도행을 꺼려하는 나머지 사회 복귀

30 「나계 소식: 漆谷分院의 患者 移送」, 《새빛》 1969년 5·6월호, 25쪽.

한 정착촌은 요양소가 될 우려가 있다.

6. 소록도는 즉 나병을 의미하는 것이므로 소록도를 폐쇄하는 것이 국민 계몽도 유리하다.[31]

진정서의 요지는 나환자가 소록도로 들어가는 길이 마지막이라는 인식이 나병과 나환자에 대한 사회적 인식을 개선하는 데에 도움이 되지 못하므로 소록도병원을 폐쇄해야 한다는 것이다. 이렇듯 한센인 작가들은 소록도병원을 폐지하고 육지로 이전하는 방안을 요청했지만 그들의 제안은 수용되지 않았다. '소록도=나병'이라는 일반인들의 생각은 쉽게 개선되지 않았다.

> 해방 이후 1950년까지 한센병 환자를 위한 10개의 정착촌이 설립되었고, 6.25전쟁 이후 정착촌이 본격적으로 건설되어 1950년대에 34개, 1960년대에 43개, 1970년대에 12개, 1980년대에 1개가 만들어졌다. 총 100개의 정착촌 중 영남에 49개, 호남에 23개, 서울·경기에 17개가 있었다. 한센병은 1954년에 반포된 「전염병 예방법」에서, 성병 및 결핵과 더불어 제3종 전염병으로 분류되었다. 한센병 환자는 여전히 격리수용 대상이었는데, 1961년 이후에는 정부가 대규모 정착사업을 주도했다. 1963년부터는 한센병 환자들의 강제 격리수용이 폐지되고, 요양원의 다수 환자들이 정착농원으로 이주했다.[32]

한센인들이 유랑하는 생활을 버리고 "정착"할 수 있는 터전을 마련해 주겠다는 취지로 시작된 "정착촌" 건설 사업은 본래의 목적과 의도를 실

31 沈田潢, 『小鹿島 半世紀』, 全南每日出版局, 1979, 239쪽.

32 여인석·이현숙·김성수·신규환·박윤형·박윤재 공저, 「11장. 해방 이후 한국 현대의료의 형성」, 『한국의학사』, 대한의사협회 의료정책연구소, 2012, 319~320쪽.

현하는 데에 한계가 있었다. “한센인 정착촌은 1950년대에는 해외구호단체의 지원에 의존하다가 1960년대부터 축산단지화되었다. (…) ‘한센인’에 대한 집단적 편견과 차별은 크게 개선되지 않았다.”[33]

나병 계몽 운동기, 줄곧 강조된 나병의 “정복”과 나환자의 “정착”이라는 목표는 어디에도 정착할 수 없었던 한센인들의 위치를 잘 보여준다. 한센인들의 얼굴과 목소리는 ‘명랑한 사회 건설’과 ‘조국의 근대화’의 물결 아래로 잦아들었다.

5. 소록도의 다른 역사(들)

국립소록도병원의 역사는 기록하는 주체와 글의 유형에 따라 다른 모습으로 현상된다. 소록도는 르포, 수기, 역사서, 문학작품 등 여러 장르의 기록에서 다른 형상의 역사(들)로 나타난다. 소록도의 역사는 소록도를 누구의 시선과 입장에서 기록하느냐에 따라 서로 다른 빛깔로 그려진다.

한국과 일본 양국의 한센병 관계자들이 교류하는 과정에서 남긴 한센병 요양소 기행문은 각국에 분포된 요양소의 역사와 문화적 배경, 한센병 관리 실태를 보고한다. 외국인의 시각에서 각국의 한센인 수용소와 한센병 역사를 바라보는 관점의 차이를 느낄 수 있다.

1940년 즈음, 소록도를 방문한 일본인 C기자는 소록도의 풍경을 이렇게 묘사한다.

“이 섬은 요양소라기보다 관광지나 다름없지요.”

33 정근식, 「질병공동체의 해체와 이주의 네트워—두 정착마을 사례를 중심으로」, 『사회와 역사』 69, 한국사회사학회, 2006, 44쪽.

여름이면 동쪽 해안은 훌륭한 해수욕장이 돼 본토에서 많은 사람들이 찾아오고 또 단체로 소풍을 오기도 하는데 운동장을 빌려 운동회를 열기도 한다고 한다. 이 섬의 발전소에서 35와트인 전력을 전 섬에 공급하고 있는데 이에 비해 저편 기슭인 녹동 근처는 아직도 램프를 사용하고 있으며 문화 환경에도 상당한 차이가 있어 공공회장에서 영화를 상영하거나 하면 바다를 건너와서 보기도 하고 또 이 섬에 있는 소학교를 다니는 학생도 상당수 있다고 한다. (…)

차에서 내리자 환자들은 남자, 여자, 아이, 어른 할 것 없이 머리를 숙여 정중하게 인사를 한다. 병동이라고 해도 모두 자활하고 있으니 하나의 마을이나 다름없었다. (…)

양계장으로 가니 황태후 폐하가 하사하신 계란이 부화, 성장하여 흰색 레그혼종 닭이 암수 60마리로 늘어나 있었다. 실험 중인 흰쥐와 실험용 마멋이 있는 방과 약제실을 견학한 후 중앙의 대기실로 가니 섬 환자들이 위문금을 받은 것에 대해 쓴 감사장이 한쪽 벽면을 가득 채우고 있었는데 열성이 그대로 전해져 왔다. (…)

나는 운동장으로 나왔다. 수천 명의 환자가 스와周防 단장에 대해 감사하다며 매일 피땀어린 봉사를 하는 작업장을 견학했다. 돌을 나르는 사람, 길을 만드는 사람, 나무를 하는 사람, 직원과 환자가 일체가 되어, 호리키리堀切 원장의 동상을 세우는 등 그 일대 수십만 평이나 되는 기념공원을 건설하고 있었다. 병 때문에 손발이 부자연스러워도 아랑곳 않고 열심과 성심을 다해 작업하는 수천의 사람들의 모습을 보고 감동하지 않을 사람은 아마도 없으리라.[34]

C기자의 눈에 비친 소록도는 "요양소라기보다 관광지나 다름없"는 곳이었다. 소록도는 "전력을 전 섬에 공급"하고 있으며 "영화를 상영하"는

---

34 C기자, 소록도 탐방기 「조선의 어느 작은 섬의 봄」, 『일본잡지 모던일본과 조선 1940: 완역《모던일본》 조선판 1940년』(모던일본사), 홍선영·박미경·채영님·윤소영 역, 도서출판 어문학사, 2009, 191~195쪽.

등 "자활自活"하는 "마을" 공동체로 보였다. 또한 "의식주를 해결하지 못하는 경우는 한사람도 없"을 만큼 풍족한 환경을 갖추고 있는 섬이라고 기록했다.

위의 기행문에서 주의깊게 읽을 부분은 "스와周防 단장에 대해 감사"하는 마음을 표현한 부분과 "기념공원"을 조성하기 위해 강제동원된 한센인들의 모습을 긍정적인 필치로 서술한 대목이다. C기자의 소록도 탐방기는 일본인의 입장에서 일제강점기 소록도의 풍경을 조망하는 시선이 개입된 것이다.[35]

한센인들이 남긴 자전적 성격의 실화나 문학작품은 한센인 요양소에 관한 다른 기억들을 제공한다. 작가 무명생無名生의 소설 『낙화유수落花流水』(1933~1934)에서는—앞서 역사 기록에서 본 소록도와 다르게—소록도를 "병원이라니보담 나환자격리수용소"[36]라고 표현한다. 그런 한편 심전황은《새빛》1970년 12월호부터「소록도 반세기」를 연재하기 시작했는데 이 기록에서 소록도의 역사는 사실을 바탕으로 하고 있으나 다양한 일화들이 섞여 있어 애매한 풍경으로 그려져 있다.

심전황의 소록도 역사 기록은 1970년대에서 1990년대 사이 국립소록도병원에서 발간한 역사서들에 상당 부분 수용되었다. 『소록도 80년사』(1996)에는 심전황의 『소록도 반세기』(1979)에서 인용한 부분이 적지 않게 확인된다. 다음의 예를 들 수 있다.

> 비밀 속에 쌓여 있는 자연은 자연 그대로의 모습만 가지고도 아름다운 것이지만 사람의 손이 옳게만 가면 더욱 아름답게 된다는 것을 소록

35 일제말 소록도를 방문한 후 기행문을 남긴 일본인 C기자의 글과 다음의 사회학적 연구를 비교해 보면 관점의 차이가 명확하다. 최정기,「일제하 조선의 나(癩)환자 통제에 대한 일연구—나환자 관리조직을 중심으로」, 전남대학교 대학원 사회학과 석사학위논문, 1994; 최정기, 『감금의 정치』, 책세상, 2005 등을 참고.

36 無名生, 放浪小說 『落花流水』(1933~1934), 正音社, 1953, 9~13쪽.

도에서 보여주었다./선경仙境같은 정취情趣의 아름다운 공원이 익년翌年 1940년 4월에 완공됐다.[37]

자연은 자연 그대로의 모습만 가지고도 아름다운 것이지만 사람의 손이 옳게만 닿으면 아름다워질 수 있다는 것을 이 공원조성으로 보여주었다. 선경仙境같이 아름다운 6,000여평의 공원은 환자들의 피와 땀, 한과 눈물을 쏟아 묻고, 1940년 4월 1일 일단의 완성을 보았는데 이는 수호 원장의 동상을 이곳에 세우려는 내막적인 계획을 가지고 있었던 것이다.[38]

『소록도 반세기』의 저자 심전황은 "이제 지난 옛 이야기들을 엮어 소록도가 지녀온 가지가지의 미공개된 사실을 연재한다."라고 집필 의도를 밝혔다. 그는 "반세기를 넘는 유구한 역사와 전통을 지닌 소록도, 한때는 통행의 자유마저 끊기고, 인간의 애환이 겹겹이 쌓여 좀처럼 그 참 모습을 알지 못한 소록도!"의 "미공개된 사실을"[39] 쓰고자 했다고 한다.

국립소록도병원에서 발간한 『소록도 80년사』에 따르면 소록도는 "선경같이 아름다운" "선경같은 정취의 아름다운 공원"이다. 소록도를 토지와 소유가 모두에게 균등하게 분배되는 "공산의 노국"에 비유하면서 환자들이 이 낙원의 주인이라고 서술했다. 이것은 1930년대 초, 원생들 사이에 애창된 노래 「소록도 지리기」에서 소록도를 "복잡한 세상을 멀리 떠나" "팔백" 인구가 살고 있는 "평화의 낙원"으로 묘사한 장면을 연상케 한다.[40]

37 沈田潢, 『小鹿島 半世紀』, 앞의 책, 41쪽. 이 책은 《새빛》 1970년 12월호부터 연재한 「소록도 반세기」를 엮어 출간한 것이다.

38 국립소록도병원, 『소록도 80년사』, 앞의 책, 74쪽.

39 「편집 후기」, 《새빛》 1970년 12월호.

40 국립소록도병원, 『소록도 80년사』, 앞의 책, 88~89쪽.

2000년 이후 한센인들의 구술 자료집과 증언록 발간을 포함해 다양한 자료들이 수집, 발굴되면서 그동안 알려지지 않았던 소록도의 역사를 더욱 구체적으로 들을 수 있게 되었다.[41]

> 한국 사람인데, 일본 살다가 와가지고 귀향동포라고 하더라고. 그래 그 집으로 들어간께 그때만 해도 스파이, 여자 스파이들이 많이 들랑날랑 했는 갑더라고, 빨갱이 스파이가. 그래 내를 불러놓고 내를 불러놓고 걸어봐라, 말해봐라, 눈감아봐라, 앉아봐라 이래쌓더니, 그때는 얼굴 여기에 몽우리가 몇 개 올라와서 그렇지 아무렇지도 안 했거든. 그래보니까는 스파이라고 갖다가 그냥 경찰서에다 고발을 했는 기라.[42]

> 세상에 아무리 인면수심人面獸心에 인간이라 할지라도 어떻게 그런 야만적인 대학살을 거리낌 없이 할 수 있단 말인가? (…)
>
> 이렇게 억울하게 죽어가니 몇 날 동안 송진 기름과 시체타는 냄새가 코를 찔렀고, 시체타는 불길은 하늘에 충천했다. 낮에는 검은 연기가 소록도를 덮었고, 밤에는 불기둥이 남쪽해안을 붉게 물들였다. 하늘도 무심치 않아 지나가던 구름도 걸음을 멈추고 눈물을 뿌리고 갔다니 오— 통재라! 이 원통함과 억울함을 누구에게 하소연 하랴![43]

위의 증언에서는 "여수반란 사건이 일어난 그 무렵" 소록도 내에서, 일본에서 귀향한 동포들과 한센인들 사이의 갈등을 보여준다. 해방과 한

---

41 국가인권위원회 인권상황실태조사 연구용역보고서(2005), 국사편찬위원회(2005), 일제강점하강제동원피해진상규명위원회(2006), 국립소록도병원(2011) 등.

42 임효선. 1935년 경상남도 통영시 출생. 1944년 한센병 발병. 1949년 중앙나요양소 입원. 1950년 한국전쟁을 겪음. 1959년 안동 성좌원으로 이주. 1961년 부산 용호병원에 입원. 정근식 편, 『또 하나의 고향, 우리들의 풍경』(국립소록도병원), 선인, 2011, 325쪽.

43 김병련, 「하늘이여, 땅이여!—소록도 대학살 사건의 전모—」, 『그리 아니하실찌라도』, 소망사, 1985, 173~174쪽.

국전쟁을 거치면서 소록도병원 내의 혼란한 상황에서 일본에서 돌아온 "귀향동포"와 "빨갱이 스파이"라는 모호한 존재가 문제적인 대상으로 떠오른 것이다.

정치적 이념의 소용돌이에 휘말린 소록도 수용소에서 사라진 영혼들은 "시체타는 냄새"와 "시체타는 불길", "검은 연기"와 "불기둥"의 이미지로 형상화된다. 이 파편화된 이미지들이 증언하는 소록도의 역사는 명료한 언어로 설명할 수 없는 역사의 빈틈을 가리킨다.

소록도의 역사(들)은 여러 지역에서 일어난 나환자 학살사건, 그 숱한 죽음(들)을 펼쳐 보는 작업에서 새롭게 해석될 여지가 있다. 『한국나병사』(1988)에는 나환자 학살사건이 아시아 지역에서 다양한 방식으로 행해졌음을 알려준다.

> 이[1945년] 8월의 사태로 억울한 죽음을 당한 사람은 무려 84명이나 되었다./ 이와 같은 나환자 학살사건은 중국, 동나이지리아, 일본 등에서도 있었다. 중국에서의 소살燒殺, 수장, 생매장, 동나이지리아에서의 생매장 등이 그러했고, 점령지의 환자를 배에 싣고 먼 바다로 나가 배와 함께 침몰시켜 버린 일본의 경우가 그러하였다. 하지만 광복과 자유를 되찾은 마당에서 죽어야 했던 이 비극은 이 나라 구라사에 씻을 수 없는 오점을 남긴 사건이었다.[44]

소록도의 다른 역사(들)은 일제강점기 강제노역에 의한 희생, '소록도 나환자 84명'의 죽음 사건 등을 비롯해 해방 전과 후의 동아시아 역사를 상세하게 비교 고찰하는 작업을 통해 이루어질 수 있을 것이다. 일본, 대만, 인도 등지에 산포된 한센인 요양소에 남겨진 한센인들의 자료들을 교차해 읽는 과정에서 그 죽음들의 역사적 의미를 가까스로 드러낼 수

44 대한나관리협회, 『한국나병사』, 앞의 책, 118쪽.

있으리라 생각한다.

6. "나병 생태학" 연구: 유준(柳駿, LEW Joon)의 『癩病 LEPROSY』(1962) 출간

잡지 《새빛》 1979년 4월호에 실린 유준(연세의대 교수)의 강연문 「나병에 의해 장해받은 사람들의 사회 복귀에 대하여The Integration of People Handicapped Due to Hansen's Disease into the Community」에서는 자신의 연구 이력과 함께 나병 계몽 사업의 핵심적인 요지를 설명하고 있다. 학술회의에서 발표한 기조 강연 원고인데 의학자로서의 진솔한 고백이 묻어나는 대목이 인상적이다.

다음은 유준 박사의 강연문 중에서 "1940년" 소록도를 방문했던 때를 회고하고 있는 부분이다.

> Before World War Ⅱ, we had a term referring to the children of a leprosy patient, as "Mi-Gam-A". With this historical term "Mi-Gam-A", those not yet infected such as the families of patients, particularly the children, have suffered prejudice unjustifiably. These prejudicial aspects of the problems in leprosy are also a major hindrance to the social integration of the sufferers and their families. (…)
>
> In 1940. when I was in my senior year at Medical College, we visited Sorokdo, a small island used for the segregation of leprosy patients, and during my 10-day stay there I was deeply impressed again by their hopelessness. The following year, after graduation, I went to Sorokdo to

work for 1 year and then I went to Japan where I was engaged in leprosy research until a little before the end of World War Ⅱ.

When I entered the field of leprosy service, I approached it with sentimental sympathy to a certain degree, but later I came to realize that I should study the microbiology of leprosy since leprosy is caused by a microorganism. This thought persuaded me to go to Japan to major in microbiology.[45]

위의 강연문에서 유준 박사는 "미감아"와 같은 차별적인 용어가 주는 편견이 나환자들이 사회 복귀를 하는 데에 방해가 될 수 있다고 지적한다. 그는 의과대학 학생으로서 소록도를 방문해 10여 일 정도 그곳에 머물렀던 때에 나환자들의 절망적인 현실을 직접 체험한 기억을 다시 떠올린다. 그는 소록도에서 1년 정도 일하다가 일본으로 유학을 떠나 나병의 미생물학을 공부했다고 한다. 제2차 세계대전이 끝나갈 즈음이었다.

다음은 유준 박사의 구술증언에서 일부를 옮긴 것이다. 이 증언에서는 앞서 읽은 강연문에서 읽을 수 없었던 이야기를 보다 상세하게 들려준다. "1941년 12월, 소록도"에 근무하고 있었던 의사에게는 부랑 나환자들이 그저 "걸인"이고 "거지"에 불과해 보였다.

내가 소록도에서 의사가 되어 가지고 처음 한 일이 무엇인고 하면은, 환자들을 막 걸인들을 붙들어 오는 거지요. 걸인들 나환자, (…) 문둥이 거지죠, (…). 한번 제일 처음으로 의사가 되어가지고, 무슨 일을 했냐면, 한 30, 40명 환자들을 붙들어다가 배에 태워 가지고, 의사가 진단을 해

45 柳駿(연세의대 교수), 강연문 「나병에 의해 장해받은 사람들의 사회 복귀에 대하여The Integration of People Handicapped Due to Hansen's Disease into the Community」, 《새빛》 1979년 4월호, 19~26쪽. "이 글은 4월 22일부터 27일까지 서울에서 개최되는 제6차 범태평양 재활회의에서의 주제 강연의 전문을 지면관계로 영문만을 싣게 되었다." 「편집자 주」

> 가지고, 첫째는 나병 환자와 나병 아닌 사람을 구분을 해야 된다구. (…) 그게 나는 의사로서 기계처럼 그냥 책에 있는 대로 소위 분류하는 거지. 그렇지만 그게 환자 개개인에 대해서는 소록도 생활을 하는데 기본 운명이 결정되는 거라구요.
>
> 그런데 앞에서 막 통곡소리가 난다고. 한 서른 댓살 되는 젊은 아줌마야. (…) 그 놈은 아직 나병이 아니라구요, 미감아라구요, 소위 그 때 당시 용어론. 미감아니깐, 난 기계적으로 '이건 미감아, 지 엄마는 나환자' 이렇게 분류를 했는데, 그러면 떨어지게 된다고. (…) 그 때 '야 기필코 나병 예방법을 개발해야 되겠단 말이야, 무슨 방법으로라도 나병이 자식들에게 전염하지 않는 예방법을 개발해야 겠다'고 그때 결심을 했어요.[46]

소록도병원에서 그가 처음으로 담당한 일은 "문둥이" "나환자 거지"들을 붙들어오는 일이었다. 그런 다음에 "걸인들"인지, "환자들"인지 분류하지 않은 채 "모집"된 사람들을 "의사로서 기계처럼" "분류"하는 일을 했다. "부랑"하다가 격리 수용된 사람들, 소록도에 수용된 부랑자들을 "나병 환자와 나병 아닌 사람"으로 구분하는 작업에서 의사의 눈길을 사로잡은 장면은 그런 분류 기준에 따라 한 가족의 비참한 "운명"이 결정된다는 사실이었다.

엄마가 "나환자"로 분류되는 순간부터 "미감아"인 아이와 환자인 엄마는 떨어져 지내야 하는 슬픈 "운명"을 살아야 했기 때문이다. 이 장면과 마주하면서 유준 박사는 "나병이 자식들에게 전염하지 않는 예방법을 개발해야겠다고 결심"했다고 한다. 다시 말해, 소록도에서 그가 결심한 것은 나균이 가족에게 전염되지 않도록 '예방법'을 개발하는 것이었다. 그런데 그것은 환자를 환자가 아닌 사람과 분리 수용해 전염을 예방해야 한다는 '격리' 정책의 요지와 크게 다르지 않았다.

---

46 유준/정근식 면담: 2004년 4월 6일, 5월 10일, 5월 17일, 6월 30일, 네 차례에 걸쳐 이루어졌다. 『한센병, 고통의 기억과 질병 정책』(구술사료선집1), 국사편찬위원회, 2005, 238~239쪽.

하지만 유준 박사는 나환자들을 붙들어다가 소록도에 가두는 일본의 격리 정책은 더 이상 "경제적으로, 통치명령으로 불가능한 일이"라고 판단했다. 소록도에서의 경험을 토대로 한 "나병 사회학", "나병 생태학적 연구ecological study"는 다음과 같은 목적을 지니고 시작되었다.

> 결국, 일본식으로 나환자를 붙들어다가 소록도에 가두어야 된다면 5만명을 어디다가 가두는가 그거예요. 도대체 물리적으로 안 되는 일이예요. 첫째는 소록도가 정치력이 약화되니까 거기 있는 나환자가 전부 뛰쳐 나왔구요. 잡아다 갖다 집어넣는다는 것도 경제적으로, 통치명령으로 불가능한 일이구, 설령 넣었다고 해도 무슨 재주로 만 명, 2만 명, 5만 명 먹여 살려요. (…) 그런 판국에서 어떻게 나병을 통치하느냐구. 치료하는 약도 없었다고요. 나병을 없애는 방법이 무엇 있어요. 그 때 말이지. 아무런 방법이 없는 그런 상태에서, 그래도 나병은 퇴치해야겠더라구. (…)
>
> 생각한 게 결국 나환자 자신들의 양심에 호소하는 수밖에 없더라구요. 나환자 자신들의 양심에 호소하는 수밖에 없어요. 나병이 전염병이라니까, (…) "서로 사랑하자, 우리는 서로 사랑하고 돕자. 우리도 우리나라 백성으로 우리나라 조국 재건에 우리들도 책임이 있다. 우리가 가진 비극은 다시 후손에게 남겨주지 말자. 우리가 죽을 때 나병도 같이 죽자" 그 때 내가 만든 표어예요, 그것이 말이야. 그 때를 생각하면, 그 말이 내 감정을 표시하는 말이요.
>
> (…) 내 경제학은 아주 심플한데 '96명이 일을 해서 4~5놈쯤 먹여 살리는데 못 할 건 뭐냐. (…) 저들이 노동해서 먹고, 일반 사람한테는 접촉하지 않으면, 나병이 더 나지 않을 테니까, 접촉하지 않는 것은 자기가 가진 이 비극을 우리나라 딴 사람한테 주는 것을 양심적으로 안하게 하면은 그게 나병을 방지하는 방법일 것 아니냐. 강제로 불러다가 소록도에 가두고 국가에서 예산 쓰는 것보다도 환자 자신의 양심에 호소하는 것, 그렇게 남한테 병균을 안 붙이게 하고, 국가는 쌀값만 부담하면, 나

환자를 소록도에 갖다 가두는 것보다 더 효율적으로 나병을 방지할 수 있지 않느냐?'[47]

요컨대 그의 나병 연구는 "어떻게 나병을 통치"해야 하고 "치료하는 약도 없"는 상태에서 "나병은 퇴치해야겠"다는 일념에서 비롯된 것으로, 일본의 강제적인 격리 정책과 변별되는 방식을 지향했다. 유준 박사가 만들었다는 표어, 즉 "서로 사랑하자, 우리는 서로 사랑하고 돕자. (…) 우리가 죽을 때 나병도 같이 죽자"에서처럼 나병의 생태학은 환자들에게 자신과 국가에 대한 "사랑"의 감정에 호소했다.

다시 말해 나병의 생태학적 연구는 "나병이 어떻게 해서 생기고, 어떻게 살다가, 어떻게 거지가 되고, 어떻게 하다가 죽더라"를 밝히려는 것이었다. 그것은 곧 소록도에 나환자를 격리하는 것에 따른 국가 경제 비용을 절감하고 다수의 나환자를 효과적으로 "통치"하기 위한 방안으로 고안된 것이다.

1949년 9월 4일 《동아일보》에는 남한에 4만여 명의 나환자가 있는 것으로 추정하고 그중에서 약 2만여 명의 환자들을 대상으로 설문조사를 실시할 계획이라는 기사를 보도했다. 환자들을 대상으로 한 설문지는 몇 개의 질문형 문장으로 작성되었다.

一. 국가의 보호를 원하느냐
一. 방랑하는 것이 좋으냐
一. 환자끼리의 사회를 원하느냐
一. 요양소에서 규율있는 생활을 원하느냐
一. 요양소에 교회敎會 설치를 원하느냐
一. 병에 대하여 어떤 치료를 원하느냐

47 유준/정근식 면담, 『한센병, 고통의 기억과 질병 정책』(구술사료선집1), 앞의 책, 270~272쪽.

-. 요양소에 무슨 시설을 원하느냐
-. 일년에 몇 번씩 요양소 사이에 내왕을 원하느냐
-. 현재 무엇을 원하느냐

등의 광범한 범위에 걸쳐 주로 가부만을 답하기로 되어 있는데 과거에 우리나라에서는 이러한 종류의 여론조사가 금번과 같이 대규모적으로 시행된 일이 없었던 만큼 과연 금번 조사결과 그들이 무엇을 원하며 또한 무엇을 생각하고 있는지 그 결과에 대하여 관계당국은 물론 일반은 심심한 관심을 가지고 주시하고 있다 한다.[48]

이 설문지의 목적은 "당신" 곧 나환자들, "그들이 무엇을 원하며 또한 무엇을 생각하고 있는지 그 결과에 대하여" 조사하는 것이었다. 설문지는 환자들이 "원하는 것"을 환자들에게 직접 질문하고 있다. 나환자들에 관한 "관계당국"과 "일반"의 "관심"을 환기하면서 현재 직면한 문제들에 대한 해결 의지를 보여준다. 하지만 설문지를 작성한 주체와 설문에 응답하는 대상 간에는 좁힐 수 없는 거리가 자리해 있었다. 설문지 항목을 만들고 설문 결과를 분석하는 주체는 언론매체, 국가, 요양기관 등에 소속되어 여론을 수렴하거나 치료 및 요양을 담당하는 사람들이었기 때문이다.[49]

유준 박사는《동아일보》1962년 7월 7일의 지면을 통해 "오랜 동안의 박해와 버림에서 구제받을 수 있고 나아가서는 완치 후 사회에 기여할 수 있는 방도를 마련하는데 적극적으로 협조해야 할 것이"라고 당부하면서 "나병환자의 황무지개척이나 간척지 개척 같은 정착사업은 그들을 구

48 「당신은 무엇을 원하나?: 문둥병자의 대책에 앞서 보건부서 전국환자 소원조사」,《동아일보》1949년 9월 4일.

49 다음의 논문에서는 이 설문지를 포함해 한센병을 재현하는 주체들의 인식 차이를 발화 분석을 통해 읽었다. 한순미, 「거울과 카메라: 한센병 발화에서 "당신"의 각도」, 『의료사회사연구』 7, 의료역사연구회, 2021, 35~64쪽.

제할 수 있는 유일한 방도"[50]라고 제안하였다.

한편, 나병의 학술적 연구는 "조국"과 "복지국가" 건설이라는 거대한 목표와도 분리되지 않는 일이었다. 유준 박사는 K군에게 보내는 편지에서, 프랑스 미생물학의 창설자 파스톨의 명언을 인용해 "나병연구"를 곧 "조국"이 맡긴 일이라고 했다.

> 이 나라에서 지금처럼 힘든 때에 나같은 사람에게 이만큼 대우해 주었으면 족하지 그 이상 무엇을 내가 원하겠나. 나병연구만 해도 그렇지. 내가 이 나라의 주인이니까 그 문제를 나에게 맡겼지. 남의 나라에서 그것이 가능했겠나.
>
> 긴말을 쓸 수 없네만 조국은 나에게 일거리를 주고 그리고 배고프지 않게 해주고 주인으로서의 인정을 해주었지. 우리가 다같이 존중하는 불란서의 미생물학의 창설자 「파스톨」의 명언 「학문에는 국경이 없지만 학자에게는 조국이 있다」는 말은 내가 가장 믿는 말 중의 하나지. (…)
>
> 조국은 더 큰 것을 자네에게 기대하고 준비하고 있다네.[51]

> 현재 우리는 굉장히 강력한, 인류 역사 아니, 과거 5천년의 역사에서 가질 수 없었던 강력한 나균을 캐취할 수 있는, 생멸할 수 있는 힘을 갖게 되었다.
>
> 그래서, 현재 우리는 하느님의 사랑과 과학력을 갖춘, 다시 말해서 훈련된 과학자의 힘에 의해서 나병을 퇴치할 수 있는 가능성이 생기게 된 것이다.[52]

또한 "하느님의 사랑과 과학력을 갖춘, 다시 말해서 훈련된 과학자의

---

50 《동아일보》 1962년 7월 7일.

51 柳駿(연세의대 교수), 「學問에는 國境없고 學者에겐 祖國있다—歸國을 앞둔 K군에게—」, 《새빛》 1975년 1월호, 4쪽.

52 柳駿, 「卷頭言: 韓國 癩病問題 解決을 爲한 基本姿勢」, 《새빛》 1976년 3·4월호, 5쪽.

힘에 의해서 나병을 퇴치할 수 있는 가능성이 생기게 된 것이"라고 나병 연구자로서의 자부심을 드러냈다. 학문을 한다는 것은 "국경"을 초월하는 사랑을 실현하는 일과 다르지 않았다.

유준 박사의 저서 『나병』(1962) 연보에 따르면, 그는 1941년 3월에 경성의학전문학교를 졸업하고 일본규슈제국대학에서 의학박사학위를 받았고, 1955년 6월에 미국가주대학에서 이학박사를 수여했다. 책을 집필할 당시 연세대학교 의과대학 미생물학교수로 재직하면서 세계기독교선명회 특수피부진료소 소장, 대학나학회 회장을 맡았다.[53] 1964년 잡지 《새빛》 발간인으로서 정착촌 운동을 이끌었으며 육영수 여사, 신정하 주간, 시인 한하운 등과 함께 한센병 정책을 수립하는 데에 핵심적인 역할을 담당했다.

7. 신체를 구획하는 질병 언어: 본병/객병

한센인들의 고통스러운 삶과 역사는 한센인/한센병을 둘러싼 언어 표현에 새겨 있다. 질병을 앓고 있는 몸은 매일 지속되는 재난의 장소이다. 질병을 둘러싼 언어는 신체를 새롭게 구획한다.

해방 이후, 한센병 치료약품의 개발 및 도입은 한센인의 신체와 한센병 치료에 대한 인식을 점진적으로 바꾸었다. 환자의 증언과 기록에서 "DDS가 소록도에 들어온 후"의 치료 상황을 들을 수 있다. 흥미로운 것은 환자들이 나병을 "본병"이라고 불렀던 점이다. 나병/나병이 아닌

53 柳駿, 『癩病 LEPROSY』, 延世大學校出版部, 1962. 이외에 저자 이력은 다음을 참고. 유준 교수 정년퇴임 기념 특집, 「柳駿 教授 略歷」, 『나학회지(癩學會誌)』 14(1), 대한나학회, 1981년 9월호, 63~64쪽.

다른 질병들을 각각 본병/객병이라고 표현하면서 위계질서를 부여한 것이다.

> "매독 있는 사람은, 대개 다 나환자는 매독 치료 하고 있는데, 매독 치료 받고 해야 본병 치료가 되지, 매독 치료 안하면 본병 치료 안 된다구."[54]

> 환자들은 흔히 나병을 본병이라고 부르고 그 외의 질병을 통칭하여 객병이라고 한다. (그러나) 「설폰」제인 DDS가 소록도에 들어온 후로는 이들이 말하는 본병으로 사망하는 예는 거의 없고 오랜 투병 생활과 DDS의 장기복용으로 부작용 혹은 자연노쇠 사망이며 또한 좁은 지역에서 많은 환자들이 밀접해 살아가기 때문에 계절이 바뀔 때마다 여러 가지 유행성 질병 등이 만연되고 있어 항상 치료본관 각과各科복도에는 각 부락에서 모여드는 수진受診환자들로 매일 파시波市를 이루었다. (…) 막상 어떤 사명감에서 투신하다고 해도 국가에서 충분한 처우를 못해 줄 뿐만 아니라 교통마저 불편한 곳이라 자녀 교육문제 등 어려운 여건 때문에 소록도는 의사醫師마저 외면하고 있어 객병客病으로 의사의 청진기 한번 가슴에 대어 보지 못하고 숨을 거둔 환자가 허다하다.[55]

소록도병원에서의 치료 경험을 회고하고 있는 한 환자의 증언에서는 나병과 매독 중에서 매독을 먼저 치료해야 나병 치료를 할 수 있다고 말한다. "본병"인 나병을 치료하기 전에 "매독"을 우선 치료해야 한다고 알고 있었던 것은 어떤 근거에서였는지 명확하지 않다.

---

54 최무경 증언, 『한센병, 고통의 기억과 질병 정책』(구술사료선집1), 앞의 책, 79쪽.

55 심전황, 『소록도 반세기』, 앞의 책, 244쪽.

치료제의 도입으로 본병인 나병 치료가 어느 정도 이루어졌다고 해도 본병이 아닌 객병을 어디에서 치료해야 할 것인지가 중요한 문제로 대두되었다. 정착촌 건설 사업이 진행된 이후에도 한센인은 신체의 외부에 흉한 표식을 지닌 혐오의 대상으로 인식되었다.

한센인에게는 감각의 마비와 상실, 불구와 절단의 신체를 치료하는 것, 일반인의 편견과 차별의 시선을 없애고 흉한 모습을 수술해 치료하는 것이 절실한 과제였다. 한센인들은 본병인 나병 치료를 받은 후에, 본병이 아닌 객병을 치료할 수 있는 일반 병원이 필요했던 것이다.

> 현대적인 나병개념으로 이해해 주고 격의 없이 접촉하여 주는 사람은 극소수에 불과하고, 「병이 나았다」는 나의 자랑을 웬걸 믿어 줘야 말이지. (…) 병흔病痕! 이놈의 것 때문에 어머님을 비롯한 가족들도 의아해하는 표정이고, 이놈의 불구기형不具畸形 때문에 수모를 계속 겪어야 했었다. 틀어지고(입), 늘어지고(발목), 꼬부라지고(손가락) 한 꼴… 내가 나를 스스로 살펴도 몰골이 볼품아니다.[56]

작가 김백의 발언처럼 한센인들은 치유된 이후에도 “병흔”이 남아 완전하게 치유되었다는 “믿음”을 주기 어려워 혐오의 대상이 되었다고 여겼다. “병흔”과 “불구기형”은 한센인들에 대한 2차 혐오감을 일으키는 근본적인 원인이었다. 따라서 한센인들은 “불구기형”으로 인해 손상된 신체를 치료할 수 있는 의학이 일반화될 수 있는 날을 기대했다.

《새빛》에 수록된 의학 강좌들은 신체의 불구와 절단이 한센병과 직접적으로 연관된 것이 아니며 그런 상황을 겪지 않도록 스스로 예방해야 한다는 것을 거듭 강조한다. 이것은 한편 일반인이 한센인에 대한 두려

---

56 金白(작가), 「특집 광복 20년의 나병: 성형수술을 받고난 소감」, 《새빛》 1965년 8월호, 9쪽.

움과 공포를 갖지 않도록 하기 위해서였다. 환자 스스로 신체를 불구 상태가 되지 않도록 예방한다면 일반인의 잘못된 인식을 개선할 수 있다고 보았기 때문이다.

- 나병사회에서는 나병을 가리켜 '본병本病'이라 하고 여타의 내과적 및 외과적 갖가지 모든 질환을 '객병客病'이라 한다. 현대의학의 힘으로 본병을 고쳐서 사회에 복귀한 이른바 나자癩者의 객병의 치료가 문제다.
- 사회인의 한 사람으로 사회에 돌아왔으니 일반사람이 출입하는 병원이면 어느 곳에서든지 치료받아야 하겠지만 현실은 그렇지 못하니 딱한 사정이며 7만 나인구癩人口의 관심꺼리다.
- 글 쓰는 사람이 없는 나계에서 그래도 작품활동을 해서 구라사업에 이바지해 보겠다던 김백金白씨는 대표적인 희생자의 한 사람이었다.
- 작년 11월 원인 모를 급한 객병을 앓고 광주 시내의 여러 병원을 찾았으나 현관에서 거절 당하면서 이리저리 쫓아다니다가 주사 한 대 맞아보지 못하고 원인도 모르면서 죽어갔다는 부음을 듣고 안타까워 했었다.
- 지난 여름에는 너무도 유명한 나계의 시인 한하운韓何雲씨가 간장염으로 입원을 하는데 곡절이 많았다고 한다. 한韓 선생은 다행히도 입원치료를 받고 완쾌 퇴원을 해서 기쁘고 다행한 일이기는 하다.
- 그러나 많은 나인구癩人口가 위급한 병이나 수술 또는 여타의 객병을 마음놓고 치료 받을 수 있는 병원 하나쯤 있어야 되지 않을까. 급한 환자를 이리저리 갈팡질팡 데리고 다니다가 어찌된단 말인가.
- 그보다는 일반 병원에서 한 사람의 환자로서 받아주어야 되지 않을까. 물론 나병에 대한 편견이나 염오에서가 아니라 다른 환자들에 미치는 영향 때문이라고 하겠지만 이런 점 나병 계몽에 종합병원이 앞장서는 것도 결코 무의미한 짓도 아닐 것이다.[57]

《새빛》 1968년 12월호에 실린 글에서 보듯이, 나환자들이 나병 외에 다른 질환을 치료하기 위해 찾아갈 만한 병원은 드물었다. 나병을 치유한 후 사회로 복귀한다고 해도, 객병을 치료할 병원이 없는 현실에서, 나환자들이 자유롭게 "출입"할 수 있는 병원이 마련되어 있지 않은 상황에서 나환자들의 고통은 지속되었다. 나환자의 진정한 사회복귀는 요원한 과제였다.

8. 재현의 주체와 각도: 문학의 시선

한센인/한센병을 재현하는 주체는 한센인 자신, 의사와 간호사 등 의료 관계자, 선교사와 목사 등 종교계 인물들, 그리고 건강한 일반인 등으로 다양하게 분류된다. 그런데 소록도병원에 거주했던 환자들, 전국 각 지역 요양소에서 거주한 한센인들, 한센인 치료를 담당했던 의학계 및 종교계 인물들이 남긴 기록들에는 적지 않은 균열이 보인다.

한센인/한센병을 재현하는 태도는 중립적이지 않았다. 한센병과 한센인을 재현하는 언어는 재현 주체의 성격과 위치에 따라 서로 다른 기억과 서사를 들려준다. 한센인을 향한 낙인과 추방의 문화사를 읽기 위해서는 한센인과 한센병을 재현한 다양한 텍스트들을 교차해서 겹쳐 읽는 작업을 병행해야 한다. 이와 같은 작업은 의학, 역사학, 인류학, 사회학 등 여러 분야의 연구 성과에 힘입어 진행해야 할 학제적 공동 연구 과제이다.

본 연구에서는 '기억과 서사'를 역사 기록의 이면을 읽는 주요한 대상이자 방법론으로 도입한다.[58] 이런 작업을 통해 역사학과 사회학의 영역

57 「볼펜 : 客病을 治療해 줄 곳은」, 《새빛》 1968년 12월호, 9쪽.

에서 충분하게 드러내지 못한 망각, 변형, 혹은 누락된 역사 기억과 서사를 읽기 위한 것이다. 한센인들의 '삶과 역사'의 흔적을 '기억과 서사'을 매개로 살필 수밖에 없다는 것을 한계가 아니라 오히려 하나의 '가능성'으로 설정하고자 한다.

문학의 시선을 도입한다는 것은 어떤 의미가 있는가. 문학의 시선에서 던지는 물음은 다음과 같은 것이다. 한국 한센병 역사를 읽는다는 것은 사회적 타자인 그들의 고통에 다가설 수 있다 하더라도, 그것은 진정 그들의 것이라고 할 수 있는가. 한센병 역사의 기초 자료가 될 수 있는 각종 역사서, 한센인들의 구술증언, 의료 관계자들의 기록, 목사나 신부 등 종교계 관련 자료들에서 진술된 내용을 종합하는 것만으로 한국 한센병 역사를 제대로 말할 수 있는 것인가.

문학의 시선은 구술증언, 역사 기록, 언술, 문학 등 자전과 허구의 '서사'에 담긴 징후를 분석하는 가운데, 아직 충분히 말해지지 않은(말할 수 없었던) 한국 한센인들의 삶과 기억을 드러내기 위해 요청된다.

한센인/한센병의 기억을 문학의 형식으로 기록하는 방식은 다채로운 양상을 보였다. 기억과 서사의 주체가 누구인가에 따라 한센인에 의한 '자전서사'와 한센병을 소재 혹은 주제로 한 '허구서사'로 나눌 수 있다. 자전서사에는 한센인들의 비극적인 경험과 내밀한 고백이 담겨 있다면 한센병을 모티프로 한 허구적 성격의 서사에서는 한센병에 대한 인식과 공간에 얽힌 역사적 사건들을 통해 새로운 문제의식을 제기한다.

한센인의 자전서사에서는 환자로서 자기인식과 정체성, 몸과 질병, 삶과 죽음에 관한 인식 및 세계관 등을 살펴볼 수 있다. 한센인의 일기, 편지, 자서전, 에세이 등에는 슬픔, 고통, 저주, 울분, 복수 등 감정의 결들이 복잡하게 교차한다. 그곳에서 한센인들의 자기정체성과 일반인들이 한센인들을 바라본 시선의 차이가 전해진다.

58 오카 마리, 김병구 역, 『기억·서사』, 소명출판, 2004.

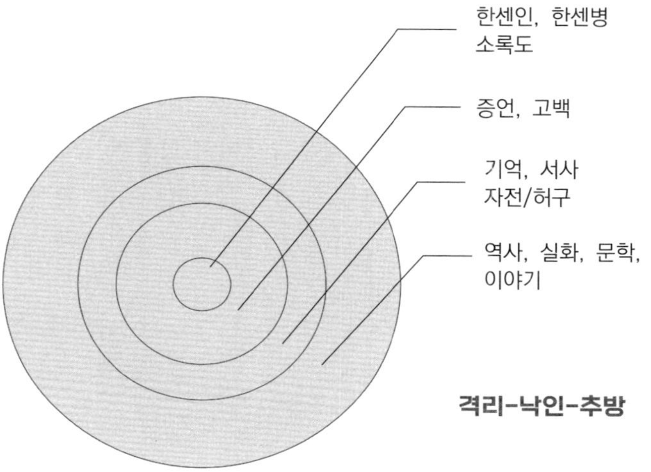

한센인 작가들의 자전적 문학은 공식적인 역사 기록이 나오기 이전에 한센인의 역사를 증언하고 있다는 점에서 의미가 크다. 무명생/심숭–윤지영–한하운–김백–노석현–심전황 등으로 이어지는 한국 한센병 문학의 계보에서 작가들이 말하고 쓰는 방식은 변별적 차이를 보인다.

예컨대 심숭, 윤지영, 노석현이 허구적 성격의 '문학'이라는 장르를 통해 주로 발언했다면 심전황과 김백은 자신들의 글이 사실에 근거한 '실화'라는 점을 강조했다. 한하운의 문학은 월남 이후 나병 '계몽' 운동가로서 활동한 이력과 함께 읽어야 한다. 한센인들의 기억과 흔적은 '역사'와 '이야기', '문학'과 '실화' 등 다양한 장르의 겹과 층을 독해하는 과정에서 겨우 드러낼 수 있을 것이다.

잡지 《새빛》에는 한센인의 자전서사, 나병 계몽 문예 작품, 한센병을 모티프로 한 허구서사들이 공존하고 있었다. 이 세 가지 유형의 한센병 문학(들)은 동시대에 출간되었지만 서로 다른 특성을 보였다. 그것은 '한국 한센병 문학'의 다층적 맥락을 지시한다. 한센인의 자전서사와 허구서사, 나병 계몽 문예 작품은 '나환자'와 '건강한 사회인'이라는 다른 위치에서 쓰인 것들로서 재현의 영역에서 비교할 점이 적지 않다.

우리의 과제 중의 하나는 자전서사와 허구서사, 나병 계몽 문예 작품 등 여러 유형의 텍스트들을 포함해 서로 겹쳐 읽기를 시도하는 것이다. 이 방면의 연구를 진척시킨다면 한국문학사에서 그동안 충분하게 서술되지 않았던 소수자 타자의 문학사를 보완할 수 있으리라 기대한다. 이를 통해 한센인/한센병이 한국근현대사에서 어떤 질문들을 제기하면서 뜨거운 쟁점이 되어 왔는지를 확인할 수 있을 것이다.

2부

잡지 《새빛》의 구라사업과 계몽 운동의 방향

《새빛》에 실린 자료들은 나병 계몽 정책, 계몽 운동의 흐름과 변화 속에서 살펴야 할 대상들이다. 자료들의 성격과 유형은 매우 다양한데, 그 자료의 가치나 중요도를 따지기보다 무질서하게 흩어진 자료들을 수집, 검토하는 것을 일차적인 과제로 설정하였다. 한센인 치료 기관 및 요양 시설에서 발간된 자료들을 발굴, 수집하는 일은 근현대 한센병 문학을 체계적으로 읽기 위해서 지속해야 할 작업이다.

《새빛》에 수록된 자료들은 발간된 시기에 따라 약간 다른 색채를 보인다. 1970년대 이후 잡지의 내용과 구성 변화와 함께, 계몽 운동의 방향이 어떻게 달라졌는지를 볼 수 있다. 나병 계몽기 나병 관리 정책은 정치적, 종교적, 의학적 담론과 결합하면서 미시적인 변화들을 보였다.

1972년 유신체제로 접어들면서 한센병 문학 자료의 성격 또한 이전 시기와 비교해 볼 때 달라졌다. 유신체제기는 한국 한센병 문학사에서도 주요한 전환점이었다. 이 시기 《새빛》의 '문학' 관련 자료들은 '한국' 한센병 문학을 어떤 각도에서 다가설 수 있을 것인가라는 고민을 안겨준다.

2부에서는 《새빛》 창간 배경 및 구라사업을 중심으로 이 잡지가 어떤 목적으로 기획되었으며 이후 계몽 운동이 어떠한 방향으로 나아갔는지를 읽어보려 한다. 이러한 작업은 곧 '한국 한센병 문학을 어떻게 읽을 것인가'라는 물음으로 수렴된다. 우선 나병 계몽 운동의 초점과 방향을 간략하게 살피면서, 한센병 문학 연구와 관련된 자료들을 간추려 소개하고자 한다. 이에 관한 자세한 분석은 후속 과제로 남겨둔다.

1. 잡지 《새빛》 창간 배경 및 구라사업

1) 비전 없는 사회에서, 새빛 *THE VISION*

잡지 《새빛》은 원래 1963년 《서광》이라는 이름으로 발간하던 잡지를 1964년 8월(제2권 4호)에 개간한 것이다. 《새빛》은 그 전신인 《서광》이 표방한 "나병에 대한 선전계몽지로써의 그 빛"을 수용해 나병 치료/예방/계몽이라는 3대 목표로 설정해 구라사업을 전개했다. 《새빛》 1978년 2월호의 표지 사진은 "지금으로부터 15년 전에 새빛의 전신인 '서광'의 창간호 표지"로 장식되었다.[1]

《서광》의 한 독자는 비록 짧은 기간에 불과했음에도, 투병생활 중에 "희망"을 주었던 잡지 구독에 대한 소감을 다음과 같이 표현했다.

> 구라사업救癩事業의 3대 목표인 나병치유 및 예방, 그리고 계몽을 표방하고 한국구라전선에 첫 선을 보이게 된 우리의 대변지 "서광"의 탄생 이개성상二個星霜을 돌아봄에 앞서 본지의 내일에 무한한 발전과 영광

1 「표지 사진 설명」, 《새빛》 1978년 2월호, 35쪽.

있기를 비는 바이다.

내가 "서광"지를 처음 대한 것은 63년 5월 어느날! 같은 나우癩友의 문병시問病詩라고 기억된다. 그러니까 제1권 2호부터였다. (…)

지난 수세기 동안, 한국나병사에 있어 그 유례를 찾아 볼 수 없는 나병 계몽지로써의 "서광"은 비록 짧은 지령誌齡임에도 불구하고 절망적인 나환자들에게 가장, 새로운 지식과 과학적인 치료방법과 구령救靈의 길을 터놓아 주었을 뿐만 아니라 희망의 세계를 구현함에 있어 인내와 용기 그리고 벅찬 의욕을 선사해 주었던 것이다. "서광"의 빛은 결코 여기에서 멎어진 것은 아니다. 나병에 대한 선전계몽지로써의 그 빛은 국내의 방방곡곡에 깊숙이 침투 되어 나병에 대한 사회인의 무지와 공포의식을 여지없이 뒤엎어 놓았던 것이다.

이것만으로도 우리의 "서광"은 시대요구에 절실한 나병제거에 있어 "메스"적 역할을 다하고 있는 것이다.[2]

위의 글을 쓴 필자가 "신정하《서광》편집부장과의 짧은 면담" 중에서《서광》과《새빛》, 이 두 잡지가 "구라사업의 대변지로써" 어떤 "시대요구"를 담아 발간되었는지를 짐작할 수 있다. 한국나병사 및 의료사에서 두 잡지가 차지하는 위상과 가치는 매우 크다 하겠다.

'나병 계몽 잡지'를 부제로 내건《새빛》은 영문 제호를 '비전Vision'으로 정하였다. 발행인 유준 박사는 1964년 8월호에서 잡지 개간의 경위와 제목에 대한 소견을 이렇게 덧붙였다. "여러분의 사랑 속에 자라온 '서광'이 이번 호를 기하여 격월간에서 월간으로 발전함과 동시에 제호를 '새빛'으로 개간하게 되었습니다."[3]

《새빛》창간호의 첫 면은 유준 박사의 개간사와 함께 한하운의 시로 열었다.

---

2 남용환(국립칠곡병원),「"새빛"을 온 누리에—우리의 代辯紙—」,《새빛》1964년 8월호, 14쪽.

3 유준,「改刊辭」,《새빛》1964년 8월호, 3쪽.

빛은 만유萬有라/그러나 문둥이는 빛은 없어/낮이나 밤이나 캄캄한//어둠에서//빛이 그리운/해바라기의 향일向日.//주검의 세월에서/이제 새 빛이 새 빛이//어쩌면/이리도 눈부신 빛인가.//눈부신 새 빛이여/잃었던 문둥이의 빛을/인생을 찾게 하소서.//빛이여/생명의 빛이여/자유의 빛이여//새 빛이여/영원 하소서.//[4]

「편집 후기」 요새 사람들간에 "비전"이란 말이 유행어처럼 자꾸 쓰인다. 이것은 우리네 사회가 "비전"이 없다는 말일 것이다. 그러나 절망하면서도 절망 않는 것이 인간이 아니까. 희망을 잃은 이들에게 마음의 등불을 켜줘야 겠다. 그래서 이번 호부터 제호題號를 "새빛"이라 바꿨다. 여러분의 반려자로서 있는 열熱과 성誠을 다하려 한다.(P)[5]

한하운의 축시 「새빛—축《새빛》 창간」은 "빛은 만유라/그러나 문둥이는 빛은 없어"라는 구절로 시작한다. 시인은 어둠 속에서 살아왔던 한센인들이 "생명"과 "자유"의 "새빛"을 만날 수 있길 기원했다. 한센인들은 그토록 간절하게 염원했던 밝은 빛 아래로 걸어 나올 수 있었을까. '나병은 낫는다'라는 구호 아래에서도 한센인들은 여전히 주저함과 웅크림 속에서 지내야 했다.

잡지 이름을 '새빛'으로 정한 것처럼 이 잡지는 '어둠' 속에 있는 '문둥이'에게 '새빛'을 주기 위한 목적으로, 계몽적 성격을 지니고 출간되었다. 그런데 그것은 "사회가 '비전'이 없다는 말"처럼 사회 현실에 대한 비판적인 진단과 더불어, "그러나 절망하면서도 절망(하지) 않는 것이 인간이 아닐까."[6]라는 믿음 위에 근거했다. 다시 말해《새빛》은 절망적인 현실에서 희망을 찾고 비전 없는 사회에서 비전을 마련하겠다는 의지를 품고

4 한하운, 「새 빛—祝「새빛」創刊」, 《새빛》 1964년 8월호, 3쪽.

5 「편집 후기」, 《새빛》 1964년 8월호, 19쪽.

6 「편집 후기」, 《새빛》 1964년 8월호, 19쪽.

탄생한 것이다.

한센인 작가 심숭, 윤지영, 한하운, 김백, 심전황, 노석현 등은 실화소설, 수기, 역사 기록, 자전문학 등 다양한 장르와 유형의 글을 발표하였다. 작가들마다 선택한 장르가 각각 달랐고, 나병 정책과 현실을 바라보는 관점에 있어서 차이를 보였다.

한편 계몽 운동 하에서 잡지에 수록된 문학작품들은 대부분 단조로운 주제와 서사로 일관했다. 아동과 학생, 일반인이 투고한 글들은 나병 계몽 운동과의 연관성에서 독해하는 것이 관건이다. 나병 계몽문예 작품은 '나병 계몽 운동의 취지' 하에 모집된 작품들로서 일반인들의 시각에서 쓴 한센병과 한센인에 관한 이야기라는 점을 고려해 읽어야 한다. 거기에는 한센인/한센병에 대한 두려움과 공포, 동정과 연민의 감정이 동시에 담겨 있다.

아울러 《새빛》은 한국의 한센병 요양소를 비롯해 외국의 한센병 요양소 역사와 현실을 소개하는 시리즈를 게재하였다. 특히 한국과 일본 한센병 관계자들 간의 교류가 활발해지면서 '재일교포 환자의 생활기록' 코너를 마련하는 등 재일한센병 환자의 기록을 알리는 데에 지대한 역할을 하였다. 일본 한센인 요양소 애생원長島愛生園과 광명원邑久光明園에 거주하고 있는 재일교포 한센인들의 수기를 재수록해 식민지 조선에서 일본으로 건너간 한센인들의 삶을 가까이에서 접할 수 있는 기회를 제공했다.

세계 각지의 한센병 문학 및 한센병 요양소를 소개하는 글들을 번역해 수록한 작업도 주목할 만한 성과 중의 하나다. 1964년 12월호부터 1967년 11·12월호까지 실린 '연재실화: 미국 스타지誌 편집장의 일대기' 스탄리 스타인의 『이제는 외롭지 않다ALONE NO LONGER』(유준·신정하 공역, 총27회)를 대표적으로 들 수 있다. 스탄리 스타인의 생애 이력, 가명을 쓰고 살아왔던 이유, 한센인에 대한 보건당국의 태도와 미국 사회의 인식 등을 읽을 수 있는 일대기이다.

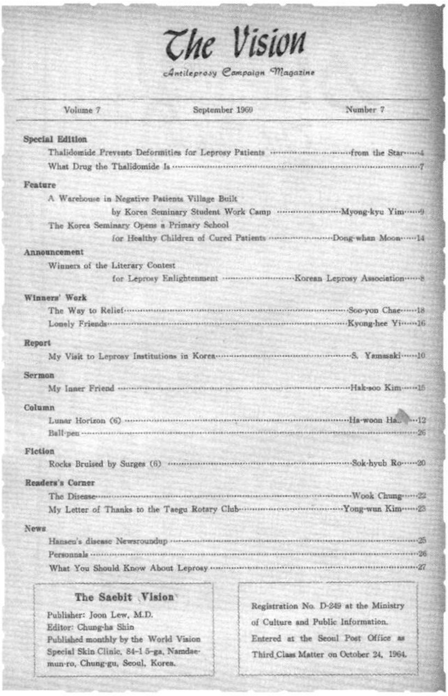

The Vision

Antileprosy Campaign Magazine

Volume 7 September 1969 Number 7

The Saebit Vision
Publisher: Joon Lew, M.D.
Editor: Chung-ha Shin
Published monthly by the World Vision Special Skin Clinic, 84-1 5-ga, Namdaemun-ro, Chung-gu, Seoul, Korea.

Registration No. D-249 at the Ministry of Culture and Public Information. Entered at the Seoul Post Office as Third Class Matter on October 24, 1964.

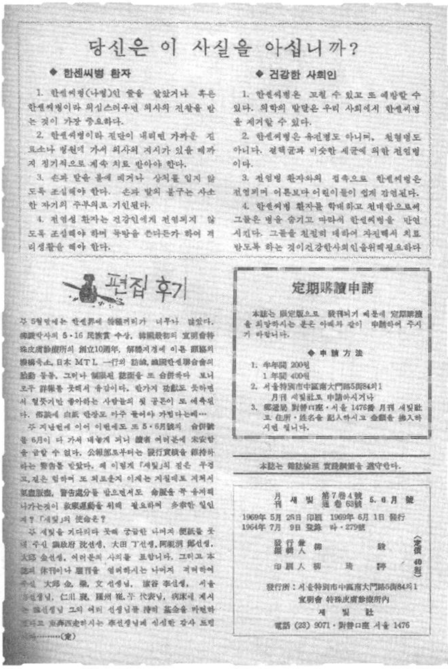

당신은 이 사실을 아십니까?

◆ 한센씨병 환자

◆ 건강한 사회인

편집 후기

定期購讀申請

세계 각국의 요양소와 나병의 실태를 번역 소개한 글로는 「에티오피아의 한센씨병 요양소」(1968년 8월호), 스탄리 J 바이너(구라선교회 주한대표), 「영국의 나병」(1968년 9월호), 神谷美惠子(일본 장도애생원 정신과장), 「영국의 「죠단」 나병원을 찾아서」(1968년 9월호), 유경운(국립나병원 의무과장)의 「동남아 나병기행」(1970년 9월호~) 등이 있다.

《새빛》은 국내의 나병 치료와 예방, 계몽사업만이 아니라 동아시아, 세계 각국의 요양소 상황을 소개하는 작업을 통해 구라사업의 범위를 확장하는 데에 기여했다. 국내외의 한센병 지식과 자료를 게재해 나병 계몽 정책을 수립하는 한편 계몽 운동의 방향을 설정하는 데에 공헌했다.

2) "이상한 잡지": "그것"

창간 두돌을 맞이한《새빛》1965년 2월호에서는 잡지 발간에 참여하는 사람들, 잡지를 구독하고 있는 사람들의 다양한 의견을 실었다. 그 가운데 잡지 보급부장의 짧은 글에 담긴 일화가 흥미롭다.

> 하루는 어느분이 찾아 와서 1년간 정기 구독 신청을 했다. 주소를 물었더니 자기가 한 달에 한 번씩 와서 가져가겠다는 것이었다. 우송해 주겠다고 해도 굳이 자기가 와서 가져가겠다고 한다.
>
> "우리들로서는 '새빛'을 꼭 봐야 될줄 압니다. 여러 가지 새로운 지식을 얻게 되니까요. 하지만 우송해주면 배달부는 물론 동네사람 또는 집안사람까지도 이상한 잡지를 본다고 소문이 나면 결국 내 입장이 난처해지니까요."
>
> "이 '새빛'은 환우도 환우지마는 그러한 주위 분들에게 보게 하기 위해 있는 것입니다. 그래야 계몽이 되어 나병에 대한 인식을 달리하게 되지요."
>
> "그 말씀도 일리는 있읍니다마는 아직 우리나라 현실은 그렇지 못하지 않습니까?"
>
> '새빛'을 보고 싶어도 남의 이목이 두려워 숨어서 보는 주소 없는 구독 신청자가 여러 사람 있다. 그래도 잊지않고 매달 발행일에 맞추어 와서 찾아가는 것을 보노라면 정말 안타깝기 짝이 없다.[7]

1965년 무렵《새빛》을 정기 구독하고 있던 한 독자는 '난처'한 '입장'을 호소했다. 독자로서 그의 고민이란 대략 이런 것이다. 그는 잡지에서 "여러 가지 새로운 지식을 얻게 되니까" "나병에 대한 인식을" 개선하기 위해서 구독해야 한다고 생각하지만 다른 사람들에게 "나병" 잡지

---

7 최옥천(崔玉天, 보급부장),「住所없는 購讀申請者」,《새빛》1965년 2월호, 19쪽.

를 구독한다는 소문이 날까봐 두려웠다고 말한다. 이 장면은 1960년대 중반, 한센인/한센병을 바라보는 마을 공동체와 사회 일반의 태도를 잘 보여준다.

《새빛》은 "여러 가지 새로운 지식"을 "환우"와 "주위 분들"에게 보급하는 데에 적지 않은 역할을 했으리라는 것은 의심의 여지가 없다. 그러나 당시 "아직 우리나라 현실"에서, 이 잡지는 "남의 이목이 두려워 숨어서 보는 주소 없는 구독 신청자가 여러 사람 있"을 수밖에 없는 "이상한 잡지"였다. 편집부장 신정하의 말에 따르면 나균이 전염될지도 모른다는 공포를 느낀 인쇄소 사람들 사이에서 "'새빛'이타는 제호는 '그것'으로 통했"[8]다고 한다.

한 익명의 정기 구독 독자가 전하는 난처한 상황은 잡지에 수록된 다양한 형태의 자료들을 어떤 시각과 방법론으로 접근할 것인가라는 물음과도 분리해 생각할 수 없는 것이다. 일반 대중의 인식을 계몽하자는 취지로 발간되었으나 남의 눈을 의식하면서 구독해 몰래 읽을 수밖에 없었던 "그것"에 수록된 자료들을 지금 여기에서 다시 읽는다는 것은 결코 쉽지 않은 과제이다.

1968년 10월호에 실린 「나병에 대한 여론조사 통계표」를 보면, 총 8개 문항 중에서 8번째 문항 '『새빛』 지에 대하여'라는 질문에 대해 '계몽지로써 필요한 책이다'라고 응답한 사람들은 88.9%에 달했다.[9] 학생과 일반인을 제외하고 공무원만을 대상으로 실시한 이 설문조사에서 사회 일반의 여론을 구체적으로 짐작하기는 어려운 일이다.

누가 해박한 의학적 지식과 대부분 한자어로 적힌 잡지 《새빛》을 읽었던/읽을 수 있었던 것일까. 이 잡지는 과연 한센인들의 입장에서 발언할 수 있었을까. 한센병 치료를 담당한 의사와 간호사, 의사협회, 의

8 신정하(辛定夏, 편집부장), 「代名詞 "그것"」, 《새빛》 1965년 2월호, 19쪽.

9 「나병에 대한 여론조사 통계표」, 《새빛》 1968년 10월호, 19쪽.

학 학회 등 한센병 관계자들이 대거로 참여해, 환자와 사회 일반의 인식을 계몽하기 위한 목적으로 발간된《새빛》은 궁극적으로 누구를 위한 것이었는지를 다시 묻게 된다.

3) 광복 전후를 회고하며: 광복 20년, 구라 24년

《새빛》 1965년 8월호의 「특집: 광복 20년의 나병」은 각계 인사들이 한국 나병의 역사와 현실을 회고하면서 현실의 문제들을 진단한 여섯 편의 글로 구성되었다. 유준(대한나학회장)의 「눈부신 나병관리의 발전」, 최흥종(목사)의 「8.15 광복 전후의 구라회고」, 방수원(세계로장성우회사무총장)의 「광복직후 구라사업은 이렇게 시작됐다」, 한하운(시인)의 「나자癩者의 지위는 얼마나 향상되었나」, 김백(작가)의 「성형수술을 받고 난 소감」, 김신아(국립칠곡병원)의 「요양생활은 얼마나 개선되었나」 등이 실렸다.[10]

1965년에 광복 직후를 돌이켜보면서 20여 년 동안 한국의 나병관리, 구라운동, 구라사업 등을 회고하는 자리에는 의학계, 목사, 작가, 한센인 등 다양한 단체에 소속되어 있는 사람들이 초대되었다. 특집글의 저자들은 해방, 전쟁, 정착촌 건설로 이어지는 동안 나병에 대한 사회적 인식과 환자들의 실태가 어떻게 달라져 왔는지에 대해 각자의 입장에서 기술했다.

> 해방 20년이 길다면 길고 짧다면 짧은 세월이었으나 이러한 일들은 필자가 학교를 갓졸업하고 소록도에서 연구하던 때 비참한 "문둥이"를 목격하던 시절, 또한 1946년 거리거리를 헤매던 "밀대 벙거지에 떨어진

10 「特輯: 光復 20年의 癩病」, 《새빛》 1965년 8월호, 3~10쪽.

> 잔뱅이 모습의 처참한 당시의 문둥이"를 목격하던 때와는 실로 격세지감이 있다.[11]

> 당시 나환자란 일본의 강제수용정책으로 각요양소에 격리되었는데 어수선한 기회를 이용 거리로 탈출해 나오기 시작했다. 비단 요양소에 있던 환자뿐만은 아니고 일제하의 강제수용과 비인간적 학대 때문에 은신했던 재가환자들이 대거 거리에 나와 유랑걸식하고 있었다./ 그런데 이들은 귀환동포들 사이에 끼어 숙식을 같이하고 있는 자 무려 500여명이 된다는 것을 알았다.[12]

> 환자 형제자매들에게도 부탁하거니와 이제는 불치不治의 시대도 아니요, 공포의 시대도 아니요, 가벼운 전염병으로 치유하는 광명의 시대가 되었으니만큼 구태의연하게 걸식 등으로 스스로의 수치를 들어내는 일은 삼가고 민중의 뿌리깊은 악인식 시정을 촉구하는데에 도움이 될만한 몸가짐을 지녀야 하겠다.[13]

위의 특집 코너에서 구라사업을 검토하는 기점으로 '8.15 해방 전과 후'의 시간을 설정한 것을 눈여겨볼 필요가 있다. 기획 특집 주제를 '8.15'라는 정치적 사건에 방점을 둔 것은 그 시기가 정치적, 역사적인 변곡점일 뿐만 아니라 해방 전후가 한국 한센병 역사에서도 중요한 변화가 일어난 시기였기 때문이라고 여겨진다.

8.15 광복은 "나병관리의 발전", "8.15 광복전후의 구라", "광복직후 구라사업", "성형수술"의 "소감", "요양생활"의 "거선" 상황 등 여러 면에서 이전과 이후의 나병 정책 및 치료의 변화를 비교할 수 있는 기준점이

---

11 柳駿(大韓癩學會長), 「눈부신 癩病管理의 發展」, 《새빛》 1965년 8월호, 4쪽.

12 方洙源(世界老壯誠友會事務總長), 「光復直後 救癩事業은 이렇게 始作됐다」, 《새빛》 1965년 8월호, 6쪽.

13 崔興琮(牧師), 「8.15 光復 前後의 救癩回顧」, 《새빛》 1965년 8월호, 17쪽.

다. 특히 한센인의 입장에서 광복 20년을 회고하면서, 주요한 관심사는 나환자를 바라보는 사회의 부정적 인식을 개선하고 나병을 완전하게 치료할 수 있다는 희망이 실현되었는가에 관한 것이었다.

의료적인 측면에서 볼 때 8.15 광복 이후는 나병 관리 정책, 치료제의 도입 및 개발과 유포 등에 있어서 이전 시기와 달라졌다. 요컨대 "해방이 식민의 유산을 극복할 수 있는 계기라면, 한센병 환자에 대한 대책도 변화의 계기를 맞이하였다. 한센병 환자들이 생활할 수 있는 공간 마련, 즉 정착부락사업은 의미를 가지는 변화였다. (…) 치료제의 개발은 정착을 가능하게 만든 의료적 배경이었다."[14] 다시 말해 치료제의 개발은 해방 이후 한센병 관리 정책, 특히 한센인들의 정착을 가능하게 하는 계기였다고 할 수 있다.

한하운은 이렇게 목소리를 높였다. "나癩 근절은 나자의 지위 향상에 있을 것이며 나자의 지위 향상의 급진전을 바라자면 정부가 세상이 놀랄 만한 제스처를 한번쯤 보여주어야 할 것이다."[15] 한센인들이 그런 세상을 맞이할 수 있으려면 무엇보다 성형 및 불구 치료가 이루어져야 했다.

> 나병은 낫는다, 불구도 수술로 교정할 수 있다. 보다도 불구가 되지 않도록 어렵잖게 예방할 수도 있다. 그런 것이 가능하게 된 세상이 된 것이다./ 이러한 사실들을 광복 20년을 헤아리는 오늘날에도 모른다거나 믿지 않은자가 있다면 20년을 거슬러 올라간 해방 직후에 송장과 다를 바 없게 되었었던 나와 별다름 없는 천하의 바보다. 경험에서 얻어진 지식으로 지금은 내가 바보를 면하고 있는 것이다.[16]

썰퐌제의 경이적 발명이 가져온 나병치료 부문의 변화를 논한다는 것

14 박윤재, 『한국현대의료사』(한국의 과학과 문명 018), 들녘, 2021, 172~174쪽.

15 韓何雲(詩人), 「癩者의 地位는 얼마나 向上되었나」, 《새빛》 1965년 8월호, 8쪽.

16 金白(作家), 「成形手術을 받고 난 所感」, 《새빛》 1965년 8월호, 9쪽.

> 부터가 불필요할 것 같아 생략하기로 한다. 우리가 이 분야에서 간주할 수 없는 사실이 있다. 그것은 곧 역할을 비롯하여 물리치료, 성형수술이 나병치료 분야에의 새로운 참여로 말미암아 긴 역사를 두고 대풍자유 전용의 원시적 약물료법의 협곡에서 벗어나 치료방법의 다양성을 띄우게 되어 나병의 예방은 물론 치유에 대한 우리들의 희망을 한결 증대시켜준 것이다.[17]

환자이면서 작가인 한하운, 김백, 김신아의 글에서는 "나자의 지위향상"과 더불어 "불구도 수술로 교정할 수 있다"는 확신, "썰퐌제의 경이적 발명이 가져온 나병치료"를 기대하는 목소리가 더 크게 들린다. 하지만 해방 이후 20여 년이 지났는데도 문둥이에 대한 낙인, 나환자들의 유랑걸식, 요양소를 탈출해 부랑하는 나환자들에 대한 문제는 충분하게 해결되지 않았다.

《새빛》 1969년 8월호에 실린 「특집 광복절 좌담회 구라 24년」은 구라운동의 성과와 전망을 중심으로 '옛이야기'를 다시 회고하는 자리였다. 이 좌담회는 신정하 주간의 사회로 유준(연세의대 교수), 차종석(여수 애양재활병원 총무과장), 김대발(안동 성좌원장), 방승준(보사부 만성병과), 진문원(나 사업가) 등이 참석해 진행되었다.[18] 이 좌담회에서 언급한 내용 중에서 '계몽'에 관한 일화들이 흥미롭다.

> 方[방승준]: 나사업에서 계몽사업을 많이 하는데 옛날에 계몽하던 형태를 한토막 이야기 하겠습니다. 한번은 포스타를 고안하는데 손구락이

17 金新芽(國立漆谷病院), 「療養生活은 얼마나 改善되었나」, 《새빛》 1965년 8월호, 10쪽.

18 參席者: 柳駿 박사(延世醫大 教授), 車宗錫 씨(麗水 愛養再活病院 總務課長), 金大發 씨(安東 星座園長), 方昇晙 씨(保社部 慢性病課), 진문원 씨(나 사업가). 司會: 辛定夏 씨(本誌主幹), 때: 1969년 8월 4일 오후 2시, 곳: 본지 사장실. 「特輯 光復節 座談會 救癩 24年」, 《새빛》 1969년 8월호, 4~9쪽.

다 달아나고 하나만 남은 것을 그렸지요. 표어는 「한번 걸리면 일생을 망친다」는 등 극단적인 것이 쓰여 있었구요. (…)

金[김대발]: 나협회 경북지부에서 계몽을 위해서 어느 화가에게 부탁해서 포스타를 그려 왔는데 나환자가 얼굴에 무엇을 쓰고 가는데 그뒤에서 나균이 좁쌀 같이 많이 떨어진다고 그려있었지요.(일동웃음)[19]

위에서 인용한 부분에서는 나병 계몽 사업에 활용한 '포스타' 및 표어를 둘러싼 에피소드를 들려준다. "한번 걸리면 일생을 망친다"와 같은 극단적 표현이나 나환자의 얼굴에서 "나균이 좁쌀 같이 많이 떨어진다고" 그렸던 것은 당시 나환자에 대한 혐오 감정을 보여주는 사례들이다. "나병에 무식하였던 시대"에 일어난 그 일들은 나병에 대한 무지로 인해 나환자 차별과 혐오가 발생한다는 점을 보여준다.

그러나 좌담회의 참석자들 대부분은 1969년 현재, 한국의 나병 관리 사업은 그때의 일들과 비교해 보면 "일본보다 앞서고 있"는 상태이며 세계적으로 주목받고 있다는 데에 의견을 모았다.

4) "환자의 비밀은 보장되어야 한다"

1966년 12월 28일자로 전국에 '재가나환자 등록구료 지침在家癩患者 登錄救療 指針'이 유포되었다. 총 9항으로 된 환자 관리 지침 중에서 '제1항 등록'에 관한 사항은 사회적인 이슈였다.

제1항 등록

1. 모든 나환자는 자신이 희망하는 의료기관에서 등록 치료할 수 있

19 「特輯 光復節 座談會 救癩 24年」, 《새빛》 1969년 8월호, 7쪽.

다. 따라서 모든 의료기관은 환자 거주지의 차별 없이 등록 진료를 실시한다.

2. 등록 환자의 신분상의 비밀은 의료법 제33조 제34조에 의하여 엄수되어야 한다.

3. 등록카드의 주소는 시, 구, 군, 면, 리까지 표시함을 원칙으로 한다. 그러나 환자의 신분상 비밀보장이 필요한 때에는 시, 구, 군 단위만 표시할 수 있다.

4. 모든 기록에는 환자의 사회적 신분은 표시하지 아니한다.

(…)

8. 환자의 비밀보장을 위하여 나환자 등록 및 치료를 담당할 직원을 지정하여야 하고 가급적 다른 직원은 이 업무에 관여하지 않는다.[20]

재가환자 등록 시에는 환자의 신분상 비밀보장을 위해 환자의 거주지를 간략하게 표시하고 사회적 신분은 표시하지 않는 것을 원칙으로 정했다. 이처럼 관리 지침에서 환자의 "신분상 비밀보장"을 강조하고 있는데 그것은 다른 문제들을 불러왔다.

환자 등록에 따른 비밀보장에 관한 문제는 1968년 9월호 '특집 이동진료반장 좌담회' 「환자의 비밀은 보장되어야 한다」에서 쟁점으로 거론되었다.[21] 이 좌담회에는 인도의 나병 연구 권위자로 알려진 와데카 박사(WHO 나병고문관)를 비롯해 전국 이동진료반장들이 참석했다. 나병 관리 실태와 환자의 비밀보장에 관한 사항이 중심 화제였다. 이에 대해서 하용마(제일이동진료반장)과 유준 박사는 상반된 입장을 보였다.

河[하용마]: 조금 전에 유柳 박사님도 말씀하셨습니다만, 환자가 처음엔

20 「在家癩患者 登錄救療 指針」, 《새빛》 1967년 1월호, 26~27쪽.

21 '特輯 移動診療班長 座談會' 「患者의 祕密은 保障되어야 한다」, 《새빛》 1968년 9월호, 4~11쪽.

자기의 사회적 신분을 유지하기 위하여 가명을 쓰고 주소도 틀린 주소를 사용해 오다가 증명서가 필요한 때가 오면 그때야 비로소 본명을 대고 정확한 주소를 말합니다. 말하자면 지금까지 속아온 셈이지요.(웃음) 어떤 의미에서는 불쾌한 느낌이 들기도 합니다.

柳[유준]: 난 그걸 불쾌하다고는 생각지 않지요. 불쾌하다기보다 오히려 지극히 동정이 가지요. 그래서 꼭 본명을 대라고 요구하지 않습니다. '언년이'라고 해도 좋구, '큰놈'이라거나 '작은놈'이라고 대도 좋습니다. 그러나 진단서를 떼어 달라고 와서는 '선생님, 그렇게 쓰시지 말고 요렇게 써주십시오.' 이러거든요.(일동웃음)

어떻게 생각하면 불쾌할지도 몰라요. 그렇지만 우리들 나의료사업에 종사하는 사람들은 그것을 불쾌하게만 생각할 것이 아니라 그들이 사회적으로 처해 있는 처지가 그렇게 할 수밖에 없도록 만들었다는 것을 참작하여, 그들을 동정해야 할겁니다.[22]

더욱 본질적인 문제는 환자의 비밀보장을 원칙으로 내세웠음에도 환자 스스로가 자신의 존재를 '사실' 그대로 드러내는 것을 원치 않았던 데에서 비롯되었다. 그 결과, 환자 등록을 할 때 "가명을 쓰고" "틀린 주소를 사용"하는 환자들의 태도에 대해 "불쾌"와 "동정"의 감정이 대립했다.

좌담회의 하단에는 '전국나병관리요원명단'을 게재했다. 나병 이동진료사업이 시행되면서 전국 각지에 나병관리요원들을 배치했음을 알 수 있다. 나병관리요원들은 전국에 분포되어 환자들을 관리하는 역할을 담당했다. 그런데 나환자의 비밀보장이 쟁점이 된 것은 환자 등록수를 높이려고 하는 '나병관리요원의 과잉충성'이 작용한 탓도 있었다.

이것은 나병의 치료와 나환자 관리 정책의 한계, 그리고 나병 계몽정책을 실현하는 과정에서 한센인을 바라보는 일반인의 부정적 인식이 얽혀 생긴 문제였다. 나병 관리 정책을 온전하게 실현하려면 나환자에 대

22 '特輯 移動診療班長 座談會' 「患者의 祕密은 保障되어야 한다」, 《새빛》 1968년 9월호, 9~10쪽.

한 일반인의 부정적 인식을 계몽하는 교육이 먼저 이루어져야 했다.

5) 나병 계몽교육의 방법

유준 박사는 나병 관리 정책의 방법으로 다음과 같이 "조사Survey, 교육Education, 치료Treatment의 3가지 (…) SET을 하자 즉 조기진단, 계몽교육, 그리고 치료를 하자는"[23] 입장을 취했다. 그러나 현실에서 세 가지 방법을 적용하는 데에는 어려움이 있었다.

《새빛》 1970년 12월호 '특집 나병관리 세미나' 코너에 실린 다섯 편의 글에서 나병 계몽교육의 현실을 자세히 읽을 수 있다. 이 세미나 코너에는 「나병관리 사업에 진력」, 「한국 나병의 현재와 그 문제점」, 「대한나협회의 나아갈 길」, 「나병에 관한 보건계몽」, 「나병환자의 사회복귀」, 「나병관리 세미나 개최」(보건사회부 주관, 대한나협회 후원) 등이 수록되었다. 나병 관리 및 계몽교육과 관련해 몇 부분만을 추려 인용해 본다.

> 특히 1970년도에 들어와서는 일선에서 나병관리사업에 종사하는 각급 요원의 확보와 질적향상을 도모하기 위하여 들에 대한 급료를 대폭 인상하는 동시, 장기간에 걸친 나병교육을 실시하여 신환자의 조기발견 조기치료, 불구예방 등 소기의 사업성과를 거두는데 진력하고저 가일층 나이동진료반을 강화하였으며 사회의 명랑화 조성을 위한 부랑나환자의 선도와 나병에 대한 대민계몽 등을 민간단체인 대한나협회 그리고 구라회원단체와 상호제휴하여 널리 추진해오고 있습니다.[24]

---

23 유준, 「SET만이 나병관리의 열쇠—우리의 定着事業 國際的으로 認定」(歸國報告), 《새빛》 1968년 3월호, 12~14쪽.

24 金泰東(保健社會部長官), 特輯 나병관리 세미나 「癩病管理 事業에 盡力」, 《새빛》 1970년 12월호, 4쪽.

의사, 검사원, 관리요원 등에게 나癩에 관한 보수교육補修教育을 실시하여 종사원을 육성하는 동시에 신문 잡지 라듸오 텔레비죤 등 매스컴을 통하여 국민을 계몽시켜 환자가 자진진료自進診療에 응하도록 하는 것이 매우 중요한 사업의 하나입니다.[25]

교육방법: 일반대중의 개인적 관심이나 이익에 일치하고 지적 수준에 맞는 1대1 접촉의 임상교육臨床教育이 원칙상 최상의 방법이라 하겠다./ 즉 1대1의 설득과 계몽은 매체를 통한 간접적 방법보다 훨씬 좋은 성과를 거둘 수 있다./ 이 간접적 방법은 그 성과가 큰 반면 제한된 시간과 인원으로 다수의 대상을 교육시킬 수 있는 필연적 약점을 가지고 있다.
이에 반하여 집단전달방식에 의한 라디오, T.V, 신문, 잡지, 전시회, 좌담회, 「팜프렛」 배포 등의 간접적 방법은 한정된 시간과 인원으로 실시할 수 있는 장점을 가지나 그 효과가 직접적 방법을 따라가지 못한다./ 교육방법의 선택은 해당사업의 성격, 시간 및 예산에 의하여 종국적으로 결정될 수밖에 없을 것이다.[26]

1970년대 이후 정부 주도 하의 나병 관리 정책은 "조기발견 조기치료, 불구예방 등 소기의 사업성과를 거두는데 진력하고저 가일층 나이동진료반을 강화"하는 한편 "민간단체인 대한나협회 그리고 구라회원단체와 상호제휴"를 적극적으로 추진했다. 그런 한편 학계에서는 "의사, 검사원, 관리요원 등에게 나癩에 관한 보수교육補修教育을 실시하여 종사원을 육성"하면서 "신문 잡지 라듸오 텔레비죤 등 매스컴을 통하여 국민을 계몽"하는 것을 중요한 사업의 방향으로 제시하였다.

보건계몽의 구체적인 "교육방법"을 제안하기도 했다. "집단전달방식에

25 李鶴松(大韓癩協會長), 特輯 나병관리 세미나 「大韓癩協會의 나아갈 길」, 《새빛》 1970년 12월호, 8쪽.
26 허정(서울대학교 보건대학원), 特輯 나병관리 세미나 「나병에 관한 보건계몽」, 《새빛》 1970년 12월호, 10쪽.

의한 라디오, T.V, 신문, 잡지, 전시회, 좌담회, 「팜프렛」 배포 등의 간접적 방법"이 효율적이라고 할 수 있겠으나 "일반대중의 개인적 관심이나 이익에 일치하고 지적 수준에 맞는 1대1 접촉의 임상교육臨床教育"이 가장 효과적인 계몽교육의 방법이라고 설명했다. '라디오 방송'은 "나병에 대한 홍보사업"에서 대중 계몽의 매체로 활용되었다.

> 알림
>
> 나병 홍보 라디오 방송안내
> 아세아 방송국에서 '그 손길'
>
> 보건사회부에서는 나병에 대한 홍보사업의 일환으로 다음과 같이 라디오방송을 통한 계몽을 실시하고 있다.
>
> ■ 방송 안내
> 방송시간: 매주 일요일 19:40~19:50분(10분간)
> 방송제목: 그 손길
> 방송기간: 4월부터 9월까지
> 방송국명: 아세아방송(호출부호, 주파스1566)[27]

6) 미감아동 격리문제와 가족계획사업

1964년 10월호에는 「국립나병원장회의國立癩病院長會議에서 – 미감아未感兒는 연내年內 격리隔離토록 재가치료在家治療를 권장勸奬」 라는 제목으로 국립나병원장 회의에서 토의한 내용을 요약해 실었다. 이 회의에서 민감하게

27 알림 「나병 홍보 라디오 방송안내—아세아 방송국에서 '그 손길'」, 《새빛》 1979년 6월호, 27쪽.

다룬 사항은 '미감아동 격리문제'와 '계몽교육의 강화'에 관한 것이었다.

> 보사부保社部에서는 9월 16일 관하管下 5개 국립(나)병원장, 동 의무과장 및 2개 이동진료반장 회의를 갖고 나병관리전반에 걸쳐 토의했다. 이 날 회의에서는 주로 나력일지작성癩瀝誌作成 통일문제, 미감아동격리문제未感兒隔離問題, 치료기준설정治療基準設定 및 시료施療, 가족계획의 철저, 입퇴원조치, 계몽교육의 강화 등이 토의됐다. (…)
>
> 미감아동 격리문제: 각 국립병원에서 환자와 동거하는 미감아는 즉시 격리토록 조치하여야 한다. 이를 위해서는 독립된 국사립國私立 미감아 보육시설에 수용보육收容保育함이 가장 좋은 방법이기는 하나 이것이 여의치 못할 때에는 각병원장이 당해미감아當該未感兒를 연고지緣故地로 돌려보내는 조치를 강구실천토록 할 것이며 각병원에 있는 미감아는 1964년말까지 병원장 책임하에 격리조처할 것임.[28]

'미감아'에 대해서는 "격리"와 "보호"라는 입장으로 분리되었다. "각 국립병원에서 환자와 동거하는 미감아는 즉시 격리토록 조치"해야 한다는 의견이 제시되었다. 국립병원 내의 미감아동을 연고지로 보내야 한다는 견해에는 환자인 부모에게서 아동에게로 나균이 전염될 수 있다는 인식이 담겨 있다. 나병 계몽교육의 일환으로, 각계에서 한센병 혹은 한센인을 지칭하는 차별적인 용어를 개선하자는 움직임이 있었다.

> 제가 믿기로는 이병 이상으로 무섭거나 전염성이 강한 병들도 있으나 그 병자들의 자녀에 대해서 가령 '미감정신병 아동'이라든가 '미감결핵 아동'이라는 말은 들은 적이 없기 때문입니다. 아마 없다는 것이

28 「國立癩病院長會議에서—未感兒는 年內 隔離토록 在家治療를 勸奬」, 《새빛》 1964년 10월호, 21쪽.

당연한 일이겠습니다. 그런데 유독 한센씨병환자의 자녀들에게만 이런 불평등한 모순된 이름이 불리워진다는 것, 유감된 일이라 하겠습니다.[29]

"까닭 없는 적대시", "고질적인 악감정", "나흔癩痕이 없는 치유자라도 쉽사리 자리를 같이 하지 않는 괴벽", "미감아 공학의 반대", "유독 지대"라는 극한적인 어휘를 거침 없이 내뱉는 빗나간 직업의식" 등등. 나는 이렇게 우리들을 감싸고 있는 무거운 안개가 맑게 개일 날을 못내 아쉬워하면서 이 밤을 지새워 본다. 숙이—.[30]

나병에 대한 공포심과 오해를 제거하는 방법으로서 나병이 가지는 근대적이고 과학적인 개념을 표현할 수 있는 (…) 용어정화운동을 벌려주었으면 합니다./ 예를 들면 '문둥이', 나환자의 '색출', '수용', '격리', '이송', '미감아' 등 많이 있습니다. 이런 말들은 일반인과 환자 간의 거리를 더욱 멀리하고 나병을 오해하게 만듭니다."[31]

유준 박사는 외국의 경우처럼 "아직 감염되지 않은 아이들"을 뜻하는 미감아라는 용어 대신에, "나환자와 접촉을 했다고 해서 접촉자 혹은 접촉 아동"이라고 부르길 제안했다. "외국에서는 미감아라고 하지 않고 나환자와 접촉을 했다고 해서 접촉자 혹은 접촉 아동이라고 부르고"[32] 있다고 설명했다. 의학계에서는 나병에 대한 사회 인식을 계몽하는 데에 의학적 이론의 바탕을 제공하였고 나병은 전염되지 않는다는 사실을 신문, 방송 등 대중매체를 통해 선전했다.

29 문장선(부산 상애원교회 목사), 「未感兒는 천대 받아야 하나」, 《새빛》 1967년 3월호, 10쪽.

30 심전황(국립소록도병원 문예실), 애독자 페이지 「淑이에게 보내는 斷腸의 病窓」, 《새빛》 1967년 10월호, 26쪽.

31 유준, 創刊五周年特輯 言論人座談會 「啓蒙事業과 言論」, 《새빛》 1968년 3월호, 9쪽.

32 유준, 간담회 「未感兒童就學問題 懇談會: 共同就學의 門」을 활짝 열자」, 《새빛》 1965년 2월호, 5쪽.

종교계에서는 기독교의 신약성경 번역본에서도 '문둥이'를 '나병환자'로 바꾸어 표기했다는 소식을 전하면서 "사계에 종사하는 분들" "권위자층"에서 잘못된 언어를 사용하는 것을 자제하길 요청했다.[33] 전염병 중에서 미감아라는 "불평등한 모순된 이름"은 "유독 한센씨병환자의 자녀들에게만" 부여되고 있다는 점에 유감을 표현했다.

그러나 한센인/한센병에 대한 차별과 낙인의 감정이 들어 있는 용어들은 쉽게 사라지지 않았다. 낙인과 차별의 표지들은 미감아라는 용어에만 국한되지 않았다. "'문둥이', 나환자의 '색출', '수용', '격리', '이송', '미감아'" 등 한센인들을 둘러싼 여러 용어들이 "나병환자들만을 범죄시하"는 분위기를 조성한다는 우려 속에서 용어정화운동은 지속되었다.

1969년에 '전북지방'을 대상으로 실시한 나병에 대한 여론조사의 결과에 따르면 나환자의 사회복귀사업에 대한 찬성의견이 29.2%, 불찬성이 45.6%, 모르겠다라는 응답자가 25.2%로 나왔다.[34] 나환자의 사회복귀사업에 반대하는 의견이 많았다. 같은 해 1969년 1월 25일《경향신문》에서도 나환자에 대한 사회 일반의 태도가 냉담하여 해마다 입학 시기가 되면 미감아동의 취학 문제로 정착장의 인근 학교에서 소동이 벌어지고 부락민과의 충돌이 그치질 않았다는 기사를 보도했다.[35]

무엇보다 미감아동의 취학 문제는 대중적인 관심을 모았다. 그것은 나환자의 가족계획과 관련된 부분이기도 했다. 「미감아동과 가족계획」(1965년 2월호)[36]에 이어서, 특집 「가족계획 이렇게 본다」(1977년 6월호)에서는 이 문제와 관련해 세 편의 글을 수록했다.

---

33 金鐘恩(대구 애락보건병원 목사), 「'문둥이'란 낱말을 '나병환자'로—새로 번역한 신약성경에서」, 《새빛》 1968년 1월호, 9쪽.

34 이주수, 「전북지방에 있어서의 나병에 대한 여론조사」, 『대한나학회지』 6(1), 대한나학회, 1969, 3~12쪽.

35 《경향신문》 1969년 1월 25일.

36 梁在謨(大韓家族計劃協會理事長), 「未感兒童과 家族計劃」, 《새빛》 1965년 2월호, 8쪽.

경제적 능력이나 건강한 신체를 가진 많은 사람들도 둘만 낳겠다고 달라진 세상에서 육체의 건강부터 좋지 못한 조건에 놓인 환우들이기에 자녀들에게 행복한 삶을 꾸려갈 여건을 만들어 주기 어렵다면 부모로서의 책임감에서 재고되어야 할 것이다.

그렇게 볼 때 자진해서 생산을 제한하는 것이 현명한 삶의 자세일 것이다.[37]

정착촌 주민들은 자신의 건강이 완전해진 후에 가족계획(정관수술·난관수술)도 하겠다고 하지만, 그렇게 건강하지 못한 상태에서도 자녀들은 낳게 되기 때문에 건강을 해치는 건 물론 가정의 생활도 더욱 어려워지는 것이다. (…) 건강하지 못하기 때문에 활동하지 못해 가족을 부양하지 못한다면 사랑하는 자녀들에게 불행과 가난까지를 물려 주는 것밖에 안될 것이다.[38]

정관수술이나 난관수술을 해서라도 자녀의 생산을 중지하는 것을 일종의 자학 행위로 생각하기에 앞서서 내가 한 인간으로서 사회 속의 나라는 사회에 공헌을 하기 위해 내가 존재해야 한다는 입장에서 바라보아야 할 것이다. 생산제한의 수술을 너무 가혹한 처사로만 생각할 게 아니라 인류가운데서 한센씨 병으로 신음하는 많은 사람들이 그 수를 적어지게 하기 위해서 우리 스스로가 자제 하지 않으면 안될 일이라고 생각한다. 있을지도 모르는 그런 오해는 결국 환우들의 마음의 문이 열리지 않았기 때문에 그럴 것이다.[39]

한센인들에게 '가족계획'을 제안하고 있는 글들에서 필자들은 "자진해

---

37 양재모(연세 인구 및 가족계획연구소장), 「가족계획사업 외면, 시대변천 부적응 탓」, 《새빛》 1977년 6월호, 9쪽.

38 이정의(서울강남보건소 가족계획담당), 「정착촌에 펴는 가족계획사업」, 《새빛》 1977년 6월호, 11쪽.

39 김이삼(가명·환우), 「필요 이상의 생산 지혜롭게 삼가야」, 《새빛》 1977년 6월호, 13쪽.

서 생산을 제한하는 것", "스스로가 자제하지 않으면 안될 일"임을 강조한다. 즉 후세에게 질병과 가난을 물려주지 않아야 하므로 건강하지 않은 상태에서 "자녀의 생산을 중지하는 것을" 권유하면서 "사회에 공헌을 하기 위해 내가 존재해야 한다는 입장에서 바라보아야 할 것이"라고 주문했다. 그것이 한센인 자신과 인류를 위한 "현명한 삶의 자세"라고 여겼다.

위에서 보듯이 한센인들의 가족계획사업에서는 자녀를 "생산"하는 데에 따르는 자율적인 선택과 책임을 주요한 덕목으로 제시하였다. "불행" "가난" "건강"의 측면에서 가족계획을 논의하고 있는 부분이 특히 인상적이다. 이 같은 가족계획은 한센병이 유전된다는 인식을 토대로 이루어진 것으로, 사회와 국가를 보호하고 "인류"를 위해 한센인 스스로가 자녀를 "생산"하는 일을 "자제"해야 한다는 점을 강조했다.

한센병의 원인을 유전/전염의 대립적인 구도에서 인식하는 틀은 아직 사라지지 않았다. 적어도 한센인 가족계획사업에 있어서만큼은 이 두 가지 원인설이 모두 영향력을 행사하고 있었다고 할 수 있다.

7) "부랑 나환자 특별단속": 사회의 명랑화

《새빛》의 개간호와 다음호에 수록된 주요 내용을 살펴보면 잡지가 추구한 구라사업의 방향을 헤아려 볼 수 있다. 발간 당시 잡지에서는 대학의학협회, 선명회 특수피부진료소, 대한나협회가 주관한 '나병 계몽 좌담회', '나병 계몽표어모집' 등 일련의 계몽사업을 활발하게 펼쳤다.

> 대한의학협회에서는 서울중앙방송국과의 협의 하에 일반대중의 나병 계몽을 위한 의학 방송의 한 프로로서 지난 6월 27일 유준柳駿 교수 박형종朴亨鍾 교수 한하운韓何雲씨를 모시고 나병 계몽 좌담회를 가졌었는

데 그 내용이 방송되었다.[40]

본 진료소 창립 제5주년을 맞이하여 나병계몽표어癩病啓蒙標語를 모집하였던 바 (…) 주최 선명회 특수피부진료소[41]

1964년 9월호에 실린 기획 연재 전국나사업기관순례 「한국구라사업의 모체母體 – 대한나협회편大韓癩協會篇」에서는 나병 계몽사업의 구체적인 방향을 다음과 같이 제시했다.

1. 정착사업定着事業: (…) 정착사업의 목적은 환자가 종래에 가졌던 의타심을 불식하고 장래의 행복을 위하여 희망을 안고 근로하여 자활자립하자는 것이다.

2. 선전계몽宣傳啓蒙: (…) 나병에 대한 종래의 그릇된 관념을 시정하고 새로운 과학적 사실을 이해시키기 위하여 유인물 약 42만 매 배부, 가두전시회 75일, 방송 6개월(매주2회), 좌담회, 계몽영화상영 88회, 방송극대본 현상공모 등을 실시하였다.

3. 부랑환자浮浪患者의 치료: 생활근거가 없이 노상배회路上徘徊하는 환자로 인하여 사회의 명랑화가 어려우며 건강인에게 전염의 우려가 있어 부랑환자를 철저히 발견 색출하고 858명을 치로받도록 언도하였다.

4. 재가환자在家患者의 진료: 나병 전문의 부족을 타개하고, 수용에 소요되는 막대한 국비를 절약하고 환자 자신의 치료상의 편의를 도모하며 나병을 박멸시키려는 정부방침에 호응하여 나협회癩協會에서는 1963년 6월에 불란서향토개발협조처佛蘭西鄕土開發協助處와 협정을 체결하고 공동사업으로 전북도에 이동 및 외래진료소를 설치하고 1963년에는 전남도에 외래진료소를 설치 운영하고 있다.[42]

40 「나계 소식 : 啓蒙座談會 放送」, 《새빛》 1964년 8월호, 18쪽.

41 「標語當選作發表」, 《새빛》 1964년 8월호, 19쪽.

대한나협회에서 제시한 주요한 구라사업은 크게 네 가지였다. "정착사업", "선전계몽", "부랑환자의 치료", "재가환자의 진료" 등이 그것이다. 그 중에서 선전계몽에 관한 사업은 환자의 자활자립을 강조하면서 일반인들에게 새로운 과학적 사실을 이해시키기 위한 계몽선전 활동에 관한 것이다. 재가환자의 진료에 관한 항목은 대한나협회에서 주관한 사업의 근본 취지를 잘 보여주는데 이 사업의 핵심은 "건강인에게 전염의 우려가 있어 부랑환자를 철저히 발견 색출"하여 "나병을 박멸시키려는 정부방침에 호응"하고 "사회의 명랑화"를 구현하는 것이다.

여기에서 주의깊게 볼 점은 몇 가지 새로운 표현들이 추가되었으나 중심 내용은 일제강점기, 해방 전후의 나환자 관리 사업과 크게 다르지 않다는 것이다. 1966년 '서울시 나환자 동태' 보고에서 다시 확인할 수 있다.

> 진문원陳文源: (…) 대개 저희 협회를 찾아오는 환자들을 보면 경찰에 잡혀오는 경우가 많은데 이들은 아까 유柳 박사께서도 말씀하셨지만 대부분 마약과 관계 있는 사람들이어요. 대개 이들은 범법행위犯法行爲를 해서 또 하기 직전에 잡혀온 사람들인데 고향으로 갈 여비를 달라고 또 도와달라고 하여 1년에 20~30명 이런 사람들을 겪게 되어 뒷바라지를 하고 있습니다만, 서울에서 곤난한 것은 어떻게 하면 부랑환자를 막고서 이들에게 쓰는 비용과 시간과 노력을 다른데로 돌려 일할 수 있는가 하는 문제입니다. 그래서 우리가 행정부에 요청하고 싶은 것은 마약을 하는 사람과 그야말로 직업적인 부랑환자들을 소록도에 아주 돌려보내서 1년이고 몇 년이고 교육을 시켜 그들로 하여금 다시는 되풀이 하지 않도록 조처해줄 것과 또 하나는 나환자의 응급조처라도 써비스 해줄 수 있는 병원 하나쯤 설립돼 있으면 하는 겁니다. 그리고 아무리 음성환자를 정착촌에 정착시켰다고 하더라도 그들에게 판에 박은 불안정한 구호 정

42 全國癩事業機關巡禮 「韓國救癩事業의 母體—大韓癩協會篇」, 《새빛》 1964년 9월호, 9쪽.

도로 그들을 그곳에 비끄러 매둔다는 것은 어느 시기에 가서는 이들이 이탈하고 맙니다. 나병이 비록 의학적으로는 해결을 보았다고 하더라도 사회적인 문제가 과학적인 분석으로 해결되지 않는다면 그것은 정착의 맹점 허점을 내포하고 있는 셈입니다.[43]

위의 보고문에서는 "마약을 하는 사람"과 "직업적인 부랑환자"를 동일한 부류의 사람들로 간주한다. 즉 나환자들은 '마약'과 같은 "범법행위"를 일삼고 다른 사람에게 구걸하는 방식으로 도시에서 "곤란"을 일으키는 사람들이라는 것이다. 따라서 그들에게 투자하는 "비용과 시간과 노력을 다른 데로 돌려 일할 수 있는가 하는 문제"가 논제로 대두된다. 나아가 부랑 나환자들을 "소록도"로 강제 수용해야 한다는 의견이 또다시 제기되기도 했다.

이러한 제안의 배경에는 나환자 정착촌 사업이 "불안정한 구호"에 지나지 않는 것이라는 비판적 관점이 내포되어 있다. 나병의 "의학적" 치료가 가능하다고 선전 계몽했지만 사회 일반의 인식 개선은 "과학적인 분석"으로 해결할 수 없는 문제였다. 이와 유사한 상황은 일제강점기 이후 해방과 전쟁을 거쳐오는 동안에 반복되었다.

대한나협회는 1969년도 사업을 언급하면서 "유랑걸식하는 환자문제"에 대해 특별한 관심을 기울였다. "불량환자 단속관리요원을 각 지부에 한 사람씩 배치하기로" 결정했다는 소식을 함께 실었다.

이 유랑환자들의 성분을 조사하여 보면 옛날 나병이 불치의 병이라고 생각했을 때 인생을 포기하여 마약을 손댄 사람들도 있습니다. 그리고 또 하나의 이유는 나환자란 구걸행각을 하여도 좋다는 나쁜 인습이 남아 있기 때문입니다. 예를 들면 경상도에 있는 사람이 강원도에 용무가

43 特輯「癩專門家의 座談會: 癩事業의 問題點」, 《새빛》 1966년 9월호, 3~8쪽.

있어서 간다면 이 여정에 오른 사람들이 계획적이 아니라 아까 말한 그 나쁜 인습 때문에 구걸행각을 하는 것입니다. (…)

신년 69년도에는 협회에서도 이런 문제에 신경을 써서 "이 사람은 나환자가 아니라 과거에 나병을 앓았던 사람이다"고 국민에게 선전하고 또 구걸행각하는 사람도 붙들고 하지 못하게 선도하기 위해서 불량환자 단속관리요원을 각 지부에 한 사람씩 배치하기로 했습니다.[44]

1970년대 초반, 「나계 소식」 코너에 실린 단신들은 한센인들에 대한 사회의 시선이 어떠했는지를 생생하게 보여준다. 1970년 11월호와 1971년 2·3월호의 「나계 소식」란에는 "부랑나환자를 단속"하기 위한 "방침"과 "조치" 사항에 관해 상세하게 안내했다.

보사부保社部와 내무부內務部에서는 합동으로 11월 1일부터 31일까지 일개월간 전국 부랑나환자 단속기관으로 설정하고 부랑 나환자 일제단속을 실시한다.

이 부랑나환자 단속은 추수기와 월동 준비기간 동안에 격증된 부랑나환자를 단속키 위하여 실시되는 것으로 상습부랑나환자, 불구자, 양성자 등을 대상으로 음양성陰陽性 불문하고 적발되는 대로 소록도 국립 나병원癩病院으로 이송할 방침이다.[45]

대한나협회大韓癩協會에서는 3월 11일부터 일개월간 부랑나환자 특별단속 기간으로 정하고 부랑나환자를 강력히 단속하고 있다.

이 부랑나환자 특별단속은 봄철을 맞아 시내를 방황하며 시민을 괴롭히는 환자들이 격증함에 따라 취해진 조치로 단속기간을 설정한 것인데

44 金泳麟(大韓癩協會 事務局長), 特輯座談 「제16회 세계나병의 날을 맞으며」, 《새빛》 1969년 1월호, 13쪽.

45 「나계 소식: 浮浪 나환자 團束」, 《새빛》 1970년 11월호, 16쪽.

이 기간 중에 적발되는 부랑나환자는 일단 임시수용소에 수용하여 그 신원을 확실히 파악한 후 강력한 조치를 취할 것이라 한다.

그런데 이제까지 부랑나환자를 단속한 인원은 총 41명중 30명은 귀가 조치시키고 나머지 11명은 국립소록도나병원으로 이송한 것으로 알려지고 있다.[46]

안내문에서 사용하는 용어들을 보면 그것은 안내문이라기보다 체포 명령에 가깝다. '보사부와 내무부', '대한나협회'에서 "합동"으로 추진한 부랑나환자 단속은 거리에서 "방황"하는 "부랑나환자"를 "특별단속"해 "적발"될 경우, "귀가조치시키"거나 "소록도"로 강제 "이송"하겠다는 방침이었다. 집과 고향에서 쫓겨나 유랑생활을 하고 있던 한센인들은 범죄자가 될 가능성 있는 위험한 사람들로서 여전히 도시에서 추방되어야 하는 사람들이었다.

일제강점기부터 부랑환자 단속은 위생과 청결을 위해서 지속적으로 이루어진 작업이었다. 1970년대 초반에도 부랑나환자를 "적발"해서 병원으로 "이송"해야 한다는 주장은 계속되었다. 그것은 "상습부랑나환자, 불구자, 양성자 등을 대상으로 음양성 불문하고 적발되는 대로 소록도 국립 나병원으로 이송할 방침" 하에 "시민을 괴롭히는 환자들이 격증함에 따라 취해진 조치"였다.

정착촌 건설 사업이 실시된 이후, 나환자의 자활과 자립에 관한 사항은 더욱 강조되었다. 1970년대 이후 한센인 정착촌 건설 사업이 새마을 운동과 만나면서, 한센병 관리 정책에서 "위생"을 중시하게 된 지점은 주의깊게 살펴볼 부분이다. 다른 지면에서 살필 예정이다.

46 「나계 소식: 癩協, 부랑 癩患者 특별단속」, 《새빛》 1971년 2·3월호, 25쪽.

2. 정복과 정착: 계몽 문예 운동의 과제

1) "나병은 고칠 수 있다": 사회복귀의 한계

1964년 7월 25일, 대한나협회에서 발간한 학술지 『나병은 고칠 수 있다』의 서두는 시인 한하운의 글을 인용하면서 시작한다.

> 자기를 이른바 버섯에 비유한 것입니다. 버섯처럼 음지나 썩은 나무에서 무성생식無性生殖을 하는 하등식물같은 것이라 자처하고 있는 것입니다. 인간으로서 서식할 수 있는 모든 여건을 모조리 박탈 당하고 어찌 사람으로써 살 수 있겠습니까?…. 그러기에 버섯이라 하였던 것입니다. 이렇듯 그는 버림을 받고 자기의 생명을 객관客觀하려고 하면 할수록 그의 생명의 심부深部에서 부르짖는 눈물의 감도感度는 더한층 그 농도가 진해 졌던 것이며 그 진해지는 생명의 진원震源 위에 서서 그는 인생을 포기하지 않고 그만큼 자기에 충실했던 것입니다. 자신에 충실했다는 것은 정신면에서뿐만 아니라 현대의약現代醫藥을 꾸준히 사용했다는 것입니다. 그리하여 오늘날에는 정상인으로써 사회에 복귀하여 행복한 생활을 누리고 있는 것입니다. 이것은 곧 그의 투병사鬪病史의 일면을 예시한데 지나지 않습니다.
>
> 우리들 동포중에는 헤아릴 수 없는 많은 사람들이 이 나병으로 인하여 갖은 역경에서 고생을 하고 있고 또한 이들은 인습因襲에 젖은 우리 사회에서 이방인異邦人보다 더 우심한 냉대를 받고 있는 것입니다.[47]

위의 글에서는 한하운이 자기 자신을 "버섯처럼 음지나 썩은 나무에서

47 대한나협회, 「1. 나병이란 어떠한 병인가」, 『나병은 고칠 수 있다』, 1964년 7월 25일, 3~4쪽.

무성생식을 하는 하등식물 같은 것이라"고 표현하면서 사회에서 "버림을 받"았던 "생명"이라는 사실을 호소한 구절을 인용하고 있다. 또한 한하운이 "인생을 포기하지 않고 그만큼 자기에 충실했던 것"은 곧 "정신면에서뿐만 아니라 현대의약을 꾸준히 사용"해 "정상인으로써 사회에 복귀하여 행복한 생활을 누리고 있는 것"이라고 의미를 부여했다.

이렇듯 학술지 『나병은 고칠 수 있다』의 첫장을 집필한 필자는 한하운의 문장을 인용해 나병을 치료할 수 있는 현대의학의 변모된 모습을 긍정적으로 설명한다. 한센병 의료 관계자의 위치에서 서술하고 있는 문장들에서는 "현대의학"에 대한 확신을 널리 알리려는 계몽의 의도가 짙게 느껴진다.

"나병은 고칠 수 있다"라고 선언했지만 한센인의 사회복귀는 여전히 사회적인 쟁점이었다. 《새빛》 1965년 9월호의 특집글 「나자 사회복귀에 있어서 실제적 문제」에서, 한하운은 계몽 운동이 진행된 후에도 나환자 사회복귀에 관한 문제점들이 대두되는 상황을 지적하면서 구체적인 해결 방안을 요청하였다. 한하운의 주장은 유준의 권두언 「사회복귀에 앞장서자」(1966년 7월호)의 논지와도 연결된다.

> 나병이 완치 한다는 것이 사실이라면 말만으로 낫는다, 사회복귀다, 계몽만 할 것이 아니라 국민 앞에 그 증거를 눈으로 보여 주어야 할 것이다. 산증거를 제시치 않는 계몽 운동은 무의미한 것이다./ 가장 효과적인 것은 치유된 나자 단 백명이라도(숫자가 많으면 많을수록 좋지만) 정부기관에 취직을 정책적으로 시킬 것을 권유한다. 이 사실을 피알하면 나사업은 새 단계에 들어갈 것이다.
>
> 아울러 '소록도병원'을 폐쇄할 것을 건의한다. '소록도병원'이 있는 한 나병치유설은 국민의 머리를 고칠 수 없을 것이다./ 폐쇄는 여러 가지 문제를 해결하는 동시 '한국 나근절'을 가속도加速度로 촉진시킬 것이다./ 또한 소록도 음성자 사회복귀가 여태까지 실시치 않고 있는데 시

급히 추진돼야 할 문제이다./ 끝으로 나자의 '사회보장제도' 또는 '불구폐질 보장제도'를 실시하기를 간곡히 요망한다.[48]

결국 계몽이 없이는 사회복귀란 생각할 수 없다. 환자는 물론 사회인에 대해서도 정신적 사회복귀의 계몽이 없이 의학적인 사회복귀의 가능성만을 가지고는 그 목적을 달성할 수 없다./ 오늘날 계몽을 위해서는 라디오, 신문, 잡지 등 모든 미디어를 통한 계몽도 중요하지만 백문이 불여일견이란 말과 같이 '내가 나환자였는데 이렇게 깨끗이 나았다'고 공언할 수 있는 사람이 나온다면 그것은 계몽에 큰 도움이 될 것이다. 앞으로 같은 환우를 위해 희생적 정신과 용기를 가진 사람이 속출함으로써 계몽사업과 사회복귀는 급속도로 진전을 보게 될 것이다.[49]

한하운은 나환자의 사회복귀가 실제로 이루어졌음을 증거할 수 있도록 정부 차원에서 나환자의 취직을 알선하고, 소록도병원을 폐쇄한다면 나환자와 소록도병원에 대한 일반인들의 인식을 바꿀 수 있다고 거듭 주장했다. 이런 방법으로 계몽 운동이 가시적 효과를 거두어 궁극적으로 나병을 근절할 수 있으리라고 전망한 것이다. 유준 박사 또한 한하운과 비슷한 생각을 개진했다. 만약 '나병은 낫는다'는 사실을 확실하게 보여줄 수 있는 사람들이 자신의 얼굴을 공개한다면 나병 계몽사업은 진전할 수 있을 것이라는 낙관적인 입장을 표명했다.

《새빛》에서는 사회가 한센인들이 복귀할 수 있는 터전을 마련해 놓았으므로 그들이 복귀할 의지만 있다면 언제나 개방되어 있다고 홍보했다. 그러나 한센인들은 요양소와 병원 바깥의 사회로 나가기보다 요양소에 격리되기를 더 원하기도 했다. 섬을 떠나 육지로 다시 돌아간다 해도 한센인들은 여전히 낙인과 혐오의 대상이었기 때문이다. 그들은 섬 요양소

48 한하운, 「癩者 社會復歸에 있어서 實際的 問題」, 《새빛》 1965년 9월호, 7쪽.

49 유준, 卷頭言 「社會復歸에 앞장 서자」, 《새빛》 1966년 7월호, 3쪽.

를 떠나려 하지도 않았고 육지에서 일반인들과 어울려 살 수도 없었던 것이다.

그럴수록 한센병이 완전하게 치유될 수 있다는 사실을 보여줄 수 있는 증거들이 필요했다. 한센병이 치유되었다는 것을 확인하려는 눈빛들, 한센인들의 치유된 몸을 감시하고 관찰하는 눈들이 증가한 것이다. 다음의 에피소드는 한센인들이 사회복귀를 원해도 그럴 수 없었던 이유를 보여준다.

> 의학적으로 이들은 이미 건강인이다. 모장관은 재직 당시 자기의 운전수로 나병 치유자를 채용함으로써 나환자 사회 복귀에 솔선 수범을 보여주려고 운전수를 구했었으나 유감스럽게도 그들중에 자동차 운전을 할 줄 아는 사람이 없었다고 하는 숨은 얘기를 전해주고 싶다.[50]

> ① 입원환자의 전반적 보건향상을 도모하고 전국 양성환자를 입원시켜 최신 화학요법을 가하여 조속한 음성화를 기하며 적절한 물리요법과 정형수술을 통하여 노동력 보전을 기한다. ② 치유자의 연차적 사회복귀를 기하기 위하여 자활의 정신을 함양하는 동시에 가동력이 있는 자에게는 직업기술을 습득 실천케 하며 자조적인 사회복귀를 지원한다. ③ 나환자의 미감아를 조속히 격리수용하여 적절한 양호 및 지도로서 심신의 건전한 발육을 도모하여 장차 사회일원으로서의 소지를 마련한다.[51]

한센인들이 경제적으로 자립할 수 있으려면 직업이 있어야 하고 직업에 필요한 기술과 능력을 갖추고 있어야 하는데 한센인들은 그런 기술과

50 신정하, 현지르보 「대지를 적시는 환우의 혈루—낙동갱생원의 정착을 보고」, 《새빛》 1964년 9월호, 8쪽.

51 국립소록도병원, 『소록도 80년사』, 앞의 책, 203쪽.

능력을 준비할 수 있는 기회조차 갖지 못했다. 그러므로 한센인으로서의 자기혐오와 사회 일반의 혐오가 엄연히 지배하는 현실에서 한센인의 사회 정착과 복귀는 실현될 수 없는 갈망과 구호에 지나지 않았다. 한센인들의 "사회복귀"는 그들이 복귀할 "사회"가 마련되어 있지 않는 한, 지연될 수밖에 없는 미완의 과제였다.

나병 계몽 문예작품은 영화, 연극, 방송 등 다채로운 양상을 보였다. 르포, 수기, 실화, 역사, 소설 등 한센인의 자전서사는 광고, 방송, 연극, 영화, 의학교실, 의학상담 등과 함께 계몽 운동에서 핵심적인 역할을 담당했다. 계몽의 대상에는 한센인과 나병 사업 관계자, 미감아동 취학을 담당하는 교육계 인사 등이 포함되었다.

> 해마다 입학기가 되면 하나의 사회문제화 하는 이른바 미감아동 취학문제에 종지부를 찍고저 나협 경기도 지부에서는 지난 1월 19일 하오 2시 경기도청 회의실에서 문교부와 나 사업 관계 인사를 모시고 미감아동 취학문제에 대한 간담회를 갖었다. 문교당국의 협조를 얻어 미감아동에 대한 올바른 인식을 계몽 교육하며 이들에게 공동취학의 문호를 활짝 열어주도록 그 방안이 토의되었다. 간담회에 앞서 경기도 지부가 제작한 〈나병은 낫는다〉는 계몽 영화 상영도 있었다.(기획의도)[52]

이처럼 각종 모임에서도 나병 계몽의 수단으로 연극, 만화, 영화, 방송극 등 매체와 장르가 활용되었다. 1966년 3월호의 '특집 좌담회' 「국민보건과 계몽선전」에서는 문예 작품을 통한 계몽 운동의 방식에 대해 활발한 토론이 이어졌다. 한센병에 대한 일반인들의 부정적인 인식을 개선하기 위해 만화, 영화 등 이미지 영상을 제작하거나 환자의 수기를 소설과

52 유준, 간담회 「未感兒童就學問題 懇談會: 共同就學의 門」을 활짝 열자, 《새빛》 1965년 2월호, 4쪽.

영화로 만들어 배포하자는 의견이 제출되기도 하였다.

또한 도시와 농촌 지역으로 나누어 차별화하여 접근하는 방법, 즉 "'나병이 낫는다'는 환자의 수기를 어느 작가에게 부탁을 해서 소설이나 혹은 영화를 만들어 선풍을 일으키는 것이 도시인에게는 쉽게 납득이 가는 방법"[53]이라는 주장이 제기되었다. 계몽 문예 작품의 경우에는 농촌 사람들보다는 도시인들에게 더 적절한 계몽의 방법이 될 수 있다는 생각에서였다.

2) 개척과 정복의 "산증거": 환자의 수기와 투병기 모집

계몽 운동의 구호와 사회 현실의 괴리 현상을 극복하는 것은 여전히 해결해야 할 숙제였다. 《새빛》에서 마련한 8.15 광복 특집대담 「구라운동의 어제와 오늘」(1966년 8월호), 나전문가의 좌담회 「나사업의 문제점」(1966년 9월호) 등에서는 "정착사업" 등 구라사업의 문제점과 그 개선 방안을 논의하였다. 참석자들은 "범국민적인 협조가 긴요"하다는 인식을 공유하였다.[54]

나병의 "정복"이라는 단어가 두드러지게 나타나는 현상을 주목할 필요가 있다. 의학계에서는 "나균의 인공배양 성공은 바로 나병정복의 열쇠라고도 할 수 있다."[55]라고 하면서 의학의 발달을 기대를 걸었다. 한편에서는 나병 계몽을 위해서 나병 정복을 "증거"할 수 있는 한센인들의 자전적 경험이 담긴 글을 요청하는 목소리가 높아졌다.

1968년 4·5월호와 1968년 6월호에 실린 두 편의 체험 수기를 보면,

53 趙燦善(醫師日報社 編輯局長), 特輯 座談會 「國民保健과 啓蒙宣傳」, 《새빛》 1966년 3월호, 9쪽.

54 8.15 광복 특집대담 「구라운동의 어제와 오늘」, 《새빛》 1966년 8월호, 4~10쪽; 좌담회 「나사업의 문제점」, 《새빛》 1966년 9월호, 3~8쪽.

55 「나병정복은 가능한가?」, 《새빛》 1968년 9월호, 12~13쪽.

나환자의 질병 치료 경험과 완치된 이후에 살아갈 날들을 기대하는 마음을 읽을 수 있다.

> 다 같은 사람인데도 국민된 의무도 이행 못한 채 오히려 쓸모없는 물체처럼 부모와 형제간에 정 한번 나누지 못하고 곰팡이 냄새가 코를 자극하는 골방에서 한때인들 편안함을 찾을 수 있었으며 얼마나 햇빛을 그리워 했던가./ 상상만 해도 마치 무시무시한 밤길을 걸을 때 같이 등골이 오싹해진다./ 인간은 활동을 함으로써 상호간의 접촉으로 때로는 거대한 힘을 이룩하는 것인데, 바람만 불어도 누가 찾아올까봐 썩어가는 몸둥이를 몇 번이고 웅크려야 했었다.[56]

> 친구의 소개로 한의사韓醫師를 만나 3개월만 약을 쓰면 틀림없이 낫는다는 말을 하늘과 같이 믿고 5개월 동안이나 약을 먹었습니다. 그러나 그 결과는 오히려 병세를 악화시키기만 했고, 가산家産은 기울기 시작했습니다. (…) 또 그러던 어느날은 장인께서 '솟태고'를 먹으면 낫는다는 말을 들었다고 하시며 가지고 오셨기에 그것을 먹었으나 역시 병은 점점 만연되어만 갔습니다.[57]

> 하루빨리 병을 완치하고 건강한 몸으로 돌아와 우리 모두 힘을 합하여 우리들의 조국과 우리들의 사회를 위하여 힘써 일할 수 있는 날이 와야 되지 않겠습니까? 그리하여 나병이라는 두 글자가 영영 우리의 기억에서 떠나가버릴 날이 가장 조속한 시일 내에 다가오기를, 그리고 어둠과 고난의 날들을 물리치고, 삼천만 국민이 다 함께 참석하는 조국의 건설대열에 아무 거리낌없이 끼일 수 있는 날이 오기를 바라는 마음 간절합니다.[58]

---

56 송용식(국립소록병원), 애독자 페이지 「울었던 얼굴에 웃음이」, 《새빛》 1965년 7월호, 23쪽.

57 최일담(전남 나주 호혜원), 수기 「絶望을 넘어서: 黃土와 雜草뿐인 荒蕪地를—平和스러운 樂園 互惠園으로」(2), 《새빛》 1968년 4·5월호, 24쪽.

소록도병원에 거주하고 있던 송용식은 "다 같은 사람인데도 국민된 의무도 이행 못한 채 오히려 쓸모없는 물체처럼" 취급당한 자신의 상황을 떠올렸다. 그는 가족과 마을, 사회에서 쫓겨난 채 "골방"에서 "햇빛을 그리워"하며 "웅크려야 했었다"고 쓴다. 그의 체험 수기는 "곰팡이 냄새가 나는 방"에서 "썩어가는 몸둥이" "봄의 체취마저 맛보지 못한 채" "상호간의 접촉"이 허락되지 않은 환자들의 고립된 생활을 보여준다.

'나병은 낫는다'는 것을 보여주는 '증거'로 제시된 한센인들의 글에서는 환자들이 직접 일구어 만든 요양원, 간척지 등에서 실제로 경험했던 일들을 생생하게 들려준다. 최일담의 글에서는 "한방" 치료와 "미신적"인 치료법으로 인해 병이 더욱 악화되었던 일을 호소한다. 배정선의 글에서는 '나병 퇴치'로 "조국의 건설대열에 끼일 수 있는 날이 오기를 바라는 마음"을 간절하게 피력한다. 이들의 글에는 한의학이나 민간요법에 의지하지 않고 현대의학의 도움을 받아 나병 치료가 가능하다는 '사실'을 강조한다.

1968년 3월호부터 연재 코너 '절망을 넘어서'의 첫 번째 글로 한하운의 「새 인생을 찾는다」를 수록했다.[59] 이 수기에는 계몽 사업, 정착촌 사업에 참여한 한하운의 활동이 담겨 있다. 한하운은 "우리 나라의 나병을 빨리 근절시키려면 이미 치유된 사람을 능력에 따라 공무원이든지 국영기업체 등에 직장을 알선해서 일반 국민에게 '낫는다'는 증거를 보여주었으면"[60] 한다고 요청했다.

《새빛》에는 한센인들의 직접적인 체험이 담긴 투병기, 수기, 에세

58 裵正善(인천시 새마을농장대표), 수기 「絶望을 넘어서: 답답하고 괴로워도 忍苦만을—3만평의 간척지는 우리생애의 보람」(3), 《새빛》 1968년 6월호, 24쪽.

59 한하운, 수기 「絶望을 넘어서: 새 인생을 찾는다」(1), 《새빛》 1968년 3월호, 21~23쪽.

60 한하운, 좌담회 「사랑의 손길을 뻗치자」(1967년 1월 28일 밤 東洋TV '이브닝 싸롱'프로에서 방영), 《새빛》 1967년 3월호, 5쪽. 참석자: 金相泰(保社部 保健局長), 柳駿(大韓癩協會會長), 韓何雲(詩人).

이 등을 읽고 싶다는 독자들의 바람과 주문이 이어졌다.

> 나문학의 발전이 촉구되고 있는 우리 나계에서는 제2의 "보리피리"(?)가 탄생했다고 화제가 대단./ 화제의 주인공은 경북 안동 성좌원星座園에 있는 조주현趙周顯(25세)군이다. 15살에 나병에 이환되어 지금까지의 10년 간을 소록도 병원과 안동 성좌원 등지에서 나병과 싸워온 군은 그간의 피눈물 나는 생활을 천여매의 원고지에 생생하게 엮었다는데, 이 수기를 햇빛을 보게 할 독지가는 없을는지?[61]

> 투병기, 수필, 소설 등을 실었으면…/ 독자들의 투병기를 실어주었으면 좋겠습니다. 「전북 전주 박진환」// 보다 충실할 수 있는 생활수기나 투병기를… 「경북 대구 이상철」// 재생 환자의 수기를 많이 게재하여 주시면 감사하겠습니다. 「경북 대구 배미화」// 귀사의 공적을 찬양하며 좀 더 신속하고 정확한 나병 및 의료계의 소식을 기다립니다. 「육군 제7879 부대 안상권」// 연재소설 같은 것을 많이 실어주시면 좋겠습니다. 「경북 대구 김상태」[62]

"나문학의 발전"을 위해서 "10년 간을 소록도 병원과 안동 성좌원 등지에서 나병과 싸워온" 나환자의 수기를 출간하는 데에 도움을 줄 수 있는 사람을 찾는 단신의 기사가 실렸다. 한편 "투병기, 수필, 소설 등을 실었으면…/ 독자들의 투병기를" 요청하는 독자를 비롯해 "투병기, 재생 환자의 생활수기 외에" "의료계의 소식" "연재소설" 등을 게재해주길 바라는 독자들의 편지가 도착하기도 했다.

아울러 나병에 대한 쉬운 이해와 설명, 알아듣기 쉬운 치료법에 대한

---

61 「한센 안테나」, 《새빛》 1968년 6월호, 32쪽.

62 「편집자에게 주는 편지」, 《새빛》 1968년 9월호, 10쪽.

해설, 고독한 환우들과 펜팔란을 만들어 서신교제를 하고 싶다는 독자도 있었고 만화, 음악, 유머, 오락교실 등 흥미로운 지면을 마련해주길 원하는 편지도 이어졌다.[63]

"생생한" 환자들의 경험을 원하는 독자들의 요청에 부응해 1968년 10월호부터 김백의 실화소설 「구라은화救癩隱話」를 연재하기 시작했으며[64] 1968년 11월호에는 '투병기 모집' 공고문을 냈다.

> '알림' 투병기 모집
>
> 현대의학은 나병을 정복하였습니다. 그러나 한센씨병 환자들이 그 병으로 인하여 앓고 있는 정신적인 병은 현대의학으로는 고칠 수가 없습니다. 저주받은 운명이라고 자신을, 그리고 자신의 모든 것을 포기하고 맙니다.
>
> 하지만 우리의 주위에서는 많은 환자들이 치유했고, 그래서 행복한 생활을 영위하고 있습니다.
>
> 병으로 고생하고 또 그 병 때문에 마음까지 병들어가는 환자들에게 도움이 될 수 있는 글을 모집합니다.
>
> 발병해서 어떤 방법으로 치유했고 또 여하한 마음의 자세로 새 생활에 임하고 있는가 하는 수기나 투병기를 모집합니다.[65]

투병기 모집 공고문에서는 현대의학이 나병을 "정복"하였으나 "그 병으로 인하여 앓고 있는 정신적인 병"까지 치유할 수 없다는 점을 강조했다. 즉 현대의학이 육체의 질병을 치유할 수 있을 정도로 발전했다고 해도, 마음 속 깊은 상처까지를 치유할 수는 없다는 것이다. 그렇듯 한센인

63 「편집자에게 주는 편지」, 《새빛》 1968년 10월호, 10쪽.

64 「편집자 주」, 《새빛》 1968년 9월호. 26~27쪽.

65 「'알림' 투병기 모집」, 《새빛》 1968년 11월호, 24쪽.

나와 부산진에 출역했다.
놀란 것은 인근 주민들. 경찰서로 달려 갔고 경찰은 출역환자를 어느 창고에 연금해 버렸다.
공교롭게도 「매캔지」가 외출 부재중에 되어진 일인데 돌아와 이 사실을 안 「매캔지」는 노발대발 경찰서로 쫓아가 꾸짖었다.
들도 마룻장을 두드리며 박자맞춰 즐거이 노래부른다.
「매캔지」는 항상 외친다.
『형제여! 기쁘게 찬미합시다. 기쁘게 살아야 병도 잘 낫소!』
29

김백, 소설 「구라은화」(4), 《새빛》 1969년 1월호.

의 수기나 투병기를 모집한 목적 중의 하나는 한센병으로 인한 육체적인 고통만이 아니라 "정신적인 병"을 앓고 있는 한센인들, "마음까지 병들어가는 환자들에게 도움이 될 수 있는 글을" 읽게 하는 데에 있었다.

한센인의 경험이 담긴 투병기와 수기 모집은 나병 "정복"을 증거하기 위한 목적 아래 실시되었다. 나병 계몽 효과를 거두기 위해 한센인의 구체적인 경험이 담긴 "실화"에 바탕을 둔 글이라는 점을 부각했다. 한센인들의 수기, 투병기, 자서전, 정착기, 시나리오, 방송극, 소설 등을 비롯한 자전적 서사를 통한 계몽의 효과를 거둘 수 있길 기대한 것이다.

잡지 《새빛》에서는 심전황의 에세이 「고도孤島에 피는 향연—창립 50주년을 맞으며」(1966년 5월호), 연재실화 「정착기定着記」(김채봉 글, 윤석원 그림, 1966년 9월호~1967년 4월호, 총7회), 심전황의 「주마 간산격의 견학길」(1968년 12월호~), 한하운의 칼럼 「월평선月平線」(1969년 2월호~), 「병상

일기病床日記: 구름과 눈물과 인생」(1973년 8월호~1974년 5월호, 총9회), 「정상적인 슬픔」(1973년 5월호), 권동복의 장편수기 「귀향증」(1976년 6월호~) 등 다양한 유형의 한센인들의 글을 수록했다.

1972년 11월호에 처음으로 마련된 「한국의 나인癩人들」이라는 코너에서는 소설가로 활동하던 노석현의 새로운 연재물 기획 소식을 알렸다.

> 「필자의 말」: 여기 게재되는 「한국의 나인癩人들」은 나병을 직접 체험하신 분들에 한하여 그 분들의 편모를 엮을 심산이다./ 나인은 어떤 분인가 하는 항간의 궁금증도 없지 않기에, 사라져가는 유한의 인생편력을 차곡차곡 쌓아두는 뜻에서도 살펴 어떻게 살아 왔으며 또 지금은 어디서 어떻게 살고 있는가를 알리는 것이다./ 「한국의 나인들」, 어떤 특정한 한계를 긋는 것 같지만 그 이상 더 적절한 표현 능력이 없을 것 같다./ 우선 소록도를 중심으로 해서 전국 방방곡곡을 누벼 어데서 무엇을 하고 있는지 선배제현先輩諸賢을 찾아 보리라.[66]

전국 한센인 요양소에서 "나병을 직접 체험하신 분들"에 관한 이야기를 게재할 예정이라는 소식이었다. '한국의 나인들'이라는 제목에서 보듯이 노석현은 "소록도"를 비롯해 전국의 나요양소에서 "나병을 직접 체험하신 분들"에 대한 이야기를 수집해 엮은 연재글을 기획했다.

계몽의 환한 빛이 점점 강하게 비출수록 한센인들의 살아 있는 체험을 읽고자 하는 독자들의 요청은 증가했다. 이와 더불어 한센인의 구체적인 경험과 기억이 담긴 자전적 성격의 글들, "수기", "투병기", "정착기", "실화소설" 등 주변부에 속하는 장르들이 문학계에 들어오게 된 것은 기억해 둘만 현상이다.

---

66 「필자의 말: 「한국의 나인(癩人)들」」, 誌齡 100號 《새빛》 1972년 11월호, 37쪽.

3) 정착촌 기행: 노동과 정신자세

1963년, 조창원 원장이 추진한 주요 사업 중의 하나인 '오마도 간척 사업'은 그것이 진행되는 동안에 여러 차례 사고를 겪었다. 나환자들의 장례식을 병원장으로 치렀으며 유준 박사가 조사를 올렸다. 원생대표는 원생들에게 호소문을 잇달아 발표했다.[67] 원생대표의 호소문은 나환자 정착촌 건설을 위한 오마도 간척 사업이 "혁명정부"의 "신천지" 건설의 의지를 담고 출발한 것이었음을 보여준다.

> 혁명정부는 이와같이 우리들을 선도해 주시는데 우리들은 이와같은 국은에 몇 번이나 보답하였으며 동환을 위하여 망식분발한 적이 몇 번이나 있었던가. 가슴에 손을 얹고 양심에 호소하여 보십시오. 오늘날 우리 사회를 보건데 욕되었던 지난날 역사를 되풀이하면서 문전걸식을 하는 자가 있는가 하면 마약으로 자신의 신세를 자신이 망쳐가지고 목불인견의 참상이 되어 본원으로 이송을 당해 오며 또한 「헤게모니」쟁투로 나사회를 소란케 하는 자가 없지 않으니 이 얼마나 수치스럽고 부끄러운 한심사가 아니겠습니까?
>
> 10만 환우이시여! 하루 속히 이와 같은 치욕의 역사를 지양하고 손에 삽과 괭이를 들고 창창한 대해를 막아 우리들의 요람지가 될 농토를 개간합시다. 천필조 자조자라 하였사오니 우리들은 스스로가 반성하고 자숙하여 불요불굴의 정신으로 오늘의 불행을 돌이켜 명일의 행복으로 변모시켜 봅시다.
>
> 저 17세기의 유럽 이민들이 노도와 같이 대서양을 정복하고 「아메리카」「아메리카」로 간신고난을 헤치고 가듯이 우리들도 국은에 보답하는 대열에 서서 우리의 손으로 우리의 농토를 개간하여 신천지를 이룩하시기를 호소하는 바올시다.[68]

67 국립소록도병원, 『소록도 80년사』, 앞의 책, 167쪽.

오마도 간척 사업은 "우리의 손으로 우리의 농토를 개간하여 신천지를 이룩하"는 것뿐만 아니라 "혁명정부"의 "국은"에 보답하기 위해서라는 목적을 수반한 것이었다. 또한 그것은 "참다운 나자해방을" 가져올 수 있다는 기대로 "해방", "구원", "행복" 등과 같은 표현들로 나환자의 "자립" 의지를 북돋웠다. 그러나 나환자들에게 정착촌은 현실에서 실현되기엔 요원한 과제였다. "정착은 당초의 꿈이나 이상이 아니었다. 우리는 사실 몸과 마음과 힘을 바쳐야 할 현실에 부딪친 것이다."[69]

1970년 3월 24일 소록도병원에 재부임한 조창원 원장은 이렇게 말했다. "내가 1960년 5.16군사혁명 때 부임해서 우선 시작한 것이 오마도 간척공사입니다. (…) 그럼으로써 우선 음성자에 대한 국가 예산이 절약될 뿐 아니라 원생들이 생산을 해서 국가에 보답하는 길이 되는 것입니다."[70] 그런데 이는 10월유신(1972년 10월 17일)에서 선언한 "정신혁명"의 요지와 다르지 않게 들린다.

1968년~1969년 사이, 심전황이 쓴 한센인 정착촌 견학기에서는 계몽 운동의 현장을 유람하면서 매우 긍정적인 필치로 사회 인식의 변화를 스케치하고 있다.

> 1946년 완주군 우전면에 몇 명의 부랑환자를 수용하고 있던 유판진(전주 호성보육원장)씨가 1948년에 현 장소로 옮겨 소생원이라고 한 것이 근원이 된 본 익산병원은 제2의 소록도병원이라고 불리우리만치 원생간부를 비롯하여 원생 거개가 소록도 출신이다. (…)
>
> 1950년 소록도 소요사건을 비롯하여 5.16혁명 때 두 차례에 겹쳐 원치 않는 이송으로 이곳에 온 환우들은 이송이란 역경에 자극제가 되어

---

68 1963년 6월, 국립소록도병원 재원자 대표 박종일, 김형주, 심전황, 『소록도 반세기』, 앞의 책, 122쪽.

69 金彩峰 글, 尹錫沅 그림, 連載實話 「定着記」(1), 《새빛》 1966년 9월호, 17쪽.

70 심전황, 『소록도 반세기』, 앞의 책, 259쪽.

> 성실과 근면으로 이제는 경제적으로나 정신적으로 이곳 원생들을 리-더하면서 내일을 설계하며 살아간다고 한다. 인간이란 역경을 사랑한다는 말이 있다. 전화위복을 위해서인지도 모른다.[71]

> "오늘의 삼애농장三愛農場으로 육성하기까지에 무슨 비결이라도 있습니까?"하고 묻는 우리에게/ "무슨 비결이 있읍니껴……. 그저 근면과 단결이 열쇠입니더"하면서 사회복귀를 앞둔 후배들에게 권하고 싶다면 "일하라. 더욱 일하라. 끝까지 일하라."의 '비스말크'의 말을 권하고 싶다는 것이다.[72]

심전황은 "1950년 소록도 소요사건을 비롯하여 5.16혁명 때 두 차례에 겹쳐 원치 않는 이송으로" 익산병원益山病院에 온 환우들이 "성실과 근면으로 이제는 경제적으로나 정신적으로 이곳 원생들을 리-더하면서 내일을 설계하며 살아간다고 한다."[73]는 소식을 전했다. "5.16혁명" 이후에 나병에 대한 인식이 그렇게 변화한 "비결"을 묻는 질문에 대해, 그는 "근면과 단결", 그리고 "일하라. 더욱 일하라. 끝까지 일하라."라는 '비스말크'의 말을 권하고 싶다고 했다. 한센인들에게 "일(노동)"과 "자활"의 중요성을 강조한 것이다.

심전황의 견학 기록에서 언급하고 있는 노동의 가치, 자활과 자립 정신은 정착촌 건설 사업에서 줄곧 내세운 덕목이기도 하다. 아울러 다음에 인용한 문단에서 보듯이 정착촌 현장을 순회하는 중에 느낀 소감을 적은 견학기에서는 요양소의 과거와 현재를 함께 읽을 수 있다.

---

71 심전황, 「走馬看山의 見學길」(上), 《새빛》 1968년 11월호, 25~27쪽.

72 심전황, 「走馬看山의 見學길」(中), 《새빛》 1969년 2월호, 21쪽.

73 심전황, 「走馬看山의 見學길」(上), 《새빛》 1968년 11월호, 27쪽.

그 여인은 핸드빽을 들고 일어서면서 내 귀에다 입을 대고 “병을 고쳐가지고 모두들 퇴원하여 집으로 가십니까?”라고 귓속말로 묻는 것이었다. 아마 익산병원 문전에서 보따리를 들고 동환들의 전송을 받으면서 차에 오른 것을 보고 그렇게 묻는 것 같아서 나는 이 여자에게 우리들의 5일간의 견학길을 장황하게 설명하기보다 긍정의 대답이 나병계몽에 더 좋은 효과가 될까하여 그렇다고 머리숙여 대답했드니 “얼마나 기쁘겠느냐”고 하면서 기쁜 표정을 짓는다.

(…) 해방 후 우후죽순처럼 나환자의 집단부락이 생겼으나 거의가 공동묘지 부근에서 천막생활로부터 시작한 것이 오늘날 정착촌의 효시라고 하겠다. 그러나 짧은 연륜속에서 오늘과 같은 주택을 마련하기에는 피나는 노력이 있었으리라고 믿는다.[74]

본래 소생원이라 불린 익산병원에는 “부랑환자”들을 수용하였는데 환자들은 대부분 “1950년 소록도 소요사건을 비롯하여 5.16혁명 때 두 차례에 겹쳐 원치 않는 이송으로” 오게 된 환우들이라고 설명한다. 심전황은 환우들이 “5.16혁명” 이후 “역경” 속에서 “성실과 근면”으로 새로운 삶을 일구어나가는 모습, “원생들을 리－더하면서 내일을 설계하며 살아”가고 있는 장면을 긍정적으로 묘사한다.

“5.16혁명 전”과 다르게, 계몽 운동이 어느 정도 효과를 거둔 결과, 이제 한센인들도 일반인들처럼 “버스”를 탈 수 있게 된 상황을 보고한다. 익산에서 대전 용남동에 자리한 애경농원愛敬農園을 찾아가는 길에, 버스 안에서 만난 한 여인과 대화를 나눈 장면을 옮겨 쓴다. 나병 치료를 받고 집으로 가느냐는 여인의 질문에 “긍정의 대답이 나병계몽에 더 좋은 효과가 될까하여” “긍정적”으로 대답했다고 솔직한 마음을 전한다.

74 심전황, 「走馬看山의 見學길」(中), 《새빛》 1969년 2월호, 19쪽.

走馬看山의 見學길 (中)

沈田潢

<국립소록도병원 · 문예실>

共同購入 共同販賣를 指向하는 愛敬農園

그 이튿날인 X월 23일 많은 원생들의 전송을 받으며 병원문전에서 大田으로 가는 뻐스에 올랐다.

입추의 여지도 없이 꽉 들어차 있는 승객을 뚫고 들어섰더니 「미니스카트」 차림의 여인이 자기는 서서 가도 괜찮으니 앉으라고 좌석을 양보하기에 얼굴에 나타난 후유증을 보고 어떤 금기(禁忌)에서 오는 호의가 아닌가 하고 머뭇거렸더니, 그 여인은 「핸드백」을

朴末順 장로님의 안내로 사무소 앞 마당의 그늘에서 땀을 들이면서 愛敬農園의 현황을 알아보았다. 때마침 상인이 와서 군납(軍納) 계란을 모으고 있었다. 개당 중량 50그램 이상의 합격품을 9원 50전에 사가고 있으나, 세밀히 검란함으로 불합격품이 많이 나와서 수집이 잘 되지 않아 책임자는 매우 불안해 한다. 군납 판로가 개척되어야 마음 놓고 양계를 할 수 있다는 것이다. 우선 먹기에 곶감이 달다는 격으로 각자 개인이 시장에 나가서 11원씩에 팔고 온다는 것이다.

심전황은 르포 「내일을 향한 영일零日없는 주민들—광역한 익산농장을 찾아서」(1975년 4월호)에서 '왕궁복지원'을 방문해 "후손 없는 정착민들의 여생 문제를 정부에서도 미처 해결치 못한 것을 양국의 기독교구라회에서 공동사업으로 이룩해 놓은 것"[75]을 보고 감동을 표현했다. 그의 견학기와 르포에서는 계몽 운동이 효과를 거두고 있는 현실을 긍정적으로 그리면서 정착촌에서 기독교의 사랑과 복지가 실현되고 있는 현장을 담아냈다.

1976년 5월호에 실린 특집 좌담 「나병, 그 계몽과 치료 어디까지 와 있나」는 나병 계몽 사업과 나병 치료 사업이 나아갈 바람직한 방향에 대해 각계의 입장을 수렴하는 자리였다.

75 심전황, 르보 「내일을 향한 영일零日없는 주민들 — 광역한 익산농장을 찾아서」(상), 《새빛》 1975년 4월호, 33쪽.

안병욱: (…) 정신적인 좌절감·절망·공포·저주의식, 이런 어두운 마음의 병까지 앓고 있는 그들에게 진료도 중요하겠지만 그들의 어두운 마음에다 밝은 빛을 던질 수 있는 건 아무래도 종교와 신앙에 관계되는 것 같습니다. 다시 말해 정신적인 구령운동, 영혼을 구제하는 운동이 외부의 진료와 병행되어야겠습니다. (…)

유금호: (…) 소록도에 가면 공원의 여기저기에 고 한하운씨의 시가 걸려 있습니다. 그 시들을 환자들은 전부 외우고 있었습니다. 피를 토하는 절규와 간절한 소망으로 한덩어리가 된 것입니다. 그렇게 정신적인 구원을 받고 있었으리라고 생각합니다. (…)

최시룡: (…) 얼마 전 경기도 모 보건소에서 있었던 얘깁니다. 나협회에 등록되어 치료를 받던 환자가, 당국의 조치에 따라 지역별 보건소로 카드가 넘겨져 보건소 직원의 방문을 받게 되었습니다. 보건소 직원은 동네에 와서 집을 찾았습니다. 김아무개가 어디에 사느냐, 왜 찾느냐, 그 사람이 나병환자라서 해서 찾아왔다. 이런 식으로 되니까 그 환자는 거기서 살 수 없게 되었습니다. 그가 추방을 당했는지 어떠했는지는 모르지만 그 지역사회에서 살기는 어렵다는 것이 현실입니다.[76]

위의 좌담에서는 다음과 같은 내용을 제안했다. 먼저 한센병을 치료하는 것도 중요하겠지만 "정신적인 구령운동, 영혼을 구제하는 운동"을 병행해 치료해야 한다는 것이다. 소록도 환우들이 한하운의 시를 읽고 감동하는 것처럼 나병 계몽에 있어서 대중의 마음을 움직이는 방법이 필요하다고 했다. 그 방법 중의 하나는 "사회에 복귀한 사람들 자신이 사회 대중에게 메시지를 전달하고 구라사업을" 펼치는 것이다. 하지만 나협회에 등록된 환자들은 사회적 편견으로 인해 "지역사회에서 살기는 어렵다는 것이 현실"이라는 분석이었다.

76 참석자(가나다 順): 安秉煜(숭전대 교수), 兪金浩(소설가), 柳駿(연세의대 교수), 崔始龍(만성병 연구소장), 「특집 座談: 나병, 그 계몽과 치료 어디까지 와 있나」, 《새빛》 1976년 5월호, 11~12쪽.

덧붙여 기억해둘 점은 1970년대 나병 계몽 운동에서 지속적으로 강조해온 "자활 의지"와 "정신자세"라는 용어가 새마을 운동기에는 이전과 다른 맥락에서 사용되었다는 점이다. 그것은 곧 "조국의 안보"와 "복지국가 건설"에 기여할 수 있도록 건강인과 한센인 모두에게 요청한 정신과 신체의 "총화단결"을 뜻했다.

4) 정착촌 새마을 운동: 육영수 여사, 유준 박사, 한하운 시인

《새빛》 1969년 1월호에는 유준 박사의 퇴임 소식을 전했다. 1969년 2월호에는 강상유(姜尙侑, 육군대학 교수 역임)가 대한나병협회장으로 취임한다는 소식을 알렸다. 국내외 한센인들에게 베푼 육영수 여사의 "사랑과 봉사의 마음"을 화제로 보도하면서 "이 사회를 명랑하게 하고, 이 나라를 빛나게 한 인간애와 봉사의 거룩한 정신은 우리 국민 모두가 본받아야 되겠다."고 강조했다.[77]

1969년 5·6호의 특집은 박정희 대통령의 「5.16 여덟돌 기념 및 69년도 민족상 시상식 치사」로 첫 페이지를 장식했다.

> 남이 돌보기 주저하는 질병과 고독과 무지로 시달리는 불우한 세대를 이끌어 재활의 길로 선도하는 인간 의지의 끊임없는 시련속에서,/ 또는 황무지에 뛰어들어 푸른 옥토를 개간하는 피어린 역경속에서,/ 또는 산을 뚫고 돌을 캐어 한 줄기 광맥을 찾는 생명을 건 모험속에서 오직 나라와 겨레 사랑하는 한 마음으로 온갖 역경을 극복하여 헌신의 성과를 거둔분들이 여기 나오신 오늘의 수상자들입니다.[78]

---

77 「陸英修 女士 金一封 전달」, 《새빛》 1969년 2월호, 4~5쪽.

78 박정희, 「5.16 여덟돌 기념 및 69년도 민족상 시상식 치사」, 《새빛》 1969년 5·6호, 4쪽.

박정희 대통령은 "오직 나라와 겨레 사랑하는 한마음으로 온갖 역경을 극복하여 헌신의 성과를 거둔분들"을 "민족의 발전"에 이바지한 "민족의 자랑"이라고 칭찬하며 수상자를 축하했다. '5.16민족상' 학예부분 본상을 유준 박사에게 수여했다. "조국근대화"의 물결 속에서 한센인들에게 "재활의 길"을 열어주기 위해 헌신한 유준 박사의 공적을 높게 평가한 것이다.

이후 육영수 여사와 유준 박사는 나병 관리 정책을 논의하는 자리를 함께했다. 특별 인터뷰 「구라사업의 이모저모—세계보건의 날을 맞아」(1971년 4월호)에서는 한센인 정착촌 건설 사업에 관한 후일담을 이렇게 남겼다.

> 柳[유준]: 정착촌의 아이디어는 제가 창안을 했으며 5.16 이후 보건사회부의 시책에 반영되어 나병 문제 해결에 크게 공헌을 했습니다. 물론 국제적으로 다소 이견은 있습니다만 적어도 한국의 여건으로서는 불가피했으며 의학적, 경제적, 정책적으로 공헌했다고 믿습니다. 외국에는 나환자 정착촌이란 없습니다.
>
> 영부인: 치유된 나환자들이 완전히 일반 사회에 동화하기에 앞서 정착촌을 우선 과도기적過渡期的 장소로 삼는 것도 바람직한 일이라고 생각이 드는군요.[79]

유준 박사는 이 자리에서 "5.16 이후" 외국에는 없는 '정착촌'을 창안해 한국에 나환자 정착촌을 건설하는 데에 성공했다고 자부심을 드러냈다. 육영수 여사는 "정착촌을 우선 과도기적 장소로 삼는 것도 바람직한 일이라"는 의견을 덧붙였다. 요컨대, 한센인 정착촌은 "치유된 나환자들

---

79 陸英修/柳駿, 特別 인터뷰 「救癩사업의 이모저모—세계보건의 날을 맞아」, 《새빛》 1971년 4월호, 9쪽.

이 완전히 일반 사회에 동화하기에 앞서" 임시 수용 시설로서 "치유된 나환자"가 일반 사회로 가기 위해 일시적으로 거주하는 곳으로 여겼다.

잡지 《새빛》을 중심으로 육영수 여사와 유준 박사, 시인 한하운, 신정하 주간 등 정치권 인사와 구라사업 관계자들의 동행이 활발해졌다. 한하운의 「육 여사님 수행기修行記」(칼럼 「월평선」(22))(1971년 12월호)와 육영수의 「특별기고: 자립으로 소담한 열매를」(1972년 7·8월호) 등을 수록했다. 한하운은 육영수 여사가 지원한 정착촌 사업의 내역을 상세하게 기록했다.

> 육 여사님께서는 양지회陽地會의 중요 사업 가운데에서 「전국 음성나환자 정착촌 지원사업」이라는 계획을 오래전부터 마련하여 86개 정착촌 등록 단체에 대하여 ABCD의 4등급으로 세분하여 그 지원 규모는 (1) 전국 86개 정착장에 문고(교양농업, 아동) 1구좌(41권)씩을 일괄 배당 (2) 생활정도 B급의 정착장 37개 지역에 5세당 암자돈 1마리씩을 배당 전국적으로 470마리의 암자돈을 지급 (3) 생활정도 CD급의 정착촌 34개 지역에 1인당 피복 1벌 이상의 기준으로 5,581벌의 각종 동기피복을 할당지급.(동피복은 양지회 회원들이 약 2개월간 합동작업으로 제작한 피복들임)[80]

정착촌 지원 사업의 일환으로 한센인들에게는 "문고", "암자돈", "피복" 등이 4등급으로 세분화하여 지급되었다. 그는 육영수 여사가 나환자들을 위한 정착촌을 적극적으로 후원해 준 것에 대한 감사의 마음을 표현했다. 육영수 여사의 후원 아래 한하운은 나병 계몽 운동에서 핵심적인 역할을 수행했다.

《새빛》에서는 정착촌 지원사업과 새마을 모범부락에 관한 소식을 자

80 한하운, 「陸 女士님 修行記」(칼럼 「月平線」(22)), 《새빛》 1971년 12월호, 15쪽.

주 게재했다. 1972년 5월호에는 육영수 여사의 권두언 「전국정착촌민들에게: 수모와 질병의 청산은 스스로의 노력으로」, 이어서 신정하의 「육영수 여사 수행기: 새 삶의 개척은 자립정신으로—미망인회·새마을·정착촌 찾아서」를 게재했다.

> 나는 그동안 몇차례 자활의 의욕이 강한 새마을 모범부락을 다녀온 일이 있지요./ (…) 지난 5월 24일에는 여러분들처럼 지체가 부자유한 분들이 살고 있는 칠곡군의 칠곡농장을 찾아 갔었지요. 그런데 그곳은 눈에 띄게 많은 새마을 사업을 이룩해 놓았었습니다. 높이 7미터나 되는 석축을 200미터씩 쌓아 올려 놓기도 했고, 길을 넓히고 지붕도 개량했으며 매일 한 호당 계란 한 알씩을 모아 판돈 50만원으로 훌륭한 회관도 마련했고 위생우물을 곳곳에 파는 등 보는 이로 하여금 인간의 의지가 기록한 승리의 산 표본을 느끼도록 했습니다.[81]

> 유준: 제가 축산을 장려한 것은 소록도 같은 데를 가보면 토끼와 개 따위를 열의와 성의를 가지고 사랑하는 것을 보고 생각해 낸 것입니다. 사람들은 자기들을 멀리하지만 동물들은 자기들을 따르는데서 깊은 애착을 가지리란 추측을 했습니다. 주민들이 육체노동을 덜하면서 할 수 있는 것이 축산이라고 판단했습니다. 환자들이 낫더라도 일반인과 떨어져 살고 있다는 것은 축산하는데 좋은 조건입니다. 전염병같은 것도 피할 수 있는 여건이 형성된 것이죠.[82]

육영수 여사는 "자활의 의욕이 강한 새마을 모범부락"을 방문한 후 "인간의 의지가 기록한 승리의 산 표본을" 느꼈다고 소감을 전했다. 유준

81 육영수, 「全國定着村民들에게: 수모와 질병의 청산은 스스로의 노력으로」, 《새빛》 1972년 5월호, 5쪽.

82 특집 좌담 「정착농원 대표—정착 후 12년과 오늘의 현실」, 《새빛》 1974년 3월호, 23쪽.

박사가 제안한 정착촌 사업에서는 치유가 된 한센인들에게 동물을 "사랑"하는 마음으로 "육체노동"을 할 수 있는 "축산" 활동을 장려했다. 정착촌은 일반인과 떨어져서 한센균의 전염을 예방할 수 있다는 취지에서 나온 방안이기도 했다. 나병 계몽 운동에서 "한센인 정착촌", "새마을 운동", "자립정신", "국민총화"는 동일한 지향점을 공유했다. 이제 한센병의 "정복"을 목표로 한 나병 계몽 운동은 "새마을" 운동의 흐름과 자주 접속하기 시작했다.

나병 계몽 운동기 나환자 정착촌 사업은 의학계의 영역에서만이 아니라 정치권 인사들의 주요한 관심 대상이 되었다. 《새빛》에 수록된 여러 자료들에서 박정희, 육영수, 박근혜의 활발한 행보를 읽을 수 있다. 1972년 11월호(지령 100호)부터 "본지 제호題號의 휘호揮毫는 지령誌齡 100호를 축하하시며 대통령 영부인 육영수陸英修 여사께서 하서下書해주신 것입니다."라는 문장을 넣고 '새빛'의 글씨체를 변경했다.

아울러 「10월 유신에 대한 성명서」(1972년 10월 19일. 사단법인 한국잡지협회)를 게재했는데 이것은 잡지 《새빛》이 유신체제의 정치적 영향력에서 자유롭지 못했다는 것을 보여준다. 1975년 2월호에는 "대통령 영애 근혜槿惠양의 사랑의 실천에 깊은 감명을 받은 강원도 대명大明, 경천敬天 두 농원의 감사서신을"[83] 실었다. 1977년 1월호에는 1973년부터 표지 글씨로 육영수 여사의 휘호를 쓰고 있으며 후원으로 발행하고 있다고 밝혔다.

> 본지 제자題字는 대통령 영부인 고故 육영수陸英修, 1925~1974 여사의 휘호揮毫입니다./ 본지는 대통령 영애令愛의 후원으로 발행하고 있습니다.[84]

---

83 「편집 후기」, 《새빛》 1975년 1월호; 박근혜(청와대), 「患友에게 주는 書信: 社會復歸 본보기 되어 希望 심길—어머니의 사랑 항상 患友 곁에」, 《새빛》 1975년 2월호.

本誌는 宣明會와 大統領 令愛의 후원으로 發行하고 있습니다.[85]

1977년 7월호에서는 "본지는 선명회와 대통령 영애의 후원으로 발행하고 있습니다."라고 발행의 주체에 "선명회"를 추가해 명시하였다. 육영수 여사와 한하운 시인의 추모 특집을 마련해 「육영수 추모 특집」(1974년 9월호), 「특집 좌담: 내가 만나본 육영수 여사—생전의 모습을 기리며」(1974년 10월호), 추모 일주기 「천형의 시인—한하운: 생전의 처절한 목소리 다시 듣는다」(1976년 3·4월호) 등을 수록했다.

대한나관리협회가 발간한 『한국나병사』(1988)에서는 육영수 여사가 1966년 7월~1974년 7월까지 전국의 요양소, 정착장, 농원 등에 지원한 내역을 '대상기관 및 정착장/지원내역' 등으로 구분해 「육영수 여사의 구라 행적(일부)」를 정리했다.[86]

5) 자조·자립정신: 복지국가 건설

나병 계몽 운동이 새마을 운동과 접속하게 된 경로를 더 자세히 살피기 위해서는 1972년 대한나협회가 창간한 잡지 《복지》의 일부 지면을 참조할 필요가 있다. 《복지》는 '보건 코너'란 옆에 표어 「나병없는 우리마을 살기좋은 새마을」을 게재하였다. 또한 '복지상담'란을 통해 "나병에 대한 궁금증, 나협회의 사업, 정부나사업에 대한 문의를" 받아 "재가치료를 권유"하는 상담을 비롯해 "환자의 조기발견, 치료" 활동을 전개했다.[87]

---

84 《새빛》 1977년 1월호.

85 《새빛》 1977년 7월호, 5쪽. "宣明會"가 추가되었다.

86 대한나관리협회, 『한국나병사』, 앞의 책, 316쪽.

87 표어 「나병없는 우리마을 살기좋은 새마을」: 「복지상담」, 《복지》 1972년 11월호, 대한나협회,

「문」 요즘 소위 부랑나환자가 보이지 않습니다. 이들은 모두 어디에 수용했습니까. 궁금합니다./ 「답」 모두 수용하지는 않았습니다. 부랑나환자 가운데 양성자만 국립나병원등 나병치료기관에 수용하고 음성자는 자기집 또는 고향으로 귀가시켜 자립·갱생의 길을 걷도록 대한 나협회가 시·도와의 협조로 지원하고 있습니다. 참고로 말씀드리면 나환자들도 여러분과 같이 준법정신을 발휘, 옛날처럼 구걸하지 않으려고 스스로가 노력하고 있으며 혹 탈선행위자가 있으면 대한나협회와 시·도에 단속을 의뢰하십시오.[88]

경천원―. 새마을운동에 앞장선 경천원은 자조·자립정신으로 ① 건강에 힘쓰며, ② 부지런히 일하고 ③ 이웃과 화목하고 서로 봉사하며 ④ 환경을 깨끗이하고 ⑤ 금주·금연하여 ⑥ 저축하고 ⑦ 사치를 금하며 ⑧ 도박적 오락을 금하고 아울러 ⑨ 신앙생활에 힘쓰자는 것을 생활신조로 삼고 있다.[89]

위의 글에서는 한센인들에게 "자조·자립정신"을 통해 "자립·갱생의 길"을 걷도록 노력하라고 당부한다. 아울러 "준법정신을 발휘, 옛날처럼 구걸하지 않으려고 스스로 노력하고 있다는 점을 강조하면서 탈선행위자가 있으면" "단속을 의뢰"하길 요청한다. 한센인들에게 호소하고 있는 두 가지 항목, 즉 남에게 의지하지 않고 스스로 법을 지키는 것과 건강을 지키는 것은 서로 다르지 않는 일에 속했다. 그것은 한센병 치유자들의 정착촌 운동과 새마을 운동이 공동으로 추구한 핵심적 요체이기도 했다.

보건사회부 장관의 신년사 「명실상부한 국민복지 실현」(1970년 1월호)

36쪽.

88 「복지상담」, 《복지》 1972년 11월호, 대한나협회, 36쪽.

89 정착장 탐방 「새마을 운동에 앞장선 경천원」, 《복지》 1972년 11월호, 대한나협회, 33쪽.

에서는 "국민보건"과 "복지국가 건설"을 위해 "경제개발계획을 강력히 추진"하겠다는 목표 아래 네 가지 방향을 제시하였다. 주요한 사항을 요약해 보면 다음과 같다. 복지국가 건설을 위한 노력은 "가치관의 혼란, 인구의 도시집중에서 파생되는 공해 등 제반 문제 그리고 질병 등 모든 사회적 병리요인을 제거"하는 것 외에 다양한 분야를 포괄했다. 나아가 "노사협조勞使協調로서 노동생산성을 향상시킴과 동시에 인력의 보전시책保全施策을 강력히 추구함으로써 경제발전에 이바지할 수 있는 기반조성에 노력할 것"[90]이라는 입장을 표명했다.

육영수 여사는 「특별기고: 자립으로 소담한 열매를」(1972년 7·8월호)에서 "정착촌 새마을 운동"의 일환으로 "자립정신을" 내세웠다.[91] 나병 계몽 운동, 한센인 정착촌 건설, 새마을 운동은 정치, 경제, 사회, 문화 등 전반적인 영역을 개선하는 것을 목표로 "자활의 의지"를 공동의 지향점으로 설정하였다. 즉 조국의 근대화와 국민보건의 실현, 복지국가 건설은 재활의 의지로 가치관의 혼란, 사회적 병리현상 등을 제거하는 한편 노동생산성을 향상함으로써 경제발전에 이바지하는 것이다.

이 시기 잡지에 수록된 다양한 글들에서는 정착촌 새마을 운동의 변화된 모습을 보도했다.[92] 경북 칠곡漆谷농장은 "국립병원에서 정착촌으로 바뀐지 불과 3년만에 전기를 가설, 지금은 상수도上水道사업 등 새마을 사업에 여념이 없는 의욕찬 마을의 생생한 모습"[93]으로 바뀌어 주목을 끌었다. "1947년 6월 창설, 현재 1천여명의 나환우 요람으로 그 오랜 역사를 자랑하고 있"는 부산의 국립나병원 용호분원은 "모진 병마病魔와

---

90 金泰東(保健社會部 長官), 新年辭「名實相符한 國民복지 實現」, 《새빛》 1970년 1월호, 4쪽.

91 육영수, 「特別寄稿: 자립으로 소담한 열매를」, 《새빛》 1972년 7·8월호.

92 한하운, 「陸 女士님 修行記」(칼럼 「月平線」(22)), 《새빛》 1971년 12월호, 14~17쪽; 朴成煥(경남 밀양군 무안면), 「알찬 새 마을 건설에 부푼 信生농장: 희망찬 自助, 自立 계획을 중심으로」, 《새빛》 1972년 7·8월호, 5~7쪽; 「한센씨병 再活 심포지움: 한센씨병에 있어서 再活이란 무엇—再活은 早期에, 팀웍이고, 自立이 목적」, 《새빛》 1974년 10월호, 7~8쪽.

93 「편집 후기」, 《새빛》 1972년 7·8월호, 14~15쪽.

싸우며 새마을 건설사업에" 매진하여 "건설의 역군役軍으로 자립, 복리증진을 향한 새마을 사업을"[94] 펼치고 있는 현장으로 관심을 모았다.

이와 같이 1970년대 나병 계몽 운동은 한센인 정착촌 사업, 새마을 운동과 밀접한 관계를 형성하면서 전개되었다. 그런 가운데 한센인의 "자립"과 "재활" 의지와 더불어 "복리증진", "새마을 사업", "소득증대"의 실현을 강조했다.[95] "조국 근대화"와 "복지국가 건설"이라는 구호는 "의료선교"의 흐름과도 접속했다.[96]

> 종교계의 지역사회 봉사활동이 한 차원 높아져 한국사회의 정신혁명의 기수가 되어야 한다고 말하고, 현재 富의 축적에 주력하는 인상을 주는 새마을운동에 정신적인 가치도 종교인이 제시해 주어야 할 것이라고 역설한다.[97]

> 그간 정부의 적극적인 시책에 따라 가동력있는 음성치유자를 사회에 복귀시켜 자조, 자립, 협동하는 정책사업을 추진하여온 결과로 65년의 4천6백83명에 비해 1천3백37명이 감소된 것이다.[98]

한센인을 위한 "낙원" 건설은 곧 자조, 자립 정신으로 정착촌을 건설하는 사업에서 주요한 이념적 구호였다. 이것은 5.16쿠데타 이후 소록도 병원에 부임한 조창원 원장의 "혁명사업" 공약의 실질적 기반이기도 했

94 鄭昱(부산 용호병원), 「龍湖 새마을 소식: 이제 어두웠던 과거는 없다—자매결연, 소득증대, 시설확장」, 《새빛》 1972년 10월호, 14쪽.

95 現地 르뽀 「꾸준한 意慾으로 발전하는 上智園: 새마을 사업으로 소득증대에 박차」(3), 《새빛》 1972년 9월호, 6~8쪽.

96 醫療宣敎 「福祉사회 구현은 醫療 사회화로」(完), 《새빛》 1975년 1월호.

97 「새생활 새바람 새마을 도시에도 불은 붙고 있다—종교계」, 《경향신문》 1976년 6월 12일.

98 「61주년을 맞이하는 국립나병원인 소록도 소식」, 《매일경제》 1977년 5월 17일.

다. 조창원 원장은 혁명공약의 철저한 이행을 강조하면서 “정정당당”, “인화단결”, “상호협조”, “재건再建”을 병원 운영방침으로 정하였다.[99]

유랑하는 삶을 버리고 “정착”할 터전을 마련해주려 한 한센인 정착촌 건설 사업은 본래의 목적과 다르게 전개되었다. 여기에서 1970년대 나병 계몽 운동의 성과와 한계를 보다 비판적인 관점에서 되짚어볼 필요가 있다. 나병 계몽 문예는 그곳으로 거슬러 올라가는 하나의 통로가 된다.

3. 계몽의 표정들

1) 자전서사/허구서사/나병 계몽 문예

잡지 《새빛》에는 크게 세 갈래의 문학서사, 즉 한센인의 자전서사, 나병 계몽 문예 작품, 한센병을 모티프로 한 허구적 성격의 서사가 공존하고 있었다. 그것은 ‘한국’ 한센병 문학의 중층을 두텁게 형성한다. 세 가지 유형에 해당하는 문학 자료들은 동시대에 출간된 것이지만 그 기억과 서사의 주체가 다르다는 점에서 비교할 만한 부분이 적지 않다.

1960년대 이후 한센병 문학의 장은 계몽 운동 시기에 이르러 차츰 얼굴을 내밀기 시작한 한센인 작가들의 자전서사와 일반인들이 참여한 나병 계몽 문예 작품이 주축을 이루었다. 아울러 한센병과 소록도의 역사 기억을 허구서사로 재현한 작품들이 다수 출간되었다.

《새빛》의 한센병 문학 및 문학 관련 자료들을 검토하는 작업에서 우리의 관심은 누가 어떤 시각과 입장에서 한센병과 한센인을 재현하고 이야기하고 있는가에 있다. 계몽 운동 시기, 한센병 문학은 계몽 운동의 흐

99 국립소록도병원, 『소록도 80년사』, 앞의 책, 147쪽.

름 가운데에서 계몽의 구심력이 되었는가 하면 때로는 계몽 운동에서 벗어나려는 원심력이 되기도 했다. 무엇보다 한센병 문학은 일제강점기에서 해방과 전쟁, 그리고 유신체제에 이르는 한국근현대사의 흐름, 정치사회의 변동 속에서 읽어야 한다.

계몽의 빛 아래에서 한센병 문학은 사실/허구, 역사/이야기가 중첩된 얼굴로, 공포/연민이 교차하는 표정을 짓고 있었다. 이 표정은 '한국' 한센병 문학을 어떻게 읽을 것인가라는 물음, 다시 말해 한국 한센병 문학의 특수한 지점을 드러낸다. 나병 계몽 운동 하에서 한센병 문학의 서사주체를 한센인과 일반인으로 나눌 수 있으나 계몽이라는 목적 아래 단조로운 양상을 보였다. 계몽 운동 시기 한센병 문학에서 자주 표출된 공포와 연민, 서정과 통속의 분위기는 계몽의 얼굴에 나타난 다른 표정들이었다.

나병 계몽 운동기에 나온 한센인들의 자전서사는 그동안 바깥으로 얼굴을 드러내지 않았던 한센인들이 자신의 목소리로 고백한 증언이라는 점에서 의미가 크다. 그러나 스스로 질병을 예방하고 치료해 건강을 관리하자는 자기규율과 통제가 강화되면서 한센인들의 얼굴과 목소리는 빛과 어둠 사이를 반복했다.

한센인들의 다채로운 표정은 자전서사, 광고, 방송극, 영화, 문학 등에 아로새겨 있다. 계몽 운동기 한센인과 일반인이 남긴 기록을 비교 독해하면서 나병 계몽 문예의 의의와 한계를 되짚어볼 수 있을 것이다.

2) 나병 계몽 문예 작품 모집 공고와 당선작 특집

"나병은 고칠 수 있다"라는 계몽 구호와 실제 현실 사이에는 상당한 거리가 있었다. 1967년 3월호부터 실린 광고 「나병의 위험과 안전」 시리즈 중에서 몇 부분만 간추려 읽어보면 나병에 대한 사회 인식의 한계를 볼 수 있다. 예컨대, 민간요법에 의지해 치료하려고 하지 말고 "의사의 지시에 따라 규칙적으로 약을 먹어야"하며 무감각해진 손과 발을 "안전한 방법으로" "보호"하라고 권고한다. 또한 한센인들에게 생계를 자립적으로 유지할 수 있도록 "당신의 손"을 "돈"을 버는 데에 "사용"하길 요청하는 광고도 있었다.

광고 「나병의 위험과 안전」 시리즈가 연재되는 동안, 1967년 9월호와 10월호에는 김강석의 단편 「아내」를 게재했다. 이 소설에서는 나병에 걸린 아내를 정성껏 돌보는 남편을 현대의학의 나병 치료를 확신하는 사람으로 설정한 것처럼 "현대의학"에 대한 믿음이 강하게 들어 있다. 소설 속 남편의 내적 독백을 들어보자.

> 나는 과학적인 현대의술을 믿기 때문에 아내의 얼굴이 찌그러지고 육체가 썩어 문드러지는 전형적인 문둥이일지라도 데리고 살리라 마음속 깊이 다짐한다. 의사가 병자를 대하는 듯 가벼운 마음으로 아니 그보다 더 사랑스런 마음으로.[100]

나병에 걸렸다는 사실을 알게 된 후 자살을 시도했던 아내는 남편의 극진한 간호에 감동하면서 자신의 잘못된 판단을 뉘우친다. 이 소설은 자살을 선택한 나환자에 대한 연민이나 동정보다는 의학적 상식을 갖추고 '의사 노릇'을 하겠다는 남편의 헌신적인 노력에 초점을 맞춘다. 아울러 남편의 도움으로 나병을 치료할 수 있다고 확신하게 되는 아내의 내면 변화를 조명한다. 소설은 나병에 대한 의학적 상식을 갖추고 환자 스스로 치료에 대한 확신을 가지는 것이 중요하다고 말한다.

하지만 한센병에 대한 공포와 한센인을 향한 낙인의 감성을 바꾸는 것

100 金剛石, 단편 「아내」(下), 《새빛》 1967년 10월호, 23쪽.

은 쉽지 않은 일이었다. 한센인에게 부여된 낙인의 표지는 나병 계몽 운동이 전개되는 동안에도 사라지지 않았다. 이러한 점은 계몽 운동 하에서 모집 및 당선된 '나병 계몽 문예 작품'을 읽는 데에 주요한 참조점을 제공한다.

《새빛》 1967년 10월호에서는 대한나협회가 주관한 제1회 '계몽 문예 작품 당선작 발표'가 있었다. 심사결과를 발표하면서 다음과 같이 덧붙였다. "나병에 대한 사회의 올바른 인식과 나환자들에 대한 멸시와 천대의 눈총을 따뜻한 사랑과 우애의 눈길로 돌려주기 바라면서, 전국 초, 중, 고교생을 대상으로 본 협회에서 주최한 제1회 계몽 문예 작품 모집에 응모한 작품의 심사결과를 아래와 같이 발표합니다."[101] 1967년 11·12월호에는 '계몽 문예 작품 당선작'을 수록했다. 그 일부를 읽어 본다.

> (…) 아―, 천년 세월의 흔적 없는 하늘.
> 어이 지워지지 않는 나의 이 딱지!
> 보이지 않기를,
> 저주받지 않기를
> 저만큼 말고 여기 등을 맞대고 살기를.[102]

> "니네들 병은 나을 수 있다드라. 우리 아버지가 그러시는데 옛날에는 이 병이 절대로 나을 수 없던 무서운 병이었댔는데 지금은 얼마든지 나을 수 있대. 더구나 니네들은 그렇게 심하지 않아서 조금만 치료하면 쉽게 나을 수 있대. 빨리 나아서 서울에 가 중학교랑 다니면 얼마나 좋겠니 서울은 아주 높은 빌딩, 아파트, 학교가 헤아릴 수 없이 많단다."[103]

---

101 「제1회 계몽 문예 작품 당선작 발표」, 《새빛》 1967년 10월호, 9쪽.

102 신경호(광주 제일고 3), 癩協主催 계몽 문예 작품모집 당선작 「죄인」, 《새빛》 1967년 11·12월호, 28쪽.

103 진영금(전남 구례농고), 癩協主催 계몽 문예 작품모집 당선작 「강바람 부는 언덕」, 《새빛》 1967년 11·12월호, 25쪽.

"문둥이가 무서워? 진짜 무서운 것을 모르는구나."

선생님은 천천히 얘기해 주셨다.

"전에 내 동생이 나병에 걸렸었지. 우리 집안에서는 온통 난리가 난 것처럼 슬퍼하고 근심에 싸였단다. 동생은 집에도 들어오지 못하고 돌아다니면서 죽으려고 했었단다. 그때에 보건소에 다니시는 아버지께서 나병도 치료만 하면 곧 나을 수 있는 병이니 보건소에 보내 달라고 부탁하고 가셨다. 나는 내 동생을 이리저리 돌아다녀 찾아 가지고 보건소에 데리고 가서 다시 진찰을 받고 치료를 계속해서 받았지. 우리 집안에서 그렇게 걱정하던 나병도 낫게 되었단다. 지금 동생은 의사가 되어 병든 사람들을 도웁겠다고 의학공부를 하고 있단다. 너희들, 세상에서 가장 무서운 것은 잘 모르는 일을 아는 것처럼 판단하여 버리는 것이다."라고 말씀하셨다.[104]

'건강한 사회인'들이 쓴 계몽 문예 작품에서는 나병을 '저주'와 '죄'의 질병으로 여기며 절망하는 환자의 모습과 '나병이 낫는다'라는 희망의 메시지를 동시에 읽을 수 있다. 학교 선생님은 "진짜 무서운 것"은 "문둥이"가 아니라 "잘 모르는 일을 아는 것처럼 판단하여 버리는 것"이라고 이야기해 주기도 한다. 진찰을 받고 치료를 받으면 나을 수 있는 병인데도, 나병에 대해서 잘못 알고 있는 사람들이 먼저 나병을 제대로 아는 것이 중요한 일이라고 역설한다.

1968년 3월호에는 '나협주최 제2회 계몽 문예 작품 및 표어 모집' 공고가 실렸다. 이 모집 공고는 가) 문예 작품, 나) 표어로 분류해 '전국 초등학교 4학년 재학생이상 아동 및 남녀 중고등학교 재학생'을 대상으로 나누어 이루어졌다. 작품 공모는 "본 취지에 입각한 국민계몽에 도움이 될 수 있는 소재로써 초등학교생: 작품, 동요, 동시, 중고등부:

104 이영수(전북 황등초등학교), 癩協主催 계몽 문예 작품모집 당선작 「세상에서 제일 무서운 것」, 《새빛》 1968년 2월호, 28쪽.

시, 수필, 꽁트, 일기, 씨나리오'로 구분해 '대한나협회 각 시도 지부"를 통해 실시되었다. 1968년 6월호에 '제2회 계몽 문예 작품 당선작'을 수록했다.[105]

> 다른 질병에서는 이와 같은 사회적인 불행이 없는데 유독 나환자만이 이와 같은 냉대 속에서 살아가야 할 하등의 이유가 어디에 있습니까?/ 심지어는 그들의 건강한 자녀까지 배움의 길을 막으려는 현실이며 더욱이 세계적으로도 으뜸이라는 정착사업장에 있는 완치된 사람들의 자녀 교육마저 막으려 하니 이 어찌 안타까운 일이 아니겠습니까?[106]

> 나병은 불치의 병이나 유전병도 아닌 피부 접촉으로 전염이 되는 전염도가 매우 희박한 전염병인데도 공포에 쌓여 환자를 인간이하로 냉대하고 추방하는 그릇된 인습이 지속되고 있으며 심지어는 건강한 그들의 자녀까지도 배움의 길마저 막으려하는 현실이라서, 이 잘못된 편견을 바로잡기 위하여 (…)[107]

모집 공고 취지문에서 보듯이 '나병 계몽 문예 작품 및 표어 모집'은 나환자를 "인간 이하"로 "멸시"하고 "냉대"하는 분위기를 해결하려는 인식 계몽이 주요한 목적이었다. "건강한 그들의 자녀까지도 배움의 길마저 막으려 하는 현실"을 제대로 알리고 "국민보건과 사회건설에 이바지" 하려는 계몽 운동의 방법이었다. 1968년 7월호는 '계몽 문예 작품 당선작 특집'으로 꾸려졌다.[108]

---

105 「癩協主催 제2회 계몽 문예 작품 및 표어 모집 공고」, 《새빛》 1968년 3월호; 「제2회 계몽 문예 작품 당선작」, 《새빛》 1968년 6월호.

106 「癩協主催 제2회 계몽 문예 작품 및 표어 모집 공고」, 《새빛》 1968년 3월호, 8쪽.

107 「나병 계몽 문예 작품 및 표어 모집」, 《새빛》 1969년 4월호, 15쪽.

108 「계몽 문예 작품 당선작 특집」, 《새빛》 1968년 7월호, 8~31쪽.

잡지 《새빛》에 수록된 나환자와 일반인이 쓴 시, 소설, 에세이, 방송극, 나병 계몽 문예 작품 등은 이 시기 나병 관리 정책의 방향과 연관해 독해할 자료들이다. '나협주최 계몽 문예 작품모집 당선작'은 나환자가 아닌 '아동'과 '학생', '일반인'이 어떤 시각에서 나병과 나환자를 인식하고 있었는지를 보여준다. 계몽 운동기 하에서 나병과 나환자에 대한 인식의 변화를 볼 수 있다. '나병 계몽 문예 작품'은 나환자와 건강한 일반인이 각기 다른 입장에서 나병과 나환자에 관한 이야기를 기록한 것인데, 그것은 나병 계몽 운동의 취지 하에 모집된 작품이라는 점을 고려해 읽어야 한다.

3) 나병 계몽 영화, 만화, 연극

1965년 8월호에는 「계몽영화 <새빛> 제작」에 관한 소식을 다음과 같이 전했다. "약 10분간의 문화영화 <새빛>은 나병을 치유하고 사회에 복귀한 어느 환우의 즐거운 스토리이며, 8월 중순경에 제작이 완료되는 대로 일반 극장에서 상연케 될 것이라고 한다."[109] 1969년 11월호에는 「계몽 '스라이드' 제작」에 관한 소식을 실었다. '새빛'이라는 제목을 붙인 계몽 슬라이드는 하용마 선생과 유준 박사의 도움을 받아 나병관리 요원이 제작한 것이라고 설명했다.[110] 비록 짧은 기사문이지만 잡지 《새빛》이 지향한 나병 계몽교육 활동에 관여한 관계자들을 구체적으로 확인할 수 있는 장면이다.

《새빛》 1965년 10월호부터는 영화대본 <그대옆에 가련다>를 연재하였다. 영화대본을 해설하고 영화 제작에 관한 정보를 정리한 곳에서 이 영화가 제작된 배경 및 동기, 그리고 한국 나병 영화사에서 차지하는 위치

109 「계몽영화 <새빛> 제작」, 《새빛》 1965년 8월호, 26쪽.

110 「나계 소식: 계몽 '스라이드' 제작」, 《새빛》 1969년 11월호, 26쪽.

를 가늠해볼 수 있다.

동년同年(1965년) 9월 26일에는 '시나리오' 작가 김경金卿 여사가 래도來島하여 병사病舍를 시찰하였는데 "이제 절망은 있을 수 없으며, 이 아름다운 섬이 영원한 낙원이 되기를 바란다"라는 말로 원생들을 격려하였다. 그는 서울서 책 모으기 운동을 하여 얻은 책 252권을 병사지대 녹산도서관에 기증하고 여러분들을 위하여 조그마한 일이라도 하고 싶다면서 나병의 왕국 소록도에서 핀 실화 한 토막을 엮어 나병계몽영화를 만들 계획이라고 방문 목적을 밝혔다. 어떤 젊은 지성知性 나인癩人의 투병기와 이에 얽힌 소록도의 숨은 애환을 문예실장 김영문, 심전황 등을 통하여 듣고 떠났다. 그가 쓴 '시나리오' 〈그대옆에 가련다〉가 대한연합영화사大韓聯合映畫社에 의해 영화화되었는데 김옥숙(기획), 김경, 이정자(각본) 등 30대의 여성이 힘을 모아 화면에 나환자가 나타나면 흥행이 안된다는 종래의 미신과 '타부'를 깨뜨리고 나병계몽에 기여했는데 이 역시 1955년 5월 한하운 원작인 「황토길」에 이어 세 번째로 만들어진 영화로서 소록도의 배경이 여러 '씬'으로 나온다./ 20년이란 세월을 하루 같이 지성어린 간호로 남편의 병을 완치시키는 지순한 부부애를 그린 영화인데 그 줄거리를 본다면 (…)/ 이와 같은 「스토리」는 10년 전에 소록도에서 있었던 실화를 각색한 것이라고 한다.[111]

해설: 우리나라 최초의 나영화癩映畫는 1955년 4월에 홍성기洪性麒 원작·감독으로 신영화촬영소新映畫撮影所에서 제작한 〈열애熱愛〉이다. 1962년 6월에는 미국공보원美國公報院에서 시인 한하운씨의 반생기半生記를 원작으로 〈황토길〉을 제작하여 나병계몽에 적지 않은 이바지를 했다. 지난 8월에는 또 하나의 나영화가 대한연합영화사大韓聯合映畫社에

111 심전황, 『소록도 반세기』, 앞의 책, 159쪽.

> 의해 ‘크랑크 인’했다. 연말 내로 개봉을 보게 될 〈그대 옆에 가련다〉는 한 나환자 아내의 아름다운 사랑의 얘기로 “트루 스토리”이다.(물론 약간의 극적인 구성은 있지만) 20년이란 세월을 하루 같이 지성어린 간호 끝에 남편의 병을 완치시키는 진지한 여인상女人像을 그린 것이다. “나환자가 영화에 나오면 흥행이 안된다는 ‘타부’도 있으나 그것을 깨트리고 구라사업救癩事業에 조금이라도 도움이 되기를 바란다”고 전옥숙全玉淑 여사는 말하고 있다.[112]

위의 글에서는 영화대본 〈그대옆에 가련다〉의 “‘시나리오’ 작가 김경金卿 여사”가 “나병의 왕국 소록도에서 핀 실화 한 토막을 엮어 나병 계몽영화를 만들 계획이라고 방문 목적을 밝혔다.”는 것을 전하고 있다. “어떤 젊은 지성知性 나인癩人의 투병기와 이에 얽힌 소록도의 숨은 애환을 문예실장 김영문, 심전황 등을 통하여 듣고 떠났다.”고 적혀 있는 곳으로 미루어 보아, 소록도를 방문한 시나리오 작가 일행이 어떤 이야기를 누구에게서 듣고 나누고 갔는지를 알 수 있다.

1965년 10월호에는 “한 나환자 아내의 아름다운 사랑의 얘기”로 대중적인 관심을 끌었던 영화 〈그대옆에 가련다〉가 개봉 예정이라는 소식을 실었다. 영화대본의 줄거리는 대략 이렇다. 숙향은 나병 진단을 받아 소록도에 입원한 중학교 교사 손종우를 극진하게 간호하여 그의 병을 완치시킨다. 한편 은영은 병철과 결혼을 앞둔 사이인데, 은영이 병철에게 나환자의 딸이라면 결혼하겠느냐고 묻자 병철은 은영의 곁을 떠난다. 석현이 자살을 시도하던 은영을 붙잡는다.[113]

112 「작품 해설, 映畫臺本連載「그대옆에 가련다」」(1), 《새빛》 1965년 10월호, 14쪽. 大韓聯合映畫社 作品. 企劃: 全玉淑·李配鉉. 監督: 嚴心湖. 脚本: 金卿, 李貞子. 製作: 洪儀善. 撮影: 朴憲三. 音樂: 鄭潤柱.

113 映畫臺本連載「그대옆에 가련다」(1), 《새빛》 1965년 10월호, 14쪽.

은영: (슬며시 피하며) 내가 결혼을 약속하기 전에 미리 말해 둘게 하나 있어요. (…)
병철: 왜 그래, 무슨 얘기야?
은영: 병철씬 나병을 아시죠?
병철: 나병이라니?
은영: 문둥병 말예요.
병철: 갑자기 그런 얘긴 왜 꺼내? 아—참 은영이가 나균을 전공한다구 했지?
은영: 그런 얘기가 아녜요.
병철: 그럼 뭐야?
은영: 만약에— 만약에 말예요—
병철: 하, 답답하군—
은영: 만일 우리 아버지가 나환자라면 어떡하시겠어요?
병철: 뭐라구?
은영: 어떡하시겠느냐구요?
병철 본능적으로 한 걸음 물러선다.
은영: (놓치지 않고 다가서며) 병철씬 그게 문제되지는 않겠죠?
병철: 은영이—
은영: 사랑한다구 말해주세요!
하고 덥썩 병철의 가슴에 안긴다.
병철: 안돼!
하고 은영을 밀친다.[114]

시나리오 <그대옆에 가련다>는 나병 환자를 헌신적으로 간호해서 치료한 여인의 감동적인 이야기와 함께, 나환자 가족과 결혼할 수 있을

114 映畵臺本連載 「그대옆에 가련다」(5), 《새빛》 1965년 2월호, 22쪽.

것인가라는 선택에 관한 문제가 주요한 서사를 이룬다. 만약 가족 중에서 나환자가 있을 경우에 결혼할 수 있겠느냐라는 질문은 뜨거운 화두였다. 「장면 98. 남산 팔각정(밤)」에서 은영과 병철이 나누는 대화에서 읽을 수 있다.

병철에게는 아버지가 나환자인 은영과 결혼한다는 것은 '사랑'하는 마음만으로 극복할 수 있는 문제가 아니었다. 가족 중에 한센인이 있을 경우 결혼할 수 없다는 병철의 태도는 나병이 전염 혹은 유전될 수 있다는 공포와 두려움에 갇힌 사회 일반의 인식을 보여준다.

시사회가 끝난 후에 《새빛》 1966년 1월호에는 다음과 같은 기사를 실었다. "지난(1965년) 12월 14일, 단성사團成社 시사실에서는 관계인사 50여명이 모인 가운데 나영화 〈그대옆에 가련다〉의 시사회가 있었다. 구라운동에 적지 않은 이바지를 할 수 있는 영화라는 호평이었다."[115] 계몽영화 〈그대옆에 가련다〉는 이루어질 수 없는 사랑과 애틋한 연민의 감정을 바탕으로 한 통속 코드에 힘입어 대중적 인기를 모아 "구라운동"에 기여했다는 평가를 받았다.

한하운은 이 영화를 "한 나환자의 아내가 20년이란 세월을 하루 같이 지성어린 간호 끝에 남편의 병을 완치시키는 여인상과 그 가족을 그린 것이"[116]라고 소개했다. 한센인으로서 한하운은 나병에 걸린 남편의 병을 치료하는 여인의 희생과 헌신적인 사랑에 초점을 두고 읽었다.

《새빛》 1969년 3·4월호에는 극단 가교假橋에서 준비한 나병 계몽극 〈미련한 팔자대감〉의 지방공연 소식을 전했다. 줄거리 소개에 따르면 이 작품은 "병을 숨기기와 두려워하지 말고 속히 진단받고 치료하면 완치된다는 계몽극"이다.

115 「나계 소식: 나영화시사회(癩映畫試寫會)」, 《새빛》 1966년 1월호, 26쪽.

116 한하운, 「1. 續, 世界癩文學小史」(16)(칼럼 「月平線」(11)), 《새빛》 1970년 2월호, 27~28쪽.

극단 '가교(架橋)' 지방공연:
나병 계몽극 전야제「미련한 팔자대감」,《새빛》 1969년 3·4월호.

<줄거리>

나병 박멸의 노래가 서서히 구성지게 울려 퍼지는 가운데 각 병귀들이 난무한다. 인간들에게 병귀를 보내는 가상의 병마대국에서 대회를 열어 선진국에서 실적이 없는 나병귀가 대왕에게 질책을 받아 나병귀의 무능을 탓하고 마지막 기회로 한국으로 파견한다.

한국 남쪽 오리꼴이라는 마을에 침입한 나병귀는 욕심이 많고 부자로 사는 김팔자라는 영감에게 나병을 전염시킨다. 오랜 시일이 지나자 김팔자는 나병이라는 것을 알게 되어 겁에 질려 돌파리 의사치료를 받는다. 돌파리 의사는 가짜약을 주고 굿을 하라고 일러준다. 이리하여 나병은 점점 악화되어 다죽게된 김팔자는 그의 하인이 나병환자였다가 완치된 사실을 알게되어 그 하인의 말대로 의사를 찾아가 진찰을 받고 약을 먹어 낫게 된다는 줄거리로 병을 숨기기와 두려워하지 말고 속히 진단받고 치료하면 완치된다는 계몽극이다.[117]

1969년 7월호에는 계몽극 '미련한 팔자대감'「전국순회공연의 결산」이라는 제목의 좌담회를 수록했다. 이 좌담회에서는 특히 '연극'이라는 장르가 계몽 운동의 새로운 대안으로 활용되었다는 점에 주목했다. 사회자 신정하 주간은 "계몽사업에 있어서 여러 가지 형태의 매개물 즉 신문, 래디오, 잡지, TV, 영화 등이 각기 그 특징을 가지고 있지만, 연극이 나병 계몽에 동원된 것은 전무前無한 일로서 〈미련한 팔자대감〉이 그 효시라고"[118] 언급하면서 좌담회를 열었다.

117 「극단 '架橋' 地方公演, 나병 啓蒙劇 前夜祭 〈미련한 팔자대감〉」,《새빛》 1969년 3·4호, 11쪽.
118 좌담회 啓蒙劇 '미련한 팔자대감'「全國巡廻公演의 決算」,《새빛》 1969년 7월호, 4쪽. 參席者:

啓蒙劇「미련한 팔자대감」

全国巡廻公演의 決算

左로부터 玄安信 신부 崔始龍 씨 金相烈 씨 李昇珪 씨 辛定夏 씨 金太石 씨

滿3個月 巡廻에 121回 公演
72곳에서 觀客은 약 25萬名

司 극단 「架橋」가 지난 3월28일 신문회관에서 나병계몽 연극 「미련한 팔자 대감」의 전야제를 가진 이후 개월 동안의 전국 순회공연을 마치고 돌아왔읍니다. 계몽사업에 있어서 여러가지 형태의 매개물 즉 신문 레디오·잡지·TV·영화 등이 각기 그 특징을 가지고 있지만, 연극이 나병계몽에 동원된 것은 전무(前無)한 일로서 「미련한 팔자 대감」이 그 효시라고 생각합니다. 그런 의미에서 퍽 뜻있는 사업이었다고 믿습니다.

오늘은 순회공연을 마치고 모라온 분과 이 계몽극을 처음부터 기획하시고 주관하신 가톨릭 나사업가 연합회 여러분을 모시고 이야기를 나누고자 합니다.

먼저 金선생께서 순회공연의 스케줄 부터 말씀해 주십시요.

金 지난 4월1일 成歡을 시발점으로 해서 7월2일 慶州을 끝으로 총 96일간을 순회 했읍니다. 총공연 일수는 72일이며 매일 장소를 옮겨다녔으니 총공연 장소도 72곳 입니다. 그리고 공연한 총회수는 121번 이며 관객 동원수는 약 25만명으로 하루평균 3천5백명 꼴이 되겠지요. 곳에 따라 최고 1만2천명에서 최저 2백명까지의 관중의 수적 차이가 있읍니다.

각 도별로 보며는 忠南에서 13곳에서 22회 공연을 했으며 忠北에서는 8곳에 14회, 慶北은 19곳에 29회, 慶南은 13곳에 22회, 全南은 12곳에 25회 그리고 全北은 10 곳에서 12회 공연을 했읍니다.

李 처음에 저희들이 출발할 때는 낮과 밤 하루 2회 공연할 예정이었읍니다. 그런데 전라도에 내려가서는 각 학교가 농번기(農繁期) 방학에 들어가서 낮 공연을 못했읍니다. 그래서 72일에 144회가 되지 않고 121회란 숫자가 됩니다.

약 25만이란 관객을 동원하는데 있어서도 낮에 학교강당에서 공연을 하면 학생들 간에 잘 파급이 되어 밤공연에는 많은 관객이 동원되곤 했든니다. 재미있다고 소문나면 인근 부락뿐만이 아니라 밤에는 상당히 먼 곳에서도 와서 관람했읍니다.

□ 參席者

玄安信 신부〈가톨릭癩事業家聯合會總裁〉
崔始龍 박사〈가톨릭醫大慢性病研究所長〉
李昇珪 씨〈劇團「架橋」代表〉
金相烈 씨〈劇團「架橋」企劃〉
金太石 씨〈天主教救癩會秘書〉
司 會 辛定夏 씨〈本誌主幹〉
●때 : 1969년 7월 16일
●곳 : 천주교구라회사무실

4

좌담회 啓蒙劇 '미련한 팔자대감' 「全國巡廻公演의 決算」, 《새빛》 1969년 7월호, 4쪽.

극단 「가교」 이승규 대표는 이 연극이 "극장"이라는 공간에서 벗어나 "개방된 장소"에서 상연됨으로써 획득한 성과를 이렇게 평가했다.

> 李(이승규): 사회적인 평가는 매스콤에서 찾아볼 수 있지요. 조선일보에서는 「뮤지칼의 가능성」이라고 해서 얼마나 즐거움을 줄 수 있는가를

玄安信 신부(가톨릭癩事業家聯合會總裁), 崔始龍 박사(가톨릭醫大慢性病研究所長), 李昇珪 씨(劇團「架橋」代表), 金相烈 씨(劇團 「架橋」企劃), 金太石 씨(天主教救癩會祕書). 司會: 辛定夏 씨(本誌主幹). 때: 1969년 7월 16일. 곳: 천주교구라회사무실.

검토했구요. 작가 오영진 선생은 「다방茶房연극과 마당연극」이라고 해서 한국 연극이 주로 극장에서 행해지고 있는데 비해서, 좀더 대중과 가까워지는 방법 즉 연극의 생활에 관해서 논하셨지요. 요즈음 도시에서는 다방에서 연극을 해서 연기자와 관객 사이에 간격이 없이 하는데요. 그것과 또 달리 저희들은 시골 방방곡곡을 찾아가서 극장이 아니라 개방된 장소에서 행하지요. 저희들의 방법이 보다 많은 관객을 연극으로 끌어오는 새로운 방법이 될 거라고 관심들이 많지요. 년말에 가서 연극제의 평가가 궁금합니다.[119]

계몽극 〈미련한 팔자대감〉의 전국 순회 공연은 "재미 속에 숨어있는 '계몽'"을 목적으로 "전단지"를 배포하는 등 계몽 교육에도 기여했다. 이 계몽극은 "전혀 연극을 모르는 시골사람들이 연극을 받아들이는 태도 등을 연구"할 만큼 관객과의 소통에 있어서 특히 주목을 받았다. 1969년 8월, "서강대학에서 귀경공연"을 끝으로 3개월 동안 전국 순회공연을 마쳤다.[120]

1969년 3·4월호의 '세계 보건의 날 특집' 코너에는 「나병 계몽 만화해설 〈어둠을 헤치고〉」라는 제목으로 대한나협회가 제공한 만화영화를 제작 상영했다는 소식을 알렸다. 또한 "KBS－TV는 국제 테레비 기록영화 콘테스트에 출품하기 위해 나병 계몽영화" "〈마음의 병〉"을 제작했다고 했다.

여러분, 나병도 완전히 치료되면 전염의 위험성이란 전혀 없는 것입니다. 저와 같이 회복한 사람을 꺼려서 멀리할 이유가 없다는 것을 현대의학은 명백히 증명하고 있습니다.

119 좌담회 啓蒙劇 '미련한 팔자대감' 「全國巡廻公演의 決算」, 《새빛》 1969년 7월호, 8쪽.
120 「나계 소식: 啓蒙劇 歸京 公演」, 《새빛》 1969년 8월호, 17쪽.

그런데도 제 아들의 경우 학부형의 몰이해한 태도로 어린 가슴에 씻을 수 없는 상처를 입혀야 했습니다. 부모가 다만 나환자였다는 죄아닌 죄로 4천 5백여 명의 미감아들의 앞길이 이토록 막혀서야 되겠습니까? 왜 이 어린 싹들이 조금도 나환자가 아니란 것을 몰라 줄까요./ 이제 여러분은 숨어사는 환자들에게 용기를 넣어주어서 나와 같이 재생의 길을 마련해 주어야겠습니다.[121]

KBS－TV는 국제 테레비 기록영화 콘테스트에 출품하기 위해 나병 계몽영화를 제작한다./ 〈마음의 병〉假題이란 이 기록영화는 나병도 다른 병과 같이 일찍 진단 받고 빨리 치료하면 완치될 수 있으니 두려워하지 말고, 또 나환자들은 사회에서 소외된 생활을 하고 있어 이를 시급히 바로 잡기 위한 계몽사업을 목적으로 제작되는 것이다./ 이 영화의 내용은 소록도를 비롯 한국의 나병 현황을 살피고 이동진료 및 재가치료 그리고 구라사업면의 활동상, 정착사업 등을 살피면서 나병의 올바른 인식을 심어주고 우리나라 나병사업의 밝은 전망을 소개할 예정이다.[122]

나병 계몽 만화 〈어둠을 헤치고〉, "이 만화영화는 15분간의 짤막한 풍자적인 내용으로 4월 7일 세계보건의 날을 즈음하여 각 극장 및 군 공보관에서 나병 계몽을 위하여 상영되고 있다."고 한다. 계몽 만화 〈어둠을 헤치고〉는 현대의학으로 "나병을 이겨낸 이야기"를 전해준다. 화자 '나'는 나환자로서 "주검의 나날"을 극복하는 과정에서 겪은 일들을 들려준다. 나병 발병, 치료제와 약물 복용에 관한 소개, 미감아 등 나병에 관한 일반인들의 잘못된 인식을 개선하길 요청하는 이야기를 담고 있다.[123] 계

121 세계 보건의 날 특집 「나병 계몽 만화 해설 〈어둠을 헤치고〉」, 《새빛》 1969년 3·4월호, 10쪽.

122 「KBS—TV 서, 나병계몽 영화製作」, 《새빛》 1970년 6월호, 25쪽.

123 「편집자 주」, 세계 보건의 날 특집 「나병 계몽 만화 해설 「어둠을 헤치고」」, 《새빛》 1969년 3·4월호, 10쪽.

몽 기록영화 <마음의 병>은 "소록도를 비롯 한국의 나병 현황을 살피고 이동진료 및 재가치료 그리고 구라사업면의 활동상, 정착사업 등을 살피면서 나병의 올바른 인식을 심어주고 우리나라 나병사업의 밝은 전망"을 담았다고 한다. 계몽 영화에서는 나병에 대해 잘못 알고 있다는 사실을 강조하면서, 나병에 대한 올바른 인식과 나병 치료에 대한 지식을 알리고자 했다.

4) 나병 계몽 방송극

이정자의 계몽 방송극 <이방인>은 1970년 9월호부터 1971년 7월호까지 총10회에 걸쳐 연재되었다. 다음은 인물 권여사와 정남이 대화를 나누는 장면에서 인용한 부분이다.

> 권여사: (울부짖으며) 고만, 정말 야속하구나 네가 말한 고통은 자경이 하나로서 끝난거야. 아버지의 죄도 아니구 이 에미의 죄도 아니다. 누인 누구의 슬픔을 질머진게 아니라 병을 앓구 있는거다. 감기나 몸살 같은 병이야.
>
> 정남: (비참하리 만큼 자학적인) 하하하 감기 몸살이라구 하하하… 감기 몸살도 학교에서 쫓겨나나요. 선영인 학교에서 쫓겨난거에요. 미감아라구요. 훌륭한 부모를 둔 죄 때문에 어린 선영이가 쫓겨난거에요.[124]

미감아 취학 문제로 가족 간의 갈등을 보여주는 장면이다. 정남은 부모가 나병에 걸렸다는 이유로 학교에서 쫓겨난 선영의 일을 두고서, 나병에 걸린 부모를 둔 탓이라고 거칠게 항의한다. 이들의 대화는 나병의

124 李貞子, 계몽 방송극 「異放人」(7), 《새빛》 1971년 4월호, 22쪽.

유전설과 전염설이 대립하던 시기에 나병에 대한 잘못된 이해로 인해 생긴 문제를 보여준다. 병원장은 미감 아동 취학을 반대하는 학부형들의 그릇된 관념과 학교 당국의 이해 부족에 대해 비판적인 태도를 취한다.

노석현의 방송극 〈그릴수 없는 여울소리〉(1971)에서는 소록도병원장 조창원趙昌源, "선명회宣明會 특수피부 진료소"의 '유박사'[유준 박사] 등 실존 인물이 실명으로 등장한다. 인상적인 장면은 유준 박사, 조창원 원장 등과 같은 의료 관계자들을 비롯해 은희국, 반경하 등 한센인들이 '소록도'를 긍정적인 장소로 인식하고 있는 점이다.

> 은희국: 마음에 부담이 많아 어디 조용한 곳으로 가고 싶습니다. 소록도는 어떻습니까?
>
> 유박사: 좋지! 현재 약 오천명의 환자가 요양하고 있으니 그 시설은 짐작 하겠지요? 현역 육군 대령으로 부임해서 현재는 재부임으로 와 일보는 조창원 박사가 원장으로 있소! 위치는 경전 서부선 벌교역에서 십삼키로 떨어진, 고흥반도의 녹동항에서 좁은 해협을 두고 섬으로 있는데, 국가에서 막대한 경비를 들여 그들을 보호하고 있소. (…)[125]

> 조창원: (쾌활한 목소리) 그래, 좋다! 나 육군대령 조창원 뒤에는 육십만의 군대가 있다. (웃음) 나를 믿어라! 너들을 위하여 부단히 노력하고 있다. 오마도 간척공사와 더불어 여러분을 사회복귀 시켜 한국의 나환자도 인도의 환자같이 되어야 한다는 것이다(사이) 인도는 음성만 되면 공무원도 되고, 어떤 직장이든 자기 마음대로 들 수 있다는 것이다. 내가 오마도를 시작한건 이런 계획에서이며, 나자해방을 입으로만 부르짖는 민족에게 시범하기 위한 뜻에서 오마도 간척 공사는 시작된 것이다.[126]

125 노석현, 방송극 〈그릴수 없는 여울소리〉(2), 『몇 개의 고독』, 은성문화사, 1971, 194~195쪽.

126 노석현, 방송극 〈그릴수 없는 여울소리〉(3), 앞의 책, 219~220쪽.

은희국: 소록도가 이런 곳인줄 누가 알까요! 정말 제가 느껴도 소록도란 나환자들이 국가의 보조로 떼를 지어 살고 있다는 느낌이었는데, 실상 와서보니 공원이라 할까 병사病舍하면 정말 훌륭하고 아름다운 곳입니다.

그기다 인정이 넘치고 교회의 종소리-교회만도 열하나나 되니-.

반경하: 흠흠흠! 정말이에요! 세상사람이 모르는 지상 파라다이스다 할까요! 겉으론 가장 추하고 더럽고 냄새나도 공원을 산책하면 그런 기분이 싹 씻어 지거든요.[127]

주인공 은희국(24세)은 가난한 청년으로 대학을 졸업할 즈음에 나병에 걸린다. 희국은 "서울 역전앞 구舊세브란스 병원안에 있는 선명회, 특수피부 진료소"에 있는 유준 박사를 찾아간다. 유준 박사는 현재 소록도병원에는 "조창원 박사가 원장으로 있"으며 "국가에서 막대한 경비를 들여 그들을 보호하고 있"다고 하면서 소록도병원에 입원해 치료를 받으라고 권유한다.

유준 박사의 말에 따르면 소록도는 "국가에서 막대한 경비를 들여" 한센인들을 "보호"하고 있는 곳이며 "오마도 간척 공사"가 진행되고 있다고 한다. 그곳은 "훌륭하고 아름다운 곳" "파라다이스"와 같다. 이처럼 이 방송극에서는 요양소의 밝은 현실을 명랑한 어조로 전달한다.

그런데 <그릴수 없는 여울소리>의 작품 '해설'에 "묵직한 바리톤의 성우로 인간의 비애悲哀와 비정非情을 엎지릴 수 있도록 바람."[128]이라고 적혀 있는 것으로 보아 나환자의 비애감과 비정한 현실을 그린 작품으로 짐작된다. 노석현의 방송극 <그릴수 없는 여울소리>의 내용은 그의 소설 「파도에 멍든 바위」와 유사한 점이 있지만, 방송극의 주인

127 노석현, 방송극 〈그릴수 없는 여울소리〉(3), 앞의 책, 343쪽.

128 노석현, 방송극 〈그릴수 없는 여울소리〉(1), 앞의 책, 181쪽.

공 희국은 소설 속의 원일과 같이 나환자가 겪고 있는 요양소의 부당한 현실을 개선하려는 적극적인 의지를 지닌 인물은 아니라는 점에서 차이가 있다.

5) 역사, 실화와 이야기의 간극

《새빛》은 한센인들의 직접적 경험과 기억을 담은 역사서, 기행문, 실화, 소설, 칼럼 등을 지속적으로 게재하였다. 그런데 '역사'와 '실화', 혹은 '이야기'라고 이름붙인 여러 유형의 글들 사이에 은폐된 기억을 주의깊게 읽을 필요가 있다.[129]

다음은 작가 김백의 '실화소설' 「구라은화」(1968년 9월호~1969년 8월호)의 '제4회'와 '제6회'에 실린 내용 중의 일부를 인용한 것이다.

> "작은 예수"인 '포싸이트'의 자선 협동은 경상도 선교사들에게까지도 전하여져 동감을 줬다. (…) 얼빈(Ervin, 한국명 魚乙彬)은 미국에서도 쟁쟁한 명문名門 출신이었으나 뜻한 바 있어 자원하여 한국에 나왔으며, 그가 발명한 약 만병수萬病水－鎭痛劑와 안약眼藥은 그 무렵 한국인에게 커다란 혜택을 줬다.
>
> (…) 구료사업을 시작한지 3년째인 1911년에 '얼빈'은 기어히 선교사 자격을 박탈당하고 평양으로 전출하지 않으면 안 되었다.
>
> (…) '얼빈'의 나병원을 누구라 선뜻 인계하려 들지 않을 때에 1911년 (J.N.Mackenzie－한국명 梅見施) 목사는 자진해서 맡았고 대영 나환자구료회大英癩患者救療會의 도움을 받아 감만동戡蠻洞에 있는 병원 시설을 대대적으로 확장하고는 부산진에 있는 선교사 주택에서 배를 타고 상애원에

129 다음의 논문에서 간략하게 다룬 바 있다. 한순미, 「분홍빛 목소리—한센인의 기록에서 혼종성이 제기하는 질문들」, 『한국민족문화』 62, 부산대학교 한국민족문화연구소, 2017, 3~44쪽.

통근하는 것이었다.[130]

멀리 남해의 고도孤島 소록도의 일각을 매수하여 수용인원 100명의 수용소를 세웠으니 이름하여 자혜의원慈惠醫院.

체면 닦기로 만들어 놓은 이 어용御用기관은 그실 자혜慈惠라는 간판과는 인연이 먼 곳이었다.

'데모그라시'적 사상을 바탕으로 이룩된 선교사 경영의 병원과는 아주 딴판으로 설립 최초부터 흉악한 기틀위에 섰다.

'휴머니즘'이 있을턱이 없고, 시와 찬미의 정서적 풍요가 있을턱이 없고, 약弱한자에의 위안, 인생애人生愛에의 용기, '푸로이드'적인 정신치료精神治療가 있을 턱이 없다.

칼을 찬 순사들로 하여금 전국 각지에서 강제로 잡아다가 개, 돼지 다루듯 강제로 몰아넣고 가족과의 등진, 가족과의 면회를 일절 금단시킨 혹독한 격리시책을 쓴 것이다.[131]

"구라운동" 기록인 김백의 「구라은화」는 요양 시설 기관 설립, 한국 구라사업 인물들의 활약상에 관한 정보를 제공하고 있는 역사 자료이자 작가의 상상력으로 쓰인 문학작품이기도 하다. 김백은 외국 선교사 의사들의 정착 및 진료 활동 과정을 기록하면서 소록도와 애양원 등 한센병 요양소의 실상을 전달한다. 그의 글에서는 일제 하의 구라사업과 소록도 자혜의원 설립에 대한 비판적인 시각도 엿보인다.

김백의 기록들은 '실화'에 근거한 '역사'라고 부르기도 하고 '실화소설'이라는 명칭으로 게재되는 경우도 있었다. 그래서인지 김백의 글은 실화와 소설 사이에서 기록한 역사이면서 허구적인 이야기에 가깝게 읽힌다.

김백의 연재실화 「무지개 피는 날까지」(1965년 9월호~1966년 8월호)는

130 金白, 실화소설 「구라은화」(4), 《새빛》 1969년 1월호, 28~29쪽.

131 金白, 실화소설 「구라은화」(6), 《새빛》 1969년 4월호, 16~17쪽.

실화소설 「救癩隱話」 ⑥

金白
<作家·故人>

第九話 日本 基督者

벽안(碧眼)의 외국인 선교사들이 한국인 크리스찬의 협조를 얻어 곳곳에 자선적인 나병원 설립을 하자 이에 자극된 것은 일제(日帝) 당국이었다.

체모가 서지 않으니 부랴부랴 서둘러 1916년 하나 만들었다.

멀리 남해의 고도(孤島) 소록도(小鹿島)의 일각을 매수하여 수용인원 100명의 수용소를 세웠으니 이름하여 자혜의원(慈惠醫院)—.

체면 때문에 만드러 놓은 이 어용(御用)기관은 그실 자혜(慈惠)하는 간판과는 인연이 먼 곳이었다.

「베또 그리시 천 사사을 바탄으로 신통지 않고서 거

이 당국의 방침에 순응 안한다고 애양원 교회 담임 목사 손양원(孫良源)을 투옥(投獄)까지 했다.

우상에게 절하는 것을 한사코 거부한 독실한 신자들 장로와 집사와 권찰. 그외에도 많은 환자 교인들은 신앙의 정조를 지키기 위해 일제 지배하에 있는 요양소를 뛰쳐나와 산중계곡에 자리한 은처(隱處) 걸인굴로 도피하였다.

「쿼·바디스」에 나타난 폭군 「네로」치하의 기독교 핍박상을 방불시키는 상황이었다.

학원에서 종교교육을 받은 기독신자가 몇 있었다. 그들이 소록도까지 끌려온 것은 위에 말한 선교사 경영의 병원에서 치료받고 퇴원했지만 동리에서는 인정을 안해주니까 할수없이 외딴 곳에서 살거나 유랑하다 일본 사람에게 붙잡힌 결과이다.

이 환자 그리스찬들은 신임원장에게 비인도적 처우의 시정과 나아가서 기독교 예배의 허용을 청원하여 보자고 의견을 모았다.

신자 몇명은 비장한 각오들을 가지고 원장을 면회하였다.

『원장님, 청원이 있어 왔읍니다.』

『음, 그러잖아도 원내 실정을 파악키위해 환자 대표들을 만나려 했는데 잘왔어 말해 봐!』

살림사는 이튿날로 목사부인이 승낙하여 열살미만의 아이와 열살 넘어 뵈는 애 둘을 데리고 왔다.

『애들아 여기 오니 무섭지?』

걸인굴에 당도한 애들에게 장로는 웃으면서 물었다.

『안무서워요. 믿는 성도는 주안에서 한 형제요 자매라고 어머니가 가르켜 줬어요. 그리고 놀고만 밥 먹지 말고 물도 기르고 불도 때라고 당부하셨어요.』

어린것들의 맷구에 좌중의 여인들은 눈시울을 적시고 있었다. <계속>

17

소록도갱생원, 여수애양원에서 일어난 실제 사건을 바탕으로 쓴 작품이다. 「무지개 피는 날까지」의 '제3화 누구를 위한 낙원이냐'에서 언급한 '수호 원장 살해 사건'은 소록도병원의 공식적인 역사 기록에도 등장하는 실제 사건이다. 그런데 김백의 실화와 소록도병원의 역사서에서는 동일한 살해 사건을 다른 방식으로 기록하고 있다. 그 미세한 차이를 주목해 다음 문단을 읽어 본다.

"사또오란 놈도 죽일 놈이지만 일본 말깨나 한다고 저들에게 신임을 얻고 비위맞춰 아첨하는 박순조朴順祚도 죽일 놈이야."

"그렇지 천벌을 받을 자식이야. 중노동에 죽은 동환同患이 한 둘도 아닌데 원장의 동상을 공원 한복판에 세우자고 건의까지 하고, 더군다나 그 기금을 환자들에게서 강제 증수하다니……" (…)

1942년 6월 20일, 드디어 큰 사건은 일어나고야 말았다.

매월 20일은 소위 보은감사일報恩感謝日로 동상銅像 참배날이다.

이 날에 슈호 원장은 자기를 부각시킨 동상銅像 앞에 서서 눈 아래에 도열한 6천여 환자들로부터 경계를 받은 후 일장 훈화를 하는 것이 관례였다.

예에 따라 승용차에서 내려 제 동상이 서 있는 석대石臺쪽으로 걸음을 옮기려든 찰나 도열한 환자 가운데서 튕기쳐 나온 한 사람의 자객刺客에 의하여 칼을 맞고 절명하여 버린 것이다.

하수인은 경북 성주 사람 이춘성李春成으로 삼십 전후의 젊은 사람이었다.

"사실은 포악무도한 사또오를 살해하려고 오래 전부터 혼자서 계획했던 것인데, 그날사 말고 사또오가 나타나지 않아 할 수 없이 원장을 찔렀다. 누구를 위하여 소록도는 아름답게 꾸며지는 것인가! 우리 환자를 위한 낙원이어야 할텐데 우리 환자는 죽도록 고생만 하니……"

살해동기에 대한 그의 변이며 그는 대구복심원까지 가서 결국 형장의 이슬로 사라지고 말았다.[132]

1941년 6월 1일 개원 25주년 기념식이 있은 지 며칠 후, 특수 공로자로 표창을 받은 바 있는 박순주 고문이 동료 환자에게 피살되는 사건이 일어났다. (…) 전북 순창 출신 동료 환자 이길용李吉龍이 살해하여 버렸다. (…) 이것이 개원 이래 처음 발생하였던 살해사건이었다. (…)

1942년 6월 20일. 이날은 수호 원장의 동상을 참배하는 보은감사일報恩感謝日이었다. 그런데 자기의 동상 앞에서 수호 원장이 살해된 사건이 일어났던 것이다. (…) 범인은 소록도형무소에서 복역하다 출감하여 중앙리에 거주하고 있던 이춘상李春相으로 밝혀졌다. 그는 힘이 장사였으며 경북 성주 출신이었는데 교도소에서 나온 지가 얼마 되지 않아 환자들도 잘 모르는 자였다. (…)

범인 이춘상은 법관의 앞에서 자신이 행한 범행사실에 대하여 모든 것을 체념한 듯 수의에 용수를 쓰고 담담하고도 태연한 모습으로 진술하였다.

「제1심 판결문」

이유 (…) 포고인이 돌연 열중으로 뛰어나와 원장 수호의 우측 전방을 가로막고 "너는 환자에 대하여 너무 무리한 짓을 했으니 이 칼을 받아라"하고, 국어(일본말)로 소리치며 휴대한 식도를 가지고 동인의 오른쪽 흉부를 1회 찔러 (…) 끝내 사망하게 되어, 살해의 목적을 달성하게 되었다. (…)[133]

먼저 김백의 연재실화에서는 살해 사건을 다음과 같은 점에 주의하면서 서술한다. 한센인들은 간호장 사또오佐藤의 기혹한 행위와 원장의 동상을 공원 한복판에 세우자고 건의하고 강제 증수를 도모한 박순조朴順祚를 향해 강한 분노의 감정을 표출한다. 이런 분위기에서 이춘성李春成은 사또오를 살해하려고 계획했는데 사또오가 나오지 않자 수호周防正秀 원

132 金白, 「무지개 피는 날까지」(5), 《새빛》 1966년 1월호, 22쪽.

133 국립소록도병원, 『소록도 80년사』, 앞의 책, 83~87쪽.

장을 살해했다.

"1942년 6월 20일"에 일어난 살해사건을 다룬 김백의 실화소설과 『소록도 80년사』를 비교해 보면 몇 가지 점에서 차이가 발견된다. 김백의 실화에서는 동료 환자 '박순조'를 언급하고 있지만 피살 사건에 대한 자세한 서술은 생략했다. 반면 소록도 역사서에서는 '박순주' 피살 사건을 개원 이래 첫 번째 살해사건으로 기록하였다.

『소록도 80년사』에서는 1942년 8월 20일 광주지방법원 형사부 「제1심 판결문」의 전문을 게재하여 이춘상의 원장 살해사건의 정황과 판결 내용을 상세하게 보여준다. 소록도 역사서에 수록된 「1심 판결문」에는 사전에 치밀하게 원장 살해를 계획한 이춘상이 "너는 환자에 대하여 너무 무리한 짓을 했으니 이 칼을 받아라"하고, "국어(일본말)로 소리치며" 휴대한 식도로 원장을 살해했다고 적혀 있다. 이춘상이 원장을 살해하면서 일본어로 외쳤던 그 말을 세 번이나 반복해서 기록했다.

그런데 김백의 실화에서는 살해사건의 현장을 요약 서술한 다음, 이춘성이 원장을 살해한 동기를 다음과 같은 내적 독백으로 대신해 들려준다. "누구를 위하여 소록도는 아름답게 꾸며지는 것인가! 우리 환자를 위한 낙원이어야 할텐데 우리 환자는 죽도록 고생만 하니."

흥미로운 점은 김백의 실화에서는 '이춘성', '박순조'라고 되어 있는 반면 소록도 역사서에는 '이춘상'과 '박순주'로 되어 있는 부분이다. 이처럼 김백의 실화와 소록도 역사 기록에 등장하는 이름들이 유사하지만 동일하지 않는 대목은 사소하게 넘길 수 없는 부분이다. 김백의 실화소설 「무지개 피는 날까지」와 국립소록도병원의 『소록도 80년사』에서, 두 사람의 이름을 각각 다르게 표기한 것은 소록도 역사서와 한센인의 문학작품 등 여러 기록에서 자주 등장하는 은희국殷熙國이라는 인물의 이름이 동일하게 적혀 있는 것과 대조된다.

다음은 노석현의 방송극 <그릴수 없는 여울소리> 중에서, 은희국이 등장하는 부분이다. "제1차 확장공사를 끝마치게 된 환자들은" 소인극과 창극 「장화홍련전」을 공연하였는데 청년들이 조직한 신극단의 단원 중에서 '은희국'이라는 이름을 볼 수 있다.

> 중앙공회당 마루바닥에는 관람자들로 입추의 여지도 없이 대만원을 이룬 무대 양쪽 직원석에도 역시 직원들로 꽉차 있었다.
> 환자들로 구성한 "신극단新劇團"의 2차 공연이다.
> 「이수일과 심순애」의 3막2장의 공연이 끝나고 "바라이데 쇼"가 시작되었다.
> 주연인 은희국慇熙國은 굽이 높은 중절모를 쓰고 한 손에는 스틱을 짚고 유두분면流頭粉面한 차림으로 양쪽에서 비쳐주는 라이트를 받으며 마이크 앞에 나타났다.[134]

> 소록도라고 하며는 경계선! 경계선이라고 하며는 감금실監禁室을 연상하리만큼 소록도는 나환자들이 마지막 가는 유배지인 양 여겨 왔다. 이러한 사회인들의 소록관小鹿觀을 뜻있는 원생[심전황沈田潢, 주영채周永採, 은희국慇熙國, 윤건尹健]들은 문예 작품 등을 통하여 과거의 소록도가 아니라는 새로운 소록도병원의 '이미지'를 부각시키는데 노력했다.[135]

덧붙여, 심전황의 역사서 『소록도 반세기』(1979)와 윤정모의 소설 『섬』(1983)에서는 1942년, 소록도에서 일어난 살해사건을 이렇게 기록하였다.

> 살인동기에 대한 검사 심문에 이춘성李春成은 박순주朴順周를 살해한 이길용李吉龍의 진술과 같은 내용 즉 사감私感에서가 아니라 의분義憤에

---

134 沈田潢(小鹿島), 「小鹿島 半世紀」(7), 《새빛》 1971년 7월호, 21쪽.

135 沈田潢, 『小鹿島 半世紀』, 전남매일출판국, 1979, 157쪽.

서 저지른 범행이라 했고 배후관계가 없는 단독거사單獨擧事라고 주장했다.

"사실 사또[佐藤]를 찔러 버릴려고 오래전부터 계획, 남생리 대장간에서 칼을 만들어 갈아 나왔던 것이요. 그날 사또는 악운이 좋았든가 보이지 안았고 생각 끝에 원장을 대신 찔러 버렸소."[136]

이춘성이 검사 심문에 대답한 내용은 다음과 같았다.

"사또를 죽이려고 오래 전부터 남생리 대장간에서 칼을 벼리었다. 그간 여러 번 죽이려고 시도했지만 더럽게도 운이 좋은 놈이어서 그때마다 사또는 나타나지 않았다. 그래서 사또 대신 원장을 찔렀다. 결국 그 둘은 동색이니까. 사또가 어떤 사람인지 알고 싶으면 그의 행적을 추적해보라. 그러면 당신들의 민족성이 어떤지를 새삼 감탄하게 될 것이다."[137]

"이춘상은 1915년 경북 성주 출생으로 소록도에서는 이춘성으로 통했"[138]다는 점으로 미루어 볼 때 김백은 원장 살해사건을 기록하면서 소록도 원생들의 목소리에 의존하고 있었다고 추측할 수 있다. 동료 원생과 일본 원장을 살해한 이춘상/이춘성이라는 이름(들)은 한센인들이 침묵한 채 공유하고 있었던 살해사건의 은폐된 기억을 대신 말해준다.

한센인들의 기록은 자전적 성격의 글인데도, 사실과 허구의 경계가 모호한 경우가 많다. 한센인들의 실제 경험과 기억, 여러 사람들에게서 수집한 증언과 이야기가 혼란스럽게 뒤섞여 있다. 이것은 자유롭게 발언할 수 없었던 한국 한센인의 상황을 보여주는 서사적 징후로 읽힌다.

특히 나병 계몽 운동기에 발간된 여러 유형의 자료와 기록에서 보이는

136 沈田濱, 『小鹿島 半世紀』, 앞의 책, 54쪽.

137 윤정모, 『섬』, 한마당, 1983, 196쪽.

138 정근식, 「일제 말기 소록도갱생원과 이춘상 사건」, 『역사비평』72, 역사비평사, 2005, 342쪽.

틈새는 결코 동일화할 수 없는 한센인(들)의 역사 기억(들)이 자리하고 있었음을 반증한다. 소록도 역사서와 문학작품 사이에 거주하고 있는 이질적이고 다채로운 표정들은 한센인에 의한 기록, 혹은 한센인에 관한 기록에 있어서 사실/허구, 역사/문학의 관계가 대립적이지 않다는 점을 보여준다.

3부

한국 한센병 문학의 계보와 자전서사

한국 한센병 문학은 단행본으로 발간된 것 외에 《새빛》에 수록된 글들을 포함하면 결코 적지 않은 분량에 달한다. 또한 한센인들이 남긴 구술증언, 의료 관계자들의 기록 등 여러 유형의 자료들에서 한국 한센병 작가와 작품에 대한 정보를 간접적으로 접할 수 있다.

한센인 작가들이 남긴 문학작품 및 관련 자료들을 발굴, 수집하는 일은 앞으로 지속해야 할 과제이다. 3부 1장에서는 《새빛》의 문학 관련 자료들을 검토하는 과정에서 만난 한센인 작가들의 이력과 작품을 간략하게 소개하려 한다. 부족하게나마 시인 한하운 외에 조명받지 못한 다수의 한센인 작가들을 드러낼 수 있길 바란다.

한센인 작가들이 환자로서의 질병체험과 요양소 생활을 수기 혹은 투병기와 같은 유형의 글이 아니라 허구적 성격이 짙은 '문학'이라는 장르에 담은 것은 다음과 같은 질문들을 불러온다. 한센인 작가들은 왜 '문학'이라는 장르를 선택했던 것일까? 한센인들은 '문학'을 통해 무엇을 어떻게 발언하고자 한 것일까? 작가들은 왜 실제의 '나'와 작품 속의 '나'를 다르게 설정한 것일까? 왜 그렇게 해야만 했던 것일까?

일반적으로 자전서사는 투명한 언어와 목소리로 화자이면서 서술자인 '나'의 체험을 사실 그대로 담은 것이므로, 실제의 '나'와 이야기된 '나'를 동일한 것이라고 전제한다. 그런데 한센인들이 남긴 자전적 성격의 글에는 명료한 언어로 설명할 수 없는 타자들의 기억과 흔적이 새겨 있다. 작가들이 자전적 체험을 말하는/쓰는 방식의 변별적 차이를 주의깊게 읽음으로써 한센인 자전문학을 읽는 독법을 섬세하게 마련할 수 있을 것이다.

한센인의 자전서사에서 소문, 에피소드, 일기, 편지, 자서전 등 다채로운 유형들은 공식적인 역사 기록에서 볼 수 없었던 역사의 이면을 드러낸다. 3부 2장과 3장에서는 한센인 작가들의 자전서사를 이미지와 표상, 감각과 정체성의 변화를 중심으로 살핀다. 사회적 타자의 위치에서 한센인들이 자기 자신을 문학이라는 장르를 통해 말하고 쓴다는 것이 어떤 의미를 지니고 있는지를 질문해볼 것이다.

1. 한국 한센병 문학의 계보: 주요 작가 소개

무명생無名生/심숭沈崧

한국 최초의 한센인 자전문학은 무명생無名生의 장편소설 『혈루록血淚錄』으로 알려져 있다. 작가 심숭은 무명생이라는 필명으로 1933년 11월부터 1934년 7월까지 월간 잡지 《신동아新東亞》(3권 11호~4권 7호)에 장편소설을 연재하였다. 잡지에 연재된 것을 엮은 소설은 '방랑소설'이라는 부제를 달고 『낙화유수落花流水』(1953)라는 제목으로 출간되었다.

무명생의 『낙화유수』는 주인공 김백수가 만주의 봉천에서 나병 진단을 받아 경성을 거쳐 남해안 근처 선교사 수용시설에 이르는 과정을 그렸다. 발행인 최영해崔暎海는 이 소설을 "흐르는 물따라 천형天刑의 낙인을 찍어 하늘과 땅위에 흐느끼게 버림받"은 사람들의 이야기이며 "소설이라기보다는 차라리 한 개의 방랑기"[1]라고 표현하였다.

해방 직후 출간된 심숭의 장편소설 『애생금哀生琴』(《신천지新天地》연재, 1946년~1947년(상권), 1949년(중권))은 한센인들의 방랑 여정을 전기傳記 형식에 담았다. 『애생금』은 두 인물들의 생애를 교차하는 방식으로 구성되었다. 상권의 제1편은 '금실 애화哀話(1)'이고 제2편은 '김현수 소전小傳(1)'이다. 중권의 제3편은 '김현수 소전(2)'이고 제4편은 '금실 애화(2)'이다. '금실-김현수-김현수-금실' 순서로 이야기가 전개된다.

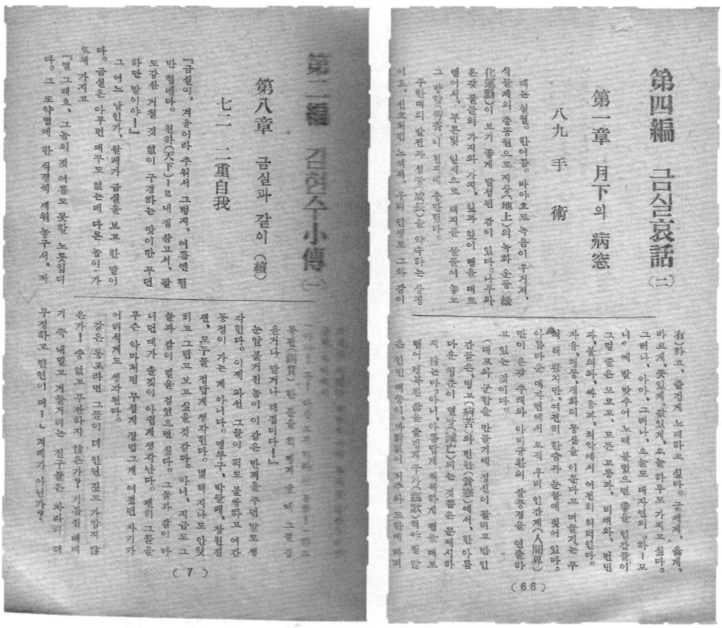
第二編 김현수小傳(一)

第八章 금실과 같이 (續)

七一 二重自我

(7)

第四編 금실哀話(二)

第一章 月下의 病窓

八九 手術

(66)

1 無名生, 『落花流水』, 正音社, 1953, 215~216쪽.

『애생금』(상권)의 「제5장 S도일기」에 나오는 현수의 일기는 소록도에 거주한 한센인들의 수난사로 채워져 있다. 소록도 일기는 불구된 몸과 같이 찢겨 있다. 현수가 일기를 찢어버린 것은 다음과 같은 이유에서였다. "귀성歸省 허가가 나오더라도 이도검색離島檢索때의 '파스'를 위하여 현수는 일기를 뒤적였다. 못 쓸 말은 다 찢어 내버렸다."[2] 현수가 스스로 '검열'한 그 일기에는 작가 심숭沈崧의 요양소 체험이 들어 있다.

무명생의 흔적은 여러 사람들의 증언과 자료에서 희미하게 드러난다. 무명생은 이은상李恩相 혹은 이성민李聖珉, 심숭沈崧이라는 이름을 쓰기도 하였다.[3] 증언과 자료에 의하면 '그'의 본명은 이은상 혹은 이성민이었으며 무명생과 심숭이라는 필명으로 문학활동을 하였다고 한다.

심숭의 소설을 출판한 정음사의 발행인 최영해는 한국전쟁이 일어나던 해에 심숭을 만났던 기억을 떠올렸다.[4] 그보다 앞서 심숭을 만난 사람은 월남한 희곡작가 주태익이다. 주태익은 심숭과의 만남을 이렇게 회고한다.

> 나는 이 애양원에서 뜻밖의 한 친구를 얻었다. 그것은 예전 《신동아》의 『혈루록』 필자이며 그때 《신천지》에다 『애생금』을 연재하던 나환자 소설가 심숭沈崧, 본명 이성민李聖民을 처음으로 만난 것이었다.[5]

주태익에 따르면 심숭의 본명은 이성민李聖民이다. 심숭은 1948년 여순사건을 전후한 시기에 여수애양원에서 살고 있었다. 주태익은 여수애

2 沈崧, 『哀生琴』(上), 正音社, 1949, 149쪽.

3 정근식, 「사회적 타자의 자전문학과 몸—심숭의 "나문학"을 중심으로」, 『현대문학이론연구』 23, 현대문학이론학회, 2004, 325~354쪽.

4 無名生, 『落花流水』, 앞의 책, 216쪽.

5 주태익, 『늘봄 선생과 함께』, 종로서적, 1978, 211쪽.

양원 손양원 목사가 여순사건에서 자신의 아들들을 죽인 가해자를 양아들로 삼은 사건을 취재하기 위해 내려왔다가 심숭을 만난 것이다.

"특수한 작가" 심숭의 문학 활동은 1951년 6월에 창간된 《신문학新文學》에서 개최한 「호남문학을 말하는 좌담회」에서 확인된다. 다음은 좌담회 중에서 심숭에 대해 언급하고 있는 부분이다.

> 김현승: 그럼 그 무렵 월간신문을 통한 문학 작품 활동은 어땠어요?
>
> 임병주: 「호남신문」에 심숭씨의 「청춘영원」이 실렸더랬지.
>
> 박흡: 참 그 심씨가 언제 적 분이던가요?
>
> 김해석: 「신동아」에 연재된 「혈루록血淚錄」의 작자지요.
>
> 김현승: 아, 그런가요.
>
> 김해석: 그 당시 신동아의 편집 책임이 노산이었는데 그 인연으로 「청춘영원」으로 개제해서 호남신문에 싣게 되고 또 「신천지」에서는 같은 작품으로 「애생금」이란 제목으로 실렸지요.
>
> 박흡: 우리 문단에선 특수한 작가입니다.[6]

위의 좌담에 따르면 심숭은 동일한 작품을 신문과 잡지에 게재했던 것으로 보인다. 《호남신문》에는 『청춘영원』이라는 제목으로, 《신천지》에는 『애생금』이라는 제목으로 각각 신문과 잡지에 수록했다. 심숭의 자전적 장편소설이 신문, 잡지, 단행본을 통해 대중 독자를 만나게 된 것은 『낙화유수』가 연재되기 시작한 1933년부터 단행본으로 간행된 1953년 사이였다. 그동안 심숭은 《전남일보》에 「가난과 여행」(1953년, 총10회)을 연재하기도 했다.

무명생/심숭이 작품 활동을 전개한 시기는 한센인으로서 자신의 자전적 경험을 말하고 쓰는 것이 자유롭지 못했던 상황이었다. 그런데도 그

6 심윤섭, 『목가의 미학』, 날빛닷컴, 2002, 237쪽 재인용.

의 자전문학에는 여수애양원 손양원 목사의 일들, 소록도 요양소의 체험 등과 같이 당대의 사회적, 정치적 상황과 밀접하게 관련된 사건을 증언하고 있는 장면을 읽을 수 있다.

장편소설 『낙화유수』(1933~1934)와 『애생금』(상권/하권, 1949/1950)은 사회적 타자로서 한센인들이 자기 자신의 상처를 쓴다는 것이 곧 슬픈 역사의 그늘을 드러내는 일과 다르지 않았다는 점을 보여준다. 심숭에게 글쓰기는 그 자체로 상처 치유를 위한 기획이었으며 상처의 기록인 자전문학은 말할 수 없는 고통의 역사를 증언하는 행위였다.

윤지영尹之影

한센인 시인 윤지영은 한하운과 동시대에 활등했지만 한하운에 비해 주목받지 못했다. 한하운의 기록에 따르면 윤지영은 경북 영천군에서 출생하여 발병한 후에 함북 등지에서 지내다가 해방 후 월남했다. 이후 애락원에 입원, 소록도에 3년간 입원, 부평 성계원成蹊園에서 요양 생활을 했다.[7]

시인 윤지영은 한국 한센병 문학사에서 한센인으로서의 체험을 서정적인 문체로 그린 작가로 주목된다. 윤지영은 아름다운 시어와 감성적 어조로 비애와 아픔을 노래했다. 특히 그의 시에서는 감각적인 이미지의 사용이 돋보인다. 또한 「인간제물人間祭物－단종수술대斷種手術臺 위에서」, 「절단수술切斷手術」, 「미감아未感兒」, 「붕대인간繃帶人間」 등 시의 제목만 보더라도 병원과 요양소에서의 치료 경험, 한센인에 대한 사회적 차별을 증언하고 있는 작품 세계를 읽을 수 있다.

윤지영의 시들은 여린 감수성으로 "가냘픈 생명"의 "신음소리"를 노래해 깊은 울림을 준다. 그가 남긴 시집 『축복祝福』(1959)에는 한센인으로

---

7 한하운, 「世界癩文學小史—韓國篇(Ⅲ)」, 《새빛》 1965년 2월호, 18쪽.

서의 고통을 아름다운 언어로 형상화한 작품들이 반짝인다. 김광섭은 시집의 서문에서 그의 시를 “절망속에서도 살아가는 인간의 언어”라고 표현했다.[8]

작가의 질병 체험이 투영된 다수의 시들에서는 한센인으로서 겪은 고독과 슬픔의 세월이 전해진다. 표제작 「축복」에서는 “오늘도/나에게/나의/실낱같은 목숨이 살아 있다면//인생은/아름다운 것이라고/축복하고 돌아 가리라//”[9]고 다짐한다. ‘축복’이라는 단어는 나병을 앓았던 시인의 생애를 떠올려볼 때 반어적인 의미를 함축하고 있다는 것을 알 수 있다. 이 세상에서 버림받은 존재로 살아왔다고 해도 이 세상을 원망하지 않겠노라고 역설하는 듯하다. 윤지영이 남긴 ‘축복의 노래’는 낙인찍혀 차별받아온 한센인들의 그늘진 역사를 돌이켜보게 한다.

> 「후기」(1959. 8. 5.)
>
> 요양생활 십여년.
>
> 나의 요양생활이란 인간사회를 멀리한 인생의 외곽지대에서 견딜 수 없는 고독과 향수, 그리고 제한된 자유의 중압속에서 피나는 투병생활에 젖은지 어느듯 십여성상十餘星霜의 것이었다.
>
> 내가 모르든 생활,
>
> 내가 모르든 언어,
>
> 내가 모르든 풍속,
>
> 이러한 영토에서 병든 육체를 바로 고누기 위해 굴종하여 가면서 나의 가냘픈 생명을 이어 오던 날, 나의 시야를 스쳐가는 지옥의 참상, 나의 청각을 통하여 들려오는 처절한 신음소리, 나의 뇌리에 번뜩이는 비분,
>
> 이 모든 양상이 내 가슴팍을 헤치고 터져 나오는 정감을 엮어서 이

---

8 김광섭, 「서문」, 尹之影, 『祝福』, 人間社, 1959.

9 尹之影, 「祝福」, 『祝福』, 앞의 책, 68~69쪽.

부조리한 상황에 대하여 하나의 항거로 삼고 멍든 육신을 채찍질 해가면서 틈틈이 써 온 것이 여기에 내놓는 시집이라 하겠다.[10]

시인은 시집 『축복』의 후기에서 시집에 실린 자신의 시들에 대해 "비애와 통곡과 저주와 자학의 깊은 심연 속에 잠긴 채 노래 불렀든 것"들이라고 표현했다. 그리고 "고독과 향수, 그리고 제한된 자유의 중압 속에서 피나는 투병생활"의 경험에서 "부조리한 상황에 대하여 하나의 항거"로서 탄생한 것이라고 말했다. 윤지영은 "'문둥이'란 말이 완전히 사어화死語化 되는 날, 우리나라의 구라사업이 비로소 성취되리라고 나는 확신한다."[11]라고 썼다.

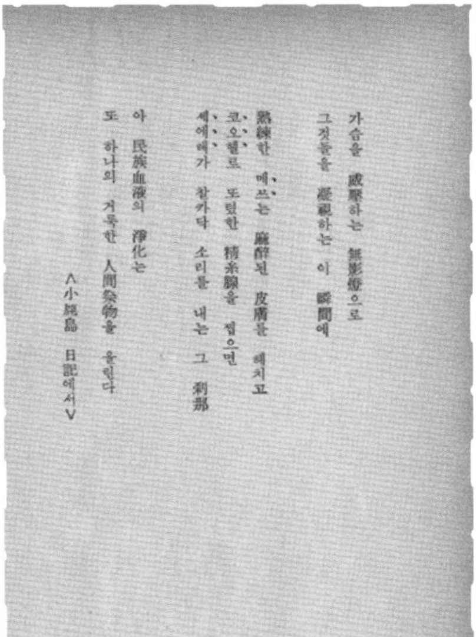

가슴을 戚擊하는 無影燈으로
그것들을 凝視하는 이 瞬間에

熟練한 메쓰는 麻醉된 皮膚를 헤치고
코오헬로 또렷한 精系腺을 집으면
세에에가 찰카닥 소리를 내는 그 刹那
아 民族血液의 淨化는
또 하나의 거룩한 人間祭物을 올린다

<小鹿島 日記에서>

10 尹之影, 「後記」, 『祝福』, 앞의 책, 84~85쪽.

11 尹之影, 「後記」, 『祝福』, 앞의 책, 85쪽.

▌한하운韓何雲

한국 한센병 문학에서 시인 한하운이 차지하는 위치는 아무리 강조해도 지나치지 않다. 해방 이후 월남한 한하운(韓何雲, 본명 한태영)은 『한하운 시초』(정음사, 1949), 시집 『보리피리』(인간사, 1955), 산문집 『나의 슬픈 반생기』(신흥출판사, 1958), 시해설집 『황토길』(신흥출판사, 1960) 등을 연속으로 출간해 대중적 관심을 일으켰다. 시 「전라도 길－소록도로 가는 길」과 「보리피리」 등에서 '천형'과 같은 운명을 저주하면서 깊은 애환의 정서를 표출해 독자들의 공감을 얻었다.

한하운의 자전 산문집 『나의 슬픈 반생기半生記』(1958)는 한센인으로서의 서러움, 저주, 슬픔, 분노의 감정을 따라 방랑 생활의 여정을 담았다.

1948년을 전후한 시기부터 월남하기까지의 여정을 따라 요양과 치료, 내면의 고뇌, 민족과 국가에 대한 정치적 입장 등을 겹쳐 놓았다. 나병 치유에 대한 확신과 태평양전쟁의 상황을 함께 서술한 부분은 자전적 질병 서사와 정치적으로 혼란했던 상황을 동시에 생각하게 한다.

그의 자전적 산문은 이루어질 수 없는 사랑, 나병 치료, 태평양전쟁, 일본의 패망, 공산주의에 대한 증오, 이데올로기의 대립 등 질병과 사랑, 전쟁과 이념 등 이질적인 서사들로 짜여 있다. 한하운에게 "싸움"이라는 말 또한 복잡한 구조를 지닌 것이었다. 한하운의 목소리를 다시 들어본다.

> 그 싸움은 '나병은 완치할 수 있다'고 의학적으로 입증하는 날이 올 때까지 싸워야 한다./ 이 싸움을 이 시각부터 용감하게 싸워야 하겠다는 발분發憤이 치솟는 것이었다./ 그리고 눈물도 울음도 아주 청산하고 감상을랑 아예 하지 말고 하지 싸우겠다는 투지를 강철같은 의지력을 굳게 하였다.[12]

> (…) 이 땅에서는 나환자를 문둥이라고 모욕적인 천칭賤稱으로서 인간 대열에서 추방해놓고 갖은 학대를 자행하고 있으면서 이네들 문둥이의 생명과 생활에 대한 사회보장이 되어 있지 않다. 나환자의 생명과 생활이 보장되어 있지 않는 현 사회 실태에서 정부는 응당 이네들 나환자들의 생명과 생활을 보장하여야 할 책임이 있고 나환자는 당당히 인권보장과 생활보장을 요구할 권리가 있다.[13]

한하운에게 싸움은 "'나병은 완치할 수 있다'라고 의학적으로 입증하

---

12 韓何雲, 『나의 슬픈 半生記』, 인간사, 1958, 91쪽.

13 (재)인천문화재단 한하운 전집 편집위원회 편, 『한하운 전집』, 문학과지성사, 2010, 439~440쪽.

는 날이 올 때까지 싸워야 한다."는 것, 즉 나환자의 위치에서 인간으로서의 존엄을 획득하기 위한 투쟁 선언이었다. 한하운은 "문둥이"가 아니라 "인간"으로서 "생명과 생활을 보장"하고 "인권보장과 생활보장을 요구"했다.

5.16 이후 오마도 간척사업, 한센인 정착촌 사업이 시작되던 시기에 한하운은 정치적인 입장을 담은 여러 편의 글을 발표하였다. "구라운동의 자발적인 투쟁"을 선언하면서 계몽 운동에 앞장섰던 한하운에게 '시'와 '노래'는 사회의 차별적인 시선을 향한 실천적 투쟁의 방법이었다. 그것은 곧 그가 선언한 '문학'의 다른 이름이었다.

1964년 12월호부터 《새빛》에 연재한 「세계나문학소사世界癩文學小史」에서 한하운은 세계 각국의 나병 문학을 소개하면서 자신만의 관점으로 재해석한다. 여기에는 계몽 운동가로 활동한 한하운의 나병 인식, 나병 계몽문학에 대한 견해가 담겨 있다. 한하운이 정리한 한국 나문학 및 세계 나문학은 그가 한센인으로서의 자기 자신과 사회를 어떻게 인식하고 있었는지를 보여주는데, 이를 살펴봄으로써 나병 계몽 운동기 한하운의 문학관 혹은 예술관을 읽을 수 있을 것이다.

한하운은 1966년 3월호에 「문학작품에 도전하는 우愚를 버리자: '성聖' '애愛'자字 변호에 대하여」라는 제목의 글[14]을 수록했는데 이 글을 빌려 자신의 문학을 이렇게 소개하였다. "「성계초成蹊鈔」는 반평생의 고투의 일부를 작품화한 것이며, 나자癩者의 슬픈 요들가歌이며, 영가靈歌이며, 희망의 노래인데 야유와 모욕으로 일관하는 태도는 삼가야 할 자신의 인격문제라 하겠다."[15]라고 비판적인 목소리로 응답했다.

해방과 전쟁, 4.19와 5.16, 유신체제기에 남긴 한하운의 글은 낙인찍힌

---

14 韓何雲, 「文學作品에 挑戰하는 愚를 버리자: '聖' '愛'字 辯護에 대하여」, 《새빛》 1966년 3월호, 23~24쪽. 1966년 2월호에 실린 金鐘恩(大邱愛樂保健病院)의 글 「聖」「愛」字를 辯護함」은 1965년 12월호 '千字隨筆'란에 실린 한하운의 글 「成蹊鈔」를 읽고 쓴 '所感'이다.

15 韓何雲, 「文學作品에 挑戰하는 愚를 버리자: '聖' '愛'字 辯護에 대하여」, 앞의 글, 24~25쪽.

한센인들의 역사와 그 저항의 몸부림을 동시에 보여준다. 1975년 3월호에서는 「특집 고故 한하운씨」를 마련해 김윤식 교수의 「한하운의 문학과 생애」, 오소백의 「나와 한하운 형-그를 회상하며」 등을 수록했다. 오소백은 당시 서울신문 사회부장을 맡고 있던 때에 겪은 「보리피리」 사건을 다음과 같이 회고했다.

> 하운형과 사귄 건 1953년께로 기억된다. 「보리피리」 사건으로 떠들썩할 때 나는 서울신문 사회부장의 일을 맡고 있었다. 하운은 가짜인물이고 그의 시는 불온하다고 일부 얼빠진 친구들이 몰아 붙였다. 나는 하운을 직접 부평 성계원成蹊園에서 만났다. 겸허한 몸가짐, 굵은 뼈대, 우렁찬 목소리, 내가 본 하운형의 첫인상이다.
>
> 「보리피리」 사건은 끝났다. 하운은 실존인물이었으며, 그의 시도 불온한 것이 아님이 밝혀졌다. 하운형도 나도 여러번 경찰서에 불려 다녔다. 국회에서까지 말썽이 됐던 「보리피리」 사건은 하운형을 모함하려던 연극임이 드러났다./ 이 사건으로 인해 나는 신문사를 쫓겨났다.[16]

1953년경, 오소백은 「보리피리」 사건으로 "불온"시 논쟁에 몰린 한하운을 만나게 되었다. 한하운은 한국전쟁의 와중에 사회의 불안을 선동한 '얼굴 없는 빨갱이'로 몰려 구금을 당한 적도 있었다.[17] 김윤식 교수는 정치적인 사건에 휘말린 작품 「보리피리」를 "성한 사람이 되려는 희원이 성한 사람에의 적의를 동반하지 않고, 그 단계를 넘어서서, 멀리 거리를 두고 바라다보는 상태에 이 시는 도달되어 있다."[18]고 평가했다. 한국 시

16 吳蘇白(言論人), 특집 故 韓何雲씨 「나와 韓何雲 兄—그를 回想하며」, 《새빛》 1975년 3월호, 8쪽.

17 이 부분에 대해서는 다음 논문의 "4. '사랑은 슬픈 것인가': 멜랑콜리와 반공주의"에서 자세히 다룬 바 있다. 한순미, 「'서러움'의 정치적 무의식: 역사적 신체로서 한하운의 자전(自傳)」, 『사회와 역사』 94, 한국사회사학회, 2012, 314~323쪽.

18 金允植(서울大學校 人文大 교수), 특집 故 韓何雲씨 「韓何雲의 文學과 生涯」, 《새빛》 1975년 3월호,

사에 길이 남을 작품으로 평하면서 "한국적 서정의 가장 아름다운 부분을 담고 있다"라고 찬사를 아끼지 않았다.

나병 계몽 운동기 한하운의 활동에 관한 고찰은 아직 충분하게 이루어지지 않았다. 한하운은 시와 에세이 외에 소설 「사랑은 슬픈 것인가」(1977)와 소설 「길 위에 선 남자」(1979), 「천형天刑 시인의 비원悲願－'무하無何 공화국'의 수기」 등 여러 장르의 유고를 남겼다. 한하운의 문학사적 위치는 1960년~1970년대 계몽 운동가로서 이력과 《새빛》에 수록된 시들을 함께 읽을 때 제대로 드러날 수 있을 것이다.

人間行進

<第16回 世界 癩病의 날에>

韓何雲
<詩人>

못살어서가 아니다.
짐승같이 산다고 해서가 아니다.

세상은 혼자들만 잘들 살고 있는데
너무 하지 않는가.

문둥이도 이땅에 태어난
이 나라 이 民族인데

人間이라는
民族이라는 連帶意識을 外面하고
짐승으로만 놀려놓고
언제까지나 굶주림과 虐待에 죽게 할
것인가.

우리는 종이 쪼가리 人間.

文書上의 完治
書類上의 社會復歸.

오늘만이라도
人間임을 確認하는

人間에의 소원은

우리도 人間다운 生活할 權利가 있다.
이 人權保障은 國家에 있는데

우리는 如前이 종이 쪼가리 人間.

진정
人間宣言을 우리 힘으로
人間宣言의

癩解放을 우리 힘으로

우리의 파워
人間行進의 성난 波濤소리 아우성 소리

癩解放의 隊列은 간다.
우리 人間行進은 간다.

4

6~7쪽.

▌김백金白

작가 김백은 전라남도 나주호혜원羅州互惠園에서 지내는 동안, 문학작품과 구라인물의 행적을 기록한 다수의 글을 남겼다. 그는 1964년 6월호부터 1965년 6월호까지 《새빛》에 「구라상救癩像 Pioneer's Profile－근대한국구라선구자近代韓國驅癩先驅者의 편모片貌 Modern Anti-Leprosy Campaign in Korea」를 연재했다. 「구라상」에서는 포사이트Forsythe, 얼빈Ervin, 매캔지Mackenzie, 윌슨Wilson 등 외국 선교사 의사들, 그리고 최흥종崔興琮, 손양원孫良源 목사 등 나병 치료와 퇴치에 헌신한 국내외 구라인물의 생애와 업적을 기록했다.

김백은 1908년 무렵 윌슨과 포싸이트, 최흥종이 처음 마주쳤던 장면을 이렇게 그렸다.

> 1908년 초여름 그날도 일과를 끝마치고 윌슨과 함께 병원 현관을 나오다가 자기 말 위에 태우고 온 극흉한 나환자를 안아내리는 포싸이트 H.W.Forsythe와 마주쳤다./ 기겁을 하고 뒤로 물러서는 흥종에게 포싸이트는 땅 위로 떨어뜨린 환자의 지팡이를 주어 달라는 청이었다./ 지팡이를 보니 상처 투성이의 손으로 쥐었던 것이라 피고름이 물신 묻어 있어 오싹 소름이 끼치는 불결물이었다./ 허나 다음 순간 번뜩 깨달음을 얻었다./ (내 동포 중에서 생겨난 환자를 같은 동포인 내가 꺼려하고 따뜻한 정으로 저렇게 부액하고 있으니 이게 될 말이냐!)[19]

위의 글에서 김백은 "'작은 예수' 포싸이트"의 일화를 "윌슨으로 하여금 나병원 설립의 동기가 되게 하고 최흥종에게 뜨거운 감동을 주었던 줘 심기일변케 한" 사건으로 기록했다. 구라인물의 행적은 마치 옛날

---

19 金白(羅州互惠園), 「崔興琮: 구라상救癩像 Pioneer's Profile—근대한국구라선구자近代韓國驅癩先驅者의 편모片貌⑤ Modern Anti-Leprosy Campaign in Korea」, 《새빛》 1964년 10월호, 18쪽.

이야기를 읽는 것처럼 인물들의 약력과 함께, 그들이 구라사업과 관련해 어떤 사람들과 교류했으며 기관을 조직했는지를 보여준다. 구체적인 일화나 인물 간의 대화를 옮겨 놓아서 한편의 이야기를 듣는 듯하다.

이외에 김백은 '나기관 순례 나주호혜원 편' 「우리의 목표는 유토피아」(1964년 12월호), 르뽀 「여기 이 별을 보라: 호성보육원湖星保育園을 찾아서」(1967년 3월호) 등에서 나주 호혜원 설립에 관한 일들, 전주 호성원을 창설한 유판진劉判珍의 공적을 기록한 바 있다.[20]

김백의 글들은 대개 르포 혹은 소설의 형식으로 되어 있는데 '실화實話'라는 점을 강조하고 있는 것이 특징이다. 김백의 '연재실화' 「무지개 피는 날까지」(1965년 9월호~1966년 8월호), '실화소설' 「구라은화」(1968년 9월호~1969년 8월호) 등은 작가의 유랑 생활과 소록도갱생원, 여수애양원에서 실제로 일어난 사건들을 바탕으로 쓴 것이다. 한센인 요양시설과 구라사업에 대한 비판적인 시각도 엿보인다.

> "외양과는 달리 제일 지독한 감옥은 여기야. 형무소 주변에 붉은 벽돌담은 없지만 이곳이 바다로 둘리워진 고도孤島 아니야. 고도 속의 또 깊숙한 곳에 자리하고 있는 이 담장없는 이중옥二重獄, 우선 심리적인 절망감이 얼마나 크냔 말야."[21]

소설 속의 '나'는 한센인들을 "나균癩菌이라는 하나의 미생물"로 인식하는 사람들을 향해 한센인들 또한 "균을 내포하고 있는 생명체 곧 인간"이라고 항의한다. 한센인도 인간으로서의 감정을 느끼는 생명체이기 때문에 한센인들에게도 사랑이라는 감정이 있다고 외친다. 한센인 요양

---

20 金白, 癩機關巡禮 羅州互惠院篇 「우리의 目標는 유토피아」(4회), 《새빛》 1964년 12월호, 8쪽; 김백, 르뽀 「여기 이 별을 보라: 湖星保育園을 찾아서」, 《새빛》 1967년 3월호, 12~13쪽.

21 金白, 連載實話 「무지개 피는 날까지」(8), 《새빛》 1966년 6월호, 18~19쪽.

소, "흑백 인종차별 이상으로 건강인 직원과 환자의 격차가 유별한 특수 지대에서"[22] 사랑과 낭만이 싹틀 수 있는 것이다.

김백의 집필 활동을 그려볼 수 있는 다음과 같은 에피소드들도 있다. 《새빛》 1966년 3월호에 게재된 신정식의 「50년사 유감有感」에 의하면, "소록도병원 50년사를 펴 보겠다는 큰 뜻을 세운 동同병원 문예실에서 새빛지에 「무지개 피는 날까지」를 연재하고 있는 작가 김백 씨를 초빙해 갔다고 한다."[23] 이것이 사실이라면 소록도병원에서 집필한 역사 기록에는 김백의 '실화'가 적지 않게 수용되었을 것으로 짐작된다.

실화소설 「구라은화」는 "한국 구라운동에 숨은 이야기들로서 '서거' "1주기를 맞아 고인故人의 작품을 연재한 것이다.[24] 「구라은화」에서는 "한국 구라운동에 숨은 이야기들"과 소록도병원, 여수 애양원, 대구 애락원, 부산 상애원 등 한센인 요양소의 상황을 상세하게 기록하였다. 마지막 편은 일본 구라기관 관계자들이 한국을 방문한 소식, 대한나학회 회장 유준 박사의 이력과 업적, 기독교선명회의 퍼얼스 박사 등을 소개하면서 마무리하고 있다.[25]

1968년 1월호에서는 「김백 외형金白 畏兄의 서거逝去를 애석哀惜해 하면서」라는 글로 김백의 타계 소식을 전했다.

> 《전남매일신문》에 소설 「악처惡妻와 살다」를 연재했고 또 《크리스챤신문》에 「구라은화」를 연재했으며 《새빛》지에는 『구라상救癩像』, 「무지개 피는 날까지」 등을 연재했다. 그리고 기타 《명랑》지 등 대중에도 나병 계몽을 위한 실화소설을 연재하는 등 바야흐로 본격적으로 작가로서 그 역량을 발휘하려다가 그만 황천길로 접어들다니 참 애석하고 원통하

22 金白, 尹錫沅 그림, 連載實話 「무지개 피는 날까지」(7), 《새빛》 1966년 3월호, 20쪽.

23 신정식, 「50年史 有感」, 《새빛》 1966년 3월호, 17쪽.

24 「편집자 주」, 《새빛》 1968년 9월호, 26~27쪽.

25 김백, 「구라은화」(完), 《새빛》 1969년 8월호, 16쪽.

기 그지없다./ (…) 가까운 일본에서는 오래 전부터 나문학이 그들의 문단에서 큰 비중을 차지하였는데, 우리 나라에서는 고작 한하운 선생의 시집이 몇 권 세상에 빛을 던졌을 뿐 제2의 한하운 제3의 한하운을 목마르게 기다리는 이때 혜성같이 나타난 김 백 형의 앞 날에 우리는 얼마나 많은 희망과 기대를 걸었던가![26]

▌노석현盧碩賢

작가 노석현은 1948년 경남 함양에서 출생해 1960년대 중반부터 소록도병원에서 지냈다. 그는 소설, 에세이, 수기 등 다양한 장르의 글들을 잡지 《새빛》과 《세대》에 발표했다. 소설 「파도에 멍든 바위」(1968년 11월호~1970년 5월호)[27], 「나비야 청산가자」(1976년 12월호), 소설 「스물아홉 해의 고독」(1977년 1월호~1978년 7월호), 중편소설 「자선가들」(1979년 2월호~) 등을 연재하였으며 창작집 『몇 개의 고독』(1971)과 장편소설 『오계五季』(1982)를 출간하였다.

작가의 자전소설 「파도에 멍든 바위」의 한 장면에서 읽을 수 있듯이 노석현은 심숭, 한하운, 김백을 잇는 신인 작가로 나문학계에 출현했다.

> "제가 한하운씨의 「시집」과 이성민李聖珉씨 소설 「애생금哀生琴」과 김백金白씨의 「악처惡妻와 살다」를 읽어 보고 느낀 점이 많았어요. 원일씨 한번 써 보세요. 이성민씨나 김백씨는 이미 작고作故한 분이고 더구나 나계癩界는 신성新星을 원하고 있습니다."[28]

---

26 손정수(전남 나주군 산포면), 「金白畏兄의 逝去를 哀惜해 하면서」, 《새빛》 1968년 1월호, 19쪽.

27 "알림: 本 연재소설의 作家 노석현씨가 改名을 하였기 이번 호부터 「盧古山」으로 씁니다. 「편집자 註」", 盧古山, 장편소설 「스물아홉 해의 고독」(8), 《새빛》 1977년 9월호, 33쪽.

28 노석현, 연재소설 「波濤에 멍든 바위」(3), 《새빛》 1969년 3월호, 23쪽.

□連載小說

波濤에 멍든 바위 ④

盧 貢 賢

境界線 그리고 푸른바다

「면회할때에 건강인과 환자간에 삼팔선을 놓고 이야기 해야할 조건은 어디 있는가요?」

홍순은 원일과 만난 기쁨이 교차되는 가운데 공원의 잔디를 한움큼 긁어쥐며 빤히 쳐다 보았다. 머리에 매달은 흑색 리봉이 입춘(立春)뒤의 따스한 바람에 나비처럼 하느적 거린다. 벌써 아기 진달래는 봄의 감각을 일찍 감수하여 필려고 봉오리를 맺은 것도 있었다.

「글쎄 나라고 어찌 알겠어. 그저 습관이 되어 그렇게 해야지 하는 식으로 하루하루 고정관념이 되었겠지 요사히 환자들간에 면회하는 식을 시정 할려고 원장이하 직원들께 상소문을 내도 그게 어디 식은 죽(粥) 먹기 식으로 되나.」

「원일씨, 정말 경계선이 있는한 직원들과의 유대가 있으리라고 보여지지 않는군요. 진료소에서 들은 일이지만 소록도가 국립 나병원으로 개칭 되었고, 또 원장되는이가 유능한 인물이라고 풍문에도 칭송(稱頌)이 자자하니 일대 혁명이 있으리라고 봅니다.」

두 여인의 대화가 한참 오고 가고 하는데 원일은 치료실에 약 타 먹을 시간이 되었다고 일어선다. 천삼사백명을 헤아린다는 중앙리 치료실을 마치 도둑놈 소굴 같은 긴 턴널의 복도에로 한줄로 줄을 서서 기다린다.

손원일은 착잡해 오는 마음을 느끼지 않을 수 없었다. 자기를 찾아준 홍순이 한없이 고마웠지만 그 뒤에 여울지는 마음의 파도는 아무게 멍이 들었단 말인가? 그는 두 알의 D.D.S.와 간장제를 미지근한 물로 넘긴 다음 집에있는 홍순의 떠날 차비를 하였다. 하루를 그미와 더 있을수록 괴로운 생활이고 고역을 느끼게 하였다.

「어마! 원일씨가 이렇게도 그습이 변할줄 정말……정말……」

그미는 처음 만났을때부터 실망을 느끼고 있는게 분명했다. 얼굴의 결절자국, 눈섶은 있고, 수족(手足)을 못쓰는 신경나(속칭 깡병)에 빠마는 그를 완전히 포로로 만들어 놓았으니, (뷔네스의 그대 미(美)를 조금만 다오!) 누군들 추해진 모습을 포옹해줄리 있겠는가? 원일은 괴로왔다. 괴롭다고 괴로운 심정을 아뢸 수 있는 새 천지. 그건 오직 병원 뿐이었고, 그 그늘에서 휴

노석현의 창작집 『몇 개의 고독』(1971)에는 「A와 B」, 「열대수熱帶樹」, 「인간적人間的」 등 여섯 편의 단편소설들과 방송극 <그릴수 없는 여울소리>가 실려 있다. 노석현의 작품은 한센인이 아닌 주인공들이 자주 등장하고 있어서 한센인으로서의 자기 자신을 말하는/쓰는 방식을 왜 '문학'이라는 장르를 통해 전개한 것일까라는 물음을 던지게 한다.

"고독"은 그에게 삶과 글쓰기를 가능하게 하는 실존적 선언처럼 다가온다. 노석현의 소설에 자주 등장하는 "질병"과 "사랑"에 관한 단상들은 "산다는 것"과 "쓴다는 것"은 무엇인가를 질문하는 주조음과 같이 들린다. 한편 발병 이후 고향을 강제로 떠나거나 병원, 요양소 등지를 유랑하는 과정에서 겪은 소외와 차별을 읽을 수 있다. 노석현의 자전문학은 자신의 고통과 아픔을 드러내는 것을 주저하면서 폭력에 저항하는 몸부림의 말들을 들려준다.

나병 계몽 운동기에 노석현은 "개척 일기"와 "방송극"과 같이 계몽적 성격을 지닌 글을 발표하였다. 그는 "병이 나아서 '음성자'면 '음성자'였지 음성'나환자'라는 모순된 말을 들을 때마다 울분과 증오를 보내고

싶습니다."[29]라고 부조리한 현실을 고발하는 글을 게재하기도 했다. 미감아에 대한 사회적 차별 문제를 거론하면서, 근대 이후 한국문학에서 "나환자가 모델이 되었거나 나병에 관한 문학을" 수집해 정리하였다.[30]

> 노석현씨의 「나비야 청산靑山가자」, 이 개척 일기를 1회로 중단하게 됨을 독자에게 송구스럽게 생각하며 양해를 구한다. 정착농장의 개척이 어렵기도 하지만 이들 「구미농장」의 개척사업은 현지의 여러 가지 여건이 여의치 않아 중단하게 되어 부득이 개척 일기의 연재를 필자가 집필할 수 없는 사정이다./ 새 연재 장편소설 「스물아홉 해의 고독」을 싣는다./ 작자인 노석현씨는 새빛 독자에게 낯익으리라 믿는다. 과거 「파도와 바위」를 연재한 바 있다. 애독자 여러분께서 기대해 주기 바란다.[31]

노석현은 1978년 12월호에서 경북 구미와 대구의 정착농장을 찾아가는 여정을 기록한 개척일기 「나비야 청산靑山가자」를 연재하는 작업에 착수했다가 1회로 마감하였다. 「나비야 청산가자」에서는 1976년 9월 21일부터 1976년 9월 27일까지, 구미 정착지로 떠나기 위해 대구역으로 가는 과정을 서술하고 있는데 이 글에서 당시 노석현이 월간 《아리랑》, 《문학과 지성》에 작품을 보낸 적이 있다는 소식을 접할 수 있다.[32]

《새빛》1978년 12월호의 광고를 보면 노석현은 후속작으로 "장편소설 「자선남비」를 연재할 예정"이었다. 잡지에서는 "본지 독자에게 낯익은 작가" "노석현씨의 이번 작품은 나계의 이야기가 될 것이다."라고 기대를 불러모았다. 이 소설은 1979년 2월호에 「자선가들」이라는 제목으

---

29 노석현, 「음성자는 환자가 아니다」, 《새빛》 1966년 12월호, 28쪽.

30 노석현, 「社會의 沒理解가 만든 未感兒 問題, 兒童의 해에 다시 생각한다」, 《세대》 17, 세대사, 1979, 105~109쪽.

31 「편집 후기」, 《새빛》 1977년 1월호, 36쪽.

32 《새빛》 1978년 12월호.

로 게재되었다.[33] 노석현의 마지막 작품으로 보이는 장편소설 『오계五季』(1982)는 "반자전적 체험"을 바탕으로 쓴 것인데 발병 이후 고향과 병원에서의 생활, 유랑하는 나환자들의 은어가 풍부하게 담겨 있다.

▌심전황沈田潢

심전황은 소록도병원 문예실에서 거주하는 동안 「고도孤島에 피는 향연饗宴－창립 50주년을 맞으며」(1966년 5월호), 「주마走馬간산격의 견학길」(상)(1968년 12월호 연재~) 등을 잡지 《새빛》에 수록하였다. 1969년 무렵, 심전황은 소록도에서 수집한 증언과 자료들을 토대로 작성한 「소록도 반세기」를 장기간에 걸쳐 연재하기 시작하였다.

> 이러한 고역 가운데 복음의 종이 울렸으니 그 하나는 8.15해방이요, 또 하나는 「쎌폰」제의 출현이라고 하겠다. 수세기 동안 대풍자유가 나병 주치약으로 사용되었으나 다시 재발되어 실효를 거두지 못하고 있던 중 1943년 「썰폰」제가 사용되고 부터는 나병치료에 신기원을 초래하게 되었고, 소록도는 유일한 동산으로 이룩되었다.……
>
> 이렇게 실린 《새빛》지(5월호) 100부가 소록도를 찾는 귀빈들에게 배부되었다. 또한 심전황은 전남매일全南每日 동년同年 5월 29일자에 「자유의지의 왕국」이라는 제목으로 소록도의 이모저모를 소개했다.[34]

위의 글에서 심전황은 8.15해방 이후 '쎌폰' 치료제의 출현으로 나병 치료가 가능해져 소록도의 상황은 이전에 비해 나아졌다고 했다. 소록도를 소개한 「자유의지의 왕국」이라는 글을 《전남매일신문》에 게재했다.

---

33 「편집자 주」, 《새빛》 1978년 12월호, 22쪽; 「편집 후기」, 《새빛》 1978년 12월호, 36쪽.

34 심전황, 『소록도 반세기』, 앞의 책, 156쪽.

"《새빛》지(5월호) 100부가 소록도를 찾는 귀빈들에게 배부"되었다는 것으로 미루어 보아, 소록도병원과 잡지 《새빛》간의 밀접한 관계를 짐작할 수 있다.

심전황은 『소록도 반세기』를 집필하게 된 동기를 이렇게 회고했다. 그것은 "어느날 오소백吳蘇白씨가 쓴 소록도의 소개판 기사를 읽고 치욕적인 골방생활을 청산하고 호남열차에 몸을 실"은 채 "인간폐업의 벼랑앞에서!"[35] 집필한 것이었다. 이 역사 기록은 환자로서의 직접적 체험과 요양소 자료들을 수집해 엮은 것으로 역사와 이야기 사이의 성격을 지녔다.

> 이렇게 고고한 생명으로 태어난 『소록도 반세기』가 발간되자 홍성철洪性澈 보건사회부 장관을 비롯하여 뜻있는 많은 분들이 격려의 서신을 보내왔고 후일 『한국 나병사』 발간에 큰 몫을 한데 대해 나름대로의 보람을 느껴 다시 그 후편을 쓰기로 결심한 것이다. 그 속편을 고대하는 사람도 많아 속편을 구상하고 있는 나에게, 신춘 문예작품에 도전하는 어떤 젊은 문학도가 다음과 같은 서신을 보내 와서 집필에 큰 힘을 얻게 되었다.
>
> "(…) 지난 해에 윤정모尹靜慕 씨의 『섬』이란 소설을 읽고 그 책머리에서 『소록도 반세기』라는 책을 발견하게 되었는데 지으신 분인 심전황 선생님을 알게 되었습니다. (…) 한 집안에 족보와 내력이 있고 그 자손이 당연히 그 근원을 알려고 하는 것처럼 저는 지금 그러한 궁금증에 마음이 쏠려 있습니다. 이 때부터 막연히 한 편의 글을 써야 한다는 사명의식밖에 없습니다. (…)"[36]

---

35 심전황, 『소록도 반세기』, 앞의 책, 283~284쪽. 심전황의 글에 나오는 "인간폐업人間廢業"과 "고고孤孤한 생명"이라는 표현은 한하운의 에세이 『나의 슬픈 반생기』(1958)에서 인용한 것이다.

36 심전황, 『아으, 70년—찬란한 슬픔의 소록도』, 도서출판 동방, 1993, 474~476쪽.

"조국근대화의 물결"이 고조되는 시기에, 소록도의 역사를 집필한 심전황은 "병원 당국(관리 직원 측)과 관점 차이가 없지 않"았고 "필화라도 당하게 되면 어떻게 되느냐고 극구 만류하는 사람도 없지 않았"음에도 '소록도 반세기'를 완성했다고 한다.[37] 앞서 잠깐 언급했듯이 소록도에서 수집한 증언과 자료를 토대로 기록한 『소록도 반세기』에는 김백의 '실화'가 수용되었다.

심전황의 역사 기록은 이후 소록도 역사서와 문학작품에 적지 않은 영향을 주었다. 잡지에 연재한 글을 모아 발간한 『소록도 반세기』(1979)의 내용은 대한나관리협회에서 발간한 역사서 『한국나병사』, 『소록도 80년사』 등에서 활용되었다. 『한국나병사』에는 『소록도 반세기』의 "많은 사료史料"[38]들을 인용했다고 적혀 있다.

심전황은 속편 『아으, 소록도 70년』을 구상하던 중에, 한 독자의 편지를 통해 『소록도 반세기』를 읽은 윤정모의 장편소설 『섬』(1983)을 알게 된 듯하다. 작가 윤정모는 일제강점기에서 해방 이전까지의 소록도 환자들의 항쟁사를 그린 『섬』의 집필 목적을 밝힌 자리에서 "내가 아는 한 심전황씨의 『소록도 반세기』라는 자료 서적 외엔 아직 소문난 글은 없었다."[39]고 언급한 곳에서 이 소설을 집필할 때 심전황의 기록을 참조했음을 확인할 수 있다.

---

37 심전황, 『소록도 반세기』, 앞의 책, 284쪽. 이 부분에 관한 논의는 한순미, 「한센인의 삶과 역사, 그 증언 (불)가능성」, 『민주주의와 인권』 14(3), 전남대학교 5.18연구소, 2014, 125~157쪽 참조.

38 국립소록도병원, 『소록도 80년사』, 앞의 책, 256~257쪽.

39 윤정모, 「책 머리에」, 『섬』, 한마당, 1983, 8~9쪽.

▌「세계나문학소사」, 「월평선」, 「소록도의 반세기」 외

계몽 운동기 한하운은 환자의 입장에서 한센인/한센병에 대한 대중적인 인식을 바꾸기 위한 저술 활동을 개진하였다. 「세계나문학소사」와 장기간 연재된 칼럼 「월평선」은 계몽 운동가로서 한하운의 면모를 잘 볼 수 있는 자료들이다.

한센병 문학과 관련해 주목할 만한 자료들 중에서 「세계나문학소사世界癩文學小史 The Review of the World Leprosy Literature」를 대표적으로 들 수 있다. 「세계나문학소사」는 1964년 8월호(영국편), 1964년 9월호(영국편 및 유고스라비아편), 1964년 10월호(일본편), 1964년 11월호(일본편), 1964년 12월호(한국편Ⅰ), 1965년 1월호(한국편Ⅱ), 1965년 2월호(한국편Ⅲ), 1965년 4월호(한국편Ⅴ) 등으로 구성되었다.

「세계나문학소사」에서 한하운은 한국, 일본, 영국, 유고슬라비아 등 세계 각국의 한센병 문학 자료를 작품 해설과 함께 간략하게 소개하였다. 세계 나문학의 현황을 파악할 수 있으며, 한국의 나문학과 외국의 나문학을 비교할 수 있는 중요한 자료를 제공한다.

한국 한센병 문학과 관련된 부분 중에서 일부를 추려서 읽어본다. 1964년 12월호의 「세계나문학소사」(한국편)에서는 통영 오광대五廣大 가면극假面劇의 제1과장科場 문둥탈과 서정주의 시 「문둥이」(1935)를 소개한 후, 두 편의 작품에 대한 해설을 다음과 같이 덧붙인다.

> 제1과장. 문둥탈. 문둥환자가 병으로 얼굴이 추하고 남이 싫어하여 가까이하지 않으니 고민하면서도 양반이라는 특권의식特權意識에 취하여 흥겨운 춤으로 일생을 보낸다./ (…) 필자가 의도하는 바는 오광대 가면극이 제5과장으로 엮어진 스토리가 나문학癩文學으로서의 의의意義가 있음을 밝혀 두는 바이다. 그리고 필자가 연구한 바에도 제5과장으로써 된 것이 전통적이며 민속예술의 복고復古와 소위 한국 춤의 현대화로 이것

을 본종화本宗化하고 있다./ (…) 시 「문둥이」는 1935년 가을의 작품이라 하며 그의 초기의 이질적 모습을 엿볼 수 있으며 당시 일제하의 이땅의 청년이 겪고 있는 정신적인 문둥이를 읊은 것이다.[40]

그는 오광대 마당의 첫째 마당(문둥탈)에 등장하는 문둥이가 조상들이 지은 죄가 많은 탓에 불치의 병에 걸렸다고 한탄을 하면서 춤추는 장면에 주목한다. 거기에서 문둥이로서의 비애감과 양반을 풍자하는 저항적 태도를 읽는다. 서정주의 시 「문둥이」에서 문둥이를 일제강점기 "청년이 겪고 있는 정신적인 문둥이" 상태를 노래한 것이라고 해석한다.

1965년 4월호 「세계나문학소사」(한국편Ⅴ)에서는 해방 후 몇몇 요양소 자치회 기관지 혹은 종합지의 출간 상황을 정리하였다. 다음은 소록도 자치회가 발행한 잡지 《소록小鹿》의 출판 사항을 소개하고 있는 부분이다.

해방 후 몇몇 요양소 自治會 機關紙(?) 또는 文學 同好人이 탄압과 빈곤속에 粗雜한 프린트刷의 綜合誌를 펴 내었다. 勸奬하여도 成長키 어려운데 탄압과 방행로만 始終하여, 癩人의 知的 萌芽는 여지없이 유린되어 癩人을 無知와 暗黑속에 두려는 職員들의 독선적인 暗愚策은 구라사업의 可恐한 病弊 중의 하나이다. 이미 소개한 바와 같이 日本의 癩文化運動者와는 너무나도 대조적이다. 發刊된 것은 다음과 같다.

《小鹿》

《小鹿》은 1947년 6월 19일 創刊號를 내다. 小鹿島 自治會는 1946年 5월에 결성되어 自治制 實施 1週年 記念으로 發行하다. 發行兼 編輯이 鹿山青年同盟 文藝部. 文藝部長 徐延勳, 印刷人 殷熙國, 粗雜한 프린트刷 26項 體裁는 4.6倍版이다.

---

40 韓何雲, 「世界癩文學小史—韓國篇(Ⅰ)」, 《새빛》 1964년 12월호, 14~15쪽.

2號 編輯은 金海人(承恩) 48項로 增項하고 있다. 3號도 마찬가지나 綜合誌로서 季刊이다. 編輯人 徐延勳 金海人이 서로 編輯을 보고 徐延勳 尹之影 詩人을 輩出하였다. 機關紙《小鹿》의 刊行도 自治會 承認도 當時 園長인 金亨太씨의 癩人의 覺醒을 促求시키는 올바른 善導는 義人이 아닐 수 없다. 金亨太씨의 離任과 더불어 小鹿島 癩人의 開花는 시들어 버렸다.[41]

위의 글에서 한하운은 1947년 6월 19일에 창간된《소록》의 발간 사항 등 한센인 문학과 관련해 중요한 정보들을 제공한다. '소록도 문예부'를 중심으로 이루어진 한센인 작가들의 활약을 드러낸다.《소록》은 문예부장 서연훈, 은희국, 김해인 등이 편집에 참여하였고 시인 윤지영 등을 배출한 잡지라는 것을 알 수 있다.

이어서 한하운은 대구 칠곡병원의《여명黎明》과 선명회 특수진료소의《새빛》발간 상황 등을 정리했다.

앞서 언급한 작가들 외에도《새빛》에서 활동한 한센인 작가들로는 천영호, 권동복, 이승우, 김강석, 이종환 등이 있었다. 이승우의 단편소설「기항지寄港地」(1967년 6월호~1967년 7월호), 김강석의 단편소설「아내」(1967년 9월호~1967년 10월호), 이종환의 연재소설「기러기」(1969년 11월호~1970년 1월호), 천영호의 단편소설「마름골의 봄」(1972년 12월호~1973년 2월호) 등을 읽을 수 있다.

한하운에 비해 낯선 이름의 작가들인 심숭, 윤지영, 천세원의 이력과 작품 내용을 소개한 부분을 만날 수 있다.[42] 천세원은 거의 알려지지 않은 한센인 작가이다. 한하운이 정리한 작가 연보 전문을 옮겨 본다.

---

41 한하운,「世界癩文學小史—韓國篇(V)」,《새빛》1965년 4월호, 14쪽.

42 한하운,「世界癩文學小史—韓國篇(Ⅲ)」,《새빛》1964년 12월호, 18쪽.

千世遠. 作家. 一切 未詳. 독실한 天主教徒. 洛東江 流域의 어느 山幕에서 나병을 키우다가 軍鋪 나자로院에 입원. 수년간 현장 賢臟炎으로 고생하다가 꽃잎이 흩날리는 4월 어느날 死亡하고 그 곳에 묻히다.

그는 일체 신원을 밝히지 않았으나 장래가 촉망되는 實力있는 純粹文藝 作家였다. 그 作品들은 新聞小說懸賞 募集에 빈번히 當選作으로 決定된바 自由黨治下에 發表保留가 되고 말았다.

그의 遺稿集을 刊行하려고 하였으나 某神父가 出版한다는 바람에 이제는 原稿마저 散失된 듯도 하다.[43]

이외에 심전황의 논·픽션 「소록도의 반세기」에서 한센인 문학 자료들이 언급되고 있는 것도 눈여겨볼 곳이다. 다음은 "1958년 6월 30일 이도離島하기까지 재임기간 동안에 있었던 원내환자園內患者 활동과 중요사건을 간추려" 정리한 것 중에서 문학 잡지와 관련해 언급한 부분을 옮긴 것이다.

《성하星河》지 발간: 도서실에서는 최길용崔桔龍, 윤건尹健 편집으로 계간《성하》지를 등사로 찍어 냈는데 원내 문학청년들의 창작열 배출구가 되어 제법 문예지의 체재를 갖추었으며, 미쓰이三井에 의한《나자로》김해인金海人 등에 의한《소록小鹿》김병련金炳鍊 등에 의한《녹산주보鹿山週報》에 이어 네 번째로 나타난 환자 기관지이다.[44]

소록도병원의 역사 기록에 따르면 "문예실은 환자들의 문화의 전당으로 소록도에서 발간되었던 원생들의 기관지《나자로》《소록》《무화과》

43 한하운, 「世界癩文學小史一韓國篇(Ⅲ)」, 《새빛》 1965년 2월호, 18쪽.

44 심전황, 논·픽션 「소록도의 반세기」(16), 《새빛》 1972년 5월호, 21쪽.

《성화》《불사조》 등의 산실産室"이었는데 1975년경에 전기 누전으로 인한 화재가 발생해 소록도 문예실(녹산도서관)에 소장, 보존되어 왔던 잡지들이 모두 소실되었고 한다.[45]

또한 심전황은 '5.17 소록도 개원 기념행사'로 사진전시회를 열었던 일을 회고하면서 당시의 정황을 기록했는데 "문예실 문화사업"에 관여했던 사람들을 접할 수 있다.

> 남국의 정서를 담뿍 실은 소록도의 풍경과 환자들의 이색적인 5월의 축제를 구경하기 위해 전남일대에서 관광객들이 후조候鳥떼처럼 몰려들어 하루를 붐볐다. 또한 이날 많은 관광객들이 몰려올 것을 예측한 녹산문예실鹿山文藝室 문예부장 沈田潢, 崔*暎, 權鎭東, 金永贊, 宋善大(사진기사), 李炳銀(사진기사) 등은 문예실의 문화사업의 일환책으로 개인자비를 들여 한센씨병을 계몽하는 사진전시회를 열어 이날 소록도를 찾은 4만여 관광객들에게서 많은 인기를 모았다.[46]

소록도병원 문예부장을 맡고 있었던 심전황은 소록도에서 '한센씨병 계몽 사진전시회'를 개최하게 된 동기를 다음과 같이 밝혔다. "사회인들에게 나병은 낫는다는 현대 의학을 사진으로 똑똑히 보여주며 명실공히 나환자들의 낙원으로서 현대 인술을 베푸는 곳이라는 새로운 소록도의 '이메지'를 부각키 위하여 금번 이 사진 전시회를 마련한 것이"라고 했다. 나병 계몽 운동의 일환으로 이루어진 문화사업에는 문학, 사진, 미술 등 다양한 분야의 한센인 예술가들이 참여했음을 알 수 있다.

위에서 인용한 글에서 언급한 요양소 기관지 및 기타 한센병 문학 관련 자료들을 발굴, 수집하여 검토한다면 각 지역의 요양소를 중심으로

45 국립소록도병원, 『소록도 80년사』, 앞의 책, 232쪽.

46 沈田潢, 논·픽션 「小鹿島의 半世紀」(53), 《새빛》 1975년 9월호.

전개된 한센인들의 문예 활동을 구체적으로 드러낼 수 있을 것이다. 차후의 과제로 남겨둔다.

2. 이미지와 표상

한센인의 몸은 단지 한센병에 걸린 병든 신체만을 의미하지 않았다. 이들의 몸은 여러 갈래의 감정, 상상, 이미지가 덧붙여져 다른 의미로 변형, 재생산되었다. 한센인의 몸은 다양한 의미를 파생하는 기호이자 새로운 의미를 생성하는 장소라고 할 수 있다. 한센인들의 자전문학, 투병기, 수기 등 자전적 기록에서 한센병에 걸린 신체를 표상하는 방식과 그 의미를 읽어본다.

1) 불구와 절단의 기록들: 일기/편지/유서

한센인에게 한센병이 가혹한 '천형'으로 인식된 것은 병증이 심각한 상태에 이르렀을 때 불구가 된 신체의 일부를 절단해야 하는 경험과도 상관된다. 그래서인지 한센인들이 남긴 기록에는 절단과 불구의 경험을 연상케 하는 표현들이 자주 등장한다.

심숭의 소설 『애생금』에서 인용한 다음의 문단을 보면 "일기", "편지", "유서" 등과 같은 사적인 기록 형식들이 한센인의 신체 이미지, 혹은 그것에 빗대어 등장하는 것을 읽을 수 있다.

대개 이상과 같은 기록은 '일기'에서 찢어내버렸다. 동체胴體만 남은 중환자처럼 일기도 가련히 된 것이었다./ '아아 S도의 일기여!'/ 현수는 치명상을 입은 일기를 손에 쥐고 한참 탄식하였다./ '차라리, 너도 죽는 것이 낫겠다. 너 일기여'/ 절단된 놈과 동체를 한주먹 쥐고 그는 부엌 아궁이로 나갔다. 불로 사형집행을 하려는 것이었다./ 아궁지 앞에 한참을 쭈구리고 앉아 훨훨 타는 일기책을 물그럼이 보고서 자기 자신도 그렇게 쉽게 처분해 버릴 수는 없을까? 생각했다./ '사람의 기록은 이리도 쉽사리 처분해버릴 수 있건만, 사람 그 자체는 왜 그리 어려운고?'/ '문제가 왜 그리 어려워? 이렇게 불로 멸각滅却해 버리면 그만일 것인데…….'[47]

이와 같은 그의 편지들! 그것으로 인해서 고통을 받는 것이지만, 그것을 내 버리지 못하고, 귀한 보배처럼 몸에 지니고 다닌다./ (어찌 버릴 수 있으랴? 그의 필적을! 그의 음성을! 그의 속삭임을! 수정같이 맑은 그의 순정을 이 글에서 감각할 수 있고, 그 몸의 향기와 목소리의 아름다움을 이 글에서 정녕히 맡을 수 있고, 들을 수 있는 것이니…… 그 사랑의 뜨거움을 이 종이에서 만질 수 있는 것이니…… 불 같은 정열을 표시하는 그의 새빨간 두툼한 입술도 이 글에서 볼 수 있고, 까맣게 반짝이는 샛별 같은 그의 눈도 이 글 속에서 반짝이 나니…….)[48]

유서遺書처럼 써두면 제가 죽은 다음에라도 당신이 보아 주시겠지요. 나는 곧 죽은 것만같이 생각이 들어요. 왜 그런지, 당신은 죽지는 않었으리라 믿어져요.(…)/ 만일 우리가 죽지 않고 고이고이 피차 살아 있다가 서로 만나게 된다면, 나는 이 기록을 당신에게 던지고 나서 좋아할가요? 그렇지도 않을 것 같습니다. 이 기록이 당신의 마음을 조금이라도 상해 준다면? 하는, 걱정에서 이것은 영원히 내 혼자 간직해 두었다가 내가 죽을 때 같이 가지고 갈 비밀 문서가 될지도 모릅니다.[49]

---

47 심숭, 『애생금』(상), 정음사, 1949, 169쪽.

48 심숭, 『애생금』(상), 앞의 책, 176~177쪽.

49 심숭, 『애생금』(중), 앞의 책, 198쪽.

첫 번째 문단은 주인공 현수가 써온 "S도 일기" 중에서 인용한 부분이다. 현수는 소록도에서 쓴 일기의 일부를 찢어버리는데 그 찢어버린 일기가 소설의 일부를 이룬다. 현수는 "치명상을 입은" 찢긴 일기 조각들을 마치 자신의 몸에서 떨어나간 조각인 것처럼 생각한다. "동체만 남은 중환자처럼 일기도 가련히 된 것", "절단된 놈과 동체를 한주먹 쥐고" "불로 사형집행을 하려는 것"이라고 생각한다.

하지만 일기와 같은 "사람의 기록"은 찢어버리고 불태울 수 있다고 해도 "사람 그 자체"는 그렇게 할 수가 없다는 사실이 그를 괴롭힌다. 현수는 자신과 한 몸을 이루고 있던 일기를 버리듯이 마음대로 생명을 끊어버릴 수 없기 때문이다.

현수는 지난날 선주에게서 받은 편지들을 몸에 지니고 다닌다. 편지들 속에서 선주의 "필적", "음성", "속삭임", "순정"을 "감각할 수 있"다. 편지는 곧 선주의 몸과 같은 것, 선주와의 기억 같은 것이다. 선주는 죽음을 예감하면서, 아직 살아 있을 것만 같은 현수에게 편지를 썼노라고 했다. 그러나 그녀는 자신이 쓴 편지를 현수에게 보여줄 수 있는 날이 올 것인지를 확신할 수 없었다.

그러므로 선주가 죽음 직전에 쓴 편지들은 "유서"나 다름없는 것이다. 선주가 현수에게 보낸 편지는 혼자만 간직할 수 있는 "비밀문서"였다. 현수가 읽고 있는 선주의 편지는 현수와 선주의 단절된 관계, "불구"의 몸과 같은 상태의 '사랑'을 대신 말해주는 사물이다.

한센병에 걸린 자기 자신의 몸을 응시하는 눈, 자기 자신을 객관화하는 과정은 자신의 상처를 치유하는 과정이 되기도 한다. 그런 과정은 한센인의 자전문학에서 여러 유형의 서사 장치를 통해 실현된다. 가령, 윤지영의 시 「인간제물-단종수술대 위에서」와 「절단수술」에서 시적 화자는 병원 수술대 위에 누워 있던 지난날을 추억한다.

(…) 별로 엮은 선연嬋姸한 꿈도
뼈가 휘는 오늘의 생명生命속에
한갓 신화神話로 되사려 가니
차디찬 다이루 수술대手術臺 위에
가만히 누운 생生의 잔해殘骸가
가슴을 위압威壓하는 무영등無影燈으로
그것들을 응시凝視하는 이 순간瞬間에//
숙련熟練한 메쓰는 마취麻醉된 피부皮膚를 헤치고
코오헬로 또렷한 정사선精糸腺을 찝으면
세에레가 찰카닥 소리를 내는 그 찰나刹那//(…)[50]

바다처럼 육중한 침묵沈默속에
가라앉은 수술대手術臺 위서//
진작 문둥이는
스스로의 운명運命에 눈을 감는다
행복하던 성한날의 추억追憶은
한결 아름답고 서럽게 흔들리고//
의사醫師는 푸른 물속에서 퍼득이는/
은빛 피리새끼 같은 메쓰를 휘두르며/
인광燐光처럼 번쩍이는 선線을 긋는데//(…)[51]

화자는 과거의 시간과 현재의 시간을 대비하면서 '문둥이'인 '나'의 모습을 멀리서 응시한다. "뼈가 휘는 오늘의 생명" "가만히 누운 생의 잔해"는 과거 속의 현재 상태를 묘사한다. '나'는 "차디찬 다이루 수술대" "숙련한 메쓰"를 경험한 순간에 "행복하던 성한날의 추억"을 떠올린다. 수술대 위에서 "세에레가 찰카닥 소리를 내는 그 찰나" "은빛 피리새끼

50 尹之影, 「人間祭物—斷種手術臺 위에서」, 『祝福』, 앞의 책, 48~50쪽.

51 윤지영, 「切斷手術」, 『祝福』, 앞의 책, 58쪽.

같은 메쓰를 휘두르며" 다가오는 의사를 기다린다. 고통의 기억은 "별로 엮은 선연嬋妍한 꿈", "신화", "무영등無影燈" 같은 무시간적인 이미지를 불러온다.

아득한 시간 속의 이미지들을 떠올리는 시선은 병들어 있는 시인 자신의 몸을 마치 타인의 몸인 것처럼 먼 거리에서 지켜본다. 내밀하고 사적인 고백을 대신하는 사물이나 이미지들은 찢기고 잘린 몸의 기억, 말할 수밖에 없는 한센병의 고통을 증언한다.

2) 빛/별/꽃: 생명과 자유

'빛/어둠'은 한센인의 글에서 중층적인 의미를 지닌 이미지로 등장한다. 작가 심숭과 한하운, 김백의 글에서 '빛'은 한센인의 삶과 연관된 단어이면서 다채로운 맥락을 함축한 은유적 이미지이다.

> 아아 그러니 부모가 아무리 보고 싶고, 설애가 아무리 그립다 한들, 이와 같이 된 이 괴물이 그 어찌 광명한 백일하에 어데로 발 걸음을 떼 옮기며 누구를 만나본다 하리요./ 나는 이 자리에서는 혹여 사람을 만나게 될까 걱정이 되어 몸을 일으킵니다. 더 깊은 숲 속으로 들어갑니다.[52]

> 우리의 병상을 상징하는 듯, 붉고, 희고 하는 색깔의 별같은 반문이 우리들의 몸에 명멸한다. 결국 별놈의 병을 갖게 되어 별세계別世界의 주민으로 등록이 돼 버리는구나. (…)/ 별들은 날이 새면 자취를 감추듯 의과학의 혜택이 우리들에게 새날을 가져올 때 우리 별들도 성좌를 떠나는 날일 것이니, 그러므로 우리의 성좌회도 날이 샐 때까지만 그 존재의의存在意義가 있을 뿐이다.[53]

52 무명생, 『낙화유수』, 정음사, 1953, 169~170쪽.

심숭의 장편소설 『낙화유수』의 마지막 장면에서 주인공 백수는 병에 걸린 자신의 몸을 '괴물'에 가까운 것이라고 표현한다. 가족과 연인이 그리워도 고향집으로 차마 들어갈 수가 없는 백수는 "광명한 백일하에" 자신의 얼굴을 드러내지 못하고 "더 깊은 숲"으로 발걸음을 옮긴다. 어둠 속을 유랑하는 백수에게 '밝은 빛'은 타인의 시선이 두려운 사회의 등가물이다.

김백의 실화 「무지개 피는 날까지」에서는 여수 애양원에서 결성한 성좌회星座會라는 모임의 명칭을 지을 때 "별빛"의 은유를 사용한 이유에 대한 설명을 들을 수 있다. 이 모임을 이끌었던 이성민의 목소리를 빌려서, '별'은 "인생비극의 연기자 중에서 주연급 스타"이자 "지상에서도 쫓겨난 사람들"을 가리킨다고 말한다. 한센인들은 "별같은" 반점 무늬가 몸에 생겨나 "별세계"의 이방인이 되어버린 사람들이라는 것이다.

그런 '별'을 "우리들의 대명사"로 쓰고자 하는 이유는 날이 밝으면 별이 사라지듯이 성좌회라는 모임도 "새날"이 올 때까지만 존재하길 바라는 기대에서였다. 성좌회라는 모임의 이름은 스타 혹은 장성將星을 뜻하는 별을 한센인의 입장에서 전도시켜 사용한 명칭이라고 할 수 있다.

한편 '꽃'은 한센인의 몸에 나타난 증상과 한센병에 걸리기 전의 시절을 동시에 가리키는 이미지다. 윤지영과 한하운의 시에서 한센인의 몸은 '코스모스'와 '라일락꽃'에 비유된다.

> 백白,/홍紅,/담홍淡紅,/진홍眞紅,//
> 하얀 나비가/코스모쓰 꽃속을 찾아 들면/
> 어느 정양소靜養所에는/인간 부상병負傷兵이 한숨을 쉰다//54

---

53 김백, 「무지개 피는 날까지」(8), 《새빛》 1966년 4월호, 22쪽.

54 윤지영, 「코스모쓰와 나」, 『축복』, 앞의 책, 27쪽.

아 꽃과 같던 삶과/꽃일 수 없는 삶과의/갈등 사잇길에 쩔룩거리며 섰다.[55]

윤지영은 나병에 걸린 몸을 '흰' 빛과 '붉은' 빛이 어우러진 "코스모쓰 꽃"에 비유한다. 꽃은 하얀 나비가 꽃잎 속으로 찾아들 때 신음한다.(「코스모쓰와 나」) "서리 맞은 한 떨기 꽃"은 "외과실外科室 유리창에" "하얀 옷자락"이 어른거릴 때 울음을 운다.(「나녀癩女·2」) 분홍빛 꽃잎은 병든 몸이 호소하는 고통의 소리를 낸다.

한하운의 시에서 '꽃'은 다시는 돌아갈 수 없는 아름다운 시절을 연상케 하는 매개물이다. 나병에 걸린 몸으로 산다는 것은 더 이상 "꽃일 수 없는 삶"(「삶」)을 사는 것이나 다름없다. "별들이 꽃핀 라일락 꽃"(「라일락 꽃」)은 과거의 아름다운 추억과 현재의 슬픈 현실을 동시에 환기한다.

한하운의 시에서 빛과 어둠의 대조는 선명하게 나타난다. "빛은 만유萬有라/그러나 문둥이는 빛은 없어/낮이나 밤이나 캄캄한//어둠에서//빛이 그리운/해바라기의 향일向日."/[56] 한하운에게 '새빛'은 어둠 속에 숨어 있는 한센인들이 맞이하게 될 밝은 미래를 상징하는 이미지이다. 그러나 이 빛은 계몽의 빛이기도 했다.

한하운의 시에서 "자연"을 감각하는 방식은 시각 이미지와 청각 이미지가 결합하는 방식으로 나타난다. 새가 노래하고 버드나무 가지가 흔들리는 풍경은 흉하게 변해가는 자신의 병든 몸과 대조된다.

고독한 인간으로써 자연을 볼 때 자연이란 것이 인간의 이 세상에서의 마지막의 벗이 아닌가 생각한다. 그럴 때마다 자연은 이 세상에서 가장 아름답고 가장 정이 두텁고 그 자연과 말을 나눈… 그 사어私語란 기

55 한하운, 「삶」(1964), 『한하운 전집』, 앞의 책, 40쪽.

56 한하운, 「새빛—祝『새빛』 創刊」, 《새빛》 1964년 8월호, 3쪽.

뻠과 감격의 애환哀歡의 눈물이 쏟아지는 것이다./ 하늘끝 아득한 바다는 내가슴을 후련하게 푸르게만 한다. 광대무변이라고 표현할 수 있는 바다를 보고 그 바닷가에서 물새가 울고 해당화가 붉게 피어 그 정열적인 빛깔이나 그 정염情艶한 향기를 맡으면서……나는 눈감고 하나의 신화를 꿈꾼다.[57]

죽음을 고요히 생각하고 죽음의 환영을 명상할 때 그 정신적 심원한 생명에 대한 사랑이 다시금 땅 위의 꽃과 같은 낭만으로 느끼고 하나의 슬기로운 불사의 생명에 합치하는 것 같다. 그것은 덧없음을 모르는 생명의 약속인 것도 같았다. 또한 눈물을 흘리고 눈물로 슬픔을 생각한 다음 어떤 경지에 가까이 한 것 같아서 울지 않을 것을 생명과 죽음에 일월성신에 산천초목에 맹세한 뒤에는 내 육체 속에는 생명의 횡일橫溢이 싱싱하게 순환하는 것을 느낀다.[58]

자신의 울음과 자연의 울음은 상반된 것이다. 시적 화자는 "자연"이 내밀한 언어를 나눌 수 있는 "이 세상의 마지막 벗이 아닌가"라고 생각한다. 인간 이하의 짐승은 아름다운 자연과 대조적인 모습이지만, 자연은 교감할 수 있는 대상이다. 한하운은 자연에서 고독한 자신과 대화할 수 있는 친구를 발견한다. 그것은 "꽃과 같은 낭만으로 느끼고" "불상의 생명에 합치하는 것", 바로 "죽음"을 넘어선 "생명에 대한 사랑"이었다.

3) 광기의 불: 웃음과 복수

한하운의 『나의 슬픈 반생기』는 나병 진단을 받은 순간부터 시작된

57 한하운, 『나의 슬픈 반생기』, 앞의 책, 178~179쪽.
58 한하운, 『한하운 전집』, 앞의 책, 285쪽.

'슬픈 반생'의 여정을 기록한 자서전적 수기이다. 동시에 그것은 개인적인 슬픔을 정치사회적 상황과 함께 서술하고 있어서 역사적인 성격을 지니고 있다.

> 태평양전쟁의 전세는 점점 일본 본토에 가까이 다가왔다.
> 봄이 온다. 꽃이 피기에는 아직도 보리밭가으 종달새가 울지 않는다. (…) 거울을 쳐다보니 사람의 얼굴이 아니라 바로 문둥이 그 화상이었다. 기절할 노릇이다. 결절은 팔 다리 얼굴 할 것 없이 나날이 기하급수로 단말마의 발악처럼 퍼지는 것이었다.[59]

위의 문단에서 보듯이 서러운 몸의 기억은 전쟁과 같은 역사적 사건과 짜임관계를 이루면서 서술된다. 전쟁이 전개되는 상황에서 "자연" 현상과 더불어 병든 신체에 대한 상념을 함께 떠올린다. 부끄러움과 죄의식, 슬픔과 아름다움, 두려움과 분노와 같은 감정들은 한센인으로서의 자기정체성, 사회정체성, 민족정체성을 구축하는 근원으로 자리한다.

> 허나 내 육체를 문드러 놓은 문둥병은 잔인하고도 악착한 것이다. 「제로」의 인간이라기 보다 앞으로 살아갈수록 「마이너스」의 인간이 되어 이 비극을 내 자신이 소화 시켜야만 할거다. 여기에서 「제로」에서 「마이너스」에서 「프라스」를 얻는 동화작용이 있어야만 내가 절망에서 기어 올라갈 수 있을 것이 아닌가 하는 생각이 나의 핏줄기에서 따스히 치솟는 것을 나는 감각할 수가 있었다.[60]

> 외로이 주검보다도 무서운 절망속에서 이 세상에 있는 모든 것과 싸

59 한하운, 『한하운 전집』, 앞의 책, 252~253쪽.

60 한하운, 『나의 슬픈 반생기』, 앞의 책, 47쪽.

우는 것은 말하자면 운명에 반항해 보겠다는 것이다. 그것은 억지로 삶을 하여야 하는 것이다. 그 억지 삶은 정상적인 것을 떠나야 하며 정말로 미친 사람에 가까운 광기狂氣 바로 그것이래야만 했다.[61]

(…) 저주나 증오나 학대를 받으면서 웃음이란 최후의 발악으로 수선을 떠는 것이 오히려 문둥이로서 최대의 복수의 길이 되며 이기는 길이 아닌가 하는 생각이 가슴을 흥분케 한다.[62]

한하운은 병든 신체에서 "잔인하고도 악착한 것", "나의 핏줄기에서 따스히 치솟는 것"을 느낀다. 그는 병든 몸이 주는 "절망"에 머물러 있지 않고, 절망적인 운명에 반항하겠노라고 선언한다. "마이너스"에서 "프라스를 얻는 동화작용을" 통해 절망에서 희망을 찾아가려는 것이다. "그 억지 삶은" 정상적인 방식으로는 얻어질 수 없는 것이다. 그것은 비정상적인 방식, 즉 "미친 사람에 가까운 광기"로 가능한 영역이다.

절망적인 운명을 극복하는 방법의 하나로, 한하운은 증오와 분노로 가득 찬 저항이 아니라 "웃음"으로 행해지는 "복수의 길"을 선택한다. 나병 치료에 대한 강렬한 욕망은 세상에 대한 "광기"에 가까운 복수심으로 비약한다. 복수와 광기는 '공산주의'에 대한 "원한"의 감정과 닿아 있다. "민주주의를 구가하는 남한땅에서 적색 '테로'를 당한 억울함"을 기록하는 장면에서 읽을 수 있다.

잠 오지 않는 밤에 목적달성에 따른 투쟁 여부를 생각하여 본다. 오늘날 해방된 기쁨을 감격하게 되는 연유를 살피면 우리민족이 기미년己未年 삼·일독립운동을 최고조最高潮 된 상승선上昇線으로 하여 사십년 동안

61 한하운, 『나의 슬픈 반생기』, 앞의 책, 89쪽.

62 한하운, 『나의 슬픈 반생기』, 앞의 책, 237쪽.

많은 애국지사의 고결한 피와 주검의 투쟁으로 한 그 결과가 오늘의 필연적인 기적을 가져오게 한 것이 아닐가 나는 생각해 볼 때 나도 몹쓸 나병에서 해방 되려면 이 나병과 결사적인 투쟁의 대결이 있어야 할 것이 아닌가 생각이 용솟는다.[63]

아름다운 자연에 대비되는 병든 자신의 모습을 보면서 병을 극복하려는 의지적인 투쟁을 전개한다. 한하운에게 나병을 치료하겠다는 투쟁 의지와 함께 '문학'은 중요한 무기로 등장한다. 문둥이로서 세상과 싸운다는 것은 정신과 생명을 향한 투쟁의 '불'을 지피는 것이다. 그것은 그가 오랜 싸움 끝에 도달한 '문학'의 길이기도 했다. '슬픔'과 '눈물'을 넘어서 "생명의 횡일이 싱싱하게 순환하는 것" 같은 것이었다.

따라서 한하운 시에서 자연은 "낭만"적인 시공간이라고 간단하게 요약하긴 어렵다. '불' 이미지는 자연과 동물, 생명과 이념 간의 대립 그 이상을 보여준다. 한하운에게 '자연'은 소외되고 추방된 몸과 합치된 세계이면서[64] 자연과의 교감은 정신의 영역에서 구체적인 "투쟁"으로 나아간다. 요컨대 한하운에게 문학은 한센인으로서의 자유를 쟁취하기 위한 무기, 즉 '문둥이'가 '인간다운 권리'를 획득하기 위한 전쟁이나 다름없었다.

자연에서 고독한 자신과 대화할 수 있는 길을 발견한 한하운의 시는 병든 몸과 자연이 화해하는 과정을 표현한다. 반면 동물 이미지는 공산주의에 대한 적개심과 분노를 표출하는 이미지로 등장한다. 동물 이미지는 생명력을 지닌 식물 이미지와 대비된다. 자신의 병든 몸을 치료하는 의지는 곧 "공산도배들"과 맞서는 의지와 동일한 강도를 지닌다.

---

63 한하운, 『나의 슬픈 반생기』, 앞의 책, 124쪽.

64 "한하운에게 '자연'이 특별한 의미로 여겨지는 까닭은 '인간'과 '문명'이 자신을 배제/추방하는 데 반해 '자연'은 어떠한 소외감이나 열패감도 가져다주지 않기 때문이다." 고봉준, 「세계 상실에 맞선 생명의 영가(靈歌) – 한하운의 시세계 –」, 『사이間SAI』 23, 국제한국문학문화학회, 2017, 261쪽.

> 냉혈파충류冷血爬蟲類인 공산도배들이 몰수한 책이니 '앨범'을 달라고 하는 내가 어리석은 것 같다. 그러나 인간성이 없는 이 비포유종非哺乳種과는 장기간을 두고 좀 싸워야 하겠다는 분발심이 용솟음 친다./ 밤새 적개심이 불같이 타올라서 내가 목숨이 붙어 있는 한 까지 그네들과 가증可憎의 무저항無抵抗의 저항을 지속하리라 뼈속에 사겼다./ 나는 당면문제로서 나를 자멸시키는 문둥병에 대하여 치료대책을 세우고 그 다음에 이것 저것을 점력粘力있게 비포유종이며, 냉혈파충류冷血爬蟲類인 공산당 매국도배와 가증可憎의 무저항無抵抗의 저항을 계속할 것을 굳게 결심한다./ 이러한 결정을 하고 나니, 새로운 욕망이 썩어가는 혈관에 싱싱하게 파동친다./ 내일이라도 하루바삐 월남하여 치료약을 구해 병을 고칠 도리를 하여야 하겠다고 작정한다.[65]

> 공산당을 타도 배격하는 결정적 요소는 미군정이 빚어내는 온갖 부패성과 관권과 경제의 독점의 악순환을 제거하는 것이 선행되어야 할 것이고 또한 민족반역 행위를 근절시키는데에 신흥 한국의 새 건국의 요소가 있고 자주독립의 번영이 있을 것이다. 캄캄한 여관방에서 적색 '테로'에 쑤시고 멍든 팔다리를 만져 가면서 생각한다.[66]

시인의 의지는 공산주의에 대한 적개심과 분노를 표출하는 곳으로 나아간다. 그는 공산당을 인간성이 없는 "비포유종", "냉혈파충류"라고 부르면서 저항을 지속하리라는 다짐을 "뼈속에 새긴다." 공산주의라는 '동물'에 대한 저항을 결심하자 "새로운 욕망이 썩어가는 혈관에 싱싱하게 파동친다."고 쓴다. 이 점에서 한하운이 추구한 문학이란 공산주의라는 "냉혈파충류"와 싸움을 선언하면서 '붓'을 드는 행위와 다르지 않았다.

65 한하운, 『나의 슬픈 반생기』, 앞의 책, 212~213쪽.

66 한하운, 『나의 슬픈 반생기』, 앞의 책, 250쪽.

한하운은 "세 가지 불"을 선언한다. 그것은 곧 "플라토닉한 아름다운 여인"과의 사랑, "문학" 그리고 "살아야 할 생명이 살아가는 생에 대한 인식을 발전시켜가는 기쁨에 불타오르는 불"이다. "이 삼중의 불타오르는 불에 대한 열애"를 추구한다.[67] 한하운이 싸움에 끝에 도달한 문학은 "광기" "복수"로 가득찬 "웃음"과 "생명"의 "불"이었다.

4) 나녀癩女, 모나리자, 나왕癩王

윤지영의 시에서는 작가의 분신적 자아라고 할 수 있는 시적 주인공이 여성으로 되어 있는 경우가 많다. 「대풍자유주사」, 「나녀－1」, 「나녀－2」라는 시는 작가 자신의 자전적 질병 체험이 담겨 있다. 이렇듯 남성 작가가 쓴 시인데 시 속의 '나환자'를 남성이 아닌 여성으로 설정한 것은 어떤 효과를 가져오는지에 대해서 질문해볼 수 있다.

> 소녀여!//너는/이렇게 살아야 한다//
> 문둥병 고친다는/대풍자유 기름약 주사를//
> 하－얀 바늘끝과/너의 굵은 시선에 부딪쳐//
> 징그러운/꽃뱀이 몸에 휘감기도록//
> 바늘같이/애들한 너의 살갗을 푹 찔러//
> 살이 저리고/뼈가 깎이우고//
> 그래도 황소처럼/부득 부득 참아서//
> 별처럼 또렷한/너의 생명이//하로의 꿈을 더 엮을게다//
> 소녀여!/정말//너는/이렇게 살아야 한다//[68]

---

67 한하운, 『나의 슬픈 반생기』, 앞의 책, 317쪽.

68 윤지영, 「대풍자유주사大楓子油注射」 전문, 『축복』, 앞의 책, 53~54쪽.

맑은 하늘/눈동자가/하도 그리워//
가시네가/그늘속에/눈섭 그린다//[69]

작은 골짜기에/서리 맞은 한 떨기 꽃//
접동새야/울지를 마라//
하얀 옷자락이/외과실 유리창에 어른 거린다//[70]

나병에 걸린 환자는 남성이 아니라 여성이며 소녀이다. 소녀는 "하얀 옷자락이" 다가올 것이 두려워 울고 있는 "서리 맞은 한 떨기 꽃"으로 표현된다. 소녀의 곁에서 "접동새"가 함께 운다. 화자는 소녀에게 "그래도 황소처럼/부득 부득 참아서" 살아야 한다고, "소녀여!/정말//너는/이렇게 살아야 한다"고 당부한다. 윤지영의 자전적 시에서 '소녀'는 작가 자신의 병들어 있는 연약한 몸을 대신하면서 실제의 자신과 다르게 새로운 삶을 살아가야 할 존재로 그려진다.

한하운은 1970년 2월호《새빛》에 그동안 연재를 중단한「세계나문학소사」를 다시 이어쓴다.「속, 세계나문학소사」(칼럼「월평선」(11))에서 작가는「세계나문학소사」의 후속편을 쓰게 된 의도를 이렇게 밝히고 있다. "이번 다시 집필하는 것은 일본의『高橋阿傳 또는 高橋阿傳夜叉譚』이 자료입수가 불가능하고 본인의 신병身病이 예측할 수 없는 까닭으로 미비한 채 발표함을 송구스럽게 생각한다. 그리고 국내에서 영화와 연극이 각 일편씩 발표된 것을 엮어 본다."[71] 이처럼「속, 세계나문학소사」(16)는 1879년(명치 12년) '다가하시 오덴高橋阿傳'이란 실존한 여인을 소설화한 작품『高橋阿傳夜叉譚』를 비롯해, 한국 나병 영화와 연극을 간략하게 소개하기 위해 쓴 것이다. 더불어, 1970년 3월호에서는「1. 모나리

69 윤지영,「나녀癩女—1」전문,『祝福』, 앞의 책, 55쪽.

70 윤지영,「나녀癩女—2」부분,『祝福』, 앞의 책, 56~57쪽.

71 韓何雲,「1. 續, 世界癩文學小史」(16)(칼럼「月平線」(11)),《새빛》1970년 2월호, 27쪽.

자상像의 나녀설癩女說」(칼럼 「월평선」(12))이라는 제목의 글을 발표했다.

1970년 초반, 한하운이 연이어 《새빛》에 발표한 두 편의 글에서 흥미로운 부분은 나병과 관련한 '여인 이미지'를 해석하는 작가의 관점이다. 여기에서 한센인 시인이자 나병 계몽 운동가로서의 입장을 헤아려 볼 수 있다.

> 高橋阿傳은 日本에서는 독부毒婦의 대명사代名詞로 쓰이도록 악명이 높았다. 끝내는 市谷刑務所에서 사형이 되었다./ 나병에 걸린 남편 浪之助를 독약을 먹여 죽이고는 놀아난 정부情婦와 각처를 도피하다가 끝내 살인범으로 체포되었다./ (…) 이 阿傳이 유명해진 것은 假名垣魯文이란 당대 명치문인明治文人이 『高橋阿傳夜叉譚』을 신문에 연재해서 평이 높아진 것과 또 하나는 범죄 사실과는 상관없이 阿傳의 성기구조性器構造가 특이하다고 해서 동경제국대학東京帝國大學 의학부醫學部에 진열 보관되어 있어 더 한층 지가를 높였다는 것이다. (…) 한국편 영화 <그대옆에 가련다> (…) 한 나환자의 아내가 20년이란 세월을 하루 같이 지성어린 간호 끝에 남편의 병을 완치시키는 여인상女人像과 그 가족을 그린 것이다. (…) 1969년 계몽 연극 <미련한 팔자대감> (…)[72]

한하운은 일본의 「高橋阿傳」에 등장하는 "나병에 걸린 남편"을 살해한 "독부"의 이미지와 한국 나병 계몽영화 <그대곁에 가련다>에 나오는 "지성어린 간호 끝에 남편의 병을 완치시키는 여인상"을 대조해 읽는다. 나병에 걸린 남편을 독살한 악한 여성과 남편의 병을 극진하게 치료하는 헌신적인 여성, 이렇듯 상반된 여성 이미지 중에서 한하운은 희생적이고 헌신적인 여인의 이미지를 중시하는 태도를 보인다.

한하운의 글에서 희생하는 여성의 이미지를 강조해 읽은 부분은 남성

72 韓何雲, 「1. 續, 世界癩文學小史」(16)(칼럼 「月平線」(11)), 《새빛》 1970년 2월호, 27~28쪽.

작가의 입장이 투영된 것으로 젠더적 시각에서 비판적으로 볼 필요가 있다. 또한 한하운은 르네상스 화가 레오나르도 다빈치의 「모나리자」를 여성 한센인의 이미지와 겹쳐 해석한다.

> 근래에 「모나리자」가 나녀癩女라는 설이 구라파歐羅巴 평단에서 근거 있게 말하고 있다. (…)/ 일부에서는 임신녀姙娠女라고 하는 설도 있으나 내가 보기에도 나녀설에 어떤 공동 운명共同 運命을 느껴보는 피의 부름이 있는 것이다. (…) 그녀가 나녀인 까닭으로 당시 신본주의神本主義에서 벗어 날려는 인본주의人本主義의 '르네상스' 정신에 나녀를 그림으로써 행동화行動化 한 것이 아닌가 추측한다. (…) 누가 믿거나 말거나 「모나리자」는 나녀라고 믿으며 나의 구원久遠한 여인상女人像이라고 사랑하고 싶은 것이다./ 사랑하기에 1955년 5월 시집 『보리피리』에 「나혼유한癩婚有恨」을 발표한 적이 있다.
>
> 「나혼유한癩婚有恨」
>
> (전략) 버림받은 사내와 버림받은 계집이/헌 신짝에 짝을 맞추는 것이//어쩌면 울고싶은 울고싶은/하늘이 마련한 뼈아픈 경사慶事냐//신부新婦는/오늘만이라도 성양깨비로 눈섭을 그리고//양호박 울둑불둑얼굴이 이쁘장해/연지바른 신부 너 모나리자여// (후략) 이렇게 모나리자가 나녀라는 것을 나는 벌써 15년전부터 시로 읊었고 나의 사랑의 애염愛染의 집념은 신앙과도 같이 굳어져 있다. 모나리자는 나의 슬픈 영혼을 어루만져주는 구원久遠한 여인이기도 하다.[73]

위의 글에서 한하운은 먼저 레오나르도 다빈치의 그림 「모나리자」 속 여인을 최근 들어 '나녀癩女'라고 보는 견해가 있다고 소개한다. "나녀설에 어떤 공동 운명을 느껴보는 피의 부름이 있는 것이"라고 덧붙이면서 "당시 신본주의에서 벗어 날려는 인본주의의 '르네상스' 정신에 나녀를

73 韓何雲, 「1. 모나리자像의 癩女說」(칼럼 「月平線」(12)), 《새빛》 1970년 3월호, 24~25쪽.

그림으로써 행동화 한 것이 아닌가 추측"하기도 한다. 이런 해석은 레오나르도 다빈치를 의학사가로 분류하기도 하는 의학사의 관점과 연관되어 보인다.[74]

이처럼 한하운은 "버림받은" 한센인의 얼굴과 모나리자의 얼굴을 중첩해 놓음으로써 르네상스기의 "인본주의" 정신을 옹호하는 입장을 취한다. 글의 중간에 게재한 자신의 시 「나혼유한」(1955)에 대한 해석에서 한하운의 입장은 더욱 구체적으로 드러난다. "버림받은" 한센인들의 결혼식 장면을 배경으로 한 시에서 이국의 모나리자는 "버림받은 사내"와 언약을 맺는 신부新婦로 재탄생한다.

한센인들끼리의 결혼은 축복받을 수 없는 "뼈아픈 경사慶事"이겠지만, 시 속의 신부는 눈썹을 그려 얼굴을 곱게 단장한 모습이다. 한하운은 모나리자를 "나의 슬픈 영혼을 어루만져주는 구원久遠한 여인"이라고 칭송한다. 한하운에게 르네상스 시대의 인간 중심주의는 한센인들에 대한 사회의 차별적 시선에 맞선 저항적 선언으로 수용된다.

한하운의 자의식이 동서양 고전 속의 인물들에 얽힌 이야기에 투사된 지점은 매우 흥미로운 대목이다. 서양의 모나리자와 더불어, 다음의 글에서는 세종대왕, 세조, 야소 바르만 등 왕족의 이름들을 거론하면서 병든 자신의 모습을 비춰본다.

> 강원도 오대산 월정사 '관대冠帶걸이'라는 비석: 세조대왕世祖大王이 숙아宿痾인 나병을 문수동자文殊童子의 힘을 입어 치료를 하였다는 유적이 있다. 문수동자가 걸터 앉었다는 외나무 다리와 세조대왕이 목욕하였다는 물가의 큰 반석만이 지금도 말없이 그 자취만이 남아 있을 뿐이다./ 또 충북 속리산俗離山 수석水石이 좋은 계곡에 세조가 나병을 치료하였다

74 의학사에서는 레오나르도 다빈치를 해부학 등 의학적인 지식을 겸비한 醫學史家로 분류하기도 한다. 白永漢 편저, 「중세의 의학」, 『醫學史槪論』, 癸丑文化社, 1991, 47~50쪽.

는 사실史實이 남겨져 있다./ (…) 천벌을 받어 천형병天刑病에 신음하게 된 것이 아닐까.[75]

이 世界에서 가장 뛰어난 앙콜 톰Angkor Thom 大都城과 바이용Bayon … 등등 크메르문화의 창건왕인 야소 바르만Yaso Varman(재위 889~900)이 나환癩患이었다./ 그는 많은 석조石造 건축물을 세웠으며 그가 살던 문둥이 왕궁王宮과 인조호人造湖는 예술의 극치를 이루고 있다고 한다. 그가 크메르 왕조의 창업創業과 또한 영토도 확대하였다./ 나병에 걸렸다고 절망할 것까지는 없지 않겠는가. 여기의 야소 바르만 나왕癩王을 보고서 자위自慰와 희망希望을 불태워 봄이 좋지 않을까./ (…)

태국泰國의 어느 왕이 나환에 신음하다가 영영 치유의 가망이 없어 야반夜半 왕궁王宮을 남몰래 떠나 깊은 산중으로 들어가 모든 것을 포기하고 오직 죽음만을 기다리는 절망의 나날을 보내는데 어떤 날 밤 꿈에 어떻게 생긴 나무 열매를 까먹으면 나병이 완치한다는 신의 계시啓示와도 같은 꿈을 꾸었다. (…) 바로 그 나무가 오늘에 부르는 대풍자大楓子나무이며 이 왕이 이 세상에서 대풍자나무를 발견한 사람이며 또 대풍자를 나병 치료제로서 쓰게된 처음 사람이라 하겠다./ 지금도 태국에서는 대풍자나무를 신수神樹로 모시고 묘墓의 호석護石 … 등등에 대풍자나무를 신수로서 조각한다는 것이다.[76]

한하운은 각국에서 전해지는 문화유적을 언급하면서 나병과 관계된 "왕王"들의 일화를 서술한다. 글의 서술자 한하운은 자신의 병든 몸과 역사 속의 왕들이 나병을 앓았다는 사실을 관련지어 생각한다. 나병 치료제로 알려진 '대풍자나무'가 태국의 왕이 나병으로 신음하다가 "신의

75 한하운, 「2. 李朝 世祖 癩患說과 他 癩王의 이야기」(칼럼 「月平線」(12)), 《새빛》 1970년 3월호, 24~25쪽.

76 한하운, 「2. 李朝 世祖 癩患說과 他 癩王의 이야기」(칼럼 「月平線」(12)), 《새빛》 1970년 3월호, 25쪽.

계시와 같은 꿈"에서 본 나무라는 이야기를 옮겨온다. 여기에서 한하운이 자신의 비극적인 처지를 왕족과 대등한 위치에 놓으면서 "자위自慰와 희망希望을" 이야기하고 있는 점을 기억해둘 필요가 있다.

3. 감각과 정체성

한센인들의 자전적 기록에는 낙인과 추방, 유랑의 기억이 상세하게 담겨 있다. 한센인들은 발병 이후 자신과 세계를 이전과 다르게 감각하고 인식한다. 한센병은 감각과 정체성의 변화를 가져오는 분기점이라고 할 수 있다.

어디에도 편안하게 정착할 수 없었던 한센인들에게 고향과 병원은 몸, 질병, 삶과 죽음 등에 관한 사유와 더불어 정체성을 드러내는 공간으로 현상된다. 고향과 병원 사이를 오가는 여정에서 한센인의 몸과 정체성, 정상과 비정상, 안과 밖, 나와 타자의 경계를 가르는 낙인의 심리적, 사회적, 문화적 배경을 확인하게 된다.

1) 무국적인, 이방인, 실향민: "먼 이역"

한하운은 「요양잡기療養雜記」(《보건세계》 1955년 11월 15일)와 「천형天刑 시인의 비원悲願－'무하無何공화국'의 수기」, 「유걸기流乞記」(《신사조》 1962년 4월호) 등에서 나환자의 법적 보호를 요구하면서 나환자를 바라보는 부정적인 인식을 개선할 것을 주장하였다.

「요양잡기」에서는 병든 몸으로 건강한 민족과 국가를 구축하는 대열에 합류할 수 없는 '국외자', 추방된 자로서의 '서러움'을 표출했다. 해방의 물결에 속하지 못하는 이방인의 입장에서 그는 이렇게 쓴다. "우리들 나환자는 조국에서 학대를 받고 생존권마저 위협을 받고 있다. 그러나 우리는 서러운 조국에 대하여 꾸준히 인간해방의 거룩한 빛을 바라고 지금 사회에 속속 복귀하여 사회의 일원으로 충성을 다하고 있다."[77] "서러운 조국"을 호명하고 있는 목소리에서 조국에 속하지 못한 채 소외된 비/국민의 처지를 확인한다. 난민의 위치에서 구상한 '무하공하국'은 이런 것이다.

> 그러나 내가 구상하는 무하공화국은 이상의 유토피아 기록과는 본질적으로 정녕 다르다. 첫째 유토피아 문학이나 또는 논설은 정치적 종교적 또한 사회질서의 폭력과 불안에서 산출된 것이라 지적하며 나의 신천지 무하공화국은 나병 환자가 인간으로서 집단적으로 학대받고 생존권마저 위협을 느낀 나머지의 절규 같은 필요에서 산출된 것이다. 인간의 존엄성에 대한 투쟁이며 병신 몸이면서 살겠다는 의욕이 강한 멍텅구리들만이 가지는 자유와 행복의 집합처이며 그곳에는 폭력도 불안도 없고 흙을 사랑하고 자연의 일목일초一木一草를 사랑하고 서로가 사랑으로써 의지하고 삶을 구가하려는 새로운 복지낙토福地樂土이다.[78]

> 이 땅에서는 유걸은 무국적인이며 동물 이하의 슬픈 사람들이었다. 이 잃어버려진 사람들도 따스한 온정의 손길이 있다면 갱생이 쉽사리 되리라 생각하면 이들을 국민의 한 사람으로서 첨가시키고 인력 개발을 시켜야 비로소 현대 민주주의의 복지사회 건설이 출발되리라 생각한다.[79]

77 한하운, 「요양잡기療養雜記」(《보건세계》 1955년 11월 15일), 『한하운 전집』, 앞의 책, 494~495쪽.

78 한하운, 「천형天刑 시인의 비원悲願—'무하無何공화국'의 수기」, 『한하운 전집』, 앞의 책, 724~725쪽.

「천형天刑 시인의 비원–'무하無何공화국'의 수기」에서 한하운이 꿈꾸는 '무하공화국'은 "무국적인이며 동물 이하의 슬픈 사람들"로 취급당하는 현실과는 다른 "신천지"였다. 그것은 "무국적인"에게도 "인간의 존엄성"이 보장되는 공동체를 가리켰다.

김백의 연재실화 「무지개 피는 날까지」는 작가의 체험적 수기를 바탕으로 허구적인 요소가 가미된 작품이다. 소외와 차별의 아픔을 그린 그의 이야기는 공식적인 역사 기록에서는 읽을 수 없는 증언록이나 다름없다. 인용한 문단에서 한센인들을 "노예취급"하는 요양소의 상황을 짐작할 수 있다.

> "(…) 데모크라시적 사상을 바탕으로 세워진 우리 애양원이나, 대구 애락원이나, 부산 상애원은 설립자 선교사의 영향으로 휴머니즘이 있고 시와 찬미의 정서적 풍요가 있어 제발 입원시켜 달라고 환자들이 제발로 찾아 오지 않았습니까. 요양소는 모름지기 인도적 입장에서 과학적 입장에서 시인할 수 있는 정도로 향상시키고, 환자를 손짓해서 부를 수 있는 곳이 되어야 할 것입니다."[80]

김백의 실화에서는 한센인 요양소의 숨은 역사를 드러낸다. 소록도병원, 애양원, 애락원, 상애원 등 전국에 분포된 한센병 요양소의 열악한 환경에 대해 강한 어조로 비판한다. 예를 들어, 이 소설에서는 1952년 5월 27일 여수 '애양원 소요사건' 피의자 27명이 광주교도소 소록도지소에 수감된 사건을 다루었다. 한센인들은 제대로 치료받지 못하는 요양소의 억압적인 상황에 저항하다가 폭도로 내몰렸던 것이다. 문학의 형식을 빌려 요양소와 병원의 상황을 우회적으로 비판한 저자는 이 실화를 "조

79 한하운, 「유걸기流乞記」(《신사조》 1962년 4월호), 『한하운 전집』, 앞의 책, 766쪽.

80 김백, 連載實話 「무지개 피는 날까지」(8), 《새빛》 1966년 4월호, 21쪽.

국 안의 이방인 취급을 받았던 자들의 모노로오그이다."라고 불렀다.

1968년 12월호부터 연재를 시작한 노석현의 소설 「파도에 멍든 바위」(1)는 주인공 원일의 소록도 요양 생활이 중심 내용이다. 병사지대의 병실에는 여러 지역에서 모여든 사람들이 살고 있다. 원일은 소록도병원에 입원한 날을 "마치 이국異國 먼 곳을 여행온 느낌으로 첫날을 보냈다."고 떠올린다. 소록도병원을 둘러본 원일은 "겨우 의사 두어명으로 오천여명이 살고 있는 '내쇼날國立 병원'을 진료"하고 있으며 내복약은 "'APC' 등 해열제 뿐"이라는 사실에 분노한다.

> "아직 나는 소록도가 어떠한 곳인지 더 알아야겠어요. 병원다운 설계가 잘못되었다면 잘못된 데를 지적해서 개복수술을 짤라 해야될 책임은 어느 권한자에게만 있는게 아닙니다. 여기는 어디까지나 국립병원다워야 합니다. 그리고 또 한가지 크게 깨달은 바는 왜 환자들이 뭍으로 나올려고 하는가는 그 근거가 배고픈 생활에서라고 직감 했습니다. (…) 나사업癩事業 자체가 틀려 먹었습니다."[81]

> "(…) 하나의 직업 의식에 젖어 있고 환자들을 자기집 미운 똥강아지보다 더 못여기고 있다는 점은 참을 수 없는 슬픈 현상입니다. 여기 경계선은 무얼 의미합니까? 하나의 구분할 목적으로 갈라놓은 경계선입니까? 아니면 영원한 갈들의 이정표로 내세운 경계선입니까?"[82]

주인공 원일은 소록도병원, 나사업의 문제, 환자들을 대하는 직원들의 편견, 그리고 자선사업의 실상에 대해 낱낱이 비판한다. 같은 나환을 앓고 있는 구주영은 "너 그런말 해서 안된다. 당장 쫓겨 나든지 감금실 직

81 노석현, 「波濤에 멍든 바위」(2), 《새빛》 1969년 2월호, 25쪽.

82 노석현, 「波濤에 멍든 바위」(4), 《새빛》 1969년 6월호, 22~23쪽.

행감이다."라고 하면서 원일을 말려보지만 그의 저항은 쉽게 사그라들지 않는다.

「파도에 멍든 바위」에서는 경기도 의정부 소동 사건에 휘말린 일, 홍순이 소록도를 떠난 원일을 찾아 부산 상애원相愛園으로 가는 이야기가 이어서 펼쳐진다. 그런 과정에서 원일은 "요철지대凹凸地帶인 소록도 생활과 낯선 이역의 땅인양 두렵기만 하는 현 사회 참여 이면과 삶의 영위"를 알게 되었다고 말한다. 이젠 "자신도 죽이그 오직 현실을 외면하면서 살리라"고 다짐한다. 원일은 공동체에서 소외, 배제된 한센인들에게 이곳은 "이역의 땅"일 뿐이라고 확신한다.[83]

노석현의 에세이 「님의 오솔길」(1967년 3월호)과 천영호의 에세이 「정상적인 슬픔」(1973년 5월호)은 소록도에서 지내면서 섬의 경치와 요양 생활의 감회를 기록한 수필이다. 이들의 글에서 소록도는 이런 곳으로 묘사된다.

> 이곳 불우不遇의 땅에는 봄 소식이 아직 전해오지 않았습니다. 오직 해가 가고 달이 지나는 무수한 공간에는 어느듯 님과 다시 만날 수 없을 찬 대기가 좁은 현해탄이 가로 놓인 이 고도孤島의 지역까지 불어와 조용히 신기루처럼 사라져 버렸습니다.[84]

> 물론 모든 것이 오해와 함께 비롯된 오랜 인습에 의해서 타의로 넘어온 바다요 피안이겠지만 우린 이 해변에서 오히려 현대인이 맛본다는 그 일상의 고독과 유별나지 않은 평범한 일반적인 모습을 그리워 하니 「아이러니」도 퍽이나 어처구니 없는 「아이러니」가 아닌가, 그렇지만 이런 「아이러니」를 깨닫는다는 것은 우리에게는 퍽이나 소중하고 중요한

83 노석현, 「波濤에 멍든 바위」(7), 《새빛》 1969년 10월호; 노석현, 「波濤에 멍든 바위」(8), 《새빛》 1969년 11월호; 노석현, 「波濤에 멍든 바위」(9), 《새빛》 1970년 4월호.

84 노석현(國立小鹿島病院), 愛讀者 페이지 「님의 오솔길」, 《새빛》 1967년 3월호, 24쪽.

일이다. (…)/ 진정한 의미에서 이 소록도는 인간의 세계에서 벗어난 피안이 아니요 차안(此岸)이며 우리 모두가 노력하고 힘들여 벗어나야할 과제가 되는 것인가?[85]

"불우不遇의 땅" 소록도는 "현해탄"이 가로막힌 "고도孤島"이다. 소록도는 아름다운 "피안"의 공간이 아니다. 한센인들에게 소록도는 바로 "피안"이 아니라 벗어나야 할 "차안此岸"이다. 즉 머물 수 있는 아름다운 이상향의 공간이 아니라 장벽과 같이 마주한 "과제"인 것이다. 조국이 없는 사람들, 국적이 없는 사람들로 살아온 한센인들에게 소록도는 낯선 이국이며 벗어나야 하는 섬으로 형상화된다.

한편 한센인들에게 '길'은 유랑하는 삶을 지속할 수밖에 없는 공간이다. 한센인들에게 고향은 태어난 곳이 아니라 다시는 돌아갈 수 없는 상실의 장소를 의미한다. 한하운은 이렇게 말한다. "방랑자가 구름따라서 바람 부는 대로 표표히 떠다닌다고 하지만 실상은 갈 곳이 없어서 방랑하는 것이 아닐가…."[86] 음성환자 정착촌에 모여사는 한센인들은 "고향을 잃어버린 실향민失鄕民들"[87]이나 다름없었다.

1976년 6월호부터 연재된 권동복의 장편수기 「귀향증」은 저자가 "50년대에 발병 60년대 초에 치유, 소록도를 떠날 때 '귀향증'을 받아가지고 고향에 돌아와 겪은 통곡의 삶을 처절하게 표현한 3인칭 수기"[88]라고 소개되어 있다.

소록도를 떠날 때 귀향증을 받아가지고 나왔으나 고향 사람들은, 그를

85 千榮鎬(소록도), 「正常的인 슬픔」, 《새빛》 1973년 5월호, 27쪽.

86 한하운, 『나의 슬픈 半生記』, 인간사, 1958; 『한하운 전집』, 앞의 책, 164~165쪽.

87 李鶴松(대한나협회장), 「나병의 날을 맞으며」, 《새빛》 1971년 1월호, 8쪽.

88 權東福, 「귀향증」(1), 《새빛》 1976년 6월호, 30쪽. 작품 제목 아래에 제시된 작품 설명.

대하는 모든 사람들은 무지와 편견으로 일관했다. 견딜 수 없는 극한점에 이른 작자는 자신과 신의 존재까지도 저주 부정하며 스스로를 불속에 던졌으나 기적적으로 살아나 또하나의 불구의 몸이 되었다고 한다.

이 수기는 자신의 이야기를 제3인칭으로 쓴 소설적인 수기였음을 밝힌다. 그리고 자신에 대한 일체의 것을 밝히지 않는 조건으로 이 작품을 구해, 편집자의 손에 들어왔다.[89]

편집 후기에 따르면 장편수기 「귀향증」의 작가는 "자신의 이야기를 제3인칭으로 쓴 소설적인 수기였음을 밝힌다. 그리고 자신에 대한 일체의 것을 밝히지 않는 조건으로" 게재했다고 한다. 자전적 수기인 데도 작가는 자신에 대해서 밝히는 것을 원하지 않았다. 또한 자신의 이야기를 1인칭이 아닌 '3인칭' 주인공으로 설정해 기록했다.

"고향을 떠나십시오. 당신이 어디가 있던 하나님은 당신에게 고향을 안겨 줄 겁니다."

"적어도 목사님만은 거짓말을 해 주기를 믿었습니다. 나는 그 직업을 그렇게 믿고 있었으니까요. 고향을 떠나지 말라구요. 나병은 유전이 아니다, 불치의 병이라는 말은 옛날이다, 여기에 그 증인이 있다고 비록 잠꼬대에 지나지 않을 지라도 온 동리 사람들에게 말하겠다고 해주시기를 기다렸습니다. 그런데 떠나라구요?"[90]

어디에도 발붙일 땅은 없다. 대화를 나눌 대상이 없다. 문둥이가 아니었던 사람들만으로도 세상은 꽉차 있다. 그들만으로도 세상을 살아가기에 충분하다. 그렇지 문둥이였으니까 하지만 지금은 아닌데 중요한건 사실이 아닌지도 모른다. 세상을 살아나가는 데는… 그래! (…)/ "떠나

89 「편집 후기」, 《새빛》 1976년 6월호, 36쪽.

90 權東福, 「귀향증」(1), 《새빛》 1976년 6월호, 32쪽.

자…… 몰려와서 소리치는 동릿 사람들 보다도 침묵으로 외면하는 식구들의 시선 밖에서 나를 지탱할 수가 없다."[91]

고향으로 돌아온 주인공 병오는 마을 사람들의 반대에 부딪친 후 목사님과 대화를 나눈다. 그러나 목사님 또한 병오에게 태어난 고향에서 떠나라고 말한다. 하나님은 여기가 아닌 다른 "고향"을 안겨줄 것이라고 위로하기도 한다. 한센인 병오에게 모든 곳이 고향이라면 고향은 없는 것이나 마찬가지였다.

노석현의 장편 『오계』(1982)에서는 소록도병원의 비극적인 현실과 소록도에서의 탈출과 유랑 생활, 삶과 죽음에 대한 고뇌, 고향에 대한 감정 등을 자세히 읽을 수 있다. 주인공 노상구가 어린 시절에 만난 금분, 서른살이 되어서 알게 된 '로사 유서은', 소록도 요양시절에 만난 조옥희를 중심으로 한 '가족과 사랑'에 관한 서사가 얽혀 있다.

유랑 생활을 하는 동안 고향에 대한 감정을 서술하는 부분이 소설 전체에서 반복해 나타나는데, 그 감정의 변화에 관심을 기울일 필요가 있다.

> 고향, 잔뼈가 굵은 그 고향 마을과 지척을 두고 살면서도 유랑자가 찾아온 고향은 늘 타향같게만 느껴지는 것은 무엇 때문일까?/ (…) 고향의 집은 먼 이역에 있는 것처럼 느껴져 왔다.[92]

> 이질화의 생활에 동화돼버린 나로서는 먼 이역의 낯 모르는 외국인이나 다름없었다.[93]

91 權東福, 「귀향증」(2), 《새빛》 1976년 7월호, 31쪽.

92 노석현, 『五季』, 호암문화사, 1982, 55쪽.

93 노석현, 『五季』, 앞의 책, 106쪽.

모두들 붙잡고 늘어졌다. 그들은 불안한 이 마당에 나까지 짐자리에 없게 되면 어떻게 하나 하는 눈치였다. 하지만 나 역시 나를 낳아주고 길러준 고향이 싫어진 것이다. 아니 모두가 싫어지고 모든 일도 의욕을 가질 수 없을만큼 무기력해져 버렸다. 맑은 고향하늘을 올려보며 보리피리를 꺾어 불던 어릴 때의 고향은 정녕 아닌 것이었다. 음모와 술수 적반하장이 맴도는 살기어린 사람들, 자연과 더불어 살아가는 영아리꾼에게도 그렇게 살아가도록 내버려 두지 않는 고향에 더 머물러 있기엔 나 역시도 지쳐 있었다.[94]

나는 고향의 모든 미련과 소록도, 내 가족 모든 것에서 해방되었음을 감지했다. 그렇다, 이제 모든 억압과 사슬을 푼 것이다.[95]

'나'에게 고향은 낯선 "먼 이역"과 같은 곳이다. 그곳에서 '나'는 "외국인이나 다름없"는 사람이다. 이 소외감은 "더 머물러 있기엔" "지쳐 있었다"는 감정으로 전환된다. 이방인이 된다는 것은 "고향" "소록도" "가족"이라는 공동체에서 추방된 것임과 동시에 그곳이 주는 "억압과 사슬"에서 해방되었음을 의미했다.

이처럼 노석현의 소설에서 고향에 대한 그리움은 소외와 차별을 더욱 뚜렷하게 인식하는 것으로 옮겨가고, 모든 것에 대한 미련을 버리고 자유와 해방의 순간을 획득하는 방향으로 나아간다. 가족과 공동체에서의 추방, 소록도병원에서 탈출, 병원과 고향 사이를 유랑하는 끝에서 그는 이방인이자 실향민으로서의 정체성을 발견한다.

94 노석현, 『五季』, 앞의 책, 260쪽.

95 노석현, 『五季』, 앞의 책, 274쪽.

2) 반자전적 체험: 남과 다른 '나'

한센인의 자전적 체험을 서사화한 글들은 사실 그대로를 고백하고 있는 증언이면서 허구적 요소가 가미된 이야기의 성격을 지니고 있다. 그런 것은 한센인들이 자신들의 얼굴을 사회에 드러낼 수 없었던 그늘진 역사에서 기인한 것이라고 해석할 수 있을 것이다. 그러므로 기록 속의 자전적 체험이 실제 '사실'과 얼마나 부합하느냐를 묻는 것보다 자신의 경험과 기억을 서사화하는 과정에서 정체성과 인식의 변화, 자기치유의 여정에 관심을 두고 읽을 필요가 있다.

자전적 산문집 『나의 슬픈 반생기』에서 한하운은 일제강점기, 해방공간, 1948년 전후 월남하기까지의 과정을 연대기적 순서에 따라 서술하고 있다. 나병 확정 진단을 받은 후 요양과 치료, 방랑의 여정, 여인 R과 S와의 사랑, 민족과 국가에 대한 정치적 견해 등 다양한 경험과 기억을 들려준다. 그런데 이 산문집에서 서술된 것과 한하운의 연보를 비교해 보면 약간의 차이를 보인다. 다음에서는 『한하운 전집』에 정리된 작가 연보와 『나의 슬픈 반생기』의 이력 중에서 몇 부분을 간추려 대조해 읽어보려 한다.

한하운의 고향은 함경남도 함주군 동천면 쌍봉리이다. 아버지는 기미년 독립운동 때 만세를 부르다 퇴학을 당했고 그는 기미년에 태어났다. 이 부분은 『나의 슬픈 반생기』에만 적혀 있다. 그는 1926년 함흥제일공립보통학교에 입학하여 1932년에 졸업, 이후 이리농림학교에 입학하여 수의축산獸醫畜産을 전공하였다.

1934년, 여인 R을 만났다. 1936년 봄 5학년 졸업반이었던 한하운은 경성제국대학京城帝國大學 부속병원에서 나병 진단을 받았다. 1937년 일본 동경의 성혜成蹊고등학교에 입학, 2년 남짓한 생활을 하다가 나병이 악화되어 귀국한다. 1941년 중국 북경대학교 농학원 축목학계畜牧學系에 입학, 1943년 졸업한 후 귀국한다. 연보에는 북경대학 의학원을 다니던 S

와 만남에 대한 기록이 없지만 『반생기』에는 자세히 기록되어 있다. 성기조의 글에는 "북경에서 사귄 협화의과대학協和醫科大學의 여학생이 한하운의 나병을 비관하여 자살하는 사건이 생겼다."[96]고 적혀 있다.

한하운은 1944년 함경남도 도청 축산과에 취직, 5월 장진군 개마고원으로, 다시 경기도 용인으로 거처를 옮긴다. 1945년 봄, 사직서를 내고 고향으로 돌아온다. 해방 후 공산주의자들에게 가산을 전부 빼앗겼고, 그즈음 일본에서 돌아온 동생과 함께 서점 '건국서사建國書肆'를 운영하였다. 1946년 함흥학생사건의 혐의를 받고 소련군에게 체포, 형무소에 수감되었다 풀려났다. 1948년 38선을 넘어 월남한다. 『나의 슬픈 반생기』에는 서울, 대구, 부산을 거쳐 월북한 후 투옥, 탈주, 그리고 다시 월남하는 과정이 매우 상세하게 적혀 있다.[97]

노석현의 경우에는《새빛》1977년 1월호에 실린 작가 약력과 장편『오계五季』(1982)의 작가 소개를 비교해 보면 차이를 발견할 수 있다. 1977년 1월호에는 "경남 함양 산産. 1948. 4. 4. 나병으로 오랜 요양 및 방랑생활"을 했으며 "창작집『몇 개의 고독』. 월간《새빛》지에「파도와 바위」연재.《호남매일신문》에 장편「꽃샘 바람」연재. 월간《아리랑》지에 장편「이단의 애가哀歌」연재중"으로 되어 있다.[98]

한편 "반자전적 체험을 토대로" "나환자의 처절한 슬픔과 애환·고통을" 그린 소설『오계』의 연보에는 "중학교 교직생활을" 했다는 이력이 추가되어 있다. 또한 "《호남매일신문》에 장편『나동懶棟』을 연재", "월간지《세대》에「오월의 미감아」외 다수의 작품을 발표함"으로 적혀 있다.[99]「오월의 미감아」라는 글은「사회의 몰이해가 만든 미감아 문제, 아

96 성기조,「문둥이가 아니란 한하운의 절규—한국문단, 남기고 싶은 이야기 6」,『수필시대』통권 제10호, 2006, 116쪽.

97 한하운,『나의 슬픈 반생기』(1958)와『한하운 전집』(2010)의 연보, 성기조(2006)의 글에서 정리한 이력을 참조했다. 이에 대해서는 다음의 논문에서 살핀 바 있다. 한순미,「'서러움'의 정치적 무의식: 역사적 신체로서 한하운의 자전(自傳)」,『사회와 역사』94, 한국사회사학회, 2012.

98《새빛》1977년 1월호, 32쪽.

동의 해에 다시 생각한다」(1979년 5월호)[100]와 동일한 글로 보인다.

한센인 작가들의 연보가 완전히 일치하지 않은 부분은 한센인들이 사회에서 자신들의 얼굴과 이름을 밝힐 수 없었던 상황에서 기인한 것으로 생각된다. 아울러 노석현의 창작집 『몇 개의 고독』(1971)에 실린 작품들에서는 주인공 혹은 화자가 주로 여성으로 설정되어 있는 것을 읽을 수 있다. 또한 환자가 아닌 건강인의 시선에서 서술하고 있거나 인물들이 실제 작가와 거리가 있는 경우가 많다. 이처럼 노석현의 소설이 작가 자신의 실제 체험과 직접적인 관련이 없는 주인공을 통해 자신의 이야기를 한 것은 어떤 이유에서였을까.

1982년에 출간한 "반자전적 체험" 소설 『오계』의 서두와 작가 후기를 다시 읽어본다.

> (내 기억에서 어릴 때 일들, 특히 소년 시절은 참으로 배고픈 나날이었으니 차라리 기억에서 빼버리는 게 나을 것 같다. 반자전적 체험을 토대로 이 작품이 엮어지고 있기 때문에 기억에서 삭제하고 싶은 일이긴 하지만, 스스로 모순되고 기형적인 면을 자초하지 않겠다는 뜻에서 몇 줄 적어 두는 저의를 이 글을 읽는 분들에게 양해해 주길 바라는 것이다. …)[101]

> 누군가 작가란 멍에와 사슬을 멘 그 시대의 가장 눈물겨운 고독자여야 한다고 하지 않았던가? 이젠 고인이 되셨지만 전날에 소설가 박영준朴榮濬 은사님을 무진장 괴롭혔던 일들을 생각하면 너무나도 죄스럽다. (…)

99 노석현, 『五季』, 앞의 책.

100 노석현, 「社會의 沒理解가 만든 未感兒 問題, 兒童의 해에 다시 생각한다」, 《세대》 17, 1979년 5월호, 세대사, 105~109쪽.

101 노석현, 『五季』, 앞의 책, 11쪽.

"자넨 차원이 다른 문학을 보여줘야 하네. 그래서 자네한테 갖는 관심도 그 어느 누구보다 큰 것일세."

이 작품을 다섯 번이나 개작·첨삭·재고하다보니 버린 원고만도 천여 매가 넘는, 필자의 몇 편 안되는 원고 중 가장 다루기 힘든 작품이었음을 밝히는 것은 그만큼 소재면에서 퍽 고심했다는 말도 될 것이다.

그간 음으로 양으로 이끌어 주신 작가 이청준李淸俊·백우암白雨岩 두 사형詞兄과 평론가 김병익金炳翼 선생, 각설이 방언에 도움을 주신 전주의 심전황沈田潢님께 사의謝意를 표한다.[102]

이 소설의 서두에서 보듯이 한센인으로서 "반자전적 체험을 토대로" 쓴다는 것은 기억에서 삭제하거나 망각하고 싶어도 그렇게 할 수 없는 것들까지 기록해야 하는 고통이었다. 작가는 자전적 기록이라 해도 자신의 삶과 역사를 온전히 사실 그대로를 옮겨놓을 수 없는 어려움에 직면해 있었던 것이다. 자전적 체험과 가장 근접한 내용을 그린 장편소설 『오계』를 쓰면서 작가 노석현이 "소재면에서 퍽 고심했"고 "가장 다루기 힘든 작품"이었다고 말한 이유도 그러한 고민의 과정에서 찾을 수 있다.

노석현은 자신을 오랫동안 괴롭히던 물음, 즉 자신의 실제 체험을 쓴다는 것 그리고 자신의 얼굴을 드러내고 산다는 것에 관한 글쓰기의 방법을 고민하지 않을 수 없었을 것이다.[103] 소설가 박영준이 "차원이 다른 문학"을 보여주어야 한다고 말한 것, 그 요청으로부터도 자유롭지 못했던 것이다.

노석현에겐 "멍에와 사슬을 멘 그 시대의 가장 눈물겨운 고독자孤獨

102 노석현, 「쓰고 나서」, 『五季』, 앞의 책, 275~276쪽.

103 이 점에 대해 한센인으로서 자기 자신을 말하는/쓰는 방식과 관계된 것으로 논의한 바 있다. 한순미, 「고독의 위치: 폭력과 저항의 유착流着: 한센인 노석현에 기대어」, 『상허학보』46, 상허학회, 2016.

者"로서의 작가의 위치를 설정하는 것이 어려운 문제 중의 하나였다. 그럼에도 다수의 작품을 남긴 노석현에게 "문학"의 글쓰기는 한센인으로서의 위치를 견디면서 발언할 수 있는 힘이 되었던 것은 분명하다.

한센인으로서의 자기 자신을 말하는/쓰는 것은 결코 쉽지 않은 난제였다. 그것은 천영호의 단편소설 「마름골의 봄」에서 '그녀'의 고민과 같은 맥락에 있는 것이다.

> 그녀는 고개를 잘래 잘래 흔들며 슬픈 듯 고개를 숙였다.
> 마목, 「디디에스」, 용천병,
> 그것이 다 무언가.
> 지금 난 아무렇지도 않은데 어째서 이다지 모든 것이 두려운가.
> 공여니 친구들 마져 아니 밝은 햇살 아래 선다는 사실 마져 무섭기만 하니.
> 그녀는 성성한 흰 머리의 할아버지를 생각해 봤다.
> 그리고 할머니를 또 아버지를 생각했다. 어머니와 동생들을 생각했다.
> 그들은 모두 아무렇지도 않다.
> 그러면 나도 괜찮은 것이 아닌가. 그런데 난 어째 달마다 읍내에 가야 하고 하얀 정제를 먹어야 하며 햇빛이 싫어지는 걸까.[104]

소설 속의 그녀는 나병에 걸린 자신을 향해 질문한다. '나'는 그들과 대체 무엇이 다른가. 다른 사람이 모두 괜찮다면 '나' 역시 그래야 하는 것이 아닐까. 그런데 현실은 그렇지 않다. 한센인으로서의 '나'는 다른 사람과 다른 '나'라는 점을 그대로 인식하고 수용해야 한다는 사실이 고통스럽다.

---

104 千榮鎬(소록도), 단편소설 「마름골의 봄」(1), 《새빛》 1972년 12월호, 29쪽.

3) 고독과 사랑: 두 통의 "편지"

노석현에게 글쓰기에 대한 고뇌는 소설 「스물아홉 해의 고독」과 창작집 『몇 개의 고독』의 제목에서도 보이듯이 "고독"이라는 단어에 응축되어 있다.

> 나[自我]라는 한 자체를 돌아보며 살아가기란 어찌 그리도 힘이 드는지 모르겠습니다. 차라리 바위나 돌이 되고 싶은 강렬한 고독을 느낍니다.
>
> 어쩌면 그게 저를 위한 최선의 길이라고 보고 싶어지며 잃어버린 하이네의 연가나 구르몽의 낙엽소리로도 알면서 살아가고픈 현실을 동경하는 나 자신을 가끔 잔인하도록 미워하는 때가 있습니다.
>
> 여기에 실린 글들은 거의가 나의 이십대를 가름하는 고독이 물든 작품들입니다.[105]

노석현은 "나[自我]"로서 인정받지 못한 세상에서 "차라리 바위나 돌이 되고 싶은 강렬한 고독"의 감정을 느낀다는 것으로 한센인으로서의 고독한 정체성을 표출한다. "질병"과 "사랑"은 "고독"과 함께 "산다는 것"과 "쓴다는 것"은 무엇인가라는 물음을 던지는 바탕이다. 작품의 결말은 대개 인물들이 사랑에 실패하거나 어딘가로 떠나는 것으로 마무리된다. 그들은 어느 한쪽의 사랑을 선택하지 않으며/선택하지 못하며, 어디에도 정착하지 않는다/정착하지 못한다. 산다는 것은 정처 없이 유랑한다는 것을 의미했다.

노석현이 자기 자신의 체험을 사실 그대로 그려내는 것에 실패한 그 자리, 자기 자신을 사실 그대로 완전하게 설명할 수 없다는 것을 인식한 순간에 "가면"에 관한 사유와 글쓰기에 대한 고뇌가 깊어진다.

105 노석현, 「머리에 부쳐」(1971년 5월 7일), 『몇 개의 고독』, 앞의 책.

> 키엘케고르의 「죽음에 이르는 병」이었다. 잠이 오지 않을 때는 항시 이 책을 읽곤 하는 버릇이 들어버린 것이다. 삶은 허무한 공간의 슬픈 배색配色이라든가 늪에 던져진 삶의 노을을 찬미한 글귀는 그를 숙연한 인생의 골목으로 끌고 들어갔다. 교미하는 순간에 죽어버리는 벌레가 있다는 것은 널리 알려진 사실이다. 모든 기쁨도 이와같은 것이다. 인생의 지극히 높고 지극히 아름다운 기쁨은 죽음을 수반한다. 나는 수많은 친구 가운데서도 가장 솔직히 흉금을 털어놓고 말할수 있는 친구를 가지고 있다. 그것은 바로 나의 「시름」이다. 내가 기뻐하고 있는 순간 그가 나에게 눈짓을 하여 나를 곁에 불러내서 마치 나를 그와 일심통체나 되는 것 같이 다루는 시름은 이제까지 내가 알고 있는 가장 정숙한 연인인 것이다. (…)[106]

《새빛》에 연재한 소설 「스물아홉 해의 고독」과 장편소설 『오계』의 등장인물은 각각 주인공의 이름이 다르게 설정되어 있고 병명이 결핵(TB)과 한센병이라는 점에서 차이가 있다. 하지만 두 작품은 모두 작가 자신의 질병 체험을 바탕으로 쓰인 작품들이다. 두 편의 소설에 등장하는 "편지"는 작품 간의 상호텍스트성을 보여준다. 편지의 내용은 거의 비슷하지만 다음과 같이 약간 달라진 부분들을 비교해 볼 수 있다.

「스물아홉 해의 고독」의 편지 (1)은 숙희가 은후에게 보낸 편지이다. 은후는 고등학생 숙희가 교지校誌에 수학 여행기를 쓴 글을 읽고 숙희에게 편지를 썼는데 일주일만에 답장이 온 것이다. 그때 은후는 결핵으로 숙부의 별장에서 요양을 하고 있었다. 『오계』의 편지 (2)는 주인공 노상구가 보낸 편지에 로사가 보낸 답장이다. '나'의 첫 서신 고백에 로사가 회신을 한 것이다. 종양이 생겨 병원에 있었을 때 로사의 일행이 '나'를 찾아왔던 적이 있다.

---

106 노석현, 「스물아홉 해의 고독」(12), 《새빛》 1978년 1월호, 32쪽.

<table>
<tr><th>「스물아홉 해의 고독」(3),
《새빛》 1977년 3월호</th><th>『오계』(1982)</th></tr>
<tr><td colspan="2">사랑은 두 사람 사이의 공동 체험이다. 그러나 공동체험이란 사실은 당사자 두사람이 비슷한 체험을 한다는 것을 의미하지 않는다. 사랑하는자와 사랑받는자가 있는데, 그러나 두 사람은 서로 다른 나라에서 온다. 흔히 사랑받는자는 사랑하는자의 마음속에 고요히 간직되어있던 모든 비장된 사랑에 대한 자극에 지나지 않는다. 그리고 아무튼 모든 사랑하는 사람은 이것을 안다. 그는 그의 사랑이 고독한 것임을 마음깊이 느끼고 있다. 그는 새롭고 이상한 고독을 알게 되고, 그리고 이러한 앎이 그를 외롭게 한다.</td></tr>
<tr><td>그래서 사랑하는 사람이 해야 할 일은 단 한 가지가 있다. 그는 그 자신속에 있는 사랑을 위해 가능한 최상의 집을 만들어주지 않으면 안 된다. 강렬하고 기묘하며 그 자신속에서 완전한 세계를 말이다. (…)
사랑받는 자는 배반하는 자일 수도 있고 야비한 자일 수도 있으며 악습에 젖어 있는 자일 수도 있다. 그렇다. 그러면서도 그 사랑하는 쪽은 그것을 누구보다도 분명히 알 수 있고 그렇다고 해서 그 사랑의 잔파에 조금도 영향을 끼치지 않는다.
가장 평범한 사람이 성적이고 엉뚱하고 그리고 습지의 독을 품은 백합처럼 아름다운 사랑을 받을 수 있다. 그러므로 어떤 사람의 가치나 질은 오로지 사랑하는 사람 자신에 의해서 결정될 뿐이다.
난필을 용서 바랍니다.[107]</td><td>그래서 사랑하는 사람이 해야 할 일은 단 한 가지가 있습니다. 그는 그 자신 속에 있는 사랑을 위해 가능한 최상의 집을 만들어 주지 않으면 안된다는 사실입니다. 강렬하고 기묘하며 그 자신 속에서 완전한 세계를 말입니다. (…)
사랑받는 자의 특권이라면 배반에 있겠습니다. 능청을 떠는 자일 수도 있고 야비한 자일 수도 있으며 악습에 젖어 있는 자일 수도 있다는 것입니다. 그렇습니다. 그러면서도 그 사랑하는 쪽은 그것을 누구보다도 분명히 알 수가 있고 그렇다고 해서 그 사랑의 잔파에 조금도 영향을 끼치지 않습니다.
가장 평범한 사람이 성적(性的)이고 엉뚱하고 그리고 습지의 독을 지닌 백합처럼 아름다운 사랑을 받을 수 있습니다. 그러므로 어떤 사람의 가치나 질은 오로지 사랑하는 사람 자신에 의해서 결정될 뿐입니다.
난필을 용서 바랍니다, 로사.[108]</td></tr>
</table>

편지 (1)과 편지 (2)의 발신인과 수신인은 동일한 인물로 보인다. 두 통의 편지에 적힌 내용 또한 크게 다르지 않다. 표면상으로 볼 때, 편지 (1)과 편지 (2)의 차이점은 경어체로 바뀌었으며, '성적'性的이라는 단어에 한자를 넣어 표기하고 보내는 사람의 이름에 '로사'를 추가되었다.

그런데 자세히 읽어보면 "사랑"에 대한 감정을 서술하는 데에 있어서 미세한 차이를 발견할 수 있다. 먼저 사랑하는 사람은 사랑을 위해 가능한 최상의 집을 만들어주어야 한다는 문장에서, "사실"이라는 단어가 들어가면서 더욱 강조된다. 다음으로 사랑받는 자는 배반하는 자, 야비한 자, 악습에 젖어 있는 자일 수도 있는데, 거기에 "능청을 떠는 자"가 추가된다. "사랑받는 자는 배반하는 자일 수도 있"다는 가정형의 문장은 "사랑받는 자의 특권이라면 배반에 있겠습니다."라는 단호한 어조의 문장으로 바뀐다. 즉 "배반"의 감정과 행위는 사랑받는 자의 "특권"이 된다.

편지 (2)에서 추가 혹은 강조된 부분과 관련된 숨은 이야기를 주인공 노상구의 경험을 통해 재구성해 볼 수 있다. 노상구는 가족과 고향 사람들에게서 받은 멸시와 모욕의 경험을 잊지 못한다. 그렇지만 한센인이면서 한센인이 아닌 것처럼 태연하게 행세해온 사람들도 사랑받을 자격이 있는 사람이라고 생각한다.

무엇보다 마음 속의 연인이었던 로사가 자신의 곁을 떠났다는 사실은 가장 견디기 힘든 일이었다. 그는 생각한다. "초정初情이란 누구에게나 연분홍 커텐 자락일 수가 있고, 북극성이며 열병에 도취할 권리를 최초로 가질 희망이 아니던가. 이제와서 생각할 필요가 없으며 생각해서도 아니된다. 애정이란 한낱 구호에 지나지 않는 것이다."[109] 여기에서 가정

107 노석현, 「스물아홉 해의 고독」(3), 《새빛》 1977년 3월호, 27쪽.

108 노석현, 『五季』, 앞의 책, 80~81쪽.

109 노석현, 『五季』, 앞의 책, 30쪽.

형의 문장이 "사랑받는 자의 특권이라면 배반에 있겠습니다."라는 단호한 어조의 문장으로 바뀌게 된 사연을 헤아릴 수 있다. 이루어질 수 없는 사랑의 대상이었던 로사와의 이별이 가져다준 "배반"의 감정은 "사랑받는 자의 특권"으로 부각된 것이다. 또한 "능청을 떠는 자"를 사랑받는 자에 추가한다.

두 편의 소설 속에 삽입된 편지들에서 발견되는 차이들은 작가 주인공이 겪은 질병 체험뿐만 아니라 그로 인한 감정, 감각, 정체성의 변화를 보여주는 표지들이다. 두 통의 편지는 작가가 한센병에 걸린 이후에 '고독과 사랑'에 관한 감정과 인식에 있어서 어떤 내면적 변화를 겪게 되었는지를 잘 보여준다.

4) 병상에서: "교회 종소리"

한센인들의 자전서사에서 요양소와 병원은 대부분 강제 격리와 감금의 수용소로 기억된다. 작가 노석현의 '반자전적 체험'이 들어 있는 『오계』에서는 해방과 전쟁, 미군정기 하의 소록도 '의학강습소' 풍경과 환자 시체 해부실의 상황을 상세하게 묘사하고 있다. 소록도 대학이라는 불린 '의학강습소'에서는 죽은 사람을 해부하는 것이 의무였다고 한다. "해부실은 강습생들의 실습장이었다. 선반의 큰 알코올병에는 유아의 시체에서부터 간·콩팥·내장……심지어는 남자의 고환이나 여자의 생식기, 그리고 결절結節 암세포 등 다양하게 죽은 환자의 살점들이 즐비하게 안치돼 있었다."[110]

하루의 일과, 즉 본병약(DDS)을 타먹는다던가 발의 종양을 치료하기

110 노석현, 『五季』, 앞의 책, 66쪽.

위해 치료소에 가고 하는 따위의 무력한 일과가 이처럼 다행스러운지는 처음 느끼는 안일과 복이었다. 그러면서도 흥분은 좀체로 가라앉지 않았다.

모든 일들이 어떻게 돌아가고 있는지 전혀 알 길이 없었다. 오마도 공사야 전혀 안중에 없었지만 《연혁사》도 전혀 손에 잡혀 들지가 않았다. **그런 가운데서도 소년은 곤히 자고 있었다.** 아침 나절 치료를 끝내더니 「캄파」한 대를 맞고 계속 자는 것이었다. 병이 악화되나보다. 내 일처럼 걱정이 된다. 아침나절 내내 침대에 앉아 손톱을 물어 뜯는다거나 바깥의 무의미한 사물에 시선을 주며 하루 일과를 채운다. 주 3일로 들려 오는 교회 종소리를 듣기도 하지만, 뎅그렁하는 소음에 부딪치면 동화 속에 빠졌다가도 급박한 현실로 되돌아오는 것이었다.

구원? 무엇이 구원인가. 오늘날에는 모세와 같은 획기적인 인물이 왜 나타나지 않는 것일까? 병도 고쳐주고 돈 없는 자에게는 돈도 주고…… 그런 인자(仁者)는 이제 모두 「골고다」 언덕에만 서 있는 것일까?[111]

앞의 인용한 문단에서는 한센병 수용소나 병원에 갇혀 있는 한 환자의 일상에 초점을 맞추어 서술하고 있다. 반복되는 "하루의 일과"를 단순하게 나열하고 있는 것 같지만, 그 안에는 서로 다른 층위의 사건들과 이질적인 감정들이 교차 서술된다. 화자의 상념이 전개되는 흐름을 따라 다시 읽어본다.

화자이면서 서술자인 '나'는 병원의 안과 밖에서의 일들을 떠올린다. 약을 타서 먹고 종양을 치료하기 위해 치료소에 가는 일을 반복하면서 "무력"하게 하루를 지낸다. "무력한 일과"가 "안일과 복"처럼 느껴지기도 하지만 "흥분"은 가라앉지 않는다. 오마도 공사에 관심도 없었고 「연혁사」 집필에도 집중할 수가 없다.

'나'는 곁에 누워 있는 '소년'을 바라보면서 잠시 생각을 중단한다. 소

111 노석현, 『五季』, 앞의 책, 146~147쪽.

리 없이 그의 곁에 누워있는 소년이 '나'의 단조로운 일상과 상념이 전개되는 곳에 변화를 가져온 것이다. 소년은 곧 '나' 자신의 아픔을 발견하는 계기가 된다. '나'는 치료를 끝내고 주사를 맞은 후 계속 잠을 자고 있는 소년의 아픔을 "내 일처럼 걱정"한다.

다음 문장에서 ["그런 가운데에서도 소년은 곤히 자고 있었다."] "그런 가운데에서도"라는 표현은 일상을 무료하게 떠올리던 생각의 흐름을 바꾸는 계기점이 된다. '나'는 '잠자고 있는 소년'에게서 자신과 동일한 아픔을 느끼면서, 무기력하고 시선과 무심한 어조로 연민의 감정을 표현하기도 한다.

'나'는 하루의 단조로운 일상을 무료하게 이야기한다. 가끔 손톱을 물어뜯거나 무의미한 사물을 바라보면서 하루를 보낸다. 그런데 "교회 종소리"가 소음으로 들리면 "동화 속에" 있다가 "급박한 현실"로 돌아온다. 그때 "구원"이란 무엇인가에 대해 질문한다. 고통스러운 현실에서 구원을 향한 갈망은 "무엇이 구원인가"와 같은 질문의 형식으로만 존재할 수 있을 뿐이다.

한센병이라는 조건은 일상과 장소를 감각하는 방식을 바꾼다. 한센병의 감각으로 비극적인 역사를 기억하고 증언하는 것은 실제로 일어난 사건의 경위를 정확하게 보고하는 형식이 아니라 몸이 감각한 고통의 강도를 전달한다.

> 나뭇잎에는 새 봄의 기운이 돋고 있었다. 그러나 그 나뭇잎에 물이 채 오르기도 전에 가입원실의 환자들이 많이 죽어 나갔다. 새 몸의 향기가 납골탑[萬灵堂]에서 먼저 내려온 것이다.
>
> 소년은 꼼짝도 안하고 있었다.
>
> "아저씨, 저 죽거들랑 외로워서 죽었다고 지 고향에 전해 주어유."
>
> 나는 그의 말이 건성으로 들리지는 않았지만 죽으리라고는 전혀 생각질 않았다. 그러나 어느날 소년은 거짓말처럼 갑자기 DDS 한 움큼을 먹

고 자살해 버렸다.[112]

"새 봄의 기운"과 "새 몸의 향기"는 삶과 죽음의 시간을 환기한다. "납골탑[萬炅堂]"은 소록도 내에 있는 만령당萬靈堂을 표기한 것으로 보이는데—잘못 표기한 오자가 아니라면—죽은 영혼을 모신 그 어두운 장소는 '밝은 빛'[炅]을 지닌 곳으로 대체된다. DDS 치료제를 다량으로 복용하고 자살한 소년이 남긴 유서는 "외로움"을 "고향"으로 실어 보낸다.

한센인의 자전서사는 사회적 타자로서 그들의 위치를 발언하고 있다는 점에서 그들의 삶과 역사를 증언하는 기록이다. 한센인의 역사는 공식적인 역사 기록의 주변에 버려진 것들, 역사라는 이름조차 가질 수 없었던 사소하고 우연한 것들로 채워진다.

112 노석현, 『五季』, 앞의 책, 150~151쪽.

4부

문학이 증언/기억하는 역사
: 한센병의 재현과 서사

한센인이 아닌 작가들이 쓴 허구서사는 한센인들의 구술증언과 투병수기, 문학작품 등 자전적 체험을 바탕으로 기록한 자전서사와 다른 각도에서 접근할 대상이다. 한센인/한센병을 통해 문제의식을 던지고 역사를 증언/기억하는 방식에 있어서 작가들마다 변별적 차이를 보인다.

한센병 역사 기억을 재현한 허구서사에는 공식적인 역사 기록에서 누락 혹은 삭제된 기억과 서사가 풍부하게 내장되어 있다. 또한 허구서사는 한센인들의 삶과 역사에 대한 구술과 증언, 발굴 작업이 충분하게 이루어지기 전에 역사의 그늘진 곳을 기억하고 증언하는 역할을 담당해왔다는 점에서 의미가 크다.

4부에서는 1960년대 이후부터 2000년 전후까지 발간된 한센인/한센병을 소재로 한 소설들에서는 어떤 문제의식을 제기해 왔는지를 읽어보려 한다. 한센인/한센병을 소재 혹은 주제로 다룬 한국현대소설 목록을 발간일순(1960년 이후)으로 간략하게 정리하면 다음과 같다.

* 이병구, 단편 「기로에 나선 의미」(1960)
* 박영준, 단편 「소록도」(1961)
* 유금호, 단편 「하늘을 색칠하라」(1964)
* 김정한, 단편 「인간단지」(1970)
* 최인호, 단편 「미개인」(1971)
* 주길순, 단편 「소록도」(1974)
* 이청준, 장편 『당신들의 천국』(1974-76)
* 김지연, 장편 『사슴의 마을』(1978)
* 남지심, 장편 『솔바람 물결소리』(1980)
* 윤정모, 장편 『섬』(1983)
* 정소성, 중편 「돌아오지 않는 섬」(1984)
* 이숙자, 장편 『문둥이의 딸』(1991)
* 공세동, 장편 『분홍섬』(1994)

* 류영국, 장편 『유령의 자서전』(2003)
* 박윤규, 성장소설 『내 이름엔 별이 있다』(2004)
* 연규호, 장편 『내 고향은 소록도』(2008)
* 김도언, 장편 『이토록 사소한 멜랑콜리』(2008)
* 백동호, 장편 『보리밭에 달 뜨면』(2009) 외 다수.

이 시기의 작품들은 슬픔이나 한恨 같은 정조를 보였던 서정주의 「문둥이」, 김동리의 「바위」 등과 사뭇 다른 경향을 보였다. 나병 계몽 운동기에 출간된 허구서사들은 한센인/한센병에 대한 공포, 연민, 동정의 감정과 함께 운명, 공동체, 타자 등과 같은 윤리적이고 철학적인 물음들을 제기하고 있어 주목된다.

이외에 언급하지 못한 다수의 작품들이 있을 것이다. 2000년대 이후 역사학과 사회학 분야의 증언과 발굴 작업이 활발하게 이루어짐에 따라 실증적 자료를 토대로 창작한 작품들이 다수 출간되었다.

다음에서는 1964년부터 1979년 사이 발간된 《새빛》에 수록된 한센병 문학 자료들과 대조해 살펴보기 위해 동시대에 출간된 몇 편의 소설들을 선정해 읽을 것이다. 자세한 논의는 뒤로 미루고 몇 가지 특징이나 경향을 중심으로 정리할 예정이다.

1. 그들의 세계/우리의 세계: "나병과 문학(을 말하다)"

1973년 무렵, 당시 소록도에 거주하고 있었던 한센인의 글 「나환자의 현실 복귀와 염원」에서는 한센인에게 소록도라는 공간은 어떤 곳이며 그들은 이 "세계"를 어떻게 인식하고 있는지를 가늠할 수 있다.

적어도 일반 건강인들과 같은 동일한 세계 속에, 동일한 인류 속에, 동일한 국가 속에, 사회 속에 있다는 유대감紐帶感, 동류감同類感의 회복.

이런 정신적인 자세의 회복이 우선 현실복귀와 참여에 앞선 제일보第一步가 되어야 하지 않을까 하는 생각. 그런 연후에 점차로 우리가 바라는 사회복귀도 이룰 수 있는 것이라 생각한다.[1]

그러면, "우리"와 다른 "일반 건강인들", 우리의 세계와 다른 그들의 세계를 같은 목소리로 말할 수 있고 같은 언어를 사용해서 쓸 수 있는 것일까? 이 같은 질문은 1976년 8월 28일, 국립소록도병원에서 열린 「나병과 문학을 말하다」라는 주제의 좌담회에서 논의된 내용과 연관해 생각해 볼 부분이다.

이 좌담회에 참석한 작가들은 한센인의 경험을 문학작품으로 형상화하는 것이 매우 어려운 일이라는 점에 공감을 표했다. 작가 홍성원은, 나병 문학 창작은 "나환자들과 건강한 사람들과의 사이에 공통된 그 어떤 인간의 감정을 느낄 수 있는, 그 무엇을 찾을 수 있을 때에만 가능한 것"[2]이라고 말했다. 문학작품 속의 나병과 나환자를 다르게 다루어야 한다는 작가들의 요청이 제기되기도 하였다.

작가들의 고뇌는 《새빛》 1977년 8월호 「문학작품 속의 나병·나환자」라는 코너에 실린 소설가 이정환과 시인 신경림의 글, 1979년 3월호에 수록된 박화성의 권두언 「자기의 몫을 하는 데 최선을」에서 만날 수 있다.

지금까지 문학작품에 나타난 나병이라는게 원죄의식 즉 타고난 업보로 이름붙여진 것 같다.

서정주 씨의 작품을 보면,/해와 하늘 빛이/문둥이는 설어워//보리밭에

1 千榮鎬(소록도), 「癩患者의 現實 復歸와 念願」, 《새빛》 1973년 7월호, 27~28쪽.

2 국립소록도병원, 『소록도 80년사』, 앞의 책, 236쪽.

달 뜨면/애기 하나 먹고//꽃처럼 붉은 울음을/밤새 울었다./라고, 나환자가 인간대열에서 격리 소외대 인간 자격을 발휘할 모든 기회가 완전하고도 철저하게 봉쇄돼 버린, 의학의 힘으로도 무방비상태였던 1930년대, 이 땅의 상황에서, 정신적으로 나환자와 공통점을 느낀 우리의 이야기다.

그 후에도 나병과 나환자의 이야기作品가 있지만 그들을 보는 시인과 소설가의 눈은 달라지지 않은 것 같다.

이건 바람직한 것 같지 않다. 그들과 우리, 그들의 세계와 우리의 세계가 별개일 수는 없다. 거부해 버릴 수 없는 같은 세계 속에 밀착돼 있다. 그러기 때문에 문학작품 속에서도 밀착된 같은 세계에 놓여져야 한다. 그러는 데서 그들과 통하는 세계를 만들 수 있는 것이다. 적어도 작품의 역할은 일반인의 세계와 편견으로 소외된 환자들의 세계를 연결시키는 다리가 되어야 할 것이다.[3]

김동리 씨의 「바위」, 서정주 씨의 「문둥이」, 이청준 씨의 「당신들의 천국」, 그리고 홍석영 씨의 몇 개의 단편이 있기는 하지만, 이들도 역시 나환자들의 세계를 샅샅이 뒤지지는 못한 것 같다. 무언가 벽이 있어 피상적인 이야기에 그치고 말았다.

나는 한하운씨가 시단에 나올 무렵에 나환자들을 무한히 동정했었다. 동정뿐만 아니라 자신이 그 입장에 빠진다면 어떤 무엇을 할까를 깊이 생각했다. 그 무렵 나환자의 이야기를 쓴 일본의 작품을 읽었었다. 오랜 동안 내 속에 머물러온 그들의 세계를 한번 다뤄보려는 것은 나의 남은 과제이다.

육신이 상해가는 그 아픔을 보며 상상으로가 아니라, 작가의 입장에서 실제 그들의 세계에 서서, 형식으로만 외치는 구호가 아닌, 그들의 참담함을 통해서, 그들의 피의 중량을, 얼마나 아프고 얼마나 슬프고 얼마나 짓눌리는 무거움인가를, 그대로 한번 써 보려하고 있다.

3 신경림(시인), 「原罪意識, 바람직하지 못해」, 《새빛》 1977년 8월호, 18~19쪽.

그동안 그들을 다룬 작품이나 수기 기사 등을 우선적으로 읽었고 「노우트」를 해서 만반의 대비는 하고 있다.

결코 특이한 사회라서가 아니라 우리와 무관한 사회가 아니기 때문이다.[4]

나는 소설가이기 때문에 젊은 소설가들에게 나병을 운명으로 그리고 천형으로 불렀던 과거의 문학작품과는 달리 치료가 가능한 오늘의 나병과 나환자의 이야기를 써 주기를 바란다. 불우한 사람 중에서도 가장 불우한 나환자들에게 눈을 돌리고 그들의 세계에 뛰어들어 체험을 통해 바로 알고 작품으로 써야 할 것이다. 남녀간의 사랑을 그리고 범죄의 세계만 취급할 것이 아니라, 동정어린 눈으로 나환자를 보고 그들의 입장에 책임과 의무감을 느껴 소설을 써야 할 것이다. 반드시 구라소설救癩小說이 아니드라도 그들의 세계를 바로 그렸을 때 그 문학작품이 주는 호소력과 영향은 사회에 크게 미칠 것으로 믿는다.[5]

요컨대 이 시기 작가들이 직면한 문제는 한센인이 아닌 위치에서 과연 한센인의 세계를 형상화할 수 있겠느냐는 물음이었다. 작가들의 그와 같은 발언에는 한센인의 세계를 말하고 쓰는 것은 한센인과 같은 위치에 있을 때에 가능한 작업이라는 인식이 전제되어 있다.

신경림 시인은 "그들의 세계와 우리의 세계가 별개일 수는 없다."고 하면서 "일반인의 세계와 편견으로 소외된 환자들의 세계를 연결시키는 다리"로서의 문학의 역할을 강조했다. 소설가 이정환의 말을 빌려 다시 말하면 "상상으로가 아니라, 작가의 입장에서 실제 그들의 세계에 서서" 작품을 써야 한다는 것이다. 소설가 박화성은 《새빛》과 같은 계몽지를 배포하는 것과, "계몽영화(문화영화)를 제작하여 전국의 극장에서

4 李貞桓(소설가), 「피의 중량담기는 이야기여야」, 《새빛》 1977년 8월호, 21쪽.

5 朴花城(소설가), (권두언)「자기의 몫을 하는 데 최선을」, 《새빛》 1979년 3월호, 7쪽.

상영함은 물론 순회상영을 통해 나병을 바로 아는 지식을 전달하면서 편견을 불식해 줄 수도 있을 것"이라고 하면서 범국민적인 운동으로서 구라운동을 제안하였다. 소설가의 입장에서 구라운동은 "구라소설"이 아니더라도 "그들의 세계를 바로 그렸을 때 그 문학작품이 주는" 사회적 영향력과 호소력에 기대를 걸었던 것이다.

일제강점기와 유신체제 하의 소록도를 배경으로 한 이청준의 소설 『당신들의 천국』(1974~1976)은 고통의 역사를 어떤 위치에서 누가 재현할 수 있을 것인가에 대해 진지하게 고민한 작품으로 읽힌다. 그런데 이청준의 소설에는 앞서 읽은 김백의 실화 「무지개 피는 날까지」와 동일한 모티프가 등장하고 있는 점이 특히 흥미롭다. '자유'를 향한 한센인들의 섬 탈출 시도, 원생들의 '배반'과 원장 살해 사건, 건강인과 환자 사이의 비극적인 '사랑' 이야기, '낙원' 이미지 등이 그것이다.

한편 노석현은 「사회의 몰이해가 만든 미감아 문제, 아동의 해에 다시 생각한다」(《세대》 17, 1979년 5월호)라는 글에서 미감아 문제와 더불어, '나병과 문학'이라는 소제목 하에 문예지 및 몇 편의 문학작품을 선정해 소개하였다. 환자이면서 작가인 노석현이 나병과 관련된 작품의 주요 줄거리, 발간 정보 등을 요약 정리한 곳에서 그가 어떤 점에 초점을 맞추어 한센병 문학을 읽었는지를 볼 수 있다.

노석현은 "나환자가 모델이 되었거나 나병에 관한 문학은 과연 몇편이나 될까"라는 질문을 던지면서 신문학, 즉 근대 이후에 한국문학사에서 한센인 작가와 한센인이 아닌 작가들이 쓴 나병 문학을 한곳에 모았다. 여기에는 한하운, 이성민(심숭), 김백, 노석현 등의 작품이 포함되어 있다. 필자 노석현은 '이성민'의 「애생금」 "원작을 읽어보지 못해 언급하지 못함을 미안스럽게 여긴다."라고 덧붙였다. 심숭이 아니라 이성민이라는 이름으로 되어 있는 것으로 미루어 보아 한센인들 사이에서는 작가 심숭이 어떤 필명으로 더 익숙하게 통했는지를 짐작할 수 있다.

노석현, 「사회의 몰이해가 만든 미감아 문제,

아동의 해에 다시 생각한다」, 《세대》 17, 1979년 5월호[6]

<나병과 문학>

신문학(新文學) 80년을 바라보는 한국 문학에 나환자가 모델이 되었거나 나병에 관한 문학은 과연 몇편이나 될까?

필자가 文藝誌를 살펴본 결과, 다음과 같은 몇편을 골랐다.

①「소록도」 박영준 작. 문예지 「현대문학」에 발표되었던 단편이다. 소록도는 미감아보육소를 무대로 한 작가각 직접 국립 나병원에 답사하여 쓴 미감아 교육교사의 애정과 미감아 생활반경을 그린 작품이다.

②「하늘을 색칠하라」 유금호 작. 씨의 서울신문 신춘문예 응모 당선작품이다. 식이란 주인공과 석우란 나환소년에 대한 이야기로 전남 고흥이 고향인 씨의 풍부한 경험으로 씌어진 역작이다.

③「당신들의 천국」 이청준 작. 14대 나병원의 원장인 조창원 육군 대령의 오마도 간척공사와 전국 체육대회 때 대구에서 벌어진 축구에서 나환자가 전남대표로 참가했던 사실들을 바탕으로 쓰여진 장편소설이다. 월간 신동아에 연재 되었는데 그 후 문학과 지성사에서 단행본으로 발간한 것이다.

④「인간단지」 김정한 작. 박성일 원장의 부정축재로 감옥에 들어간 인간단지 즉 지금의 정착촌을 그린 것이다. 우중신 노인과 그 외 나환자 생활과 생태를 쓴 작품으로 높이 평가를 받고 있다.

⑤「소록도」 주길순 작. 소록도 성당을 배경으로 쓴 단편. 월간 한국문학에 실렸던 작품으로 작품상 크게 논의될 내용은 담겨져 있지 않다.

⑥「기로에 나선 의미」 이병구 작. 월간 자유문학에 실렸던 아프리카를 다니려 간 주인공의 그냥 읽히는 중편이다. 특기할 문제점은 없다.

⑦「문둥이」(시) 서정주 작. 보리밭에 달뜨면 애기하나 먹고 꽃같은 붉은 울음을 운 나환자의 애환을 담은 시, 51년에 발표된 작품이다.

⑧「바위」 김동리 작. 1936년 신동아에 발표된 동리 선생의 이땅의 나문학을 대표하는 명작이다. 병든 아들 술이를 위해 복바위를 가는 모자간의 정을 그린 것.

⑨「전라도 길」 한하운 작. (작품 생략-인용자) 보리피리 시인 한하운운 1919년 함남 함주군 동천면 쌍봉리에서 출생하여 중국 북경대학 축산과를 졸업한 후 귀국하여 1947년 시집 「황토길」을 내어 문학활동을 시작했다. 향년 57세로 세상을 떠난 시인은 이땅에 나문학을 정착시킨 분이라고 하겠다.

⑩「애생금」 이성민 작. 여수애양원을 무대로 썼다고 하느데 원작을 읽어보지 못해 언급하지 못함을 미안스럽게 여긴다.

⑪「악처와 살다」 김백 작. 나주 호혜원의 나환자였다. 전남 매일신보에 「악처……」를 연재한 씨는 그밖에도 「무지개 피는 날까지」등 몇 편을 쓰고는 작고하신 분이다.

⑫「꽃샘바람」(원제, 나자(癩者)와의 사랑). 필자의 장편소설로 호남 매일신문에 2백여회 연재 발표한 작품이다. 정미진이란 나환자 딸의 연애관을 다룬 순애보라고나 할까.

그 외에도 몇 작품이 더 있으나 필자가 읽을 기회에 접하지 못해 언급하지 못함을 유감스럽게 생각한다.

'나병과 문학'이라는 주제 하에 한국문학을 수집한 노석현은 작품들 중에서 무엇보다 나환자와 직접적인 관련이 있는 다양한 사건들, 요양소

6 노석현, 「社會의 沒理解가 만든 未感兒 問題, 兒童의 해에 다시 생각한다」, 《세대》 17, 1979년 5월호, 세대사, 105~109쪽.

시설, 감정 표현 등을 섬세하게 읽었다. 예컨대 그는 “미감아보육소”, “대구에서 벌어진 축구에서 나환자가 전남대표로 참가했던 사실들”, “원장의 부정축재”, “정착촌”, “나환자의 애환” 등을 그린 소설 속의 장면에 관심을 기울여 서술하였다. 필자 노석현은 본론의 중간에 한하운의 시 「전라도 길」 전문을 인용해 서술을 이어갔다. 그런 한편 어떤 작품들의 경우에는 “크게 논의될 내용은 담겨져 있지않다”, “특기할 문제점은 없다”라고 하면서 특별한 관심을 보이지 않기도 했다.

이청준의 장편소설 『당신들의 천국』을 “오마도 간척공사와 전국 체육대회때 대구에서 벌어진 축구에서 나환자가 전남대표로 참가했던 사실들을 바탕으로 쓰여진 장편소설”로 요약하고 있는 곳에서, 한센인으로서 이 소설 속의 어떤 사건들을 주목해 읽었는지를 볼 수 있다. 마지막으로 노석현은 자신의 작품 「꽃샘바람」(원제, 나자癩者와의 사랑)을 “나환자 딸의 연애관을 다룬 순애보”라고 소개했다.

앞으로 한센인의 자전서사와 한센인이 아닌 작가들의 허구서사에 내장된 기억과 망각의 서사를 함께 읽는다면 한국 한센병 문학의 특수성을 드러낼 수 있을 것으로 기대한다. 한센인이 아닌 작가들이 쓴 허구적 성격의 서사에서는 사회적 타자로서의 한센인들이 자신들의 기억을 구성해 나가는 것과는 다른 방향에서, 그들이 속한 공동체가 한센인들에 대해 어떠한 기억서사를 구축해 왔는지를 볼 수 있을 것이다.

2. 공포와 연민

1960년대 초반에 출간된 두 편의 단편소설, 이병구의 「기로에 나선 의미」(1960)와 박영준의 「소록도」(1961)는 한센인/한센병을 공포의 대상이면서 연민의 감정으로 조명한다.

이병구의 「기로에 나선 의미」(1960)는 문둥병 환자 병준이가 친구인 '나'를 찾아와 이야기를 나누는 장면으로 시작한다. 나병 환자가 된 옛친구 병준이는 '나'에게 자신의 고민을 해결해 달라고 부탁하면서 민간치료법에 대해 이야기한다. 병준은 이렇게 말한다. "계집애 생간生肝만이 문둥병을 고칠 수 있네. 제약製藥을 가미하구 얘기지만, 그 놈을 먹고 낫은 사람들이 있네." '나'는 병준의 "지독한" 아내가 "두 살 난 계집애를 하나 훔쳐가지고" 와서 키우고 있는데 나병을 치료하기 위해서 그 어린 계집애의 생간을 먹어야 할 것인지 말아야 할 것인지를 고민하고 있는 병준에게 다른 이야기를 들려준다.

나환자 친구 병준에게 '나'는 보르네오에 사는 식인종 부락의 '스가리' 여인과 함께 지냈던 이야기를 '참고 삼아' 주길 바라면서 들려준다. 화자 '나'는 1945년 무렵, 미군에게 쫓기면서 보르네오 '물러' 산맥에서의 세월을 회고한다. '나'는 일본군 패잔병의 집단에서 나와서 "미개의 토인들이" 살고 있는 마을에 들어가서 지내면서 알게 된 토인 부족의 의례와 관습 등을 길게 서술한다. 그 중에서 '나'는 스가리라는 여인과 살던 중에, 일본 패잔병들에게 발각되어 일본인들과 스가리를 공유할 수밖에 없었던 비극적인 기억을 떠올린다.

그런데 식인종 스가리는 일본 군인을 잡아먹은 적이 있었지만 연정이 있어서인지 '나'를 해치지 않았다고 했다. '나'의 이야기는 스가리와 탈출을 시도하다가 스가리가 죽음을 맞이하게 된 것으로 끝이 난다. '나'는 왜 문둥병 환자 병준이에게 저 긴 이야기를 들려준 것일까. 소설의 마지막 부분은 다음과 같이 마무리된다.

> 「자네가 나를 끝내 문둥이로 만들었네!…… 그러나, 좋에!」
>
> 나를 놓고 돌아서서 맞지 않는 구두를 끌며, 병준이는 터덜 터덜 제

숙명의 길을 갔다.

그 날밤에 나는, 주소를 적은 쪽지와 함께 병준이 아내가 훔쳐온 계집애를 인편에 받았다.[7]

소설의 끝에서, '나'는 나병을 치료하기 위해서 어린 계집애의 생간을 먹을 것인지를 망설이고 있는 병준에게, 식인종 여인은 연정을 품은 사람을 해치지 않았는데 문둥병을 낫고자 어린아이를 잡아먹는다는 것이 과연 옳은 일이라고 할 수 있겠느냐고 반문하는 듯하다. 화자의 어조는 생명에 대한 존중, 휴머니즘을 강조하면서 미신적 속신에 근거한 나병 치료 방식을 에둘러 비판한다. 나환자에 대한 공포와 연민이 동시에 느껴진다.

박영준의 「소록도」(1961)는 "미감염未感染 아동들의 학교"에서 근무하는 선생님 성애를 중심으로 전개되는 이야기이다. 성애는 영기라는 아이가 팔목에 무엇인가 생겼다는 말을 듣고도 "병을 무서워하지 않고" "무감각한" 태도를 보이는 이유가 궁금하다. 나병의 증상이 몸에 나타났을 때에 일반적으로 사람들은 "세상에서 그보다 더 무서운 병이 없는데도 영기는 그 병을 무서워하는 기색이 없다."는 사실이 궁금증을 자아낸 것이다.

의무과에 근무하는 경배는 영기가 마치 아픈 것처럼 거짓 행세를 한다고 했다. 경배가 말했다. "가끔 이런 애가 생깁니다. 어머니한테루 가구 싶어 하는거죠." 영기가 그런 이유는 소록도에 살고있는 어머니 곁으로 가려는 마음 때문이라는 것이다. 성애는 어머니가 살고 있는 소록도로 가고 싶어서 나환자인 것처럼 행동하는 영기의 마음을 이해할 수 있었다. 그녀 자신 또한 나환자가 된 연인 순구의 곁에서 있기 위해 소록도

7 李丙求, 「岐路에 나선 意味」, 『자유문학』 4집, 자유문학자협회, 1960, 65쪽.

의 미감아동 학교를 찾아왔기 때문이다.

그러나 순구는 자신이 나병에 걸렸다는 사실을 알고 난 후부터 성애를 만나려 하지 않았다. 성애는 순구와 같은 마을에 살고 있지만, 그리움과 안타까움을 간직하면서 지낸다. “하늘은 어찌하여 자기의 사랑하는 사람에게 그러한 천벌을 내렸을까?”라고 저주하면서 그리움을 견딘다. 영기는 부모를 만나러 수용소 철조망을 넘어가곤 했지만 성애는 그럴 수 있는 용기가 없었다.

성애가 오랫동안 지켜왔던 순구에 대한 순수한 마음은 결말 부분에서 무너진다. 순구가 수용소에서 ‘연극’을 하면서 지낸다는 이야기를 전해 들었지만 성애는 순구가 나환자의 투쟁 행렬 속에 끼어있지 않기를 바랐다.

> 성애의 기원은 오직 그것 뿐이었다.
>
> 모든 사람들은 다 추하다고 해도 순구씨만은 자기를 지키며 외롭고 깨끗하게 살아 주었으면……. 외롬 속에서 오직 성애만을 그리며 살아 주었으면……. 지난 밤 꿈처럼 자기는 영원토록 순구의 마음 속에서 피리를 불며 살아갈 것이다.[8]

성애의 마음 속에서는 나환자에 대한 공포와 사랑의 감정이 갈등한다. 성애는 환자들의 약 배급이 적다고 불평을 토로하면서 데모 행렬을 주도한 사람이 순구라는 사실을 알게 된 후에 실망한다. 성애의 순수한 사랑의 감정과 나환자들의 “폭동”을 주도한 순구의 폭력적인 모습이 대조를 이루는 장면에서 나환자에 대한 공포감이 전달된다.

8 朴榮濬, 「小鹿島」, 『현대문학』 7·8월호, 현대문학, 1961, 32쪽.

3. 서정성

앞서 읽은 소설들과 비교해 볼 때 다음 세 작품, 유금호의 「하늘을 색칠하라」(1964), 주길순의 「소록도」(1974), 김지연의 『사슴의 마을』(1978)은 서정적인 분위기와 풍경, 색채 묘사가 두드러진다.

유금호의 「하늘을 색칠하라」(1964)는 나환자 '식植'의 내면 심리, 등장인물 간의 간결한 대화를 중심으로 전개된다. 소설은 나환자 식과 나병을 앓고 있는 노인의 쓸쓸한 내면, 아내와 주리라는 여인 사이의 연애 감정에 초점을 맞추고 있다.

> 눈을 감았다. 피부과 의사의 무서운 선고宣告와 함께 '키니네'를 먹고 온 세상이 노란 물감 속에 젖어들던 그 의식의 혼란 속에서 문득 떠오르던 주리의 얼굴이 새삼스레 검은 해면을 배경으로 떠오르고 있었다.[9]

> "석우란 놈한테…. 지 에미가 피를 발라준 거군요. 그래 문둥이를 만들었군요. 헛허허…."
> "부인이 잡혀갔어."
> 실성한 사람같이 그는 한참을 웃었다. 하늘의 빛깔이 점점 진한 농도로 물들어갔다. 석우의 피부 위를 침식해들 그 병균같이… 모든 색깔은 순식간이었다./ 까만 색깔 속에 모든 게 휘말려들었다.[10]

소설 속의 인물과 풍경은 그림을 그리는 주인공 식의 심리를 통해 간

---

9 유금호, 「하늘을 색칠하라」, 『계간문예』, 87쪽. 1964년 《서울신문》 신춘문예 당선작.

10 유금호, 「하늘을 색칠하라」, 앞의 글, 93쪽.

결하고 절제된 감정으로 표현된다. 식의 눈에 비친 소록도갱생원의 풍경을 묘사하고 있는 장면이나, 보육원 아이들을 바라보는 시선에서 서정적인 분위기가 느껴진다.

주길순의 「소록도」(1974)는 주인공 꽃례의 눈으로 소록도를 그리고 있는 작품이다. 꽃례는 '에덴동산'이라고 불리는 공원에서 엄마가 죽은 날도 그랬듯이 병원 굴뚝 연기가 피어오르는 것을 바라본다. 꽃례가 보기에 에덴동산의 새들은 평화로워 보였다. 하지만 에덴공원에서 살고 있는 사람들을 바라보는 뭍사람들의 시선은 그렇지 않았다. "새들은 뭍의 사람들처럼 문둥이 동네라고 꺼려하지도 않고 깔보지도 않는다. 그런데 뭍의 사람들은 섬사람들만 보면 '문둥이'라고 놀려댔다."

섬사람들의 소원은 문둥이가 아닌 '사람'으로 살아가는 것이다. 꽃례는 나병을 치료하기 위해 '토끼피'를 마시는 선생님의 모습을 보게 된다.

> "그 몹쓸놈의 문둥병이 다시 더친거래. 이래서 쓰겠니? 미쳐 뒈질 일이야. 뒈질 일……. 그깐놈의 병원 치료 받아봤자 무슨 소용 있니. 오라질놈의 팔자. 그러나 난 악착 같이 살아야 돼. 우리 꽃례하고 뭍으로 나가서 문둥이란 말 안듣고 사람 같이 살아야 돼. 사람 같이. 사람 같이……." (…)
>
> "토끼 피를 먹으면 문둥병이 났는대요?"
>
> "토끼의 생피는 문둥병 고치는 데 특효약이래. 그럴 수도 있잖아. 피는 피를 살려 줄 테니까 말이야."
>
> "그럼 자꾸자꾸 잡수셔요. 난 뭍으로 중학교 배우러 안가도 돼요."[11]

나병에 걸린 선생님이 진정으로 바라는 것은 육지에서 "문둥이란 말 안듣고 사람 같이" 살아가는 것이다. 하지만 선생님의 병세는 나아지지

11 주길순, 「소록도」, 『한국문학』 12월호, 한국문학사, 1974, 144쪽.

않았다. 꽃례는 수녀님으로부터 육지의 중학교로 추천을 받아 공부를 배우러 가게 되었다는 기쁜 소식을 듣는다. 신부님과 수녀님을 따라 뭍으로 가는 배에서, 선생님이 비관자살했다는 소식을 듣게 된다. 이 소설의 마지막 문장은 뭍으로 떠나는 꽃례에게 아침 햇살이 위로를 건네면서 마무리된다. 햇살이 말했다. "너는 뭍으로 중학교를 배우러 가지 않니? 그래서 사람이 되지 않니? 문둥이 아닌 사람이. 사람이……" 하면서 활짝 웃고 있었다.[12]

소설 「소록도」는 꽃례와 선생님을 등장인물로 설정해 "문둥이가 아닌 사람이" 되어 살아가기 위한 두 갈래의 길을 보여준다. 문둥병을 낫기 위해서 토끼피를 마시는 치료법을 쓰다가 자살한 선생님과 육지 학교로 공부하러 떠나는 미감아 꽃례, 이들의 이야기에서는 나환자로서 살아갈 수밖에 없는 슬픔과 새로운 삶이 시작될 것이라는 기쁨이 교차한다.

김지연의 장편 『사슴의 마을』(1978)은 "작자 자신이 소록도에 머물면서 쓴 것으로 《여학생》지에 연재되어 대호평을 받은 작품"으로 알려져 있다. 문둥병에 걸린 엄마와 떨어져 지낼 수밖에 없는 '소녀의 눈물' 미감아 교육에 관한 문제가 화두이다. 문둥이 자식으로 살지 않기 위해서는 섬이 아닌 육지로, 사회로 나가서 교육을 받아야 한다는 것이다.

소설 속의 창민과 형희는 나병에 걸린 부모를 둔 미감아로 성장하였다.

> "(…) 배급 나오는 옷도 번번히 못입고 팔아도 아버지는 빚을 못갚고 자살한 거다. 나는 안 죽는다. 문둥이 아들이라고 남들이 무서워해도 거기에 가겠다. 문둥병을 퍼쳐 줄 테다. 문둥이촌 안에서 우리 아버지는 나쁜 짓만 했다니까 나도 나쁜 짓만 하겠다. 꺽다리가 그랬다. 애비 닮았다고. 야! 애비를 닮아야지, 누굴 닮냐"[13]

---

12 주길순, 「소록도」, 앞의 글, 147쪽.

"뭍에 가서 살려고 하는 건 허황된 생각이예요. 어제까지만 해도 뭍을 동경했어요. 이제는 섬 밖을 다시는 안 나가기로 했어요. 엄마! 소원이예요. 엄마 곁에서 살게 해주세요. 뭍으로 가면 저는 불행해요. 문둥병으로 엄마처럼 몸이 썩어져도 저는 좋아요. 다른 애들의 엄마는 데려 가던 걸요. 저도 유독지대 안으로 들어 가게 해주세요."[14]

창민은 문둥이 아들로서 살아가야만 하는 설움을 표출한다. 그는 문둥병에 걸려 생계를 유지할 수 없어서 자살을 선택한 아버지의 고통을 보면서 자신도 그 고통을 다른 사람들이 느낄 수 있도록 문둥병을 퍼뜨리겠다고 말한다.

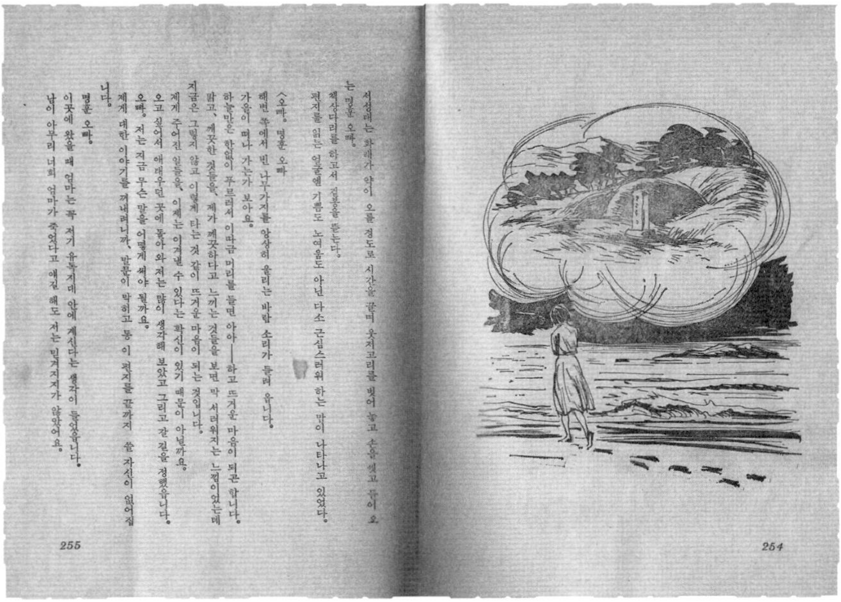
서성대는 화래가 약이 오를 정도로 시간을 끌며 웃저고리를 벗어 놓고 손을 씻고 두이 오는 명훈 오빠。
책상다리를 하고서 겉봉을 뜯는다。
편지를 읽는 얼굴엔 기쁨도 노여움도 아닌 다소 근심스러워 하는 빛이 나타나고 있었다。
〈오빠。 명훈 오빠
해변 쪽에서 빈 나무가지를 앙상히 울리는 바람 소리가 들려 옵니다。
가을이 떠나 가는가 보아요。
하늘만은 한없이 푸르러서 이따금 머리를 들면 아아——하고 뜨거운 마음이 되곤 합니다。
맑고、깨끗한 것들을、제가 깨끗하다고 느끼는 것들을 보면 막 서러워지는 느낌이었는데 지금은 그렇지 않고 이렇게 타는 것 같이 뜨거운 마음이 되는 것입니다。
제게 주어진 일들을、이제는 이겨낼 수 있다는 확신이 있기 때문이 아닐까요。
오고 싶어서 애태우던 곳에 돌아와 저는 많이 생각해 보았고 그리고 갈 길을 정했읍니다。
오빠。 저는 지금 무슨 말을 어떻게 써야 될까요。
제게 대한 이야기를 꺼내려니까、말문이 막히고 통 이 편지를 끝까지 쓸 자신이 없어집니다。
명훈 오빠。
이곳에 왔을 때 엄마는 꼭 저기 유독지대 안에 계신다는 생각이 들었읍니다。
남이 아무리 너희 엄마가 죽었다고 얘길 해도 저는 믿겨지지가 않았어요。
255
254

김지연, 『사슴의 마을』(1978) 삽화

13 김지연, 『사슴의 마을』, 청자각, 1978, 34쪽.
14 김지연, 『사슴의 마을』, 앞의 책, 56쪽.

형희는 "유독지대와 무독지대의 경계선 쪽을 향해" 걸어가면서 "왜 여기 슬픈 섬이 내 고향이고 왜 이렇게 엄마와 격리되어 살아야 하는가."라고 질문한다. 형희의 마음에는 유독지대에 있는 어머니 곁에서 살아갈 수 없다는 그리움과 슬픔의 감정이 자리해 있다. 서울로 올라간 후에도 형희는 어머니가 살고 있는 섬, 소록도를 그리워한다. 소록도라는 섬은 형희에게 보낸 명훈의 편지에서 이렇게 묘사되어 있다.

> 「하얀 새/깃을 치는/사슴의 마을//여윈 목줄기/외로워/모래톱을 달리는/소녀야//눈부시게/싱그러운/네 혈맥의/피 튓기는/소망을,/해풍이 밀려가는 강 건너로/발돋움 하라」//
>
> "오빠! 이 글은 한장의 엽서가 아니라 시詩?"
>
> "나는 시 같은 건 모른다. 내키는 대로 쓴 거니까……. 화래, 너는 소록에 가보지 않아서 상상이 안 될거다만 소록은 정말 사슴의 마을이다. 선한 사람들, 신의 축복을 갈구하는 사람들이 서로 의지하여 착하게 살아가는 마을이야. 형희를 데릴러 지난 번 그곳에 갔을 때 피곤하게 살아가는 사람이면 누구나 안식할 수 있는 땅이라고 느꼈었다. 형희의 상처가 아물면 우리 소록에 가 보자."[15]

이 소설에서는 나환자들이 살고 있는 소록도는 "선한 사람들, 신의 축복을 갈구하는 사람들이 서로 의지하여 착하게 살아가는 마을"로 묘사된다. 서정적인 그리움의 장소인 소록도는 1970년대 근대화된 도시의 풍경과 대조된다. 아름다운 섬으로 형상화된 소록도의 사람들은 도시에서 물질적인 혜택을 누리면서 '가면'을 쓰고 지내는 사람들과 대조적인 모습으로 묘사된다.

15 김지연, 『사슴의 마을』, 앞의 책, 258쪽.

4. "사자들이 말하는 섬"

이청준 장편 『당신들의 천국』(1976)의 초판 해설을 쓴 비평가 김현은 이 소설이 "환자들의 자생적 운명에 근거한 힘의 행사, 자유와 사랑에 기초한 힘의 행사에 의한 천국"[16]의 가능성을 탐색하고 있다는 점에 관심을 기울였다. 이후 연구에서도 주로 주요 인물인 조백헌 원장, 이상욱 보건과장, 황희백 장로 등을 중심으로 자유, 해방, 사랑, 낙원, 공동체 등을 주요한 논제로 삼아 왔다.

그런데 『당신들의 천국』을 소록도라는 섬과 인물들이 관계를 맺는 방식을 중심으로 읽어보면, 섬을 들고나는 인물들의 행로는 특별하게 다가온다. 섬으로 가려 하거나 섬에서 나오려고 하는 사람들이 지닌 내면적인 동기와 이유는 같지 않다. 그 차이는 각각의 인물들이 지닌 서로 다른 "내력[來歷]"에서 연유한다. 그들은 왜 섬으로 가려고 하는 것인가? 무엇이 그들을 섬으로 갈 수밖에 없게 한 것일까? 여기에 섬으로 가려고 하는 세 사람의 숨은 이야기가 있다.[17]

첫 번째는 간호원이 된 소녀와 그 소녀를 그린 화가에 관한 이야기다. 소녀는 어머니가 병을 얻어 섬으로 들어가자 간호원이 되어 어머니가 있는 그 섬으로 들어간다. 화가는 섬에서 만난 그 소녀를 잊지 못한다. 화가는 소녀의 얼굴을 그리기 시작한다.

그런데 화가가 그린 소녀의 얼굴에서는 입이 아닌 '눈'이 섬을 말한다. 소녀의 눈은 슬프지만 아름다운 섬을 이야기한다. 섬의 풍경과 이야기는 어머니가 있는 섬으로 따라 들어온 소녀–간호원, 섬에서 소녀를 만나고

16 김현, 「자유와 사랑의 실천적 화해」(초판 해설), 『당신들의 천국』, 앞의 책, 430~446쪽.

17 소설 속의 인물들과 소록도의 관계를 살핀 다음의 논문을 참조. 한순미, 「분홍빛 목소리—한센인의 기록에서 혼종성이 제기하는 질문들」, 『한국민족문화』 62, 부산대학교 한국민족문화연구소, 2017.

육지로 나간 화가, 화가의 그림 속에 담긴 소녀의 눈을 통해 다른 각도에서 그려진다.

다음으로 건강인 지대의 병원 직원 중에서 최초로 한센병이 발병한 인물 윤해원에 관한 이야기이다. 그는 건강한 몸으로 섬에 들어온 후 병을 앓게 되었는데 병이 나은 후에도 보육소 선생님을 맡으면서 섬을 떠나려 하지 않는다. 음성 병력자 윤해원은 한센병에 걸리는 것을 두려워하는 것이 아니라 오히려 그 증세를 알리는 "분홍색" "꽃소식"을 기다린다.

누구나 한센병을 알리는 절망의 분홍색을 저주했지만 윤해원만은 그 분홍색에 집착증을 보였다. 윤해원은 간호원 서미연이 아끼는 보육소 미감아가 음성으로 판명되자 실망스러운 표정을 짓기도 한다. 윤해원이 스스로 한센인이 되려 하고 그 섬에서 지내길 원했던 이유는 병사 지대 안에 누이가 살고 있었기 때문이었다.

마지막은 소년-이상욱의 사연이다. 이야기의 일부를 요약해 옮겨본다.

> 소년은 그 이불자락까지 뒤집어쓰고서도 마음이 놓일 때가 없었다. 어디선가 벌써 자기를 까맣게 노려보고 있는 눈동자 같은 것을 느끼고 있을 때가 많았다. (…) 가끔가다 밤이 까맣게 깊어지고 나면 남 몰래 소년의 어미를 찾아오는 사내가 있었다. (…) 사내는 등에 들쳐업고 캄캄한 빗줄기 속을 쏜살같이 달리다가 어느 바닷가 숲 덤불 근처까지 와서 소년을 내려놓았다. (…) 그리고 삼 일 째가 되던 날 드디어 고깃배의 노랫소리를 찾아냈다. (…) 하지만 이상하게도 소년은 이날 밤 다시 집으로 돌아오고 말았다. (…) 사내는 결국 소년을 용서하지 않았다. 이튿날 밤 사내는 다시 소년을 바닷가 숲 속으로 데려갔다. 소년은 또 바닷가 숲 속에서 밤새도록 비를 맞으며 고깃배의 노랫소리를 기다렸다. 그리고 마침내는 그 어둠 속을 지나가는 새벽녘 고깃배의 노랫소리를 불러들여 정말로 영영 섬을 떠나가고 말았다.[18]

인용한 문단은 섬에서 쫓겨 나와 섬으로 다시 들어온 소년에 관한 이야기다. 어린 시절 소년은 병에 걸려 방안에 갇혀 지냈다. [격리] 그러던 어느 날, 어머니를 찾아오던 한 사내의 등에 업혀 소년은 섬 바깥으로 강제로 보내졌으나 다시 섬으로 돌아온다. 그러나 사내는 돌아온 소년을 용서하지 않았다. 사내가 소년을 고깃배에 또 다시 실려 보낸 후 소년은 영영 섬을 떠나게 된다. 소년은 어머니가 있는 섬에서 살고 싶었지만 한센병에 걸린 후로 강제적으로 섬에서 쫓겨난 것이다. [추방]

훗날 이상욱은 소년의 이야기를 소설을 쓰는 한센인 청년 한민에게 들려준다. 그런데 한민이 쓴 소설 「귀향」에서는 소년이 나중에 섬으로 귀향한 것으로 되어 있었다. 한민은 이상욱이 들려준 소년의 이야기를 이상욱의 이야기로 이어서 씀으로써 추방당한 소년의 귀향이 이상욱에 의해 실현되는 것으로 변형한 것이다.

섬에서 강제적으로 쫓겨난 소년-이상욱이 섬으로 귀향/귀환하는 여정은 섬의 안과 밖, 그 어디에서도 살아갈 수 없었던 한센인들의 낙인찍힌 운명을 드러낸다. [낙인] 소년-이상욱에겐 오직 섬 바깥의 시선만을 지닌 조백원 원장이 섬을 한센인들을 위한 진정한 낙원으로 만들겠다는 의지가 의심스럽게 보일 수밖에 없다.

소년의 이야기는 격리-추방-낙인의 구조/떠남-되돌아옴의 서사가 중첩되어 있다. 이 섬을 향한 기나긴 행렬은 무엇을 의미하는가? 전염의 공포를 주었던 섬은 어떻게 해서 강렬한 귀향의 장소가 된 것일까? 그 섬은 대체 무엇인가?

그들이 섬으로 가려 하는 궁극적인 이유는 그 섬에 어머니와 누이가 살고 있기 때문이라고 했다. 소녀가 간호사가 되고 윤해원이 스스로 한센병을 앓길 원했던 것은 그것만이 섬에 있는 어머니와 누이의 곁에서 살 수 있는 유일한 방법이었던 것이다. 어린 시절 섬에서 격리된 채 살

18 이청준, 『당신들의 천국』, 앞의 책, 106~109쪽.

다가 어머니 곁을 강제로 떠나게 된 소년–이상욱에게 귀향은 그리운 어머니이자 자신을 추방시킨 고향, 즉 그 섬으로 가는 것이었다.

작가 이청준은 낙인과 저주의 섬을 어머니와 누이가 살고있는 그리운 고향으로 바꾸어 읽는다. 섬 바깥으로 나가려는 탈출의 열망은 섬 안으로 들어가려는 귀향의 여정으로 전환된다. 섬은 이제 바깥에서 안으로 침투되는 전염의 공포를 상기하는 장소가 아니라 그 섬을 기꺼이 사랑함으로써 섬으로 가려 하고 섬 그 자체가 되려는 욕망의 대상이 된다.

소설 『당신들의 천국』에서 보이는 탈향/귀향의 서사는 작가의 상상력으로 만들어낸 허구적인 산물이 아니다. 한센인들의 숨은 “내력”을 변형시킨 다양한 이야기들은 그동안 들을 수 없었고 들리지 않았던 한센인들의 역사 기억을 들려준다. 이 변형된 기억 서사는 공식적인 역사 기록에 기록되지 못한, 그러나 아직 소멸되지 않은 낙인의 기억과 흔적이 어떻게 전승되어 왔는지를 보여준다.

5. 실존적 고뇌와 대중적 공감

김홍신의 장편 『해방영장』(1980)은 주인공 박승택이 목사가 되려는 꿈을 안고 신학교에 다니던 중 나병에 걸리게 된다는 비극적인 사연으로 시작된다. 나병 진단을 받은 신학생 ‘나’는 절망과 증오의 감정을 느끼며 살아간다. 신학도로서의 실존적 고뇌와 사회 현실에 대한 저항이 중심 줄기를 이룬다.

소설 속의 ‘나’는 이렇게 묻는다. “성실한 신학생에게 천형天刑의 고통을 안겨준 하나님은 과연 자비로운 창조주일까?” ‘나’는 한성구라회의 사무국장직을 맡고 있는 김수석 목사를 찾아간다. 김 목사는 나환자를 바라보는 사회의 잘못된 인식을 비판하면서 나병은 "나병은 공해나 질병처럼 사회적 질병입니다"라고 말한다. 나병 치료에 대한 확신 여부를 묻자 의학대학 정길준 박사를 소개해준다.

> 현직 목사가 불우한 나환자들의 정착지를 팔아먹은 일, 그러면서 그가 시바이처의 후계자인 양 행세하는 따위. 관계처 직원이 볼철만 되면 부랑하는 나환자들을 꼬여서 동냥을 하게 하고 그 단속핑계로 예산을 타내는 일. 사회사업가가 나환자들을 팔아 착복해 먹는 일. 힘없고 주눅들어 있는 치유자들의 등을 후려 배채우는 무리들의 행위. 나환자를 실험동물처럼 이용하여 명성 얻기에 급급하기만 한 학자들.[19]

작가는 목사와 의사의 발언을 언급하면서 한신인 정착촌, 한센병 관리의 실태 등에 관한 비판적 관점을 제시한다. 마우도馬牛島로 강제 수용된 나환자들의 비극적인 상황, 정착촌의 비리 등을 예리하게 포착한다. 정착촌 음성나환자 박인규는 분노에 찬 목소리로 종교, 의료, 사회사업, 연구 등 전반에서 행해진 부정부패들을 고발한다.

하지만 이 소설은 "나환자의 실태와 요양의 현상" "단순한 르포문학(보고문학)에 머무르지 않고 인간의 실존에까지 파고드는 본격문학으로서의 면모를"[20] 보여준다. 신학적인 질문과 인간 존재에 대한 질문이 만나는 곳에서 깊은 고뇌가 전해진다. 아울러 서술자 '나'의 회상 장면을 통해서 나병과 나환자를 어떻게 인식해 왔는지를 볼 수 있다.

> "왜 간지럼을 먹여서 죽여?"
> 내가 이렇게 할머니에게 물었다.

19 金洪信, 「해방영장」, 『해방영장 외』(현대의 한국문학 5), 汎韓出版社, 1985, 80쪽

20 申東漢, 「人間疎外의 비극」(작가·작품해설), 『해방영장 외』, 앞으 책, 447~454쪽.

"웃으면서 죽은 애 간이 약이 된대여."

할머니는 진지한 표정으로 이렇게 대답했다.

"그럼 애들 간 먹으면 문둥이가 나아버린단 말야?"

"그렇대두. 그러니까 아예 나가 놀 생각하면 안되여. 그래야 착한 사람 되지."

"애문둥이 있잖아?"

"즈이들 자식을 왜 잡아먹어. 남의 자식을 잡아먹으니까 탈이지."

"제 자식 잡아먹으면 병이 안 나아?"

"낫겄지만 그눔들도 사람인데 즈이네 새낄 잡아먹을까? 남의 자식 잡아가니까 벌받아서 더 도지는 거지."

할머니 말은 앞뒤가 맞지는 않았지만 문둥이들이 어린애를 잡아먹는 것만은 확실하다 싶었다.[21]

위의 장면에서는 '문둥이가 어린애를 잡아 먹으면 병이 낫는다는 속설이 민간에서 전승되는 동안 다양한 이야기들을 거느려 왔으며, 각설이 타령과 나환자들이 사용하는 은어들과 함께 서술되어 당시 민간에 유포된 나병에 관한 인식을 헤아려볼 수 있다. 또한 이 소설에서는 한하운의 시, '형극荊棘의 뒤안길' 등 다양한 나병 문학 자료, 나병 인식에 관한 설문조사, 의사의 진단과 치료 등 의학적인 지식을 인용하는 한편 주기도문, 마태복음 등과 같은 신학적인 단상들을 엮어 나환자로서의 실존과 종교적 고뇌를 풍부하게 배치하고 있다.

소설의 후반부에서는 나환자의 권익을 위해 투쟁하는 털보영감과의 대화, 나환자들이 살고 있는 마우도로 들어가서 환자들의 해방을 꿈꾸는 '나'의 상상이 교차 서술된다. "나는 절대자에게서 해방되고 싶다."는 마지막 문장은 관념적인 신학에서 벗어나 부당한 현실에 저항하면서 집단 해방을 선택한 것으로 이해된다.

---

21 金弘信, 「해방영장」, 『해방영장 외』, 앞의 책, 28~29쪽.

김홍신의 장편 『해방영장』이 기독교적인 관점에서 나병을 실존적 문제로 접근하고 있다면 남지심의 장편 『솔바람 물결소리』(1980)는 불교적인 시각에서 나환자의 가족 문제를 다룬다. 소설 『솔바람 물결소리』는 액자 형식으로 구성되어 있는데 바깥 이야기는 혜강스님이 자운이의 대학 졸업식에 찾아오는 장면으로 시작된다. 안 이야기는 자운이의 엄마('나')에게 다솔스님이 혜강이의 보호자가 된 사연을 들려주는 것으로 시작한다.

13년 전, 다솔스님에게 한 나병 환자가 찾아와 맡기고 간 아이가 바로 혜강이었다. 다솔스님은 부모에게 버림받은 혜강이를 만난 것을 인연이라고 말했다.

> 이것은 무엇일까? 내 가슴속에 와 닿는 이 신선한 솔바람 소리는 무엇일까?
>
> 다솔스님을 처음 만난 순간 느꼈던 그 경이로운 감정은 다시한번 내 온몸을 휩쓸고 지나갔다.
>
> 내가 눈을 뜨고 혜강이를 쳐다보자, 혜강이는 조금 상기된 얼굴로 나를 보고 있었다. 그순간 혜강이한테 남아있던 께름칙한 생각은 사라졌다. 그리고 그에 대한 연민과 애정이 내 가슴속에 서서히 차오르기 시작했다.[22]
>
> 인간의 영혼을 승화시켜 주는 것은 분명히 고통이다. 고통의 늪을 건너지 않으면 인간은 절대로 승화될 수 없는 것이다. 혜강이와 덕이 가슴에 맑은 샘물이 고일 수 있는 것은 그들이 남보다 고통스럽게 자라왔기 때문이다. 신神은 어쩌면 선택한 사람에게 고통을 주는 것인지도 모른다.[23]

22 南智尋, 『솔바람 물결소리』, 동아출판사, 1980, 62~63쪽. 제13회 여성동아복간기념공모 여류장편소설 당선작.

'나'는 다솔스님에게서 혜강이에 대한 이야기를 전해 듣고 난 후에 마음 속에서 생긴 갈등과 혼란이 쉽게 사라지지 않는다. 그것은 "나병환자의 아들이라는 께림칙한 생각과 그 생각을 떨쳐 버려야 한다는 이성적인 분별" 사이에서 생겨난 번뇌였다. 비로소 '나'는 나환자의 아이를 부모를 대신해 키운 다솔스님에게 "경이로운 감정"을 느낀다. 그 감정은 점차 "연민과 애정"으로 자리하게 된다.

이 소설에서는 나환자들이 살아가고 있는 실제 현장을 직접적으로 보여주는 것이 아니라 간접적인 방식으로 드러낸다. 음성나환자촌 가까이에 다녀온 덕이가 말했다.

> "선생님 이 다리를 건너가면 안된다는 데요."
>
> "왜, 다리가 상해서"
>
> "아니요. 다리가 상한게 아니고 저 건너 언덕밑에는 음성나환자들이 살고 있다는 군요."
>
> "네. 한 열댓집 되는데 낮에는 건너 마을에 있는 돈사에 나가서 일하고 거의 빈집이랍니다."
>
> "그래 여기에서는 집들이 보이지 않는데"
>
> "집들이래야 거의 움집에 가까운 것일테니까 먼 곳에서는 보이지 않겠죠."[24]

> "그럼 지금 사시는 분들은 다시 만난 가족들이군요."
>
> "그런셈이지요. 요양소에서 병을 고친 환자들은 대개 고향으로 돌아가지 않고 떠돌아 다닙니다. 가 봐야 문둥이라고 손가락질 할 텐데 뭣하러 갑니까."
>
> "그래도 가족들은 기다리고 있을 텐데요."

---

23 南智尋, 『솔바람 물결소리』, 앞의 책, 191쪽.

24 南智尋, 『솔바람 물결소리』, 앞의 책, 144쪽.

하고 내가 말하자

"가족들도 우리가 돌아오는 것을 좋아하지 않아요. 우리가 가면 동네 사람들한테 따돌림을 받으니까요."

"네"

나는 그들의 애환을 비로소 알았다. 생명을 지닌 그 자체가 바로 죄가 되는 그들. 나는 그의 얼굴을 쳐다보며 말할 수 없는 연민을 느꼈다.[25]

작가는 소설 속의 인물과 배경은 불교적 색채가 짙게 설정되어 있지만, 나환자들의 운명과 그들과의 만남을 불교에서 말하는 업보나 인연으로만 설명하지 않는다. 나병과 나환자의 문제를 종교적인 고뇌의 대상으로 접근하기보다는 감성적인 면에 호소한다. 나병에 걸린 부모를 둔 혜

『선생님은 죽은 후에 혼이 있다고 믿습니까?』
『믿지요』
『그런데 지금 아무것도 없다고 하셨잖습니까?』
『이 농속에 있는 혼이라면 몇백년은 되었을 텐데 아직까지 무덤속에 남아 있으면 어떻게 하게요』
『선생님 말씀을 들으니 생각나는군요. 신곡을 읽어보니 죽은 후에 천당이나 지옥에 가지 못하고 허공에 떠 있는 혼이 가장 나쁜 것이라고 했더군요』
『그렇다고 하데요. 그런 혼을 중성이라고 부른다지요』
『그말은 사실 일리가 있읍니다. 선하지 않을뿐 아니라 악하지도 않은 사람은 대개 지독한 이기주의자들이지요. 이런 사람들은 발아(發芽)할 수 없는 씨앗과 같아서 도저히 구원이 불가능합니다. 그러니 선하지

78

못할 바에는 악한 편이 오히려 낫지요. 그렇지 않습니까?』
하고는 기분좋게 웃었다. 나도 따라 웃으며 일어났다.
『선생님 나하고 한바퀴 도시죠. 무슨 사고가 일어날까봐 불안하군요』
『그렇게 하죠. 저 숲으로 해서 능뒤로 돌아볼까요?』
『네』
우리는 천천히 능뒤로 올라갔다.
『요즈음은 그림을 그린다는 것에도 회의가 느껴집니다』
『왜요?』
『도대체 그림이라는 것이 무슨 의미가 있읍니까? 결국은 아무 의미도 표현하지 못하는 것이 그림입니다』
『그렇게 생각한다면 어디 그림만이겠어요. 지상의 모든 것이 다 그렇지요』
『그렇지요. 인간의 의식으로 추구할 수 있

79

남지심, 『솔바람 물결소리』(1980) 삽화

25 南智尋, 『솔바람 물결소리』, 앞의 책, 205~206쪽.

강이뿐만 아니라 음성정착촌에서 움막과 같은 곳에서 생활하는 환자들, 가족들에게 버림받고 떠돌아다니는 나환자들을 향한 "연민"의 감정이 배어 있다. 슬픔과 연민을 일으키는 이야기들과 잘 어울리는 소설의 삽화가 곳곳에 들어 있어서 대중적인 공감을 불러낸다. 나환자와 그 가족들에 대한 감성적인 호소가 종교적인 고뇌보다 더 크게 들린다.

6. 저항과 유랑의 기억

윤정모의 장편 『섬』(1983)과 장편 『그리고 함성소리가 들렸다』(1986)은 한센인들의 고통과 저항의 역사를 부각시켜 다룬 작품들이다. 특히 윤정모의 소설은 일제강점기 소록도갱생원의 기록과 자료들을 참조하여 한센인들이 겪은 수난과 저항의 역사에 대해 사회의 관심을 일으켰다는 점에서 의미가 크다.

소설 『섬』은 나환자와 나환자가 아닌 사람들 사이의 진정한 공동체가 성립될 수 있겠는가라는 질문을 던진다. 아울러 나환자들의 집단적 유랑생활에서 운명을 함께 나눈 대안공동체의 가능성을 탐색한다.

> "노력해 보세. 병들어 손이 꼬부라졌다고 아주 나쁜 것만은 아닐세. 이참에 자기 자신에서 벗어나는 거야. 어차피 개인의 능력으로 사회와 맞서긴 틀려버린 몸 아닌가. 그렇다면 새로운 상표를 만들어 보는 것도 좋잖나. 집단이라는…… 그래, 우리의 삶은 개인이 아니라 집단으로서만 가능한 거야."[26]

[26] 윤정모, 『섬』, 한마당, 1983, 38쪽.

소설의 중심 인물인 영록, 휘범, 준엽은 유랑집단으로 합류하게 된 후 집단공동체를 만들어간다. 이들에게 한센병은 집단적 연대감을 결속시키고 공동체를 가능케 하는 근본적인 힘과 다름없다. 한센인들이 추구하는 공동체의 형상은 "우리의 삶은 개인이 아니라 집단으로서만 가능"하다는 것, 또 "자네의 삶은 곧 내 삶이야."라는 영록의 말에서 드러난다. 한센인들 스스로가 그들만의 구체적 경험과 감정적 유대감을 바탕으로 그들만의 공동체를 만들어가야 한다고 역설한다.

나환자들의 기나긴 투쟁을 그린 이 소설의 결말은 소록도 원장을 살해한 '춘성'의 법정 진술로 마무리된다. 이후 휘범은 법정을 모독하고 난동을 부리며 불온한 말을 발설한 죄로 형무소에서 복역을 하게 되었고 춘성은 정신병자로 몰려 형장의 이슬로 사라졌다.

소설 속의 현재 시간, "8월 15일"에 수용소 사람들은 정체불명의 '소리'를 듣는다. 그 소리를 듣고서 "어떤 사람은 연합군이 육지에다 폭격하는 소리라고 했고, 또 어떤 사람은 섬의 구렁이가 우는 소리라고 했다. 휘범이가 해방된 사실을 안 것은 오후 세시였다."[27] 휘범에게 그 소리는 "함성"으로 들렸다. 그 순간에 사또를 살해하던 기억을 다시 떠올린다.

> 중앙리로 달려갔을 땐 하얗게 몰려나온 원생들이 수호의 동상을 향해 돌을 던지고 있었지. 동상은 이미 무너지고 남은 축대 위에는 피투성이가 된 사또의 시체가 걸쳐져 있었어. 한데 우린 정말 사또를 죽였나? 어쩌면 껍질 그래, 껍질만을 처단했던건 아닐까?[28]

이 소설은 저 위의 질문에 대해 분명한 대답을 제시하지 않는다. 소록도 수용소에도 해방의 물결이 전해졌으나 소록도 나환자들의 수난은 아

27 윤정모, 『섬』, 앞의 책, 201쪽.

28 윤정모, 『섬』, 앞의 책, 202쪽.

직 끝나지 않은 것이다. 저항의 역사는 여전히 어디에선가 울리는 '함성'으로 남아 있는 것이며 그 함성은 충분하게 드러나지 않는 역사적 진실이 거주하고 있는 곳을 환기시킨다.

작가 윤정모는 소설 『섬』에 대해 "문학작품이라기보다 기록작품에 가까울 지도 모르겠다."라고 하면서 한센병의 역사를 허구가 아니라 '사실'대로 '기록'하기 위한 의지로 쓴 것이라고 말한 바 있다. 작가는 "처음부터 소록도의 그 역사성에서 전혀 자유스러울 수가 없었다."[29]고 덧붙인다.

작가의 발언에서 소록도의 역사를 문학적으로 형상화하는 작업이 얼마나 어려운 일이었는지를 다시 확인할 수 있다. 소설가 이호철은 이 소설을 "작가 자신이 한 때 그곳의 교사노릇을 했던 경험을 살려, 풍부한 자료를 남김없이 섭렵, 구사하여 생생한 리얼리티를 획득하고 있"으며

29 윤정모, 「책 머리에」, 『섬』, 앞의 책, 9쪽.

"생활과 문학이 일체화된 그 본보기를 보여주고 있"[30]는 작품이라고 평가했다.

정소성의 중편 「돌아오지 않는 섬」(1987)은 해방 후 소록도에서 "서해의 조그만 섬" 무인도로 건너간 나환자들에 관한 이야기를 다룬 작품이다. 해방 이후 수용소에서는 "최소한 2,3만 명은 족히 됨직한 그들 나환자들"이 거리로 나왔다. 나환자들의 삶, "어쩔 수 없는 그들의 운명"은 해방 이전과 이후를 비교해볼 때 크게 변화된 점이 없었다.

> 해방의 물결 속에 휩쓸려 들었던 격리소의 환자들은 그 해방된 기분도 잠시뿐 치료를 받지 못한 상처가 더욱 악화되기 시작하자, 다시금 의료 기관과 격리소를 찾기 시작했다. (…)
>
> 뗏목을 얽어 만들어 그들의 일부분은 격리소로 흘러들었다. 8.15해방은 고름과 진물과 습기와 신음만의 이들에게도 어떤 구원과 자유에의 감각을 막연하나마 던져 주었다. 그러나 그들은 그것이 자기들하고 아무런 관계도 가지고 있지 않다는 사실을 깨닫게 되었다. 해방 후 무질서한 거리에 출몰하던 저 유명한 나병환자들의 무리는 이런 역사성을 띠고 있었다.[31]

해방의 물결은 소록도 수용소의 과거와 현재를 다시 드러내는 계기가 되었다. 해방 이후 "어떤 구원과 자유에의 감각"을 표출하는 시기가 되었으나 나환자들의 현실은 달라지지 않았기 때문이다. 나환자들은 도시의 거리를 배회하면서 "무질서"와 "혼란"을 초래하는 "문제적" 요소로 인식되었다. 무질서한 상황에서 나환자의 격리 문제는 또다시 화두로 떠올랐다. 작가는 이것을 나환자의 "역사성"이라고 표현했다.

---

30 이호철(소설가), 「윤정모의 인간과 문학」(작품 해설), 『섬』, 앞의 책, 209쪽.

31 정소성, 「돌아오지 않는 섬」, 『아테네 가는 배』, 고려원, 1987/1994, 125~126쪽.

"어디서 오는 분들이오?"

삼봉 씨의 목소리는 다소간 정을 담고 있는 듯했다.

"우리가 거처가 어디 있소? 떠돌이 신세지……."

다리 저는 편이 대꾸했다.

"내 말은 그런 뜻이 아니라, 저기 소록도에서 오시는 분들이오?"

"소록도? 우린 그런 팔자가 못 되오다. 거긴 그래도 돈푼이나 있어야 가는 데 아니오. 남양으로 떠돌다가 이 꼴이 됐소. 거긴 우리 같은 사람들이 워낙 많이 득실거리니까."[32]

작가는 이 소설에서 여러 인물들의 목소리를 빌려 국내의 나환자들 외에도 남양 등지를 떠돌아다니다 해방 이후 무인도로 건너온 환자들의 역사를 드러낸다. 무인도라는 섬에서 소록도의 기억과 남양 등지에서 건너온 나환자들의 기억이 중첩되는 장면이 흥미롭다.

류영국의 장편 『유령의 자서전』(2003)은 한센인의 개인적 삶과 역사적 진실이 어긋나지 않도록 한센인의 삶과 역사를 서사화할 수 있는지를 질문한다. 소설은 역사에 기록되지 않은 기억, 말하지 못한 아픔을 허구적인 이야기를 통해 증언한다.

한센인들은 "유령"과 같은 시간을 살아야 했다. 한센인에 대한 차별과 낙인은 설화, 소문, 이야기에 실려 전승되어 왔다. 아들이 문둥병에 걸렸다는 사실을 숨기기 위해서 부모는 아들을 만주에서 독립운동을 하는 사람으로 위장한다.

1936년, 사람의 나이 스물여섯 살 때였다. 나는 그때부터 이 세상에 없는 유령으로 살아왔다. 독립군 뒤를 따라다니다가 죽은 사람이라고 소문을 냈을 테니 해방이 된 지금은 유령으로 떠도는 나를 고향 사람들은

---

32 정소성, 「돌아오지 않는 섬」, 『아테네 가는 배』, 앞의 책, 129쪽.

독립투사네 애국지사네 해서 후일담으로 주고받을 것이다.[33]

때로는 소설 속의 이야기가 역사가 기록하지 않은 한센인들의 이야기를 대신에 기억하고 증언했다. 『유령의 자서전』 속의 김 노인이 쓴 자서전의 내용은 그것이 사실인지 허구인지 구분할 수 없을 정도로 뒤섞여 있다. 소설가인 '나'는 이야기들의 파편을 겹쳐 보면서 김 노인의 개인적 진실과 역사적 기록 사이의 균열된 빈틈을 추적한다.

> 그러고 보면 유령처럼 산 것은 윤 노인만이 아니었다. 입양아라는 것을 숨기고 친자처럼 행세해 온 정호나 멀쩡하게 살아 있는 아버지를 독립운동 하다 순국했다고 속이고 살아 온 정산이라는 사람, 그리고 나도 경애도 또 아무개 아무개도……. 둔갑하지 않고 이 세상에 태어난 그대로 살다 가는 사람이 몇이나 되는가.
>
> (…) 허공에 떠도는 울음소리 모두를 쓸어오는 바람이다. 이렇게 많은 유령들의 울음이 어느 구석에 묻혀 있었단 말인가.[34]

여기에서 드러나는 것은 김 노인만이 아니라 '유령'처럼 살아왔던 한센인들의 슬픈 '자서전'이다. 기록 속의 한센인들의 표정은 여러 가지 빛깔로 등장한다. 그것은 한센인들을 차별하고 배제해온 역사와 현실을 비춘다. 허구서사에 내장된 수난의 경험이 세밀하게 밝혀진다면 기억과 망각의 지층이 더 선명하게 드러날 것으로 기대한다.

---

33 류영국, 『유령의 자서전』, 실천문학사, 2003, 58쪽.

34 류영국, 『유령의 자서전』, 앞의 책, 361~362쪽.

7. 소문과 이야기의 전승

한국 한센인들의 위치는 정치적, 역사적, 사회적 맥락에 따라 변동되었다. 한센병에 걸린 사람들은 마을 사람들에게 낙인찍혀 신체적 고통은 물론이고 가족과 이웃에게 소외되는 이중삼중의 고통을 겪어야 했다.

> 이때, 그들이 다시 소리를 맞추어, "누구누구는 즈그 집에다가 즈그 매형을 숨겨놨다네. 누구누구는 즈그 굴방에 빨갱이 한 놈을 숨겨놨다네"하고 외쳐댔다. 그는 분이 났다.[35]

> 문둥이 떼가 나타났다는 소문이 얼핏 스치기만 해도 집집마다 대문 방문을 꼭꼭 닫아 걸고 숨어버리던 마을 사람들의 모습이 떠올랐다. 만에 하나, 딸아이가 그 몹쓸 병에 걸렸다는 사실이 알려지는 날에는 아낙의 식구들은 고향땅에 발을 붙이고 살 수가 없을 거였다. 그들 부부는 물론이려니와 어린 아들까지도 문둥이 취급을 당할 건 뻔한 일이었다.[36]

한승원의 「꽃과 어둠」(1979)에서 인용한 단락은 인민군이 물러가고 경찰이 들어선 후, 재욱과 철구가 굴방에 숨어사는 식의 아버지와 매형을 "빨갱이"라고 부르는 장면이다. 이 장면은 나병에 걸린 사람들이 마을 사람들의 시선을 피해 굴방에 숨어지내거나 깊은 산속으로 숨어들어 지냈던 것을 보여주는데 그로 인해 빨갱이로 오인되어 학살된 사건을 연상시킨다.

35 한승원, 「꽃과 어둠—안개바다·3」, 『아리랑별곡』, 문이당, 1999, 7쪽.
36 임철우, 『그 섬에 가고 싶다』, 살림, 1991, 257~258쪽.

임철우의 『그 섬에 가고 싶다』(1991)에서 보듯이 가족 중에서 나병에 걸린 환자가 있다고 소문이 나면 가족 전체가 "문둥이 취급"을 당해 이웃들에게서 배척당했다. 나환자들은 마을에서 살아갈 수가 없었다. 한국전쟁을 거치면서 한센인들은 빨갱이와 같은 악마의 이미지로 표상되면서 집단학살의 대상이 되기도 했다. '문둥이와 빨갱이'라고 불린 사람들은 전염의 공포를 매개로 역사적 타자로서의 '낙인'을 공유했던 것이다.[37]

한승원의 『우리들의 돌탑』(1985)에는 해방 이후 좌우익이 대립하던 시기, 마을 사람들을 죽인 한 남자가 나병에 걸린 후에 섬에서 혼자 지내는 이야기가 등장한다. 그는 무고한 사람들을 죽인 자신의 죄를 씻고 죽은 자들의 영혼을 위로하는 뜻을 담은 돌탑을 쌓으면서 지낸다. 이 소설에서 나병은 '죄'와 '업'의 결과로 표상된다.

한센병이 '전염'된다는 인식과 한센인에 대한 부정적 '소문'들은 한센인들을 가족, 마을, 사회 전체에서 추방하는 논리를 뒷받침했다. 한승원의 장편소설 『해일』(1991)에는 '문둥이'에 관한 다양한 소문과 속설들이 등장한다.[38] 이 소설에서 가장 흥미로운 대목은 해방과 전쟁의 소용돌이 상태에 놓인 바닷가 마을에서 일어난 일들을 포착한 장면이다.

> 그로부터 두 달 뒤, 자수를 하고 돌아온 성만은 전혀 문밖 출입을 하지 않았다. 한 집에서 사는 들독이도 그의 얼굴을 볼 수 없을 정도였다. 마을에는 성만이 문둥병에 걸렸기 때문에 독한 약을 쓰느라고 문밖 출입을 하지 않는다는 소문이 나돌았다. 죽어야 할 사람이 죽지 않으니, 하

37 이에 관한 분석은 한순미, 『미적 근대의 주변부: 추방당한 자들의 귀환』, 문학들, 2014 참조.

38 다음과 같은 예를 들 수 있다. "세상에는 호랑이가 여자를 잡아먹을 때 반드시 젖통부터 먹는다는 말이 있어 왔고, 문둥이들이 자기 병을 낫게 할 욕심만으로 남의 귀한 아기를 훔쳐다가 달밤에 보리밭이나 갈대밭에 숨어 먹는다는 소리가 있어 왔다."(한승원, 『해일: 1부 비나리 갯비나리』, 범조사, 1991, 11쪽.) "내 발 친 놈은 삼대 절뚝발이만 낳을 것이구만./내 발 친 놈은 대대로 문둥이 될 것이다./내 발 친 놈은 칼벼락이나 콱 맞어라." 한승원, 『해일: 2부 그 바다, 끓며 넘치며』, 범조사, 1991, 125쪽.

늘이 벌을 내린 것이라고 숙덕거리는 사람들도 있었다.

그 소문이 사실인 것을 들독이 안 것은, 난리가 몰아간 이듬해의 초여름이었다. 두엄을 져 내다가, 변소에서 나오는 성만의 얼굴을 보았다. 성만의 얼굴은 눈썹이 모두 빠지고 없었다. 콧등이 물러 있었으며, 얼굴빛이 번들거렸다. 볼에 녹두알 같은 종기들이 몇 개 나 있었다. 손에는 흰 붕대를 감고 있었다. 성만은 도둑질을 하다가 들킨 사람처럼 부엌방으로 황급히 들어가 버렸다.

(…) 그해 겨울 들면서부터, 큰동네 사람들은 마주 앉기만 하면

"어째서 동네에다가 문둥이를 놔 두고 산단가."

"쫓아내야 돼."

"소록도로 가지, 어째서 그러고 있단가?"

하고 입을 모았다. 처음엔 몇몇 잡성바지들이 억센 최씨네들의 눈치를 보아 가면서 숙덕거리더니, 날이 갈수록 어려워하거나 싫어하는 눈치 가리지 않고 숙덕거려댔다. 끝내는 최씨네들까지도 성만을 소록도로 보내야 한다고 들고 일어났다. 다급해진 것은 청도댁과 성만의 어머니였다.

"이 겨울만 넘어가면 그렇게 하든지 어쩌든지 할라네."

청도댁과 성만의 어머니 약산댁은 마을을 돌면서, 겨울 한 철만 눈감아 달라고 사정을 하기에 이르렀다.

"이제 다 나아가요. 곧 성한 사람하고 똑같이 될 것인께 참아 준 김에 조금만 더 눈을 감아 주시요."

하고 다니기도 하였다.[39]

인용한 문단에서는 나병에 걸린 한 사람으로 인해 가족과 마을공동체가 어떻게 변화하고 대응하는지를 보여준다. 최성만이 문둥병에 걸렸다는 소문은 바닷가 마을 사람들에게 빠른 속도로 퍼져나간다. 성만이가 문둥병에 걸려 방에서 숨어 지내는 동안 가족들은 치료약과 주사를 구하

39 한승원, 『해일: 2부 그 바다, 끓며 넘치며』, 앞의 책, 69~71쪽.

러 다닌다. 동생 질만은 문둥병 치료약과 주사를 구하러 소록도를 다녀왔는가 하면, 어머니 약산댁은 장흥 일대 한약방을 돌아다니며 약을 지어오기도 했다. 아내 청도댁은 '단방약'을 가져와서 먹이기도 했다.

나환자를 둔 가족들에게 가장 무서운 것은 동네 사람들의 수군거림이었다. 마을 사람들은 성만이를 마을에서 쫓아내야 한다고 야단법석이었다. 약산댁과 청도댁은 조금만 참아달라고, 애써 못 본 척해달라고 부탁하며 다니기도 했다. 마을공동체가 나환자와 그 가족을 대하는 방식에서 나환자에 대한 낙인과 소외, 차별의 감성이 형성, 전파되는 과정을 볼 수 있다.

한센인에 대한 낙인은 다양한 방식으로 확산되었다. 한센인들이 겪은 말할 수 없는 고통은 공식적인 역사에 기록되지 않았다. 그들의 이야기는 설화, 소문, 이야기에 실려 전승되었다. 문학은 역사가 기록하지 않은 한센인들의 삶을 대신 들려준다.

자전서사와 허구서사에 묻혀 있는 한센인들의 기억은 여러 갈래다. 그곳에 실린 한센인들의 표정을 섬세하게 독해하는 것에서 망각 혹은 삭제된 흔적을 되살리는 일이 가능할 것이다. 이를 통해 한센병의 새로운 역사 쓰기를 시작할 수 있을 것이다. 앞으로 다양한 작품들을 추가, 보완해 다룰 작업으로 남겨둔다.

5부

의학 지식의 대중화

잡지《새빛》은 한센인, 의료 관계자, 종교인, 일반인들을 대상으로 다양한 유형의 글을 게재해 한센병에 대한 사회 일반의 인식을 개선하려는 계몽 운동을 전개했다. 한센인들이 남긴 투병기, 생활수기 등을 비롯해 한센병 치료와 예방 등에 관한 의료계 소식, 그리고 대중 의학 강좌, 계몽 광고, 문예 작품 등 광범위한 자료들을 수록했다.

나병 계몽 운동기, 계몽의 대상은 신체와 질병에만 국한된 것이 아니라 환자 자신의 마음과 정신자세, 자립 의지를 강조하는 방향으로 확장되었다. 질병을 치료하고 신체의 불구를 예방하는 것에서 환자의 건전한 정신과 태도로 계몽 운동의 범위를 넓혀갔다. 이제 한센병은 개인의 문제가 아니라 사회와 국가 차원에서 다룰 문제가 된 것이다. 나아가 환자와 환자가 아닌 사람들, 모두에게 건강을 스스로 관리하는 것이 주요한 관심 대상으로 떠올랐다.

《새빛》의 의학 관련 자료들은 나병 계몽 운동의 흐름과 함께 섬세한 고찰을 요구한다. 한센병 전문가들의 좌담회, 의학상담, 의학강좌, 대중 강연, 나계 소식 등이 게재되었는데 여기에서 한센병 관리 통치 정책과 대중 인식의 변모를 살펴볼 수 있다. 의학 지식 강좌로는 「알기쉬운 한센씨병강좌」 연재, '의학교실' 「발의 불구를 예방하자」 시리즈, 「나병 상식 강좌」 등을 대표적으로 들 수 있다.

나병에 관한 부정적 인식을 계몽하기 위해서는 우선 나병에 관한 '사실'을 올바르게 이해할 수 있도록 관련된 '지식'을 습득하는 일이 요구되었다. 이를 위해 다양한 계몽 광고를 게재하고 의학 강좌, 건강 상식 등을 수록하였는데 그것은 의료 관계자와 대중의 인식을 계몽하기 위한 지식 전달의 효과적인 방법으로 선택된 것이었다.

질병에 대한 지식은 '상식'의 차원에서 대중이 습득해야 할 지식(앎)의 대상이 된다. 다시 말해 한센병과 다른 질병에 대한 무지가 '계몽'의 궁극적인 대상이었다. 나병에 전염되지 않도록 예방하는 일과 질병에 걸리지 않도록 '건강관리'를 하는 것이 중요한 화제였다. 이런 분위기에 부응해 한센인들과 의료 관계자만이 아니라 각계 각층의 유명 인사들이 건강을 관리하는 비법을 소개하였다.

나병 계몽 운동이 활발해지는 동안, 대중의 인식을 변화시킬 수 있는 의학 지식에 관한 지면이 늘어났다. 그러나 나병 계몽 운동 하에서 "당신"을 호명하면서 의학 상식과 지식을 전달하는 주체는 나병 계몽 사업과 의료기관에 속해 있었다. 한센인들은 여전히 혐오와 공포의 대상이면서 동정과 연민의 감정을 일으키는 대상이었다. 이것이 나병 계몽 운동의 주요한 성과이자 한계였다고 할 수 있다.

당신은 이 사실을 아십니까?

◆ 한센씨병 환자

1. 한센씨병(나병)인 줄을 알았거나 혹은 한센씨병이라 의심스러우면 의사의 진찰을 받는 것이 가장 중요하다.

2. 한센씨병이라 진단이 내리면 가까운 진료소나 병원에 가서 의사의 지시가 있을 때까지 정기적으로 계속 치료 받아야 한다.

3. 손과 발을 불에 데거나 상처를 입지 않도록 조심해야 한다. 손과 발의 불구는 사소한 자기의 주부의로 기인된다.

4. 전염성 환자는 건강인에게 전염되지 않도록 조심해야 하며 독방을 쓴다든가 하여 격리생활을 해야 한다.

◆ 건강한 사회인

1. 한센씨병은 고칠 수 있고 또 예방할 수 있다. 의학의 발달은 우리 사회에서 한센씨병을 제거할 수 있다.

2. 한센씨병은 유전병도 아니며, 천형병도 아니다. 결핵균과 비슷한 세균에 의한 전염병이다.

3. 전염병 환자와의 접촉으로 한센씨병은 전염되며 어른보다 어린이들이 쉽게 감염된다.

4. 한센씨병 환자를 학대하고 천대함으로써 그들은 병을 숨기고 따라서 한센씨병을 만연시킨다. 그들을 친절히 대하여 자진해서 치료받도록 하는 것이건강한사회인을위해필요하다

《새빛》 1969년 5월호

1. 나병 계몽 광고

《새빛》은 의료 관계자를 비롯해 한센인과 일반인의 인식을 개선하기 위한 목적으로 다양한 계몽 광고를 수록했다. 계몽 광고는 한센병에 대한 부정적인 인식을 개선하고 올바른 지식을 전파하는 데에 주요한 매체로 활용되었다. 나병 계몽 광고들은 주관 및 후원 기관의 성격에 따라 내용과 형식에 있어서 조금씩 차이를 보였고 게재면의 위치도 달라졌다. 계몽 광고의 변화에서 계몽 운동의 방향을 읽어볼 수 있다.

「한센씨병(나병)은 낫는다—일찍 진단 받고 빨리 치료하자」, 선명회 특수피부진료소.

▮「당신은 (이 사실을) 아십니까」

1964년 9월호에 처음으로「아십니까」라는 제목의 광고가 실리기 시작했다. 이것은 1964년 12월호의 마지막 페이지에 실린 광고「당신은 이 사실을 아십니까?」와 비교해 보면 차이가 있다. 1964년 12월호부터 광고의 제목에 "이 사실을"이라는 표현이 추가되어 '당신은 이 사실을 아십니까?'로 변경되었다. 그와 동시에, 광고의 내용은 동일한데 '나환자'와 '건강한 사회인'의 위치가 달라졌다. 이 광고에서 4번 항목은 특히 눈길을 끈다.

> 4. 전염병 환자는 건강인에게 전염되지 않도록 조심해야 하며 독방을 쓴다든가 하여 격리생활을 해야 한다. (나환자)

> 4. 나환자를 학대하고 천대함으로써 그들은 병을 숨기고 따라서 병을 만연시킨다. 그들은 친절히 대하여 자진해서 치료받도록 하는 것이 건강한 사회인을 위해 필요하다. (건강한 사회인)

4번 항목에서는 나환자에게 환자 스스로가 다른 사람에게 전염되지 않도록 격리 생활을 해야 한다는 점을 강조한다. 한편 건강한 사회인이 친절하게 나환자를 대해야 하는 이유는 그들을 천대함으로써 환자가 자신의 병을 숨겨 사회 전체에 병을 만연시키는 것을 막기 위해서라고 설명한다.

이 광고는 이러한 '사실'을 반드시 알고 지켜야 한다는 것에 방점을 둔다. 그런데 '나환자'와 '건강한 사회인'에게 각각 요구되고 있는 지침 사항은 나환자를 치료하는 것보다는 궁극적으로 건강한 사회 혹은 건강한 사회인을 보호하기 위한 지침을 권유하는 방식을 취했다.

당신은 아십니까 (1964년 9월호)	
건강한 사회인	나환자
당신은 이 사실을 아십니까? (1964년 12월호)	
나환자	건강한 사회인
1. 나병인 줄을 알았거나 혹은 나병이라 의심스러우면 의사의 진찰을 받는 것이 가장 중요하다. 2. 나병이라 진단이 내리면 가까운 진료소나 병원에 가서 의사의 지시가 있을 때까지 정기적으로 계속 치료 받아야 한다. 3. 손과 발을 불에 데거나 상처를 입지 않도록 조심해야 한다. 손과 발의 불구는 사소한 자신의 부주의로 기인된다. 4. 전염병 환자는 건강인에게 전염되지 않도록 조심해야 하며 독방을 쓴다든가 하여 격리생활을 해야 한다.	1. 나병은 고칠 수 있고 또 예방할 수 있다. 의학의 발달은 우리 사회에서 나병을 제거할 수 있다. 2. 나병은 유전병도 아니며 천형병도 아니다. 결핵균과 비슷한 세균에 의한 전염병이다. 3. 전염성 환자와의 접촉으로 나병은 전염되며 어른보다 어린이들이 쉽게 감염된다. 4. 나환자를 학대하고 천대함으로써 그들은 병을 숨기고 따라서 병을 만연시킨다. 그들은 친절히 대하여 자진해서 치료받도록 하는 것이 건강한 사회인을 위해 필요하다.
당신은 이 사실을 아십니까? (1965년 1월호)	
한센씨병 환자	건강한 사회인

1965년 1월호에서는 나환자와 나병이 아니라 "한센씨병 환자"와 "한센씨병(나병)"으로 용어를 바꾸어 표기했다. 1965년 4월호부터는 「한센씨병(나병)은 낫는다 — 일찍 진단 받고 빨리 치료하자」(선명회 특수피부진료소)라는 제목의 전면 광고가 실렸다.

「나병의 위험과 안전」

1967년 3월호부터 1969년 6월호까지 게재된 광고 「나병의 위험과 안전」에서는 환자의 신체 "불구"를 예방하고 나병의 위험으로부터 안전하게 신체를 관리하길 요청하는 메시지를 담았다. 이 전면 광고는 메시지와 '삽화'를 함께 배치해 예방 수칙을 입체적으로 전달했다.

연번	「나병의 위험과 안전」 삽화 광고 메시지	《새빛》 1967년 3월호 ~1969년 6월호
1	나환자라 해서 숨어 있지 마십시오. 병원을 찾아 의사의 진단을 받읍시다.	1967년 3월호
2	가족도 진찰을 받읍시다. 당신은 외롭지 않습니다.	1967년 4월호
3	무당의 굿은 치료가 아니다. 나병의 원인은 마귀가 아니고 세균이다. 현대의학만이 나병을 쉽게 고칠 수 있다.	1967년 5월호
4	나병은 밀접한 신체적 접촉으로 전염됩니다. 그렇다고 친구들과 절교할 필요는 없으며, 간격을 두고 조심을 해야 합니다.	1967년 6월호
5	지나친 모정은 어린이에게 해가 됩니다. 완치될 때까지 아이는 할머니에게 맡깁시다.	1967년 7월호
6	멋대로 약을 먹어서는 안됩니다. 의사의 지시에 따라 구칙적으로 약을 먹어야 합니다.	1967년 9월호
7	뜨거운 것은 맨손으로 만지지 맙시다. 뜨거운 것은 언제나 손잡이로 쥡시다.	1967년 10월호
8	따뜻한 것같이 느껴져도 맨손으로 잡지 맙시다. 손잡이나 헝겊을 사용합시다.	1967년 11·12월호
9	거칠은 손잡이는 손을 거칠게 합니다. 새 손잡이는 싸지만 새 손은 살 수도 없습니다.	1968년 3월호
10	통증을 느끼지 못할지라도 상처를 입었을 때는 부목(副木)과 붕대를 사용하시오.	1968년 4·5월호
11	못을 박는다고 손가락을 치지 마십시오. 손가락을 위험에서 피하기 위해서는 다른 기구를 사용하십시오.	1968년 6월호
12	불구가 되었다고 실망하지 마십시오. 정형수술로 고칠 수 있습니다.	1968년 7월호

연번	「나병의 위험과 안전」삽화 광고 메시지	《새빛》 1967년 3월호 ~1969년 6월호
13	맨발은 다치기 쉽습니다. 신을 신어 당신의 발을 보호합시다.	1968년 9월호
14	오래 걷는 것은 무감각한 발에는 해롭습니다. 항상 더 안전한 방법으로 발을 보호합시다.	1968년 10월호
15	나병은 눈에도 영향을 준다. 눈에 이상이 있으면 의사에게 곧 진찰을 받으십시오.	1968년 11월호
16	발을 완전히 못쓰게 될 때까지 그냥 두지 마시오. 매일밤 발에 물집이 생겼나 혹은 부어오르거나 가시가 박히지 않았는지 검사를 하시오.	1968년 12월호
17	당신의 손을 구걸하는데 쓰지 말고 일해서 돈버는데 사용하시오.	1969년 6월호

이 삽화 광고는 '나병의 위험과 안전'을 위해 환자와 건강인이 어떻게 생각하고 행동해야 할 것인지를 글과 그림을 통해 상세하게 보여주고 있는 점이 인상적이다. 광고 속의 메시지들은 한센병 진단을 받고 난 후에 환자가 가족, 이웃과 어떻게 지내야 하는지, 그리고 몸의 "불구"를 예방하고 "약"을 복용하는 방법에 이르기까지 상세한 관리 지침을 안내하고 있다.

1967년 3월호에 처음으로 실린 이 삽화 광고의 핵심 내용을 다음과 같이 요약해볼 수 있다. 먼저 나환자는 숨어 지내지 말고 의사의 진단을 받고(1번), 가족과 친구 등 다른 사람들과 신체적 접촉을 피하라고 한다. 이 항목은(2번, 4번) 이전 시기와 크게 다르지 않는 관리 지침에 해당한다. 어머니가 환자인 경우 어린이를 할머니에게 맡기라는 당부는(5번) '미감아'의 문제가 아직 극복되지 않는 현실을 보여준다. 의사의 진단과 의학적인 치료를 받으라고 당부하고 있는 항목은(1번, 3번, 6번) 미신, 한방의와 현대의학의 대립 속에서 현대의학을 중심으로 치료받아야 한다는 점을 강조한다. 이는 나병 계몽 운동에서 반복해온 사항 중의 하나이다.

《새빛》 1969년 6월호 광고: "당신의 손을 구걸하는데 쓰지 말고 일해서 돈 버는데 사용하시오."

1967년 10월호 이후 삽화 광고의 내용은 대부분 환자의 '신체' 관리에 관한 구체적인 지침에 할애된다.(7번~16번) 손, 발, 눈 등을 "보호"하여 신체의 "불구"를 예방하여 나병으로부터 "안전"을 지키자는 것이 중심 내용이다. 신체의 각 부분에 대한 관리 항목은 의사의 도움에만 기대기보다는 환자 '스스로' 자신의 신체를 관리해 병의 예방, 재발, 악화를 막을 수 있다는 점을 강조한다. 의사의 진찰 및 치료보다는 환자 자신의 신체 규율과 자립적인 의지가 더욱 강화된 것이다.

1969년 6월호의 광고에서는 "당신의 손을 구걸하는데 쓰지 말고 일해서 돈버는데 사용하시오"라는 메시지가 등장하는데 이것은 신체 관리에 중점을 둔 다른 광고들과 차이가 있다. 이 마지막 광고에서는 환자들이 더 이상 유랑걸식이나 부랑생활을 전전하지 않으면서 '돈'을 버는데 노동력을 투자해 경제적으로 '자립'할 수 있어야 한다는 점을 부각한다.

위에서 읽은 것처럼 삽화 광고들은 환자 '스스로' 신체를 관리하여 나병을 '예방'하고, '건강'한 신체로 자립할 수 있도록 '노동'하는 인간으로 변모되어야 한다는 것을 주요한 덕목으로 제시하였다. 하지만 이 시기에도 부랑환자를 단속해 소록도병원으로 강제 이송해야 한다는 목소리는 끊임없이 이어졌다. 나환자들은 여전히 경제적으로 자립할 수 있는 상황이 아니었다.

▌「나병은 낫는다」: 《새빛》과 《복지》

1970년 2월호의 마지막 페이지는 보건사회부 「나병은 낫는다」라는 제목의 광고로 채웠다. 보건사회부의 광고 「나병을 낫는다」는 1970년 3월호, 4월호에서 첫 면에 실렸다가 5월호, 6월호, 7·8월호, 9월호에서는 마지막 페이지로 옮겨졌다. 1970년 10월호의 첫 면에 실렸다가 11월호와 12월호에서는 그 위치가 바뀌었다. 한국기독교구라회의 '전국교회에 드리는 말씀' 「구라주일救癩主日을 지킵시다」라는 광고가 첫 페이지를 장식하고 보건사회부 광고 「나병을 낫는다」는 마지막 페이지에 배치되었다.

《새빛》 1972년 11월호와 《복지》 1972년 11월호 (사단법인 대한나협회)에는 동일한 제목의 광고 「나병은 낫는다」가 게재되었다. 그런데 광고의 제목은 같지만 그 내용은 차이가 있다.

> **나병은 낫는다**
>
> ☆ 나병은 일찍 진단 받고 빨리 치료하면 쉽게 낫는 일종의 피부병 입니다. 나병이라고 의심되는 분은 서슴치 말고 보건소, 특수피부진료소, 나이동진료반, 나병원 등을 찾아 진찰 받으십시오.
>
> ☆ 나병의 전염은 균이 나오는 양성환자와 오랜 시일을 두고 밀접한 접촉에서 이루어집니다. 그러나 그 전염성이 아주 미약하기 때문에 격리수용할 필요가 없이 사회생활을 계속하면서 자기 집에서 치료하여도 됩니다.
>
> ☆ 나병이 치유되고 사회복귀한 정착촌의 음성자들은 건강한 사람과 다름없는 사회인입니다. 하물며 그들의 건강한 자녀를 소위 「미감아」라고 천대할 아무런 이유가 없습니다. 그 어린이들은 사회인의 귀여운 자녀와 같이 건강합니다.
>
> **보건사회부[1]**

먼저 《새빛》의 「나병은 낫는다」에는 "피부병"과 "격리수용할 필요가 없이", "나병이 치유되고 사회복귀한 정착촌의 음성자들은 건강한 사람과 다름없는 사회인"이라는 표현이 새로 추가되었다. 또한 "미감아"에 대한 차별을 언급하고 있다. 그런 한편 《복지》의 첫 면에 실린 보건사회부 광고 「나병은 낫는다」에는 "나병없는 우리마을"과 "살기좋은 새마을"이라는 문구가 광고의 윗면과 아랫면을 장식했다.

---

1 보건사회부 광고 「나병은 낫는다」, 《새빛》 1970년 2월호.

나병은 낫는다	나병없는 우리마을 나병은 낫는다
☆ 나병은 일찍 진단 받고 빨리 치료하면 쉽게 낫는 일종의 피부병입니다. 나병이라고 의심되는 분은 서슴치 말고 보건소, 특수피부진료소, 나이동진료반, 나병원 등을 찾아 진찰 받으십시오. ☆ 나병의 전염은 균이 나오는 양성환자와 오랜 시일을 두고 밀접한 접촉에서 이루어집니다. 그러나 그 전염성이 아주 미약하기 때문에 격리수용할 필요가 없이 사회생활을 계속하면서 자기 집에서 치료하여도 됩니다. ☆ 나병이 치유되고 사회복귀한 정착촌의 음성자들은 건강한 사람과 다름없는 사회인입니다. 하물며 그들의 건강한 자녀를 소위 「미감아」라고 천대할 아무런 이유가 없습니다. 그 어린이들은 사회인의 귀여운 자녀와 같이 건강합니다.	◇ 나병은 불치의 병이나 유전병이 아닌 일종의 피부병입니다. ◇ 조기발견 조기치료로 손쉽게 고칠 수 있고 예방할 수도 있습니다. ◇ 병을 숨기거나 빨리 치료를 받지 못하면 불구자가 되고 남에게 전염시키게 됩니다. ◇ 의심스러운 피부병은 나이동진료반, 보건소, 특수피부진료소, 대학병원 피부과에 찾아가 진찰을 받아 봅시다.
보건사회부[2]	**살기좋은 새마을 보건사회부**[3]

2 보건사회부 광고 「나병은 낫는다」, 《새빛》 1972년 11월호.

3 보건사회부 광고 「나병없는 우리마을 나병은 낫는다」, 《복지》 1972년 11월호, 사단법인 대한나

두 잡지에 수록된 광고에서 강조하고 있는 점을 다음과 같이 요약해볼 수 있다. 《새빛》의 광고가 "밀접한 접촉"이나 "전염성" "격리수용" "자기 집에서 치료" "치유되고 사회복귀한 정착촌의 음성자들" "미감아" 등에 초점을 두었다면 《복지》의 광고는 "조기발견 조기치료" "예방" 등을 강조하면서 음성환자들의 사회복귀, 조기발견과 조기치료로 불구 예방에 대한 경각심을 환기하였다.

초기의 광고에서 보듯이 질병의 유무에 따라 나환자/건강한 사회인으로 나누어 신체 관리와 지침 사항을 전달하던 방식에서 광고의 독자가 불특정 다수를 향하게 된 것은 나병 관리 정책의 변화에 의한 결과로 보인다. 이는 나환자의 "격리"에 초점을 둔 것에서 사회의 "복지"로 관리 정책의 방향을 확장한 것과 연관해 해석할 수 있다. 앞서 간략하게 살펴본 《새빛》과 《복지》의 광고들을 상세하게 비교하는 작업은 차후의 과제로 남겨둔다.

■「구라주일을 지킵시다」,「나병에 관하여 알아야 할 사실」

1970년 10월호에서는 첫 면에 「나병은 낫는다」가 실렸다가 같은 해 11월호와 12월호에서는 한국기독교구라회의 광고 「전국교회에 드리는 말씀: 구라주일救癩主日을 지킵시다」가 첫 면에 게재되고 보건사회부 광고를 마지막 페이지에 게재했다.

광고 「구라주일救癩主日을 지킵시다」는 "나병에 대한 그릇된 관념과 태도를 고치고 나병의 완전퇴치와 나환자의 조속한 사회복귀를 위하여 교회의 구라선교운동"의 일환으로 만들어진 것인데 "「나병환자를 깨끗하게 하라」(마10장 8절)는 예수님의 뜻을 따라" "구라선교"를 표방했다.

협회.

전국교회에 드리는 말씀
구라주일救癩主日을 지킵시다

◇ 구라선교救癩宣教는 현대교회가 크게 관심을 갖고 전개하고 있는 교회의 특수 선교봉사 활동 가운데 하나로 실시되고 있습니다. 나병에 대한 그릇된 관념과 태도를 고치고 나병의 완전퇴치와 나환자의 조속한 사회 복귀를 위하여 교회의 구라선교운동은 시급히 요청되고 있습니다.

◇ 구라주일은 각 교회가 교회의 실정에 따라 해마다 한 주일을 택하여구라사업을 위한 주일로 지킴으로 교회가 구체적으로 구라운동에 참여하기 위하여 실시되는 것입니다. 「나병환자를 깨끗하게 하라」(마10장 8절)는 예수님의 뜻을 따라 현재 여러나라에서 구라주일을 지키고 있습니다.

◇ 구라주일은 각 교회가 교회의 실정에 따라 해마다 한 주일을 택하여 구라사업을 위한 주일로 지킴으로 교회가 구체적으로 구라운동에 참여하기 위하여 실시되는 것입니다. 「나병환자를 깨끗하게 하라」(마10장 8절)는 예수님의 뜻을 따라 현재 여러나라에서 구라주일을 지키고 있습니다.

◇ 한국교회도 하나님의 사랑으로 나환자에게 봉사하는 구라선교의 성취를 위하여 전국교회가 적극적으로 구라주일을 지켜주실 것을 간곡히 호소합니다.

한국기독교구라회[4]

1972년에 들어서면서, 《새빛》에는 기존에 게재해온 광고 「당신은 이 사실을 아십니까」와 선명회 특수피부진료소의 광고 「나병에 관하여 알아야 할 사실」(1972년 1월호)를 함께 실었다. '사실'을 안다는 것은 나병에 관한 지식을 제대로 이해하는 것과 같다. 그런데 두 개의 광고에서 "사

4 한국기독교구라회, 전국교회에 드리는 말씀 「구라주일(救癩主日)을 지킵시다」, 《새빛》 1970년 10월호.

실"은 다른 외연을 지니고 있다.

광고 「당신은 이 사실을 아십니까」에서 '사실'은 나환자/건강한 사회인, 각각의 "당신"들이 알아야 하는 지식이다. 그러니까 이때의 사실은 '한센씨병 환자'와 '건강한 사회인'에게 나병을 치료하기 위한 방법과 나병에 걸리지 않도록 주의할 점들을 개별적으로 요청하고 있는 것이다. 환자와 건강인으로 구분하고 있다는 것이 다음의 광고와 다른 점이다.

나병에 관하여 알아야 할 사실

1. 나병은 죄의 값으로 하늘에서 내린 병이 아닙니다. 나병은 현대의학이 고칠 수 있는 병입니다.
2. 대부분의 경우 나병은 가족들 안에서 감염되는 수가 많지만 유전병은 아닙니다.
3. 나병은 흔히 양성환자와의 밀접한 피부접촉을 오래 계속함으로써 전염됩니다.
4. 나병은 전염성이 약하지만, 어린이들에게는 감수성이 크며, 어른이 될수록 작아집니다.
5. 나병의 대표적인 초기증상은 감각의 상실입니다. 즉 가벼운 접촉 또는 바늘 끝으로 찌르는 아픔도 모릅니다.
6. 나병의 초기증상의 하나는 피부 반점의 색소변화입니다. 즉 조그마한 피부 반점이 주위의 피부색보다 희어지거나 혹은 짙어지는 것이 보통입니다.
7. 여러분의 동네, 친구, 혹은 가정에 나병이 아닌가 의심이 되는 사람이 있으면 특수피부 진료소를 찾아 진찰과 치료를 받도록 권해주십시오.

선명회 특수피부진료소
서울특별시 중구 남대문로 5가 84의 8

선명회 특수피부진료소[5]

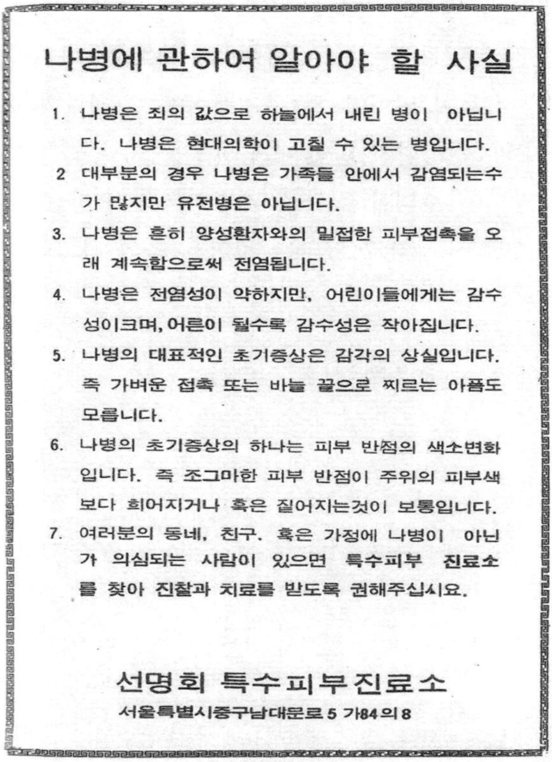

나병에 관하여 알아야 할 사실

1. 나병은 죄의 값으로 하늘에서 내린 병이 아닙니다. 나병은 현대의학이 고칠 수 있는 병입니다.
2 대부분의 경우 나병은 가족들 안에서 감염되는수가 많지만 유전병은 아닙니다.
3. 나병은 흔히 양성환자와의 밀접한 피부접촉을 오래 계속함으로써 전염됩니다.
4. 나병은 전염성이 약하지만, 어린이들에게는 감수성이크며, 어른이 될수록 감수성은 작아집니다.
5. 나병의 대표적인 초기증상은 감각의 상실입니다. 즉 가벼운 접촉 또는 바늘 끝으로 찌르는 아픔도 모릅니다.
6. 나병의 초기증상의 하나는 피부 반점의 색소변화입니다. 즉 조그마한 피부 반점이 주위의 피부색보다 희어지거나 혹은 짙어지는것이 보통입니다.
7. 여러분의 동네, 친구, 혹은 가정에 나병이 아닌가 의심되는 사람이 있으면 특수피부 진료소를 찾아 진찰과 치료를 받도록 권해주십시요.

선명회 특수피부진료소

서울특별시중구남대문로 5 가84의8

선명회 특수피부진료소의 광고 「나병에 관하여 알아야 할 사실」에서 '사실'은 환자와 건강인의 구별 없이 누구나 공통으로 알아야 할 일반적인 '상식'으로서의 '사실'이다. '상식으로서의 사실'을 제대로 알기 위해서는 나병에 관한 올바른 '지식'을 습득함으로써 가능한 일이다. 이처럼 광고의 독자가 이전과 달라진 것은 나병 및 기타 질병에 대한 의식 지식을 상식의 차원으로 대중화하는 계몽 운동의 흐름과 관련되어 보인다.

5 광고 「나병에 관하여 알아야 할 사실」, 《새빛》 1972년 1월호.

2. 의학 강좌, 생활과 건강 상식

앞서 살핀 바와 같이 나병 계몽 광고의 제목, 내용, 지면 배치 등과 관련된 미세한 변화들은 한센병에 대한 의학교실, 대중강연, 삽화 등 여러 형태로 전개된 계몽 운동에서 어떤 '지식'을 강조해 왔는지를 보여준다. '강좌'와 '교실' '상담' 등의 부제를 달린 의학 지식 코너에서는 한센병 및 다른 질병들에 대한 전문적인 지식을 상식적으로 알아야 할 사실로 의미를 부여해 전달했다. 나병 계몽 운동기에 제공된 의학 지식과 상식의 유형들은 다양했다. 몇 가지 사례들을 들어본다.

1971년 4월호 「편집 후기」에 적힌 바에 따르면, 《새빛》은 "변모하여 가는 나병의 새로운 지식을 얻는데"에 관심을 기울이면서 일본 구라 전문가의 「물과 한센씨병을 번역 수록하는 것을 비롯해 치료제, 약품에 관한 글 「새로운 나병치료제 B663」라는 글을 게재하기로 했다.[6]

1975년 6월호부터 재활 강좌 「한센씨병 환자의 신체적 재활」 시리즈를 연재했다. 의학 강좌 「한센씨 병의 진료와 실제」, 「전문의 답신專門醫 答信: 바른 치료 안내 – 전문의의 진찰을 받도록」(1976년 3·4월호), 「약의 바른 안내 「리파딘」: 약藥의 양극성」(1976년 10월호)[7] 등 한센병의 진단, 치료, 약품 복용 등에 관한 의학 강좌, 건강 상식, 광고 등을 게재했다.

1977년 8월호에서는 나병 상식 「당신은 잘못 알고 있습니다 – 나병은 낫는다! –」(1)를 게재하기 시작했다. 편집자의 주에 따르면 이 연재글은 "연세의대 학장인 유준柳駿 박사의 저서 『나병癩病』에서 발췌한 것임

---

6 "변모하여 가는 나병의 새로운 지식을 얻는데 參考가 되리라 여기며 近着外誌에 發表된 日本熊本短大教授 內田守 박사의 「물과 한센씨병」을 번역 전재하였고 요즘 癩界의 새로운 각광을 받고 있는 藥品에 대하여 「새로운 나병치료제 B663」이란 제목으로 延世醫大 金周德 교수님의 玉稿를 담았습니다." 「편집 후기」, 《새빛》 1971년 4월호.

7 柳駿, 「專門醫答信: 바른 치료 안내—전문의의 진찰을 받도록」, 《새빛》 1976년 3·4월호; 편집실, 「약의 바른 안내 「리파딘」: 약藥의 양극성」, 《새빛》 1976년 10월호 등.

을 밝혀둔다"라고 되어 있다.

> 나병이 아직도 무서운 병으로 인식하고 있음은 불행한 일이다. 이러한 두려움은 오늘날에 있어서는 몇십년 전의 한낱 진부한 이야기에 지나지 않는다. 환자는 물론 일반 사회인이 과학의 힘을 믿고 바르게 이해함으로써 이 두려움은 사라질 것이다. 나관계자들을 제외한 일반인의 이해를 위해, 그리고 최소한의 지식이 될 수 있도록 나병의 전염경로, 예방, 역사를 다시 한번 살펴보기로 한다.[8]

이 연재물은 "환자"와 "나관계자들을 제외한 일반인의 이해를 위해, 그리고 최소한의 지식이 될 수 있도록 나병의 전염경로, 예방, 역사를" 소개하는 것을 목적으로 하였다. "일반 사회인이 과학의 힘을 믿고 바르게 이해함으로써 이 두려움은 사라질 것이다."라는 문장에서 보듯이, '일반 사회인'들이 과학적이고 의학적인 지식을 습득해 나병에 대한 두려움을 극복할 수 있도록 하기 위해서였다. 나병에 대한 인식을 바꾸기 위해서는 일반인들의 나병에 대한 올바른 이해가 전제될 필요가 있다고 본 것이다.

1) 의학교실: 신체 불구 예방과 재건수술

나병 계몽 운동기 의학 강좌는 나병에 관한 의학적인 지식을 널리 알려 일반인과 환자를 "교육"하는 것을 목표로 삼았다. 환자를 대상으로 한 의학교실은 환자 스스로 2차적인 신체 불구와 절단을 예방하는 한편 성

---

8 「편집자 주」, 癩病 상식 「당신은 잘못 알고 있읍니다—나병은 낫는다!—」(1), 《새빛》 1977년 8월호, 10쪽.

형수술 치료의 가능성을 알리는 것을 주요한 과제로 설정하였다. 나환자들의 관심은 나병 치료뿐만 아니라 치료가 된 후에도 혐오와 두려움의 대상이 되지 않도록 나병의 흔적이나 불구 상태를 완전하게 치료할 수 있는 성형수술 치료 기술의 발전에 기대를 걸었다.

> 오늘의 사회가 눈썹이 없거나, 코가 주저 앉았거나, 손발을 못 쓰는 사람을 대할 때 그 사람이 완전히 치유되어 나병으로부터 해방되었다 하더라도 일괄적으로 나병환자 취급을 하는 것이 불행하게도 현실이다. 이런 불행은 무엇보다도 성형수술의 힘을 빌어 불구와 외모와 쓸모 없는 수족을 정상화시키고 쓸모 있게 해줌으로써 적어지고 사라질 것이다.[9]

> 나균癩菌으로는 먼저 신경이 손상되어 얼굴이나 손발에 오는 1차적 기형畸型과 환자의 부주의나 무지, 즉 계속적인 외상外傷과 그 외상에 따르는 감염으로 오는 2차기형으로 구분할 수 있는데 1차기형은 기능상의 장애가 있지, 외형상의 추한 모습은 아닙니다. 따라서 2차기형은 나균에 의한 것은 아니라고 할 수 있습니다.
>
> 만인이 싫어하는 추한 모습은 피부의 수축收縮, 경직硬直 등으로 생기는 것이며 환자가 매일매일 물리적인 운동을 하여 피부의 손상을 막는다면 그런 추한 모습을 충분히 예방합니다. 또 2차기형이 와 있는 분은 물리치료를 시키고 1차기형은 재활수술에 의해서 그 기능을 거의 정상적으로 회복시킬 수 있다는 것입니다.[10]

9 유재덕(연세의대), 「나병과 성형수술(Hansen's Disease and Plastic Surgery)」, 《새빛》 1964년 12월호, 6쪽.

10 金道一 박사(가이아나 공화국 마하이카 病院長), 인터뷰 「불구를 닥을 수 있다」, 《새빛》 1973년 1월호, 11쪽.

위의 문단에서는 “나병으로 생기는 흔히 볼 수 있는 변형과 기능장해를 예거하고 각각 그 성형수술 내지는 재건수술Plastic Reconstruction Surgery과 또 그 결과를” 논의하고 있다. 또한 1차기형과 2차기형을 구분한 후 나환자들에게 “만인萬人이 싫어하는 추한 모습” “충분히 예방”할 수 있다고 말한다.

▌「발의 불구를 예방하자」, 「불구를 예방할 수 있다」, 「한센씨병 환자의 신체적 재활」

폴 브랜드의 ‘의학교실’은 나환자와 “의사와 의료계통에 종사하는 여러분”에게 신체 불구에 관한 지식을 보급하기 위한 목적으로 게재되었다. 「발의 불구를 예방하자」(1967년 6월호~1969년 1월호), 「불구를 예방할 수 있다」(1971년 8월호~1971년 12월호) 시리즈를 연재했다.

醫學敎室

발의 불구를 예방하자

<最終回>

폴·브랜드
梁容泰譯

第四章 구두 (4)

(5) 단단한 구두창과 록카 신발

아무리 구두가 조형(造型)이 잘 되었거나 구두 안창을 극히 부드러운 것으로 만들어 놓았다 하드라도 매걸음마다 발 뒤꿈치가 땅에서 떨어지면서 다음 걸음을 내딛도록 몸을 앞으로 내밀기 위해서는 중족골두에 커다란 충격이 야기케 되는 것이다.

이런 순간에 있어서는 몸의 무게가 한쪽발의 끝에 집중하게 된다. 이와 같은 무게의 집중현상은 환자가 빨리 큰 걸음으로 길을 가거나 아니면 뛰어갈 때에 가장 심하게 나타나는 것이다. 그리고 그런 무게가 집중되는 것이 최소인 경우는 우리들이 총총걸음이나 잔걸음으로 걸어다닐 때이다. 여기서 그런 집중현상은 어느 누구에게서나 일어나는 것이지만 발바닥의 중족골두 부위에 이미 흉터조직이 형성되어 있으며, 또한 그의 발가락들은 마비 되었거나 아예 없어져 버렸기 때문에 매걸음의 끝에 야기되는 충격 가운데 발가락들이 제몫을 감당할 수 없는 상태에 있는 환자의 경우에 있어서는 위험의 근원이 되는 것이다. 이런 환자에게서 압박의 집중화를 방지하는 단 하나의 방법은 그들에게

못된다. 여기서 그 첫번째 문제가 되는 것은 록카 구두같은 시이소오 구두를 신고서는 오랫동안 서 있기가 대단히 힘든다는 점이다. 사람이란 으레히 안정된 것 위에 서 있기를 좋아하는 법인 것이다. 궤양의 발생부위가 앞쪽 부위에만 국한되어 있는 환자에게는 그가 신은 단단한 창의 록카 구두에는 그 발의 중심부에 부착된 록카(흔들리는 장치)에 곁드려서 정상적인 구두 뒤꿈치도 붙여 놓을 수가 있다. 이렇게 되면 환자는 뒤꿈치와 록카 위에서 정상적으로 서 있을 수가 있으며, 그가 앞으로 움지기고 뒤꿈치가 위로 치켜올려졌을 때만 그의 발이 흔들리게 되는 것이다. 이렇게만 되면 만족스러운 것이다. 중족골두 부위에 곁드려서 발 뒤꿈치까지 성하지 못한 환자에 대해서는 중심부에 자리 잡은 록카를 넓고 납작한 것으로 하고 앞쪽과 뒷쪽으로 가면서 엷어지는 것으로 하면 좋다. 이와 같이 하면 발 뒤꿈치가 땅을 내려칠 때와 발을 앞으로 내딛일 적에 발가락에 미치는 충격을 분산시키는데 도움이 될 것이고, 또 가만히 서 있을 때에는 그런대로 안전성을 갖게 할 것이다.

그러나 록카 구두를 사용함에 있어서의 정말로 어려

> 세계의 어디서나 한센씨병이 흔히 유행하고 있는 곳에서는, 치료를 받고 있는 환자들이 그런 궤양이 생긴 발로 걸어다니게 내버려져 있는 것이다. (…) 물리요법사物理療法師나 나사업에 종사하고 있는 사람 및 구두를 만드는 직공, 이 모든 사람들이 주는 충고와 도움은 의사가 주는 약이나 외과 의사가 하는 수술보다 훨씬 가치 있는 일인 것이다. 또한 여기에는 서로 공동의 노력이 요망되는 바, 환자 자신도 이 공동의 노력을 함께해야 된다는 것을 잊어서는 안된다. (…) 의사와 의료계통에 종사하는 여러분이 이 글을 읽고 이를 잘 익힌 다음에 인내와 관용을 가지고 여기에 쓰인 내용의 골자를 한센씨병을 앓고 있는 환자들에게 쉽게, 그리고 잘 이해하도록 가르쳐 주는 것이다.[11]

「불구를 예방할 수 있다」 시리즈는 세계적으로 저명한 영국의 나학자癩學子 폴 브랜드Paul W. Brand 박사가 "나환자 성형수술의 대가로 인도의 Christian Medical College의 성형외과 교수로" 지내면서 다년간 환자를 치료한 경험을 바탕으로 집필한 것이다. 이 시리즈는 폴 브랜드의 저서 『Deformity Can Be Prevented』를 번역한 것으로 "환우들의 손과 발을 불구로부터 보호"할 수 있다는 내용을 담고 있다. 저자 폴 브랜드는 "의사와 의료계통에 종사하는" 사람들과 "한센씨병을 앓고 있는 환자들" 간의 "공동의 노력"이 필요하다고 제안한다.

《새빛》은 폴 브랜드의 의학 시리즈를 "나병의 후유증으로 불구가 될 가능성이 많기 때문, 불구를 예방하는데 도움이"[12] 되고자 장기간에 걸쳐 번역 수록했다. 폴 브랜드는 한센인들이 겪는 마비와 불구 증상이 한센병과 직접적으로 관련된 것이 아니라는 점과 "예방"에 관한 지식을 습득하는 "교육"의 중요성을 강조했다.

---

11 폴 브랜드, 梁容泰 역, 醫學敎室 「발의 불구를 예방하자」(1), 《새빛》 1967년 6월호, 5쪽.

12 Dr Paul W. Brand, 유준 역, 「"편집자 주": 불구를 예방할 수 있다」(1), 《새빛》 1971년 8월호, 10쪽.

사람들이 "왜 손가락이 없어졌오?" 하고 물으면 그 환자들은 "나병 때문이지요. 나병이 내 손을 망쳐 버렸습니다."하고 대답할 것입니다. 그러나 그 대답은 잘못입니다. 그들이 사실을 안다면은 "나병이 내 손의 통각을 파괴했고, 통증이 없기 때문에 내 자신이 내 손을 망쳐 버렸습니다."하고 대답해야 될 것입니다.[13]

교육은 수술보호보다 더욱 중요합니다. 나병에 대한 공포는 그 불구된 모습에 원인이 있으나 거의 모든 불구는 예방할 수 있습니다.[14]

위에서 계몽의 초점은 한센병에 관한 의학적인 지식을 올바르게 "교육"하여 "2차기형"을 예방하는 데에 있었다. 한센병에 걸린 후에 "발을 보존해낼 가능성"을 견지하기 위해서는 무엇보다 '나병' 자체가 손과 발을 불구로 만들지 않는다는 '사실'을 정확하게 알 수 있도록 "교육"하는 것이 중요했다. 한센인의 입장에서 의학교실 강좌는 환자 스스로 신체 불구가 되지 않도록 예방한다면 타인에게 혐오감을 줄일 수 있다는 기대에 부응했다.

한센병으로 인한 성형수술과 재건수술에 대한 지식 강좌 교육은 한센인/한센병에 대한 한센인의 자기혐오와 일반인의 혐오 감정을 모두 극복하는 방법으로서 나병 계몽 운동의 한축을 이루었다.

1975년 6월호부터 연재된 재활강좌 「한센씨병 환자의 신체적 재활」 시리즈[15]에서는 한센인의 불구 예방과 재활 치료 등에 관한 사항을 상세하게 소개했다. 1) 한센씨병 환자의 신체적 재활(유준), 2) 한센씨병과 물리요법(김도일), 3) 한센씨병 궤양의 예방 및 치료(손우종), 4) 한센씨병 환자의 수술 후 치료(유경운), 5) 한센씨병의 불구예방(유준), 6) 한

13 폴 브랜드, 유준 역, 「불구를 예방할 수 있다: 손」(1), 《새빛》 1971년 8월호, 11쪽.

14 폴 브랜드, 유준 역, 「불구를 예방할 수 있다: 손」(5), 《새빛》 1971년 12월호, 13쪽.

15 재활 강좌 「한센씨병 患者의 身體的 再活」, 《새빛》 1975년 6월호.

센씨병 환자와 눈(홍순각), 7) 한센씨병 환자 재활수술(김도일) 순서로 진행되었다.

편집 후기

☆ 그리스도의 사랑을 이 땅에 실천하고자 설립된 선명회가 그간 20여 성상星霜 불우한 이웃에게 사랑을 심었다. 구라사업은 물론 육아, 의료, 문화, 교육사업 등 그 치적은 이루 헤일 수 없이 많다. 꿋꿋이 봉사만 해온 이 사랑의 기관에 우리나라 최고 영예의 상인 5.16민족상 사회부문 본상을 박대통령朴大統領으로부터 수여받았다. 이에 수상의 공적서 일부를 정리했다.

☆ 새로운 기획으로 「한센씨병 신체적 재활」에 관한 특집 재활再活강좌를 연재한다. 이제 서서히 한센씨병은 해결 단계에 들어섰다. 진정한 구라사업은 육체적, 정신적, 사회적 재활을 뜻한다고 할 수 있다. 이에 제1차적인 육체적 재활의 여러 문제를 사계 권위자가 엮는다.

☆ 소록도 국립나병원 59주년 기념식과 아울러 대한나학회 총회가 열렸다. 59년의 수레바퀴 속에 숱한 변모와 사연을 담고 오늘을 맞았다. 지난날을 기억하며 미래를 설정하는 기념식과 학회의 의욕적인 모습을 살폈다.

☆ 6.25의 25주년을 맞아 김상태金尙泰 박사를 모셨다. 소록도 제8대 원장이며 한국인으로 최장수 원장인 김金박사가 몸소체험한 생생한 역사의 기록이다. 이 소록도에 어떤 과거를 더듬으며 「여순반란麗順叛亂」, 「6.25」의 민족적 비극과 고초의 역정을 듣는다. 다시는 이런 비극이 되풀이되지 않기를 비는 마음에서 특집으로 꾸몄다. (信)[16]

16 「편집 후기」, 《새빛》 1975년 6월호, 50쪽.

재활 시리즈를 기획 연재한《새빛》의「편집 후기」에서 당시 구라기관, 구라사업, 그리고 정치권과 학계의 움직임을 짐작해볼 수 있다. 아울러 '한센씨병 신체적 재활' 특집 강좌에서, 재활을 "육체적, 정신적, 사회적 재활"을 뜻한다고 표현한 것에서 재활의 의미를 다음과 같이 다시 이해해 본다. 즉 재활은 단지 신체적 질병을 치료해서 회복하는 것만이 아니라 정신적이고 사회적인 차원에서의 변화를 도모하는 일이었다.

2) "알기쉬운" 의학 강좌

■「알기쉬운 한센씨병강좌」,「희망의 등대: 나병은 어떠한 병인가」,「한센씨병 진료와 실제」

'새빛사'에서 공모한 '3천원 현상퀴즈'는 일반 대중에게 한센병에 대한 지식을 알기 쉽게 전달하기 위한 방법이었다. 응모자 중에서 세 명을 선정해 각각 1천원씩을 우송한다는 계획이었다.

> 「3천원 현상퀴즈」
> 우리는 나병을 좀 더 정확하게 이해해야 되겠습니다. 나병에 대한 무지로 인한 부작용이 아직도 우리 주위에 남아 있음은 21세기를 사는 현대인의 커다란 수치입니다./ 나병의 올바른 인식과 계몽을 위하여 이번 달에는 현상퀴즈를 마련해 보았습니다. 독자 여러분의 많은 응모 있으시길 바랍니다.
>
> <문제>
> 나병은 일명 ①□□씨병이라고도 하며 세균에 의한 ②□□□이다.
> 이 병은 천형병도 아니고 ③□□병도 아니다

<힌트>

나병을 하느님이 내리신 벌이라고 믿었던 때가 있었습니다. 또 부모로부터 유전되어 오는 병이며 불치의 병이라고 여겼던 시기도 있었습니다. 그러나 나병은 유전이나 천형의 병이 아닙니다. 결핵균과 비슷한 세균에 의한 전염병입니다. 또한 이 병을 한센씨병이라고도 합니다.[17]

《새빛》에서는 위와 같이 대중에게 쉽게 다가설 수 있는 의학 강좌와 상식 시리즈를 수록해 "알기쉬운" 지식 전달의 장이 되고자 했다. 1966년 6월호부터 「알기쉬운 한센씨병강좌」, 1967년 4월호부터 의학교실 「죽었는지 아니면 살았는지」을 연재, 1967년 6월호부터 요양상담 「희망의 등대: 나병은 어떠한 병인가」를 연재하였다.

1966년 6월호부터 연재된 「알기쉬운 한센씨병강좌」는 다음과 같은 순서로 진행되었다. 1) 한센씨병이란 어떤 병인가, 2) 한센씨병은 유전병이 아니다, 3) 한센씨병의 진단, 4) 한센씨병의 증상(1), 5) 한센씨병의 증상(2), 6) 한센씨병의 치료(1), 7) 한센씨병의 치료(2), 8) 나반응癩反應과 그 치료, 9) 한센씨병의 계몽과 선전, 10) 한센씨병은 낫는다, 11) 우리나라 한센씨병의 관리 및 예방, 12) 우리나라 한센씨병의 장래 등으로 구성되었다.[18]

1967년 6월호부터 연재된 요양상담 「희망의 등대: 나병은 어떠한 병인가」(1)의 「편집자 주」에 따르면 이 연재 코너는 서울중앙방송국(KBS)에서 진행하는 "한센씨 병에 관한 '요양상담' <희망의 등대> 프로"에서 방송된 내용을 게재한 것이다. 요양상담은 총9회로 진행되었다. 1) 나병이란 어떠한 병인가, 2) 나병의 초기 증상, 3) 나병의 치료, 4) 나반응의 치료, 5) 나병원의 입퇴원 문제, 6) 재가치료의 섭생, 7) 사회복귀와 재활

17 「3천원 현상퀴즈」, 《새빛》 1968년 6월호, 13쪽.

18 崔大卿(연세의대), 「한센氏病은 이렇게 고칠 수 있다」, 《새빛》 1964년 10월호, 9쪽.

문제, 8) 성형수술, 9) 나병은 낫는다 등이다.[19]

> 양용태(연대의대): 대체로 재가환자의 반수 이상이 균양성입니다. 즉 균양성이란 피부로부터 균이 방출되고 있는 상태를 말하는 것으로 건강한 주위의 사람들에게 전염시킬 위험이 많습니다. 그래서 이러한 균양성 환자가 지켜야할 첫째 조건은 건강인과의 접촉을 가급적 삼가해줄 것이고 둘째 따로 독방을 쓰도록 하고 될 수 있으면 의복이나 침구, 혹은 식기까지도 건강한 사람과 구별해서 사용하는 것이 좋습니다. 특히 어린이들은 그 감염율이 가장 높기 때문에 어린아이와의 접촉은 극력 삼가야겠습니다.
>
> 신정하(본지 편집부장): 그러니까 어머니가 환자인 경우엔 그 어린애가 매우 곤란하겠습니다.
>
> 양: 네, 그래서 선명회 특수피부진료소에서는 몇 년을 두고 실험한 결과에 의해서 환자의 가족에게도 DDS를 치료량의 반 내지 1/3정도로 투여하고 있는데 이것이 상당히 효과적으로 나병의 발생을 예방할 수 있는 것 같습니다.
>
> 신: 그러니까 예방이 가능하군요?
>
> 양: 네, 가능합니다. 이것이 매우 희망을 주는 결과로 나타나고 있어서 우리에게도 기대되는 바가 큽니다.[20]

위의 '요양상담'에서는 나병의 전염을 예방하기 위해서 "건강인과의 접촉을 가급적 삼가해줄 것"을 권유한다. "따로 독방을 쓰도록 하고 될 수 있으면 의복이나 침구, 혹은 식기까지도 건강한 사람과 구별해서 사용하는 것"을 제안한다. 나병의 완전한 치료보다는 환자와의 접촉으로 인한 전염을 방지해 발병을 예방할 수 있다는 방법에서 더 "희망"을

---

19 「편집자 주」, 《새빛》 1967년 6월호.

20 療養相談 「희망의 등대(6): 재가 치료의 섭생」, 《새빛》 1967년 11·12호, 12쪽.

찾고 있었다. DDS 치료약을 투여해 나병을 치료하고 예방할 수 있다는 전문가의 의견이 있었지만 나병 정복에 대한 희망은 요원한 과제였다.

계몽 운동의 일환으로 연재된 한세병 강좌와 의학 상식 시리즈는 일반인을 대상으로 쉬운 내용을 담고자 했지만 학술적인 성격이 짙었다. 로드리게즈 박사(국제나학회 부회장)는 「놀랍게 발전한 한국의 나병—정착사업은 성공」(1972년 11월호)에서 한국의 한세인 정착촌 사업이 성공했다고 보면서 다음과 같이 "지식"을 구분하여 언급한 바 있다.

> 나병은 단순한 육체적 질병만이 아니기 때문에 약품만으로 해결되는 것은 아닙니다. 의학과 사랑과 지식이 삼위일체로써 효과적인 소기의 목적을 거둘 수 있습니다. 지식에는 의학인으로서 나병에 가지는 지식과, 대중이 나환자에 가지는 지식으로 구분됩니다. 이러한 분야에서 지난날 《새빛》의 공헌은 크다고 하겠습니다.[21]

《새빛》의 공헌과 더불어 '지식'에 관해 언급한 대목이 주목된다. 그는 지식의 주체와 대상에 따라 지식의 유형을 구분한다. 즉, 의학인의 나병에 대한 지식(의학지식)과 대중이 나환자에 대해 갖는 지식(상식)이 그것이다. 다시 말해 한세병은 약품만으로 치료할 수 있는 질병이 아니라, '의학과 사랑과 지식'이 결합해 치료해야 하는 질병인 것으로 그것을 실현하기 위해서는 의학인과 일반인이 모두 한세병에 관한 지식과 상식을 갖추어야 한다는 것이다. 로드리게즈 박사는 한세인 정착촌이 이루어지게 된 것은 "의학과 사랑과 지식"의 힘이라고 보았다.

잡지 《새빛》은 점차 의학 강좌, 교육, 학술연구 등 다양한 유형의 지식들로 지면을 채웠다. 1974년 1월호 「편집 후기」에서 잡지 기획의 방향

---

21 로드리게즈 박사(國際나학회 부회장), 「놀랍게 發展한 한국의 나병—定着사업은 成功」, 《새빛》 1972년 11월호, 23쪽.

을 볼 수 있다.

> 편집 후기: 금년 1월호부터는 육영수 여사의 각별하신 배려로 대폭 증면하는 기쁨을 여러분들과 함께 누리게 되어 그 감사하는 마음 이를길 없다. 따라서 이번호부터 표지와 내용을 일신하여 더욱 알차고 읽히는 잡지가 되도록 힘썼다./ 우선 표지를 세계적으로 구라사를 빛낸 인물들도 담아 그 분들의 숭고한 업적을 추모키로 했으며, 새로운 의학 강좌로 연세의대 최대경 박사의 「한센씨 병의 진료와 실제」를 매월 현대적인 한센씨 병의 현실을 사회, 의학적인 면에서 한 제목씩 나누어 게재하여 변천된 한센씨병을 바르게 이해하도록 했다./ 또한 지면관계로 중단한 바 있던 「나의 건강관리」를 다시 부활하여 명사들의 건강비법을 밝혔다.[22]

위에서 보듯이, 이 시기 《새빛》은 "육영수 여사의 각별한 배려로 대폭 증면"하면서 "세계적으로 구라사를 빛낸 인물들" "새로운 의학 강좌"를 수록했으며 "「나의 건강관리」를 다시 부활하여 명사들의 건강비법을" 소개했다. 의학 강좌 「한센씨병 진료와 실제」(1974년 1월호~1975년 4월호), 의학 강좌 「알기 쉬운 피부병 강좌」(1977년 4·5월호), 「생활속의 의학상식」(1977년 4·5월호) 등을 들 수 있다.[23]

의학 강좌 「한센씨병 진료診療와 실제實際」는 최대경崔大卿(연세의대 교수) 박사와 김주덕金周德(연세의대 부교수) 박사가 교대로 진행했다. 이 강좌는 1) 사회 속의 한센씨 병(1)(1974년 1월호), 2) 사회 속의 한센씨 병(2)(1974년 2월호), 3) 한센씨병의 감염과 발병(1974년 3월호), 4) 한센씨병

22 「편집 후기」, 《새빛》 1974년 1월호.

23 의학 강좌 「한센씨병 診療와 實際」, 《새빛》 1974년 1월호~1975년 4월호, 총12회; 鞠弘一, 의학 강좌 「알기 쉬운 피부병 강좌」(11), 《새빛》 1977년 4·5월호, 16~17쪽; 孟光鎬, 「생활속의 의학상식」, 《새빛》 1977년 4·5월호, 24~25쪽.

의 초발 증상(1974년 4월호), 5) 한센씨병의 일반 증상(1974년 5월호), 6) 한센씨병의 병형病型(1974년 6월호), 7) 「레프로민」 반응이란(1974년 7월호), 8) 세균검사(1974년 10월호), 9) 치료약(1974년 11월호), 10) 부작용(1975년 1월호), 11) 나癩반응(1975년 2월호), 12) 재발(1975년 4월호) 순서로 구성되었다. 이 강좌는 서양의 중세문학, 성경의 '레위기', 일화와 삽화 등을 인용하면서 나병에 관한 의학 지식을 쉽게 전달하려고 했다.

3) 미신과 무지에 대한 계몽

1968년 서울에서 한 여인이 아들과 딸을 죽인 뒤 자신도 자살한 사건이 발생했다. "이李 여인은 지난 6월 종합진단을 받은 결과 나병에 이환되어 있었음을 알고, 아이들에게 유전되었을 것이라면서 무척 비관해 왔다고 한다."[24] 비관자살 사건을 보도하고 있는 기사문에서는 나병에 대한 의학적 '사실'을 잘 알지 못한 '무지'로 인해 발생한 일이라는 점을 부각한다.

《새빛》 1968년 7월호에서는 "무지와 미신이 빚어낸 전율할 사건"을 보도했다.

> 여기 무지와 미신이 빚어낸 전율할 사건이 있다. 지난 3월 27일. '나병에는 사람으로 빚은 술을 먹으면 낫는다'는 미신을 그대로 믿은 경남 합천군 삼가면 금리에 사는 한 촌부村婦가 나병에 걸린 남편을 구하기 위하여 자기 딸을 죽인 것이다.
>
> (…) 신문에 이와 같은 내용의 기사가 보도되자 세간世間의 여론은 두 갈래로 나뉘어져 들끓었다. 즉 자기 자식을 제 손으로 죽였으니 마땅히

24 「지방소식: 서울」, 《새빛》 1968년 9월호, 30쪽.

독부毒婦라 할 수 있다는 축과 자식을 죽여서라도 남편을 살려보고자 한 갸륵한 여심을 높이 보아 열녀烈女라는 축의 두 가지 의견이었다. (…) 다만 우리들 모두가 함께 분노하고 슬퍼해야 할 것은 시골 아낙네의 무지無知와 그 무지 속에 뿌리를 박고 자라온 미신에의 원망이며 저주일 뿐이다.[25]

나병에 걸린 남편을 살리기 위해 딸을 죽인 "촌부村婦"를 "열녀"로 볼 것인가 "독부"라고 할 것인가를 놓고 세간의 여론이 들끓었다. 이제 나병에 대한 "무지"를 극복하는 일은 계몽의 "산증거"를 제시하는 것만큼 더 긴급한 계몽사업의 첫 번째 과제로 떠올랐다. 무지와 미신의 상태에서 벗어나는 것은 곧 근대화 발전에 이바지하는 길이기도 했다.

나병 계몽 사업은 나병에 관한 지식 교육과 무지의 계몽에 큰 의미를 부여하였다. 나병 계몽사업의 대상에는 "나병의 치료에 있어서 약에 못지않게 영양의 문제나 신체, 의복, 그리고 주위 환경을 청결히 하는 것"은 물론이고 "한방의나, 미신이나, 또는 구전해 오는 재래의 민간치료법은 도리어 병을 악화시킬 뿐"[26]이라는 인식을 전파하는 등 광범위한 영역을 포괄하였다.

계몽 운동은 한센병에 대한 기존의 무지한 인식을 바꾸고 근대의학에 기반한 치료 가능성을 중심축으로 설정하였다. 하지만 계몽 운동에서 추구한 방향과 달리 새로운 인식은 여전히 전통적인 습속과 충돌하면서 혼란스러운 풍경을 드러낸다. 유준과 한하운의 대담에서 읽을 수 있다.

柳[유준]: (…) 전에 우리 나라엔 뱀잡는 땅꾼들 가운데 나환자가 많았다고 알고 있는데 그 사람들은 뱀을 잡아서 팔기도 하고 그 사람들은 뱀

---

25 K記, 「迷信—그 毒性과 副作用: 朴令洙 여인의 경우」, 《새빛》 1968년 7월호, 20~21쪽.

26 유준/한하운 대담, 「희망의 등대: 나병은 낫는다」(9), 《새빛》 1968년 3월호, 18~19쪽.

을 잡아서 팔기도 하고 자기가 먹기도 했던 것입니다. 그런 것이 병에 많은 도움이 되어 병을 낫게 한 예가 많았습니다. 이런 것을 미루어 보아도 영양분의 섭취가 얼마나 중요한가를 알 수 있지 않겠습니까?

韓[한하운]: 네, 전의 한방의韓方醫들은 나병이란 살을 말려야 된다고 해서 소금과 죽만을 먹게 해서 병을 오히려 더 악화시키는 경향이 있었는데 오늘 유 박사님께서 치료에 못지 않은 중요한 말씀을 해 주셨습니다.[27]

유준 박사는 나병 치료에 좋다는 '뱀'을 잡아먹은 나환자들의 사례를 들면서 "영양분의 섭취"가 나병 치료에서 중요하다고 언급한다. 한하운은 "소금과 죽만을 먹게" 한 "한방의韓方醫들"의 잘못된 치료법으로 병이 더 악화되는 경향이 있었다고 말한다.

한편 나병에 대해 자세히 알고 있지 못한 탓에 한의학과 미신적 요법을 믿고 따라한 결과 병을 악화시켰던 것인데 그 "무식이 죄란 말입니까"라고 호소하는 이도 있었다.

나병과 디디에스가 동의어 같이 따라다니고, 《새빛》을 비롯한 나협회의 그렇게 많은 계몽이 있었는 데도 아직도 소금밥에 술을 치료제라고 먹고 있는 사람이 있으니 무식이 죄란 말입니까?

부모의 무지와, 선입감 그리고 돈벌이에 혈안이 된 한 한의사가 한 인간을 정신병자로 만들었으니 그들을 원망하기 전에 무지를 한탄할 따름입니다.

서로 깨우치고 서로 배워서 현대 과학이 입증한 나병을 바로 인식하고, 이 세상에서 다시는 이런 비극이 일어나지 않기를 바라는 마음 간절합니다.[28]

---

27 유준/한하운 대담, 「희망의 등대: 나병은 낫는다」(9), 《새빛》 1968년 3월호, 19쪽.

28 朴快得(대구 병리 기술학교), 愛讀者 페이지 「無識이 罪란 말인가」, 《새빛》 1968년 3월호, 31쪽.

‘애독자’의 발언에서는 현대의학으로 인한 나병 치료가 가능하다고 해도 ‘무지’한 일들이 일어나고 있는 현실을 향한 분노가 느껴진다. “나병과 디디에스”를 동의어로 여기고, “돈벌이에 혈안이 된 한 한의사”가 나환자를 “정신병자”로 만드는 일과 같은 “무지”가 반복되고 있다는 것에 대한 관심을 일깨운다.

나병에 대한 무지로 인해 생긴 일련의 사태들 앞에서 나병 계몽 운동은 건강한 일상을 유지할 수 있도록 의학적인 상식을 습득하는 것을 필수적인 요건으로 제시했다. 지식의 범위는 신체적인 질병으로 한정되지 않고 정신적, 인식적인 영역으로까지 확장된다.

신정하 주간의 ‘창간 제9주년기념논문’ 「나병에 관한 계몽교육啓蒙敎育」(1972년 2·3월호)에서는 “일반사회인이 나병을 얼마나 올바로 인식하고 있느냐에 따라서 환자의 관리, 사회복귀 그리고 계몽교육의 방향”이 제시될 수 있다고 말한다. 이어서 그는 지난 10년 동안에 나병을 잘못 인식해서 발생한 여러 사회적인 문제를 요약한 후 “나병에 대한 인식도”를 살피기 위해 “미신요법”에 관해 조사한 표를 제시하였다.

> 우선 나병에 관한 몰인식과 무지가 빚어낸 비극의 한 토막을 소개하고자 한다.
>
> 1968년 6월 23일 경남 합천군 삼가三嘉면 금錦리에 사는 박금수(22) 여인은 「문둥병에는 사람으로 빚은 술을 먹으면 낫는다」는 이 미신을 그대로 믿고 남편의 병을 고치기 위해 생후 52일의 둘째 딸을 끓는 물속에 집어넣어 죽이고 말았다.(주간한국)
>
> 1950년에 조선구趙瑄九, 유준柳駿 박사는 나병에 관한 미신요법에 관하여 나환자 74명을 대상으로 조사한 결과를 다음과 같이 제시하였다.[29]

---

29 辛定夏(本誌 主幹), 創刊 第9周年紀念論文 「나병에 관한 啓蒙敎育」, 《새빛》 1972년 2·3월호, 5쪽.

4) "DDS는 만병통치 아니다": 「나병은 정복되려는가」, 「나병정복은 가능한가?」

특집 대담 「나병은 정복되려는가」(1968년 6월호)와 「나병정복은 가능한가?」(1968년 9월호)라는 대담의 제목에서 보듯이 "나병"은 "정복"이라는 단어와 함께 사용되었다. 그것이 어떻게 "가능"할 수 있겠는가라는 물음이 이슈였다.

특집 대담 「나병은 정복되려는가」(1968년 6월호)의 '편집자 주'에 따르면 "이 글은 보건신보保健新報가 보건분야 근대화의 방향과 지표 등의 문제 제시와 핵심적인 구심점을 찾기 위해 벌이고 있는 보건계 근대화작업을 위한 '캠페인'이라는 특집 '씨리즈'를 옮긴 것"[30]이라고 한다. 이 대담에서 정희섭(보건사회부장관)은 "건강인의 사회와 나환자 사회와의 사이에 가로놓인 장벽"을 문제로 지적하면서 다음과 같이 힘주어 말했다. "이 장벽을 깨뜨리는 방법"으로 "건강을 회복한 나환자가 건강인의 사회에 돌아와 건강인 못지 않은 생산성을 가지고 시민생활을 영위"[31]하는 것을 제안했다.

(第1表)	迷信療法 (1950년 74명)	
人肝, 人肉, 人骨粉, 死體부패水	11명	14.9%
蛇, 蛇酒, 蛇粉	18	24.3
소태	10	13.5
苦蔘	21	28.2
生食	3	4.1
넉삼대	2	2.7
까치	2	2.7
狐酒	1	1.4
其他	6	8.1

30 「편집자 주」, 특집 대담 「癩病은 征服되려는가」, 《새빛》 1968년 6월호, 4~7쪽.

31 특집 대담 「癩病은 征服되려는가」, 《새빛》 1968년 6월호, 8쪽.

그러기 위해서는 나병의 '정복'이 전제되어야 했다. "나병의 완전한 정복"은 한센인들이 "근대화의 물결"에 합류하기 위해서 우선 해결해야 할 주요 과제였다. 계몽 운동이 무르익어가는 상황에서 나병 치료는 가능하다고 선전했으나 '나병 정복은 과연 가능한가'라는 질문에 대한 명확한 대답을 듣긴 어려웠다.

의학계에서도 나병을 완전히 '정복'할 수 있는 것인가에 대해서 의견이 분분했다. 「나병정복은 가능한가?」(1968년 9월호)에서는 세계 의학계에서 "나균의 인공배양 성공은 바로 나병정복의 열쇠라고" 하면서도 "학문의 미개척 분야로 남아 있는 중요한 원인은 인공배양과 동물접종에 성공을 못했기 때문이"[32]라는 유준 박사의 말을 인용했다.

나병에 대한 의학적인 치유가 가능하게 되었다고 널리 홍보했지만 심심찮게 반복되는 사건들은 치료약 복용, 예방을 위한 상식이 부족한 현실에 대한 경각심을 불러일으켰다.

다음은 DDS 복용으로 인한 사건을 보도한 신문기사와 한센인의 자전소설 중에서 인용한 부분이다.

> 여인은 무좀으로 고생하다 상인의 꼬임에 빠져 한센씨병 주치약 DDS를 두 달 동안이나 복용하다 사망했다는 보도. 잘못된 선전과 무지 때문에 희생된 생명. DDS는 만병통치가 아니며 독성이 강해서 반드시 의사의 지시대로 복용해야 한다고.[33]

> 물론 잘 아시겠지만 「디디에스」는 틀림없이 아가씨의 병을 낫게 합니다. 아가씨보다 심한 중증重症에도 모두 좋은 효과가 있었으니까요. 그러나 거기에는 단서가 있습니다. 아가씨가 우리 말을 믿고 안심하는 가운데 치료해야 된다는 조건 말입니다.

32 K記, 「癩病征服은 가능한가?」, 《새빛》 1968년 9월호, 12쪽.

33 한센 안테나 「DDS는 萬病通治 아니다」, 《새빛》 1968년 7월호, 32쪽.

괜히 자신을 싫다고 한다든가 학대하는 따위의 행동은 금물입니다. 난 이병을 이겨야 된다는 생각만 해야 합니다.

모든 것이 내 책임이다 하는 건전한 용기만 가진다면 아가씨는 틀림없이 머지않아 기쁜날을 맞을 것입니다. 아시겠습니까?[34]

1968년 7월호에 실린 「DDS는 만병통치 아니다」라는 제목의 짧은 기사에서는 한 여인의 사망 사건을 다루었는데 약품에 대한 "잘못된 선전과 무지"가 그 원인이라는 분석이었다. 올바른 약품 사용을 당부했다.

천영호의 소설 「마름골의 봄」(1973)에서 의사는 치료약을 바르게 사용하는 것과 더불어, 환자 자신이 "건전한 용기"를 갖는 것이 중요하다고 말한다. 의사는 「디디에스」라는 치료제를 권유하면서 치료에 대한 환자의 확신과 용기가 더 치료 "효과"를 가져올 수 있다고 당부한다.

▌약의 바른 안내 「리파딘」

한센인들의 '자가치료'가 늘어나면서 약품 사용에 관한 문의와 상담이 많아졌다. 전문가의 의학 전문 지식과 환우의 문의 내용을 수록하였는데 1976년 3·4월호에 게재된 「환우서신: 어떻게 할까요? 자가치료 10년」과 유준, 「전문의 답신: 바른 치료 안내–전문의의 진찰을 받도록」, 「나병, 이렇게 생각한다」 코너에 실린 글들을 들 수 있다.[35]

한센씨병으로 인해 고통을 겪으며 치료를 시작한 지 무려 10년이 넘었습니다. DDS를 지금까지 복용해 보았습니다만 별다른 효과가 없었고,

---

34 千榮鎬, 단편소설 「마름골의 봄」(2), 《새빛》 1973년 1월호, 28쪽.

35 柳駿, 「專門醫答信: 바른 치료 안내—전문의의 진찰을 받도록」, 《새빛》 1976년 3·4월호; 韓日泳, 「피부과 진찰실에서」, 《새빛》 1976년 3·4월호; 池娥, 「진달래 필 때」, 《새빛》 1976년 3·4월호.

74년 12월에는 좌통과 결절이 심해 병의 증세가 더욱 악화되어 보건소에 가서 문의한 바 신약 DDS를 주었습니다. 그 약을 복용 5개월 동안이나 치료를 받았습니다.

하지만 별로 효력을 얻지 못해「ペルトミン」10대를 맞아보았습니다. 그랬더니 다소의 효과가 있었으나, 이번에는 코가 칙칙합니다.

어떠한 방법으로 약을 복용해야 옳고 좋을는지 막연하기만 합니다.

「새빛」 책을 보고 이렇게 서신으로 문의하오니 수고스러우시더라도 자세한 회답을 꼭 주시기 바랍니다.

「새빛」책을 보면「리파딘」이 가장 믿고 쓸 수 있겠는데, 보건소에서 말하기는 피부와 체질에 맞지 않으면 부작용이 남을 우려가 있다고 합니다.

그래서 위험해서 못 쓰고 있습니다. 하지만「리파딘」을 쓰고 싶습니다. 어디서 파는지요? 구할 수 있는 방법도 가르쳐 주셨으면 감사하겠습니다.[36]

환자들이 집에서 혼자 나병을 치료할 수 있기 위해서는 약품에 대한 지식을 제대로 알고 약품을 바르게 사용하는 방법을 아는 것이 중요했다. 전문가들은 약과 치료의 "바른 안내"를 광고하면서 나병 치료약의 오용과 남용을 경계하고 올바른 사용과 복용을 강조했다.

1950년대에 우리 나라에 DDS가 도입되어 많은 효과를 보아온 것은 사실이나 모든 약에서 그러했듯이 오늘에 와서는 이 약품에 대해 저항력이 생겨서 잘 듣지 않는 환자가 늘어나고 있는 것은 사실입니다.

DDS 이후의 몇 가지 약품이, 예를 들면「시바1906」 혹은「램푸레인」,「리파딘」(「리펜피신」,「리펜펜」) 이러한 것들이 개발되었는데, 오늘날 국제적으로 새로운 약품으로서 치료 효과에 기대를 걸고 있는 것이 귀

36 김용실,「患友書信: 어떻게 할까요? 자가치료 10년」,《새빛》 1976년 3·4월호, 24쪽.

하가 문의하신 「리파딘」 입니다.

그러나 이 약품은 그 효과가 얼마큼이냐는 데에는 아직 국제적으로 그 결론에 도달하지 못한 상태입니다. 그러니까 현재 실험 도중에 있는 약품이지만 본 진료소에서는 백여 명의 환자에게 사용하여 많은 성과를 얻고 있습니다./ 지금까지의 결과로 볼 때 이 약품의 효과는 — 임상적으로는 — DDS나 기타 약품에 비하여 월등하게 빨리 증상을 호전시키는 것이 사실입니다.[37]

1974년~1975년 《새빛》 광고

37 柳駿, 「專門醫答信: 바른 치료 안내—전문의의 진찰을 받도록」, 《새빛》 1976년 3·4월호, 25쪽.

\약의 사용에는 그 약에 대한 체질, 체중, 건강도, 연령, 증상 등을 고려해서 전문가만이 그 분량을 정하고 복용기간을 정할 수 있다. 또 반드시 그래야만 한다. 다시 말해서 전문의사의 과학적인 진찰·분석에 입각해서 약을 쓸 수가 있어야 한다. 무분별하게 약을 남용하고 오용하는 경우 결과는 정반대로 나타나기 마련이다.

「리파딘」이 나병을 임상적으로 세균학적으로 빨리 낫게 하는 것이 사실이고 여타 약품에 의해 소위 내성(저항력)이 생겨 듣지 않는 균에 대해 강력한 치료효과를 나타낸다는 사실이 입증되고 있으나 오용과 남용으로 부작용을 일으키는 결과를 가져와서는 안 된다.[38]

▌나의 건강관리, 건강 저어널

1969년 10월호부터 명사들의 건강 비법을 소개한 에세이 「나의 건강관리」를 연재하였다. 이 코너에 참여한 필자들은 병든 육체와 싸우는 정신, 의학치료에 대한 확고한 믿음과 함께 건강한 몸을 유지하기 위한 건강관리 방법, 건강 지식 습득 등 건강관리에 요구되는 다양한 방법을 제안했다.

1969년 10월호 「나의 건강관리(1)－일상생활을 규칙적으로: 김명선(金鳴善, 연세의대 명예교수)」을 시작으로 1969년 11월호 「나의 건강관리(2)－'일일 2식一日 二食' 주의主義: 김형익(金衡翼, 후생일보厚生日報 사장), 1969년 12월호 「나의 건강관리(3)－아침 산책 한 시간: 김두종金斗鍾 박사」, 1970년 1월호 「나의 건강관리(4)－X+Y+Z의 규칙생활: 변홍규 목사」, 1970년 3월호 「나의 건강관리(5)－등산과 꽃가꾸기에 전념: 신석정辛夕汀 시인」, 1970년 5월호 「나의 건강관리(6)－화해와 양보로 원만한 생활: 이영춘(李永春 박사, 전북 개정농촌위생연구소장)」의 순서로 실렸다. 몇 부분

38 편집실, 「약의 바른 안내 「리파딘」: 약(藥)의 양극성」, 《새빛》 1976년 10월호, 25쪽.

만 요약해서 읽어 본다.

> 나는 또 철두철미 규칙적인 생활을 자신에게 강요하여 왔고 이것이 습성화 하기에 노력하였으며, 잠시도 뇌수를 진공상태에 두지 않고 무엇이나 구상하고 사색하는 습관을 가지고 있다. (…) 결국 건강관리의 요체는 자신에게 적합한 운동과 약물의 효험도 중요하지만 보다 더 근원적인 것은 자신의 건강에 대한 마음자세 즉, '의지력'이라고 하겠다. 다시 말해서 건강은 보통사람의 경우 그 자신의 꾸준한 노력이 없이는 이루어질 수 없다고 확신한다.[39]

> 모든 사람들의 건강관리법은 항상 적당량의 운동을 해야 하며 명랑한 기분으로 모든 일을 처리해 가면서 자신의 힘을 무리하게 사용하지 말고 늘 저축해 두도록 힘써야 할 것이며 음식이나 수면에 있어서도 자신의 힘에 알맞은 방법들을 잘 선택해 주기를 바라는 바이다.[40]

> 시기와 분쟁 분노에 대해서 서로 충돌함으로써 사건의 확대나 발병을 스스로 초래할 것이 아니라 서로 화해와 양보와 이해로써 원만히 해결하는 인간사회가 되므로써 평화와 건강을 누릴 수가 있다고 생각하는 것이다. 내가 20여 년 전부터 분노에 대하여 참고 스스로 억제하여 온 연유는 이러한 사실을 보고 듣고 스스로 체험함으로써 얻은 나의 건강유지의 한 방법이기도 하다.[41]

한센인들이 아니라 각계의 유명한 인사들이 집필한 건강관리 연재물들은 다음 두 가지 점에서 주목된다. 필자들은 '나병'에 대해 거의 언급

---

39 金衡翼(厚生日報 社長), 「나의 健康管理(2): '一日 二食' 主義」, 《새빛》 1969년 11월호, 5쪽.

40 金斗鍾 박사, 「나의 健康管理(3)—아침 散策 한 시간」, 《새빛》 1969년 12월호, 5쪽.

41 李永春 박사(전북 개정농촌위생연구소장), 「나의 건강관리(6): 화해와 양보로 원만한 생활」, 《새빛》 1970년 5월호, 7쪽.

하지 않는다. 그것보다는 건전한 정신과 태도를 갖는 것이 건강관리의 '비법'이자 '상식'이라는 점을 강조한다. 예컨대 "철두철미 규칙적인 생활", "사색하는 습관", "마음자세, 즉 의지력"을 가지고 "분노에 대하여 참고 스스로 억제"하는 것, "적당량의 운동"과 "명랑한 기분으로" 건강을 스스로 관리하고 유지하는 일이 중요하다고 말한다.

1970년 1월호의 「편집 후기」에서 밝힌 바와 같이 저명한 인사들이 참여해 "건강의 비법"을 "공개"한 「나의 건강관리」 코너는 "일반인으로서 지켜야 할 평범한 상식으로 우리의 교양을 쌓아 지식의 장"으로 활용되길 바라며 기획되었다. 이 연재물은 "각계 각층"에서 관심을 모았다.[42]

《새빛》은 1969년 11월호부터 '생활과 건강을 위한 잡지'라는 부제를 달고, 나병만이 아니라 생활 속의 질병과 건강에 관한 '상식'을 싣기 시작했다. 그 예로, 「인공감미료人工甘味料-'싸이크라메이트'를 중심으로」라는 글을 들 수 있는데 이 글에서는 미국에서 1970년 1월 1일부터 '사이크라메이트'Cyclamate를 사용 금지하기로 했다는 소식을 미리 전했다. 필자는 "정말로 완전히 무해한 새로운 영양가 없는 이상적인 인공감미제가 개발되기를 바라마지 않는다."[43]는 염원을 덧붙였다.

'암癌'에 대한 관심 등 건강한 생활을 위한 상식과 교양을 소개하는 코너가 늘어나면서 한센병에 대한 지면은 다소 축소되었다. 1970년 1월호에는 '건강 저어널'이라는 코너를 마련해 「'홍콩' 독감 주의보 발표」와 「'건강범죄 고발센터' 개설」 소식을 전했다. '건강 메모'란이 새로 선보였다. 그런 사이 질병을 예방하고 건강을 지키는 일은 "공적인 보건범죄"를 줄여 사회 전체의 보건을 증진하는 토대로 여겨졌다.

42 "長壽多福하신 社會 저명인들이 직접 집필하여 주시는 '나의 健康管理'는 號를 거듭할수록 健康의 祕法이 公開되어 各界 各層에서 고무적인 反應을 보이고 있다. 또한 금번호부터 새로운 연재물 '좋은 診療를 위한 씨리즈'가 連載된다. 一般人으로서 지켜야 할 平凡한 常識으로 우리의 교양을 쌓아 知識의 章으로 一讀을 바란다." 「편집 후기」, 《새빛》 1970년 1월호, 34쪽.

43 蔡一錫, 「人工甘味料—'싸이크라메이트'를 중심으로」, 《새빛》 1969년 12월호, 7쪽.

> 정부에서는 뒤늦은 바 있지만 1월 10일 보건범죄의 삼대악 이른바 부정식품不正食品 부정의약품不正醫藥品 부정의료업자不正醫療業者 등을 철저하고 효율적으로 단속하기 위하여 보건사회부 안에 '보건범죄 고발센터'를 신설하여 보건사회부 3층 식품지도 담당관실에서 업무를 개시하였는데 위생관리관을 책임자로 하고, 식품·약품의료 담당관을 1명씩 두어 철야근무하면서 보건범죄에 관한 청원 진정 고발 등의 신고가 있을 때 관계관을 즉시 현장에 출동시켜 단속 처리하도록 하였다.
>
> (…) 보건범죄는 근본적으로 인간의 존엄성을 망각한 행위이며 이런 행위를 막는 직접적인 방법은 의법처단依法處斷이지만 이것은 지엽적인 것이고 그 근본원인에 대한 치유대책은 개인과 국가, 개인과 민족사회 개인과 직장에 있어서의 윤리관이 확실히 의식되어야 한다고 박정희 대통령은 연두기자회견에서 밝힌바도 있다. 따라서 근본적으로 보건범죄를 없애는 길은 무엇보다 국민 스스로가 자각하여 불법행위를 막아야 될 줄 안다.[44]

즉 "보건범죄"를 근절하는 것은 "명랑한 사회를 조성"하기 위한 핵심적인 과제이다. '나병관리요원'이 아닌 '위생관리관'이 새로운 직업으로 등장했다. 1970년대 이후에는 "구라사업" "구라운동" "건강관리" "나병관리 사업" "보건계몽" "사회복귀" "국민복지" 등이 강조되었다. 나병 계몽 운동은 개인과 사회에 만연한 보건범죄 행위를 막아 궁극적으로 민족과 국가의 발전에 이바지 하는 길에 부응하는 방향으로 나아갔다.

5) 학술연구 연재

한센병에 대한 잘못된 이해를 바로잡고 한센병의 예방과 치료법을 제

44 「'健康犯罪 告發센터' 개설」, 《새빛》 1970년 1월호, 11쪽.

대로 알리기 위한 목적으로 수록된 의학 강좌들은 의학 전공자 및 의료 관계자, 한센인과 일반인에게 두루 제공되었다. 아울러 '대한나학회' 학술대회의 분위기를 요약해서 전달하는 학술연구 소식도 게재했다.

> 많은 연제演題 중에서 관심을 끌었던 것은 30분 간의 천연색 기록영화. 손의 불구를 정형수술하는 광경. 그것은 한국의 환우들을 수술하고 물리치료를 하여 손을 재생시키는 외화外畫 아닌 방화邦畫. 위대한 것은 역시 현대의학의 힘.
>
> 병을 고쳐 주는 치료의학은 제1의 의학이요 예방의학은 제2의 의학이며 불구된 신체의 기능을 다시 부활시켜주는 기능회복 의학을 제3의 의학이라나. 많은 환우들이 천대받고 저주당하던 이유가 바로 그 흉한 신체의 불구 때문이었다고. 이제 제3의 의학은 나병분야에도 개가를 올리고 있다. 보다 완전하게 많은 환우들의 고민이 해결되다 완전하게 많은 환우들의 고민이 해결되기를 제3의 의학에 기대하면서…(S)[45]

제16차 대한나학회 학술대회(1972년 10월 26일~27일)[46]

제목	참석자
1. 환자발견	
2. 진단	사회 유준 박사(대한나학회장)
3. 재가치료 및 입원치료	로드리게츠 박사(국제나학회부회장)
4. 기형의 예방	브라운 박사(국제나학회 사무총장)
5. 접촉자	나까무라 박사(일본나학회장)
6. 관리대상에서의 탈록(脫錄)	차윤근 박사(대한나협회장)
7. 사회복귀	하용마 박사(대구 파티마병원)
8. 재발과 재조사	신정하 선생(월간 새빛사)
9. 계몽사업	

45 「볼펜: 제3의 의학」, 《새빛》 1964년 11월호, 9쪽. 사진 「대한나학회 제7차 학술대회 및 총회(1964년 10월 10일. 연세대학교)」 김주덕(육군제일야전 의무시험소), 「제7차 대한나학회 참관기」, 《새빛》 1964년 11월호, 8~9쪽.

1973년 1월호 《새빛》에는 1972년 10월에 열린 제16차 대한나학회大韓癩學會 학술대회에서 발표, 토론한 내용을 요약해 수록했다. "세계적인 나병의 석학碩學들과 국내저명한 나병관계자들이 참가하여 나병의 관심사에 대해 토론한 내용을" 번역 정리한 것이다. 목차를 보면 '환자 발견'에서 '계몽사업'까지 당시 주요한 학술적 현안이 무엇이었는지를 확인할 수 있다.

아울러 이윤배 원장의 「현 경제상황에서의 외원단체外援團體 사업의 재정비」(1975년 7·8월호)에서는 "보호자들을 위한 구호사업Relief work for clients에 중점을 두어왔"던 것을 비판하면서 "상호 훈육적인 방법으로 훈련"하는 것, "이것이 국가복지 발전에 필수적으르 필요한 전문직업적인 지식과 기술을 사회사업가들에게 제공해 줄 것"[47]이라고 주장한다.

앞서 인용한 글들에서 "훈련된 과학자의 힘"과 "상호 훈육적인 방법으로 훈련"이라는 표현을 주목할 필요가 있다. 그것은 "국가복지 발전"을 위해서 과학자, 의학자만이 아니라 사업가, 환자에게도 요구되는 덕목이었다.

1976년 3·4월호부터 '나병연구 논문'을 연재해 "주간지류의 통속성(흥미)보다는 나학연구癩學硏究와 환자들이 병마病魔토부터 벗어나는 데 참고가 되고 보탬이 될 수 있도록" 하였고 "사진으로 보는 나병·나병연구의 산 기록"[48] 등 학술연구 자료를 게재하는 비중이 높아졌다. 1977년 8월호에서는 나환자등록문제 등 나병 관리 실태와 문제점을 보고했다.

의학지식을 대중적으로 확산하는 분위기 속에서 나병에 관한 학술논문을 수록하기 시작했다. 1977년 11월호와 12월호에는 최시룡 교수의 학술논문 「나병의 진단과 치료」(1), 「나병의 진단과 치료」(2) 등을 연재

---

46 梁容泰(연세의대), 醫學教室 「患者發見은 啓蒙教育으로」(1), 《새빛》 1973년 1월호, 8~9쪽.

47 이윤배(崇田대학교 종합개발원장), 「現 經濟상황에서의 外援團體 사업의 再整備」(完), 《새빛》 1975년 7·8월호, 36~37쪽.

48 「편집 후기」, 《새빛》 1976년 3·4월호, 34쪽.

했다.[49] 1977년 4·5월호~1977년 6월호에 실린 이태준 교수의 특집 「의료·한국 속의 배경－보건의료에 대한 일반인식」은 보건의료에 대한 인식의 흐름을 고대부터 정리한 글인데 가톨릭의대 발행 『의맥醫脈』지 제10호에서 전재한 것을 재수록한 것이다.[50]

오중산·유준(연세의대 미생물학교실) 연구팀이 작성한 학술보고서 「나환자들의 정신자세가 그들의 사회 경제적 재활에 미치는 영향」(1978년 7월호)은 특히 시선을 끄는 연구이다. 이 보고서는 소록도에서 104명, 정착촌에서 122명을 임의로 선정하여 정착촌 사업 이후 한센인들의 "정신자세"의 변화를 설문조사와 면담조사를 실시해 분석한 결과이다. 이 보고서에서 주목할 점은 정착촌 치유자들을 대상으로 연구를 하게 된 배경에 관한 부분이다.

> 유준 교수가 주도한 정착부락운동은 (…)
> 첫째, 환자 자신들로 하여금 생에 대한 존엄성과 인간의 기본적 권리와 의미를 인식시키고
> 둘째, 사랑의 고귀함을 인식시키며
> 셋째, 조속히 직업교육을 받아 타인에게 의존함이 없이 자신의 생명을 자신의 능력으로 보호하고 나아가서 남도 도울 수 있게 하려는 운동이었다.[51]

즉, 이 연구는 한센인들이 정착촌에 들어와서 "양계 양돈업으로 고소

---

49 崔始龍(醫博·가醫大교수), 學術(연재) 「癩病의 진단과 治療」(상/하), 《새빛》 1977년 11월호~1977년 12월호.

50 李泰俊(산업의학센터 교수), 특집 「醫療·韓國 속의 背景—保健醫療에 對한 一般認識」(上), 《새빛》 1977년 4·5월호~1977년 6월호.

51 오중산·유준(연세의대 미생물학교실), 학술 「나환자들의 정신자세가 그들의 사회 경제적 재활에 미치는 영향」, 《새빛》 1978년 7월호, 8~9쪽.

득을 올리고" "사랑을 모르고 성장한 그들이 가축에게 사랑을 주고 그 사랑의 댓가를 받음으로써 그들의 정서에 사랑의 고귀함을 일깨워 주었다는 점"을 확인하는 것을 목표로 설정했다. 이른 취지 하에서 한센인들의 재활 의지가 사회 경제적, 정서적, 직업적인 측면에서 볼 때 어떻게 달라졌는지를 살피려 한 것이다.

이 보고서의 결론은 다음과 같이 제시되어 있다. 이른바 "정착부락운동"은 "나병치유 후의 정상생활 복귀방법으로 제시되었던 것"으로 한센인들에게 "사랑의 고귀함을 인식시키며" "자신의 생명을 자신의 능력으로 보호하고 나아가서 남도 도울 수 있게 하려는 운동"이었다는 것이다.

위의 연구 보고서는 정착촌 사업의 성공적인 수행을 "학술"적인 면에서 구체적으로 입증하고 있다는 점에서 일차적인 의미가 있다. 아울러 이 연구는 한센인의 자활, 재활 정신을 기반으로 한 정착촌운동이 자조, 자립 정신을 강조한 새마을 운동과 공유하고 있는 지점들을 드러낸다는 점에서 흥미롭게 다가온다.

6부

위생과 안보
: 기독교/반공주의

1. 위생관념의 변화

1) 발병과 전파 경로에 관한 (가)설

《새빛》에서는 한센병의 발병과 전파에 관한 다양한 가설을 제기하고 있는 글들을 만날 수 있다. 한센병 발생과 전파, 유행 양상에 관해 지리적 조건 및 풍토의 특성에 근거해 설명하거나, "북괴"에 의한 "세균전" 등과 같은 의견들이 제출되었다.

한센병 발병과 전파 경로에 관한 다양한 의견들은 한센병 관리 정책을 수립하고 계몽 운동의 방향을 설계하는 데에 영향을 미쳤던 것으로 보인다. 한센병 전염 지역의 특성, 국가 간의 지리적 인접성, 밀접성에 의한 전파 등에 대한 견해는 위생 보건 정책을 수립하는 것과도 연관되어 있다는 점에서 섬세하게 읽어볼 필요가 있다.

(1) 지역과 풍토

유준 박사의 「일본의 나병을 보고」(1965년 8월호)에서는 7세기에 광명황후光明皇后에 의해 건립된 법화사法華寺라는 절에서 있는 나병 관련 유적을 소개하고 있다. 필자는 사찰 방문 기록에서 황후가 나환자를 직접 목욕시켜준 목욕실에 관해 언급하면서 한국과 일본의 나병 구제책을 간략하게 비교한다.

> 광명황후가 절 안에 '가라부로'空風呂라는 목욕실을 건립하고, 이 곳에서 손수 나환자를 목욕시켜 주었다는 유서깊은 장소가 있었다. (…) 이 유적으로 미루어 생각할 때 일본의 나병은 이미 7세기에 일국의 황후가 인애愛隣의 자비심을 베풀만큼 사회문제화했던 것을 상상할 수 있었다.

한국에서는 14세기에 세종대왕世宗大王께서 제주도에 나환자를 구료했던 것과 비교해 보면 일본의 나병은 한국의 나병보다도 최소한 6~7백년 먼저 유행했었다는 것을 상상할 수 있었다. 더구나 그 당시에 문화 및 의학의 수준은 한국이 훨씬 앞섰던 것을 상상할 때에 일본의 나병의 역사는 한국의 그것보다 길었었던 것을 상상할 수 있었다.[1]

인용한 문단에서 주의깊게 볼 점은, 양국의 나병 관련 문화유적을 설명하는 문장에서 한국과 일본 중의 어느 나라에서 먼저 나병이 발생했는지, 즉 나병의 역사 기술 문제를 제기하고 있는 부분이다. 유준 박사의

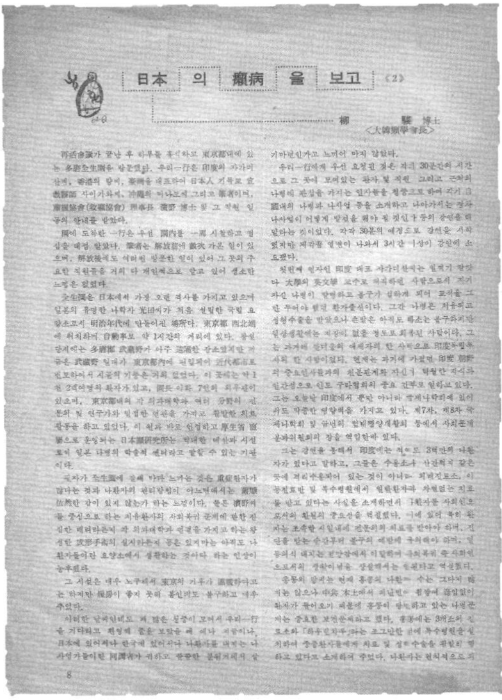

日本의 癩病을 보고 《2》

柳駿 博士
<大韓癩學會會長>

柳駿, 「日本의 癩病을 보고」(2), 《새빛》 1965년 7월호.

1 柳駿(大韓癩學會會長), 「日本의 癩病을 보고」(3), 《새빛》 1965년 8월호, 14쪽.

설명에 따르면 일본에서 나병이 먼저 유행했다고 볼 수 있는데, 7세기 법화사라는 절 안에 황후가 건립한 나환자 목욕실 '가라부로'가 바로 그 증거라는 것이다. "황후가 인애愛隣의 자비심을 베풀만큼 사회문제화했던 것을 상상"하는 장면은 육영수 여사의 행적을 서술한 내용과 겹치는 대목이다.

좌담 「문둥병과 한센씨병」(1970년 2월호)에서 유준 박사는 "경상도 특히 월성군 같은 곳에 환자들이 많이 있다고 하는데 무슨 특별한 조건"이 있는가라는 질문에 대해 나병이 발병하는 이유를 지역과 풍토에 근거해 설명한다.

> 김영훈(기독교 대한감리회 교육국): 그런데 경상도 특히 월성군 같은 곳에 환자들이 많이 있다고 하는데 무슨 특별한 조건이라도 있는지 여기에 대하여 말씀하여 주시기 바랍니다.
>
> 유준 박사(연세대 의대 교수): 오늘날 국제적으로 볼 때 나병은 온난한 지방 즉 열대지방을 중심으로 하고 있습니다. 또 세계적으로 나병이 가장 많이 있는 나라는 인도, 아프리카 등으로 알고 있습니다. 그러나 역사적으로 볼 때에는 추운 지방에도 많이 있었습니다. 요즘 「로서아」 학자들이 국제학술지에 보고하는 것을 보면 「우크라이나」 지방에도 나병이 많이 창궐하고 있었으며 「노르웨이」에서도 「한센」의 생존 당시에는 나병이 많이 있었고, 중국에도 나병이 많이 있는 것으로 알고 있으나 세계적으로 통계가 알려지지 않고 있습니다.
>
> 제가 우리나라의 경상도, 전라도 등 특정한 지방에 역사적으로 나병이 왜 많이 있는가 조사한 바에 의하면 우리나라의 나병은 대륙에서 온 것이 아니라 바다를 통해서 즉 일본을 거쳐서 우리나라에 들어 왔다고 볼 수 있는 여러 가지 역학적 증거를 가지고 있습니다. 그리고 결국은 이 나병이 전염이 잘 안되고, 밀접한 오랜 접촉에서 전염되는 병이기 때문에 그 쪽으로 들어와서 그 지방에 유행을 하고 있는 것이라고, 설명합니다. 저는 물론 여기에 상당하는 과학적인 증거를 가지고 있습니다.[2]

위의 설명에 따르면 한센병은 "온난한 지방"과 "추운 지방"을 막론하고 창궐했으나 세계적인 통계는 알려지지 않았다. 하지만 전파 경로에 관해서는 다음과 같이 추론할 수 있다. "우리나라의 나병은 대륙에서 온 것이 아니라 바다를 통해서 즉 일본을 거쳐서 우리나라에 들어 왔다고 볼 수 있"고 "밀접한 오랜 접촉에서 전염되는 병이기 때문에 그 쪽으로 들어와서 그 지방에 유행을 하고 있는 것"이다. 유준 박사는 이에 관한 "역학적 증거"와 "과학적인 증거"가 있다고 덧붙인다.

여기서 두 가지 점을 주목한다. 먼저 한센병은 일본에서 한국으로 유입되었다는 것과 한센병이 들어온 지방에서는 "밀접한 오랜 접촉으로" 인해 유행하게 된다는 것이다. 요컨대 지리적 인접성과 장기간 밀접한 접촉이 한센병 발생과 전파의 주요한 원인이라고 할 수 있다.

한센병 발병과 전파에 관한 가설들은 한국과 일본 한센병 관계자들 간의 교류가 활발하게 진행되던 시기에 나온 것으로, 전염병에 대한 양국의 입장 차이가 개입되어 있다는 점도 간과할 수 없는 대목이다. 한센병이 발병하는 지리적 조건과 그 전파 경로에 대한 견해는 지역과 지역, 국가와 국가 간의 미묘한 갈등을 내포한 "역사적"인 문제이며 "국제적"인 시각에서 다루어야 할 쟁점이다. 지리적으로 인접한 동아시아 국가들에서의 한센병 기록들을 참조해서 자세하게 살필 과제이다.

(2) "북괴의 세균주발주": "북한 이데올로기"의 침투

지역적 조건에 의한 발병 및 전파설과 다르게, "세균침투설"은 전염균과 이데올로기를 '침투'의 은유를 바탕으로 한 것이다. 1970년 2월호에 실린 「북괴北傀의 세균주발주細菌株發注－작년의 '콜레라'도 북괴의 짓?

2 "이 좌담회는 지난 1월 25일 제17회 「세계나병의 날」과 우리나라에서 세 번째 「구라주일」을 맞아 기독교 방송에서 유준 박사와 김학수 목사를 모시고 김영훈 씨의 사회로 진행된 것입니다. 1월 25일 「나병의 날」 아침에 HKKY 전파를 타고 전국에 방송된 것입니다." 「편집자 주」, 좌담 「문둥병과 한센씨병」, 《새빛》 1970년 2월호, 18~19쪽.

'콜레라' '페스트' 등 4가지 균菌 발주」에서는 전염균의 발생을 정치적인 음모로 해석하면서 "세균침투설"을 거의 확실한 '사실'로 서술한다.

> 요즘 작년에 발생된 콜레라가 북괴의 세균전 획책이 아닌가 하여 사회는 물론 보건계의 관심을 집중하고 있다. 이것은 최근 일본경찰이 적발한 북괴의 전염병균을 일본에 발주했다는 사실과 함께 국내외에서 관심의 대상으로 되어 있다.
>
> 작년도에 우리나라 해안지방에 창궐된 콜레라는 이제까지 다각적인 조사를 실시하였는데도 그 병원病原이나, 침입의 경로, 전염의 경위가 명확하지 못하다는 점에서 북괴가 퍼뜨린 것이 아닌가 하는 의심이 있는 것이다. 또한 북괴가 일본에 발주한 전염병균은 탄달균炭疽菌과 콜레라, 페스트, 천연두균 등 모두 무서운 균으로 의학적 가치가 없고 세균병기로 이용할 가능성이 많다는 것이다. 작년의 콜레라 발병에 대하여 2월 3일 김태동金泰東 보사부 장관은, 북괴가 일본에 발주한 콜레라균을 비롯한 각종 전염병균이 밀수됐을 것으로 본다고 덧붙였다. 또한 보사부 한 당국자에 의하면 작년에 오염된 콜레라가 북괴로부터 인공적으로 침입된 것으로 보인다고 다음과 같은 이유를 들어 설명했다. (…)
>
> 북괴의 세균주 발주 사건에 대하여 우리정부에서는 WHO(세계보건기구)에 진상규명을 요청하였다.
>
> (…) C일보는 사설에서 다음과 같이 논하고 있다. 「북괴는 일본을 한국에 대한 간접침략의 가장 편리한 루트로 생각하고 있기 때문에 (…) 협조는 공산세력의 위협에 당면하고 있는 우방으로서의 최소한 의무이며 예절이라고도 할 것이다. (…)」[3]

글의 서두에서 먼저 "병원이나, 침입의 경로, 전염의 경위가 명확하지

3 健康저어널 「北傀의 細菌株發注—작년의 '콜레라'도 북괴의 짓? '콜레라' '페스트' 등 4가지 菌 발주」, 《새빛》 1970년 2월호, 11쪽.

못하다는 점에서 북괴가 퍼뜨린 것이 아닌가 하는 의심"을 제기한다. 이어서 "일본경찰이 적발한 북괴의 전염병균을 일본에 발주했다는 사실"을 환기하면서 각종 전염병균이 "북괴로부터 인공적으로 침입된 것"으로 보인다는 추측을 덧붙인다. 마지막 부분에서는 "공산세력의 위협"에 대응해 한국의 "우방으로서" 일본의 "협조"를 요청하고 있는 C일보의 사설을 인용하면서 끝맺는다.

이처럼 "의심이 있는 것"이라고 조심스러운 추정으로 시작한 글은 보사부 장관의 발언과 신문 기자의 기사를 인용하면서 거의 '사실'에 가까운 어조로 진술된다. 이러한 견해는 하나의 가설에 불과하다고 할 수도 있겠지만, "북괴의 세균주 발주 사건"에 대해 당시 보사부에서 입장을 표명하고 세계보건기구에 진상규명을 요청할 만큼 심각한 문제로 인식되었던 것은 분명하다.

이 시기 일본 구라단체 관계자들이 한국 한센병 요양소를 방문한 후에 남긴 여행기에는 소록도병원, 한센인 정착촌의 현황, 한센인들의 생활상 등을 볼 수 있는 내용이 기록되어 있다. 그런데 그들이 남긴 기록에서도 북괴의 공작에 의해 일본에서 발주한 "세균전"과 동일한 서술이 발견된다. 예컨대, 서해안 지역의 콜레라 환자 사망 소식, 6.25전쟁기 기독교인 살해 사건 등이 북괴 혹은 공산당에 의한 것이라고 본다. 일본 구라기관 관계자들의 여행기와 방문기를 읽으면서 주의깊지 분석할 대목이다.

> 이번의 방한訪韓은 한일양국의 나원을 연결하는 하나의 계기가 되었던 것은 사실이다. 최소한 만나볼 수 있던 많은 사람들과 구라운동을 통한 「휴매니즘」의 상호 인연이 되었다.
>
> (…) 년전 제1차 방한訪韓 때에 보던 실업자는 나날이 줄어드는 것 같았고 동북北東아세아의 하나의 자유주의 국가로서 그 장래는 기대되는 바이다.
>
> 다만 북한의 「이데오르기」 공세와 무장간첩의 침투는 한국으로 하여

금 자기들의 방위에 힘을 기울이지 않을 수 없다. 그 결과 국방예산의 증대는 불가피한 일인 것 같았다.

따라서 보건사회부의 예산이 삭감되리라는 것은 당연하며 구라사업의 관계되는 지출도 적어질 것이다. 그러기 때문에 한국의 구라사업은 아직도 가시밭길을 걸어야 하는가 보다.

그러나 소록도를 위시하여 각지의 정착촌에서 본 한국의 나환우들은 이 경제적 곤난을 극복하면서 양계 양돈 농작물 등의 생산에 전념하고 있다. 그리하여 이것을 시장에 판매함으로써 경제적 여유를 만드는데 노력하고 있다.[4]

때마침 서해안의 군산群山에서 「콜래라」환자가 발생해서 이미 90여명이 사망했다는 보도가 들리는 시기였다.

(…) 다음에는 이곳(소록도) 환우들의 생활양상 중에서 특히 주목할 것은 그들이 나병을 요양하는 동안 독자적으로 농경, 축산방면에 뜻을 두고 일하는 수입이 환우들의 용돈이 되고 있다는 사실이다.

(…) 소록도병원의 음성자 퇴원지침은 물론 균음성菌陰性이 오래 지속되어야 하지만, 신체부자유의 경도輕度가 사회에 나와서 일할 수 있을 정도면 퇴원을 장려하여, 고령자로서 불구가 심하든지 또는 맹인 등은 섬 안에 있게 한다. 따라서 그러한 농경축農耕畜의 장려는 그들이 사회복귀자로서 정착촌에 정착을 하고 가족을 데려다가 새생활을 확보하는데 커다란 힘이 되고 있다.

(…) 그들(중앙교회 신도들)은 일본 통치 시대에 섬의 통치자로부터 신사神社참배를 강요당했으며, 병자로서 심한 노동에 동원되어 매질을 당해 1천 명의 사망자를 냈고, 또 6.25사변 때에는 북괴 공산 게리라에 의한 박해로 김정복金正福 목사와 다른 11명의 신자가 살해된 사건 등을 상기하면 숙연해지는 순간이기도 했다.[5]

4 山崎宗太郎(日本 MTL理事), 「韓國 癩園 訪問記」(完), 《새빛》 1970년 4월호, 25쪽.

5 鹽沼英之助(醫博, 日本光明園醫療部長), 「小鹿島 印象記」, 《새빛》 1970년 5월호, 18~20쪽.

山崎宗太郎(일본 MTL이사)의 「한국 나원癩園 방문기」(1970년 4월호)는 후쿠오카로 돌아오면서 한국 나요양소를 방문한 소감을 적은 글이다. 이 글의 필자는 "자유주의 국가"로서 한국의 장래를 기대하는 한편 다음과 같이 우려를 표한다. 한국은 "북한의 '이데오르기' 공세와 무장간첩의 침투로 인해" "방위"에 관심을 기울인 된 결과, 국방예산이 증대했다는 것이다. 그만큼 구라사업에 지출하는 비용은 감소하리라고 예상한다. 국방비 예산과 구라사업의 비용을 연관시키면서 북한의 침략에 대비한 '안보'의 중요성을 강조한다.

鹽沼英之助(의학박사, 일본광명원의료부장)의 「소록도 인상기印象記」(1970년 5월호)는 "山崎宗太郎(일본 MTL이사)가 한국의 나원과 정착촌을 방문한 것이 작년 5월"이라고 언급하면서 "9월 9일 소록드 국립나병원을 방문하기 위해 출발"해 소록도, 대전, 부산 등지를 여행한 기록이다. 필자는 소록도에서 생활하고 있는 환자들의 모습과 함께 소록도의 역사를 기술한다. 그는 소록도 환우들의 생활상을 묘사하기에 앞서, 서해안 군산 지역에서 발생한 콜레라 환자 사망 사건을 먼저 언급한다.

소록도의 역사에 관해서는 "6.25사변 때에는 북괴 공산 게리라에 의한 박해로" 목사와 신자가 "살해된 사건"이 있었던 것을 언급하면서 "숙연해지는 순간"이라고 감회를 밝힌다. "6.25사변", "콜레라"에 대한 "북괴" 침투설, 그리고 정착촌 성공에 대한 언급이 중심 내용을 이룬다. 콜레라가 일본에서 발주한 세균을 수입한 북한의 음모로 해석하는 가운데, 서해안의 콜레라 환자 발생 사망 소식을 언급하는 한편 "북괴 공산 게리라에 의한 박해로 김정복 목사와 다른 11명의 신자가 살해된 사건"을 떠올린다.

여기서 '전염균'은 자유주의 국가에 침투된 공산주의의 이미지로 형상화된다. 북한에 의한 세균침투설, 콜레라 발생, 공산당에 의한 기독교인들의 박해와 학살을 연결해 진술할 때 드러나는 것은 '기독교와 반공주의'의 접점이다. 나병 계몽 운동은 기독교와 반공주의, 새마을운동과 결합하면서 구체적인 양상을 보였다.

2) "물과 한센씨병"

한센병 발병의 원인에 관한 또 하나의 설은 '물'과 연관된 견해이다. 內田守(의학박사, 日本熊本短大 교수)의 「물과 한센씨병」(1971년 4월호)에서 필자는 일본의 위생 문화와 나병의 관련성을 소개했다.

> 나는 여러 강연에서 물의 효과와 물의 다용多用을 역설했으며, 매일 목욕할 것과 용변 후에 손씻는 것 즉 하루에 4~5회 손씻는 버릇을 가지도록 역설했다. 수도물 값은 본사本土와 별차 없지만, 물을 귀중품으로 여겨왔던 지금까지의 관념을 바꾸지 않으면 안된다고 말했다. 작년부터 아동의 발병율도 적어지기 때문에 앞으로 5년 후에는 오끼나와의 나병은 많이 감소되리라고 나는 보고 있다.
>
> 끝으로 나는 나환자를 사랑하던 나머지 나병에 감염된 「모로가이」의 「다미엔」이나 인도 히마라야山 밑의 「매드 리드」나 모두 물이 극히 부족한 벽지僻地의 나병원에서 헌신했기 때문에 나병에 감염되었다고 믿는다.
>
> 「모로가이」에서 「다미엔」의 뒤를 이은 「마리안느」는 다미엔의 생활방법을 반성하고 청결함을 지켰기 때문에 자기는 물론 동지들을 나균으로부터 보호할 수 있었던 것이다. 나병에 감염되는 것이 절대로 신의 뜻일 수는 없다. 일본에서도 많은 외국선교사가 헌신했지만 한 사람의 희생자도 없었다. 그것은 일본에는 깨끗한 물이 풍부했기 때문이다.[6]

內田守 교수는 "물" "목욕" "손씻는 버릇"을 역설하면서 오끼나와의

6 內田守(醫博, 日本熊本短大教授), 「물과 한센씨병」, 《새빛》 1971년 4월호, 17쪽.

나병이 감소하리라 전망한다. 그러기 위해서는 "물을 귀중품으로 여겨왔던 지금까지의 관념을 바꾸지 않으면 안된다고" 말한다. 또한 "다미엔"과 "마리안느"의 사례를 비교하면서, 마리안느는 "청결함을 지켰기 때문에 자기自己는 물론 동지들을 나균으로부터 보호할 수 있었던 것"이라고 해석한다.

더욱 흥미로운 대목은 나병의 발병 원인에 대해 다음과 같이 언급한 부분이다. "나병에 감염되는 것이 절대로 신의 뜻일 수는 없다. 일본에서도 많은 외국선교사가 헌신했지만 한 사람의 희생자도 없었다. 그것은 일본에는 깨끗한 물이 풍부했기 때문이다."라는 구절이다. 한편 일본에서 헌신한 선교사들이 나병에 걸리지 않았던 이유를 "일본에는 깨끗한 물이 풍부했기 때문"이라고 설명한다. 이러한 견해는 그동안 나병을 천형의 질병으로 인식해 온 운명론적 관념이나 죄악의 상징으로 여겼던 종교적 관점과 거리를 두면서 지역적 조건과 위생관념에 기반해 해석하고 있다는 점에서 눈길을 끈다.

1970년대 이후 나병 계몽 운동은 일반 시민의 건강을 보호하기 위한 명목 아래, 도시와 사회의 위생과 청결을 중시하는 분위기를 조성해 나갔다. 일상의 습관, 지역적 환경, 자연과 풍토, 청결과 위생 관념 등이 주요한 과제로 부상했다.

위의 글에서 주장하고 있듯이 실제로 '물과 한센병'이 직접적인 연관이 있는지를 따지는 것은 큰 의미가 없어 보인다. 그것보다는 이 시기에 육영수 여사와 유준 박사의 행보와 더불어, 일본의 나병 치료에서 '목욕' 문화를 강조하면서 육영수 여사가 목욕탕을 지어주었다는 것을 함께 보도하는 글을 수록했던 점이 주의깊게 읽을 부분이다. 이를 통해 계몽사업과 구라사업이 "위생", "보건"을 중요시하는 지점으로 나아가고 있는 것을 자세히 볼 필요가 있다.

목욕과 나병과의 관계를 주장하는 설은 아직은 확실히 알 수 없지만 모든 질병이 불결한 곳에 만연하는 것만은 사실이 아니겠는가. 그에 관한 설이야 여하튼 목욕과 나병은 깊은 인연이 있는 것만은 또한 사실이다.

◇ 일본역사의 奈良時代에는 황후皇后가 직접 나환자들을 궁내宮內로 불러서 손수 목욕시켜 주었다고 한다. 일본에서는 지금 그 우물井을 구라사적救癩史蹟으로 보존하고 있다고 한다. 일본의 유명한 초진온천지草津溫泉地에 나환자촌村이 자연 발생하였다는 것도 우연만은 아닐 것이다.

◇ 육영수여사께서는 7월 23일 안양安養「성나자로원」에「정결의 집」이라 이름하는 목욕탕을 지어주어 나환자들로 하여금「깨끗한 생활을 하라」고 격려하시며 개관테이프를 끊었다. 일찍이 5년전에는 전남 현애원玄愛園에도 목욕탕을 지어주었던 일도 있다. 육陸여사의 고마우신 뜻과 같이 나환자의 깨끗함이 나병 치유에 도움이 되고 한국 나병근절에 공헌하기를 빈다.[7]

위의 글에서는 일본 구라사적을 예로 들어 위생을 강조하는 가운데 “나병치유”, “나병근절”을 지향한다. 그런데 위생에서 보건, 복지로 나아가는 방향은 간단하지 않았다. 나병에 대한 사회 인식과 위생관념의 변화는 매우 정치적인 논점과 연관되어 있었기 때문이다. 그런 점에서 이 시기에 개진된 한센병의 발생과 전파에 관한 다양한 견해들은 앞으로 더 많은 자료들을 보완해 징후적으로 독해해야 할 자료들이다.

앞서 간략하게 본 것처럼 한센병의 발병 및 전파에 대한 가설들은 지리적 조건 및 풍토에 근거한 설명한 것에서부터 “북괴”에 의한 “세균전”에 이르기까지 다채로웠다. 그것은 한일 한센병 관계자들 간의 교류가 활발하게 진행되던 시기에 나온 것임을 기억해둘 필요가 있다. 이 부분

7 「볼펜: 목욕과 나병」, 《새빛》 1971년 8월호, 25쪽.

은 한국과 일본을 비롯한 동아시아 나병사 혹은 구라사에서 볼 때 민감하게 접근할 주제이다.

3) "정착민들 뜻 모은 총력안보"

새마을운동의 구호 아래 나병 계몽 운동은 복지사회 실현과 조국의 "안보"를 점차 강조하는 방향으로 나아간다. 이제 계몽의 대상은 육체에서 정신으로 초점을 옮기고 민족과 국가라는 더 넓은 영역으로 범위를 확장한다.

決議文

印度支那에 있어서의 悲劇的 終末과 北傀 金日成의 中共 訪問 및 豫定되는 蘇聯 訪問 그리고 南侵野慾이 立證되는 北傀의 땅굴 掘鑿, 長期化된 國論의 分裂 등 最近의 國內外 情勢를 直視하면서 韓國雜誌協會 會員 一同은 다음과 같이 우리의 決議를 밝히고 國民總和의 隊列에 앞장 서서 邁進할 것을 闡明한다.

— 다 음 —

1. 우리는 冷嚴한 最近의 國際情勢에 비추어 오로지 有備無患의 結束된 自衛力만이 武力 南侵을 擊退하는 열쇠이며 勝共의 지름길임을 確信한다.
2. 우리는 國家安保를 沮害, 弱化케 하는 一切의 政治的 社會的 行動의 自肅, 根絕을 促求한다.
3. 우리는 雜誌言論人으로서 國家的 社會的 使命感을 再認識하고 보다 더 健全 明朗한 雜誌言論의 暢達로써 國民總和에 寄與할 것을 굳게 다짐한다.

1975. 5. 7.

韓國雜誌協會會員一同[8]

《새빛》에서는 현지 르뽀 「자립 의욕에 가득찬 칠곡漆谷농장」(2)(1972년 7·8월호), 「꾸준한 의욕으로 발전하는 상지원上智園: 새마을 사업으로 소득증대에 박차」(3)(1972년 9월호) 등을 수록했다. 《새빛》에 실린 한국잡지협회의 「결의문」(1975년 5월호)과 안보단합대회 「결의문」(1975년 9월호)의 내용은 나병 계몽 운동에서 주창한 내용과 크게 다르지 않았다.

> (…) 우리들도 비록 신체적인 여건으로 직접 일선에서 병역의 의무는 못할지라도 우리들은 전체가 철통같이 뭉쳐 우리들이 살고 있는 우리의 마을은 우리들의 총화로서 사수하며 자조정신을 발휘하여 자활의 사명감으로 의타적인 습성을 버리고 근면과 성실로 명랑한 정착민들의 기풍으로 정착촌마다 지역사회개발에 헌신하여 잘사는 마을을 이룩하는 것이 곧 국운에 보답하는 길이요 나아가서는 국가를 부강케하는 길이기에 우리들은 총화로 굳게 뭉쳐 투철한 반공으로 내마을 내고장을 위해 북괴 침략을 분쇄할 수 있는 (…)[9]

반공을 넘어서 승공으로 가기 위해 "국민총화"가 요구되는 시기에 자립과 자활의 정신은 한센인들 또한 갖추어야 할 중요한 자세였다. "조국의 안보"는 신체의 건강만이 아니라 "정신"의 건강이 뒷받침되어야 하는 일이었던 것이다.

이것은 총화안보단합대회의 대회사 「국가는 곧 나의 운명: 잘 사는 마을 이루는 게 과업」(1975년 9월호)에 집약되어 있다. 대회사에서는 "공산적화가 된 월남과 「크메르」가 패망한 원인을" 상기하면서 "비록 신체적인 여건으로" 한계가 있을 수 있겠지만 "자조정신을 발휘하여" "투철한 반공으로" "북괴 침략을 분쇄할 수 있는" 의지를 모으는 데에 한센인

8 《새빛》 1975년 5월호, 39쪽. 하단 광고.

9 康柄元, 「國家는 곧 나의 運命: 잘 사는 마을 이루는 게 과업」, 《새빛》 1975년 9월호, 36쪽.

들도 예외가 아니라고 역설했다.

아울러 이 시기에 6.25전쟁 당시, 소록도에서 겪은 한센인의 회고담 「6.25 특집 비환悲歡어린 소록의 6.25」(1975년 6월호)을 게재하였다.

> 북괴군이 후퇴를 결정할 때, 겨우 나를 풀어 주었지요. 하도 경황이 없어서 정신없이 녹동鹿洞 부두에 닿으니 괴뢰군에 동조했던 변절자들이 전부 모여 있었습니다. (…) 그들은 그 지역 잔류 게릴라들과 합류해서 소록도를 습격, 밤 낮 없이 물품은 물론 현금, 약품, 식량, 기구 등 닥치는대로 약탈해 갔습니다.[10]

김상태金尙泰의 구술에서는 "적 치하에서 고생"을 "나만이 당한 고통이 아니고 민족과 국가가 당한 고통이"라고 표현한다. 그는 한국전쟁기에 후퇴하던 '북괴군'이 소록도 한센인들에게 했던 잔악한 행위를 고발한다. 이와 같은 구술 내용이 소록도의 실제 역사와 어느 정도 근접한 것인지를 묻기 전에, 흥미로운 점은 1975년 무렵 "총화안보"를 강조하는 사회 분위기 속에서 잡지 《새빛》이 '6.25전쟁'에 관한 구술을 수록했다는 점이다.

나병 계몽 운동과 새마을 운동이 결합하는 곳에서 "위생"을 강조함과 동시에 "복지사회", "조국", "안보"가 주요한 가치로 부상했다. 나병 치료—정착촌—국가 안보는 하나로 연결되었다.

> 「편집 후기」: 이번 호에는 경북 칠곡漆谷농장을 현지 「르뽀」로 실었다. 국립병원에서 정착촌으로 바뀐지 불과 3년간에 전기를 가설, 지금은 상수도上水道사업 등 새마을 사업에 여념이 없는 의욕찬 마을의 생생한 모습을 실었다.[11]

10 金尙泰, 「6.25特輯 悲歡어린 小鹿의 6.25」, 《새빛》 1975년 6월호, 26쪽.

결의문

2만여 나癩치유자 정착민 일동은 조국의 안전보장이 초긴박상태에 직면하고 있는 현실을 바로 인식하고 박대통령朴大統領 각하의 확고한 신념에 입각한 시국관과 국토방위에 대한 의연한 결의에 따라 다음과 같이 우리의 결의를 천명한다.

첫째: 우리는 북괴의 침략적 야욕을 규탄하며, 국가가 없으면 국민도 없다는 철칙을 월남상태를 통하여 통감하고, 무엇보다도 총력안보, 국론통일이 우선임을 확신한다.

둘째: 이와 같은 사태에서 우리는 생활을 자립하고 자조, 협동하여 사회질서를 어지럽히는 요소를 스스로 제거하는 길만이 민족 번영에 헌신하는 길임을 확신하고 이를 확립하는데 최선의 노력을 경주한다.[12]

「편집 후기」: 이 달부터 김광창金光彰씨의 고난의 반생기 「비바람을 헤치고」를 연재한다. 김광창씨는 현재 「헌인농장」 대표이며 새마을운동의 기수로 눈부신 활약을 하고 있다. 씨氏는 지난 11월초에 자신의 자서전 및 새마을운동 수기를 담은 「비바람을 헤치고」란 책자를 출간했다.[13]

"총화안보" 의지와 정신은 곧 "새마을운동"의 요체였다. "신앙과 협동이 결정되어 복지농촌을 건설한" 희망농원을 소개한 르뽀 「협동이 이룬

11 「편집 후기」, 《새빛》 1972년 7·8월호.

12 안보단합대회 「定着民들 뜻 모은 總力安保: 自助, 自立, 協同으로 만세소리 진동」, 《새빛》 1975년 9월호, 35쪽.

13 「편집 후기」, 《새빛》 1978년 12월호, 36쪽.

복지마을」(1976년 2월호), “불굴의 투지와 개척정신은 현인농원을 신화적 낙원으로 이룩하는 데 크게 기여”한 “자서전 및 새마을운동 수기” ‘고난의 반생기’ 「비바람을 헤치고」(1978년 12월호~)에서 읽을 수 있다.[14]

나병 계몽 운동과 새마을 운동은 1979년 7·8월호에 게재된 표어 「단란한 우리가정 안보만이 지켜준다」[15]에서 보듯이 “안보”의 중요성을 강조하였다. 한센인들에게는 신체의 불구라는 한계를 넘어서 “의지”와 “정신”의 태세를 갖추기를 요청했다.

2. 기독교 구라운동

1) 정신의 건강과 위생: “능동적 선교”

《새빛》 1972년 11월호에 게재된 글의 목차를 브면 당시 이 잡지의 기획 방향을 볼 수 있다. 수록된 글은 현지 르뽀 「가난을 씻고 생산대열에 앞장선 신흥·비룡농원」, 심전황의 논·픽션 「소톤도의 반세기」, 유덕용(천성교회 전도사)의 투병기 「나는 왜 살아야 했던가」, 노석현(전남 소록도)의 「한국의 나인癩人들」, 이경형(소록도 교회)의 「오순五旬의 빛나는 7촟대 — 소록도 교회 50년사」, 宮岐松記의 「보리수菩提樹의 그늘에서」, 로드리게즈 박사(국제나학회 부회장)의 「놀랍게 발전한 한국의 나병 — 정착사업은 성공」 등이다. 아울러 「창간 100호 통권 중요 목차(1963년 2월호~1972년 10월호)」를 부록으로 실었다.[16]

---

14 르뽀 「協同이 이룬 福祉마을」, 《새빛》 1976년 2월호. 《새농민》169호에 실린 전문을 게재; 「편집자 주」, 金光彰, 고난의 半生記 「비바람을 헤치고」(1), 《새빛》 1978년 12월호; 「편집 후기」, 《새빛》 1978년 12월호, 36쪽.

15 표어 「단란한 우리가정 안보만이 지켜준다」, 《새빛》 1979년 7·8월호, 19쪽.

발간 100호 기념호에 수록된 다양한 유형의 글들 가운데 논픽션, 르뽀 형식과 함께 기독교 관계자의 글이 눈에 띤다. "현지 르뽀", "논·픽숀", "투병기", "한국의 나인癩人들", "소록도 교회 50년사" 등과 같이 현장의 실태를 보고하거나 구라에 기여한 인물 소개를 비롯해 한센인의 구체적인 경험을 담은 글들이 중심을 이루었다. 르포, 논픽션, 견문기, 방문기, 정착촌 성공담 등과 같은 기록들은 타율적인 힘에 기대지 않고 한센인들 스스로 노동력을 가진 자율적 주체가 되길 권유했다.

잡지 《새빛》을 창간할 때부터 정신적 토대였던 기독교는 유신체제기 나병 계몽 운동과 어떤 표정으로 마주했던 것일까. 기독교는 나병 계몽 운동과 구라사업의 정신적 바탕이었던 한편 국내외 한센병 관계자들의 교류를 촉진하는 데에 지대한 역할을 담당했다.

10월 유신에 대한 성명서

급변하는 국제정세 속에서 남북대화를 통한 조국의 평화적 통일이라는 민족적 대과업을 눈앞에 둔 우리는 10월 유신이 5천만 우리 민족의 평화적 통일의 기틀이 될 수 있다고 믿어 이를 적극 지지하는 바이다.

아울러 우리는 차제에 사회 전반에 걸쳐 퇴폐적인 풍토가 하루 속히 개선되어 건전한 자유 민주주의가 이 땅에 정착화되기를 희구해 마지 않는 바이다.

1972년 10월 19일

사단법인 한국잡지협회

월간 새빛사[17]

16 《새빛》 1972년 11월호(紙齡 100號).

17 「10月 維新에 대한 聲明書」, 《새빛》 1972년 11월호(紙齡 100號).

앞서 살펴본 바와 같이 박정희, 육영수, 박근혜 등 정치권 인사들의 개입이 활발해진 과정에서 나병 계몽 운동은 새마을운동과 더욱 밀접한 관계를 형성했다. 이 시기 전염병에 관한 위생 관념은 신체에서 마음과 정신으로 옮겨가고, "우리 민족의 평화적 통일"이라는 "대과업"과 만나게 된다. 유신체제기 나병 계몽 운동에서 전염균과 공산주의 이념은 신체의 건강만이 아니라 '정신'의 건강과 위생을 지키기 위해서 척결해야 하는 대상이었다.

이 시기에 기독교 구라운동은 한센인들의 자활 치료, 재활 의지를 통한 복지 실현을 공동 목표로 설정했다. 다음에 인용한 글에서 기독교 구라운동의 주요한 핵심을 확인할 수 있다.

> 기독교 구라운동의 참 모습 (…) 결코 강요에 의한 것이나, 이해관계에 의한 것도 아니요 단지 믿음과 사랑 가운데서 시작되는 'I will'운동 (…)[18]

> 과학을 믿으라고 해보았자 내 자신이 그 과학의 힘을 믿지 못하였고, 국가나 사회를 믿으라고 해도 거짓이 되겠고 더욱이 내 말을 믿으라고 할 수는 없었다. (…) 하나님을 통하여 나환자와 대화할 때에 그들에게 믿음, 소망, 사랑을 토대로 하는 삶을 줄 수 있다고 믿는다.[19]

> MOL은 Mission of Lepers의 약자로서 MTLMission to Lepers과 대조적 표현인 것이다. 즉 영어의 'to'를 'of'로 바꾸어 놓음으로써 수동적 선교受動的 宣敎에서 이제는 능동적 선교能動的 宣敎로 나서자는 것이다.[20]

---

18 文永福(대구 애락보건병원), 「I will 운동과 구라사업」(한국기독교구라회 창립 1주년 기념 강연), 《새빛》 1971년 2·3월호, 13쪽.

19 유준, 「하나님을 통한 환자와의 대화」, 《새빛》 1974년 6월호, 39쪽. 월간 《세브란스》 제108호에 실린 글을 전재.

20 辛定夏, 컬럼·몰로카이 「現代의 '욥'들」(5), 《새빛》 1975년 5월호, 29쪽.

'한국기독교구라회 창립 1주년 기념 강연'에서는 "마가복음 1장에서 예수께서 나환자를 고쳐주시는 아름다운 실화를" 인용하면서 강요가 아니라 자발적인 사랑으로 실천하는 행위를 강조한다.

유준 박사는 치유가 된 후 한센인들의 "성격 변화"가 "육체적 후유증보다도 더 큰 장애"인데, 그 "처방"을 버림받은 생명인 "문둥이"와 대화할 수 있는 하나님에게서 발견한다. 그것은 "과학", "국가와 사회", 의사를 모두 믿을 수 없는 상황에서 가능한 선택이라고 말한다. 치료 이후 환자의 성격 변화라는 장애에 직면해, 과학적인 의학이나 국가나 사회에 대한 믿음이 아니라 버림받은 생명인 "문둥이"와 대화할 수 있는 하나님, 즉 신학적인 힘에 의존한 것이다.

신정하 편집장은 1969년 '일본 한센씨병자 복음 선교협회'란 모임의 약칭을 'MOL'이라고 하게 된 이유를 "수동적 선교에서 이제는 능동적 선교로 나서자는 것"을 뜻한다고 하면서 "치유된 환우들이 요양소 안은 물론이려니와 대외적으로 전도하는 운동"이라고 설명했다.

심전황의 「내일을 향한 영일零日 없는 주민들—광역한 익산농장을 찾아서」(1975년 4월호)에서는 '왕궁복지원王宮福祉園'을 방문해 소감을 남겼는데 한국과 일본의 기독교구라회 교류 활동을 확인할 수 있다. 필자는 "일본기독교구라협회(JLM)의 후원을 얻어 한국기독교구라협회(KLM)가 '익산농장'에서 살다가 후손이 없이 고령이 된 무의무탁한 정착민들을 위해 세운 이 가정양로원은 우리나라에서 처음 시도한 복지 시설"[21]이라고 언급한다. 그리고 이 복지 시설이 준공된 것, "양국의 기독교구라회에서 공동사업으로 이룩해 놓은 것은 국경이 없는 기독교의 사랑이 아닌가." 라고 감상을 덧붙였다.

다음의 여행 기록에서는 1967년 무렵부터 한국과 일본 구라기관 및

21 沈田潢(小鹿島), 르보 「來日을 向한 零日없는 住民들—廣域한 益山농장을 찾아서」(上), 《새빛》 1975년 4월호, 33쪽.

단체 관계자들의 교류가 '교회'를 통해서 이루어졌음을 볼 수 있다.

> 일본 구라협회의 초청을 받고 소록도교회 김두영 목사와 본 새빛 편집부장 신정하씨가 명년 1월 초순에 약 2주일간의 예정으로 일본을 방문할 예정이다. 이들은 일본 국내의 10여개 나병요양소와 그 교회를 시찰하고 구라운동과 교회를 통한 양국의 친선우호를 두텁게 할 것이다.[22]

> 구라救癩문제에 관해서 처음으로 이야기된 것은 대구 동산기독병원東山基督病院에서였습니다. 이 장로계 계통의 병원에는 애락병원愛樂病院이란 구라시설이 부속되어 있었습니다./ 다음으로 소록도의 나원癩園에 관해서도 이야기 들었습니다./ 그리고 미국의 기독교 선명회World Vision에서 한국의 구라사업을 후원하고 있다는 것을 "새빛"*The Vision* 잡지에서 처음으로 알게 되었습니다. 선명회에서 후원하고 있는 두 개의 시설을 광주에서 견학했습니다. 하나는 19세까지의 소년소녀를 수용하는 육아사업의 무등보육원無等保育院이며, 다른 하나는 보육원 출신 여학생만을 수용하는 성빈여사聖貧女舍였습니다.[23]

吉田源治郎(목사, 일본 MTL이사)는 "작년(1968년) 11월 1일까지 약 2주일 동안 세 사람의 한국 친구들로부터 초대를 받고 한국 전도傳道 및 강연 여행에 다녀왔"다고 하면서 여행 후기를 남겼다. 이 글에서는 일본 기독교 인사가 한국여행 중에 선명회 후원으로 발간되는 잡지 《새빛》을 알게 되었다는 사실과 선명회 후원 시설 기관 등을 방문한 여정을 볼 수 있다. 일행은 대구, 소록도, 광주 등지를 여행했는데 광주 지역의 선명회 후원 시설에 대한 정보가 적혀 있다.

---

22 「나계 소식: 소록도 목사, 새빛 편집장 일본 나계 시찰」, 《새빛》 1967년 11·12월호, 30쪽.

23 吉田源治郎(牧使, 日本 MTL理事), 「韓國旅行」, 《새빛》 1969년 8월호, 9쪽.

2) 기독교와 유신체제: 반공주의라는 접점

1970년대 전후 《새빛》에서는 기독교 구라운동의 요지를 담은 다양한 글들을 수록하였다. 한국 한센병사에서 기독교는 한센병에 대한 부정적인 인식을 계몽하고 한센인들에게 긍정적인 의지를 불어넣는 정신적인 지주였다고 해도 과언이 아니다. 기독교 구라운동은 어떻게 유신체제기 반공주의와 만나게 되었을까. 이 질문에 답하기 위해서는 많은 우회로를 경유해야 하겠지만 앞서 읽은 일본 한센병 관계자의 '방문기'는 하나의 단서가 된다.

특히 나병 계몽 운동 시기에 해방과 여순사건, 한국전쟁에 관한 역사를 기술하는 것은 매우 민감한 사항이었다. 山崎宗太郎(일본 MTL이사)의 「한국 나원癩園 방문기」(4)(1969년 11월호)에서 전해 듣는 해방 이후 한국사의 한 장면은 기독교와 반공주의가 결합하는 지점에서 파악된다. 방문기의 필자는 해방과 여순사건, 한국전쟁 사이에 '손양원 목사' 일가가 겪은 일들을 다음과 같이 기술했다.

> 1945년 8월 2차 대전의 종식과 더불어 한국은 해방이 되었고, 손양원孫良源목사도 옥獄에서 풀려나와 교회로 돌아오게 되었다. 그러나 그 후 3년이 못되어 여순사건麗順反亂사건이 발생했다.
>
> 이 무렵 손孫 형제는 순천사범順天師範과 순천중학順天中學에 재학 중이었으나, 기독교 학생운동의 「리이더」라는 죄명으로 학우 안모安某라는 공산분자의 고발로 무참하게 총살로 처형되고 말았다.
>
> 안모安某에게 의해서 형장刑場으로 끌려 가면서도 손孫 형제는 「회개하고 예수를 믿으라. 그리고 구원을 받으라.」고 전도하는 일을 잊지 않았다. 또한 총살에 당해서는 「주여, 우리의 영혼을 받아 주옵소서」라고 외치며, 형제가 서로 얼싸안고 넘어졌다고 하니, 이 얼마나 가슴이 벅차는 이야기인가.

> 감동을 금치 못하는 신앙미담信仰美談은 또한 계속된다.
>
> 공산분자의 반란과 지배는 곧 진압되고 그 세력은 일소되었다. 이번에는 안모安某가 처형되게 되었다. (…)
>
> 그러나 1950년 6.25사변때 38선을 넘어 이 시골에까지 남침南侵하여 온 공산괴뢰군에 의해 손孫목사 자신도 살해되어 아들의 뒤를 따랐다고 한다.
>
> 조용하고 아름다운 이 시골 농촌에서 어째서 그런 비참한 일들이 생겼었는지 「이데올로기」란 무서운 것이다. 그러나 신앙의 승리가 이곳에 있다. 순교의 이야기를 듣고 있는 동안에 내 눈시울은 뜨거워졌다.[24]

山崎宗太郎 이사는 해방 이후에서 여순사건, 그리고 한국전쟁기에 손양원 목사의 가족이 경험한 비극적인 일들을 기독교/반공주의, 순교/이데올로기의 관계로 읽는다. 그의 기록에서는 손양원 목사와 그의 가족들이 겪은 일들을 "순교의 이야기"로 부각하는 한편 공산주의 "이데올로기"에 대한 공포심을 강조한다. 해방과 여순사건, 한국전쟁기에 일어난 손양원 목사 일가의 "비참한 일들"을 기술하는 과정은 기독교의 대립항으로서 반공주의를 더욱 구체적으로 드러내는 데에 기여한다. "신앙미담信仰美談"과 "공산분자共産分子의 반란과 지배"는 대립적인 자리에 위치한다.

한편 1975~1976년 사이, 신정하(본지 주간) 일행은 "일본 대판大阪 「크리스챤센터」에서 제2회 한일구라 협의회韓·日救癩 協議會를" 마치고 장도長島의 애생원愛生園과 광명원光明園의 두 요양소를 방문했다. 이 시기에 재일교포 환우들이 모국을 찾기도 했다.[25]

---

24 山崎宗太郎(日本 MTL理事), 「韓國 癩園 訪問記」(4), 《새빛》 1969년 11월호, 17쪽.

25 辛定夏(本誌 主幹), 「僑胞患友에게 「애국가」와 「찬송가」를」, 《새빛》 1975년 1월호, 31쪽; 創刊 12주년 特輯座談 「在日교포 患友: 祖國 發展은 患友의 간절한 念願」, 《새빛》 1975년 2월호, 12~18쪽; 「분노의 계절 증인들: 모국 방문한 재일 교포 환우들」, 《새빛》 1976년 12월호, 20~21쪽.

참석자

崔基奭 목사(KLM 會長)

裵東允 목사(KLM 副會長)

辛定夏 主幹(KLM 副會長)

吳光洙 理事(서울 上岩長老敎會 목사)

黃大植 理事(서울 上道洞성결교회 목사)

姜仁鉉 장로(KLM 평생회원)

申汀植 원장(國立癩病院長)

井藤信祐 씨(JLM 事務局長)

嶋崎紀代子 씨(JML 理事)

朴有鉉 患友代表 외 30名

녹음: 李英中 편집부장

사진: 崔玉天 사진부장

때: 1974년 10월 4일

곳: 日本 岡山縣 光明園 家族敎會

사진 "在日 교포 患友들과 「새빛」 創刊 12주년 기념 特輯 座談을 갖는 韓國기독교救癩會(KLM) 訪問團 一行" 1974년 10월 4일/ 곳: 日本 岡山縣 光明園 家族敎會[26]

'창간 12주년 특집좌담' 「재일교포 환우: 조국 발전은 환우의 간절한 염원」(1975년 2월호)은 재일교포 환우들과 한국기독교구라회(KLM) 방문단이 함께한 좌담회였다. 이 좌담회에서는 일본 오까야마 광명원의 재일교포 환우들, 한일 한센병 관계자들이 참석해 한국 기독교가 직면한 현실과 유신체제에 대해 논의했다. 좌담회에서 나눈 대화의 일부를 옮겨 본다.

---

26 創刊 12주년 特輯座談 「在日교포 患友: 祖國 發展은 患友의 간절한 念願」, 《새빛》 1975년 2월호, 12~18쪽.

환우 K: 지금 일본의 기독교계 신문에 의하면 한국 정부가 기독교를 박해하고 있다는 데 한국정부는 과연 박해를 하고 있는가? 그렇다면 왜 그런 일을 저질러야만 하며 왜 그런 사태까지 생겼는가에 대해 오늘 고국에서 많은 인사와 목사님이 오셨으니 답해 주시기 바랍니다.

배동윤裵東允: 한국 정부는 교회를 절대 탄압하지 않습니다. 교회가 굉장히 많이 부흥되어서 사회 행동으로 지나치게 나가면 그것을 잘 나가도록 할 뿐이지 정부가 절대로 교회를 탄압하지 않습니다.

우리 정부는 오히려 교회를 뒷받침해서 그리스도 정신을 번창하도록 바라고 있는 실정입니다.

황대식黃大植: 우리 성경에서 살펴보면 민족주의가 아닙니까.

저는 일정 때 일본인에게 뺨을 맞아가며 교회에 다닌 자랑이 있습니다. 그때 속으로는 나라 사랑으로 교회에 다녔습니다. 우리나라는 해방 후에 마음대로 교회들이 성장했습니다. 그러나 6.25사변으로 공산당에게 짓밟히고 탄압 당했고 파괴됐습니다. 우리가 파괴되는 동안 일본은 전후 경제에 힘을 주었고 그 덕을 입어 비약적 발전을 했습니다.

그런 후 우리나라는 휴전 후에도 교회발전을 꾸준하게 하여 지금은 부락부락마다 교회가 하나 둘은 보통이고 서너 개씩은 있는 곳도 많습니다. 50세대 이상만 모여 살면 틀림없이 교회가 하나 이상 꼭 있습니다. 외국 사람은 우리나라를 보고 기독교국가라고들 합니다. (…)

환우 S: 교회문제는 이제 대충 알았습니다만 작금 유신체제와 반 유신체제 사이의 정치적 문제와 인신에 대한 문제가 상당히 대내외적으로 거론되고 있습니다. 저희들이 이런 문제에 관심을 보이는 것은 늘 조국을 그리고 있기 때문에 항상 조그만 문제에도 신경을 쓰기 마련입니다.

조국 한국이 일치 단결하여 남북통일도 하고 잘사는 나라가 되어 우리 같은 한센환우들도 윤택하게 여생을 즐기게 되었으면 얼마나 좋겠습니까.

신정하辛定夏: 제가 알기로는 우리나라의 유신체제는 이북의 공산체제에 대적할 수 있는 체제로서 전쟁의 위험을 물리치고 경제 대국으로 발돋움하고 나아가 국가의 장래를 확고하게 설정하려는 의도로 알고 있습니다. 현싯점에서 그러한 비상체제를 가져야 한다는 의견과 순수한 민주주의를 취해야 한다는 의견과의 견해차라고 생각합니다.

나라를 사랑하고 국가의 장래를 걱정하는 것은 다 같은 뜻이나 그 방법론에 있어서 서로 상반되고 있는 것은 어느 국가나 있을 수 있는 것입니다. 기독교를 근본적으로 탄압하고 국민을 근본적으로 강압하고 있다고는 볼 수 없다고 생각합니다.

신정식辛汀植: 제가 질문하신 분을 위해 부언하고자 합니다.

이곳 일본은 모든 것이 개방된 소위 자유분방한 사회적 여건을 갖고 있으나 우리 한국은 공산주의와 싸우는 필요불가결한 상황에 놓여 있습니다. 우리가 지금 자유에 대한 고집만 하고 있을 때는 아니라고 생각합니다.

따라서 우리는 어느 정도 자유를 반납하고 보류시키고 있습니다. 위정자에게 10%쯤 맡겨 두었다가 나중에 110%의 자유를 달라고 임시 연금해 놓은 것입니다. 그에 대해 정치가, 학생, 언론인, 종교인, 교수 등이 반대하고 있습니다. 그러나 그 분들 역시 비애국자는 절대 아닙니다. 피차 공산당과 싸우는데 어떤 것이 낫겠느냐는 이념상의 차이지 정치탄압이나 교회탄압은 아닙니다.

지금 한국 교회의 발전과 자유로운 기도회 등을 보면 정말 이해할 줄 믿습니다. 일부 외국 「매스컴」이 나쁜면만을 편파적으로 보도하고 있어 이런 오해를 사고 있는 것 같습니다.[27]

위에서 논의하고 있는 사항 중에서 핵심적인 안건은 '환우K'가 묻고 있는 질문, 즉 한국 정부가 기독교를 박해하고 있는 상황을 바라보는 시각에 관한 것이다. 요컨대 유신체제와 반유신체제 사이의 정치적인 갈등에 대한 질문이다. 한센인 환우의 질문에 대해서 좌담 참석자들의 답변이 이어졌다.

첫 번째 질문에 대해서는 일제강점기 하의 기독교는 "민족주의"와 "나

27 創刊 12주년 特輯座談 「在日교포 患友: 祖國 發展은 患友의 간절한 念願」, 《새빛》 1975년 2월호, 17~18쪽.

라 사랑"으로 시작했는데 6.25 이후에 공산당에게 핍박을 당했지만 일본의 "경제"적인 도움을 받아 파괴된 상황을 극복할 수 있었다고 답한다. 두 번째 질문에 대해서는, 유신체제는 공산체제에 대응하는 체제로서 기독교와 유신체제는 민족과 조국을 위해 동일한 방법론을 지향한다고 설명한다.

다시 말해 유신체제는 "경제" 발전을 이룩하기 위한 "비상체제"로서 "순수한 민주주의"와는 견해의 차이라는 것이다. 유신체제는 민족과 국가에 대한 사랑, 조국의 안보, 경제 발전을 도모하는 주요한 정치체제라고 본다. "공산주의와 싸우는 불요가결한 상황"에서 기독교와 반공주의는 더욱 밀착된 관계를 형성한다. 기독교 중심의 구라운동은 반공주의와 마주하면서 "조국의 안보"를 강화하고 "복지국가의 실현"을 추구하는 방향으로 나아간다.

기독교 구라운동기에 《새빛》에는 사랑과 믿음, 질병 극복 체험을 담은 간증 형식의 증언수기, 교회순례기, 구라인물의 일대기, 신앙수기 등이 다수 게재되었다. 나환자들을 위한 선교적 복음의 중심에는 주어진 고통과 고난을 수용하라는 메시지가 자리해 있었다. 나환자는 주어진 육체의 고통을 껴안음으로써 "자립, 자조, 협동"의 정신을 실천하고 "이상적인 낙원을 건설"하기 위해 노력하여 국가사회에 이바지할 사람들로 재현되었다.

이 과정에서 한센인의 자기 관리와 예방을 위한 자활/재활의 의지가 강조되었다. 이것은 자립과 자조를 표방한 유신체제기 새마을 운동의 흐름과 연관된다. 한센인 정착촌을 건설하는 작업에서 한센인들의 "자활의지"에 따른 "노동"과 "정신자세"는 기독교 구라운동과 새마을운동이 표방한 주요한 가치였다.

3. 한일 한센병 관계자들의 교류/기록

1) 한일 요양소 기행

『소록도 80년사』(1996)에서는 한센병 '환자의 한일 교류'에 관해 다음과 같이 언급하였다. "일본과의 교류에 있어서는 해방 이후 1960년까지 교류가 없었다. 또 1963년도 오마도 간척공사 때 국제웍캠프단의 일원으로 학생들이 일부 참여했지만, 그때도 아직 한일간의 국교가 정상화되지 않았을 때이므로 활동은 미약했다. 그후 국교가 정상화되면서 일본과 교류가 시작되었다."[28] 이어서 '오사까 치과대학 구라봉사단', '서울대학교치과대학(한국구라봉사회)' 등이 참여한 봉사활동 소식을 전했다.

위에서 보듯이 한국과 일본 교류가 시작된 시점과 잡지 《새빛》 창간 시기는 거의 비슷하다. 한일 구라救癩 관계자들이 구라봉사단, 기독구라회 등 한센병 의료 기관 및 단체를 통해 양국을 방문하거나 여행한 후에 남긴 기록들은 국내의 나병 계몽 및 구라사업과 관련되어 보인다.

▮ 「일본의 나병을 보고」, 「일본나계견문기」

《새빛》에 실린 한국 한센병 관계자들의 일본 요양소 기행문으로는 유준(대한나협회장)의 「일본의 나병을 보고」와 신정하(편집국장)의 「일본나계견문기」 등을 대표적으로 들 수 있다.

1965년 6월호에 실린 유준의 「일본의 나병을 보고」(1)는 일본에서 개최된 '범태평양 재활회의' 초청을 받고 "일본 구라재단 도후교가이藤楓協會의 주선으로 인도, 대만, 홍콩香港 등의 대표 일행과 같이 동경東京의

28 국립소록도병원, 『소록도 80년사』, 1996, 206쪽.

다마전생원多磨全生園, 강산岡山의 장도애생원長島愛生園 및 읍구광명원邑久光明園 등지의 요양소를 방문"[29]했던 기록이다. 방문의 목적은 "각 요양소에 있는 한국인 나환자들을 직접 만나서 위로와 격려"하고 "그들의 곤난과 생활을 이해할려고 노력"하기 위한 것이었다.

그러면 한국 한센병 전문가와 관계자들은 일본 한센병 요양소에서 무엇을 보고 왔던 것일까.

> 장도애생원長島愛生園은 일본의 유명한 세계적 나환자 미쓰다光田씨가 일생을 바친 장소이며 유명한 小川正子 여의사女醫師 작품 「소도의 봄小島의 春」으로 우리나라에 알려진 장소이다.
>
> 이곳에는 수용환자 약 1천 6백여명이 있으며 그중 한국의 환자가 전 일본의 요양소 중에서 가장 많아 2백여명이 있다고 한다. (…)
>
> 그곳의 환우들이 가지는 차별대우 가운데 특히 일본 환자들에게는 나병을 공상公傷으로 인정하여 매월 정부에서 보상금을 받는데 반하여 교포환자들은 이국인이라 하여 그러한 혜택이 과소하다는 점이다. 그 외에도 이국에 와서 저주받은 나환자의 입장으로서 억울하고 서글픈 일이 한두 가지가 아니었다. 그러나 그들이 한결같이 바라는 것은 그렇게 불우한 입장에 있으면서도 조국이 하루빨리 발전해 주기를 부탁한다는 말이었다. 그리고 자기들이 손수 등사해서 출판한 단편 수기집手記集(『고도孤島』)을 주면서 한국에 소개해 주기를 당부하였으며, 또한 한국의 소식 특히 잡지, 신문 등과 나환자들의 활동상을 알기를 갈망하고 있었다.[30]

약 6백 명을 헤아리는 재일교포 나환자의 처우 문제는 일본 나계의 '이슈'Issue의 하나로 되어 있다. 교포 환우들은 한결같이 차별대우를 받고 있다고 모두들 불평이다. 언제는 내선일체內鮮一體니 뭐니 하면서 징

29 柳駿(大韓癩學會會長), 「日本의 癩病을 보고」(1), 《새빛》 1965년 6월호, 6쪽.

30 柳駿(大韓癩學會會長), 「日本의 癩病을 보고」(完), 《새빛》 1965년 9월호, 12쪽.

병徵兵으로, 징용徵用으로, 강제동원을 해다가는 소위 '대동아전쟁'에 이용하더니, 이제와서는 몹쓸병에 걸린 우리들을 외국이라고 차별대우를 하고 있으니 비인도적 처사가 아니냐고 불만이다.

1958년 이전에는 별다른 잡음이 없었다. 그러나 일본 경제가 차차 부흥하면서 사회보장제도의 한 시책으로 일본국회에서는 국민장해복지연금법國民障害福祉年金法을 통과시켰다. 그 연금법이 1959년 11월부터 시행되면서 처우 문제는 두드러지기 시작했다. 일본인을 위한 국민년금을 어떻게 외국인에게 적용할 수 있느냐는 것이 후생성厚生省의 해명이다. (…)

보통 일본인 환자라고 해서 모두 현재의 국민년금법에 만족하고 있는 것은 아니다. 요양소 안의 대우가 '일본생활보호법'의 기준보다 얕다고 끊임없는 불평과 불만이 꼬리를 물고 있다는 것을 부언附言해 두고 싶다. 같은 일본 안에서도 결핵 요양소에서는 일본인과의 구별이 없는데 나병요양소에서는 외국이라 구별되는 것 또한 이해 못할 일이다.[31]

유준 박사는 장도애생원長島愛生園에 들러 일본인 환자와 다르게, "교포환자들은 이국인이라 하여 그러한(보상금) 혜택이 과소하다는 점"을 문제로 지적한다. 또한 재일교포환자들이 "수기집 『고도孤島』"를 주면서 자신들의 생활을 소개해주길 바란다고 요청하고 한국의 "나환자들의 활동상을 알기를 갈망하고" 있다고 전했다.

신정하 편집국장은 일본 국립 사립 요양소를 직접 탐방해 여러 관계자들과 이야기를 나눈 내용을 보고한다. 특히 "결핵 요양소에서는 일본인과의 구별이 없는데 나병요양소에서는 외국이라 구별되는 것 또한 이해 못할 일이다."라고 언급한다. 그것은 일본에서도 결핵에 비해 한센병에 대한 차별적 인식이 더 강했으며, 한센병은 일본인과 한국인을 구별짓고 차별하는 기준이 되고 있었음을 알려 준다.

유준 박사와 신정하 편집국장 등이 남긴 일본 요양소 기행문은 재일한

31 辛定夏(본지 편집국장), 「日本癩界見聞記」(5), 《새빛》 1968년 10월호, 16쪽.

센인들이 “이국인” “외국인”의 처지에서 “차별대우”를 받고 있는 부당한 현실과 한국 한센병 환자들에 대한 “처우 문제”를 중점적으로 제기하였다. 아울러 한국과 일본 한센병 관련 설화, 역사 문화재 등 한일 한센병 문화유산을 비교할 수 있는 자료들을 더 읽을 수 있다.

신정하 편집국장의 글 「일본나계견문기日本癩界見聞記」(4)(1968년 9월호)에서는 광명원을 방문한 후 교토京都교회 전영복田永福 목사와 나눈 이야기를 기록하고 있다. 방문 일행이 목사에게 던진 질문 중에서 이런 것도 있었다. ‘어째서 소록도에 나병 요양소를 만들게 되었는지 아느냐’라는 물음이었다. 필자는 그 질문에 대한 대답을 다음과 같이 요약해 기록하고 있다.

> 년대는 확실치 않지만 소록도 요양소가 생기기 이전, 그러니까 1914년 경이나 될는지. 전남 고흥高興 지방에 하다노波多野라는 일본인이 살고 있었다. 그는 교회 평신도平信徒로서 독실한 신자였다. 하다노씨는 나환자를 구호해야 되겠다고 마음 먹고 그는 소톤도에 5~6명의 나환자를 혼자의 힘으로 수용하기 시작했다. 말하자면 사립 나요양소와 비슷한 형태라고나 할까.
>
> 그러던 중 소록도 근방에서 하루는 어린이 한 명이 원인 모를 죽음을 당하고 말았다. 주민들은 소록도의 나환자들이 어린이를 죽였다고 단정했고, 그에 대한 항의는 자연히 나환자를 구호하고 있는 하다노 씨에게 돌아가기 마련이었다. 어린이의 죽음과 나환자와는 사실 무관했지만 주민들의 빗발치는 항변에 하다노씨는 결국 고향을 떠날 수밖에 도리가 없었다. 결국 황해도黃海道로 이사간 그는 어느 시골에서 과수원을 경영하며 살았다.
>
> 그후 1916년 조선총독부에서 나병요양소 설립의 후보지를 물색하던 중 소록도에 이미 나환자가 수용되어 있는 것을 알고 또한 다른 여건이 적합하여 그곳에 나병요양소를 만들게 되었다는 것이다. 결과적으로 소록도의 창설에는 한 기독교인의 봉사정신이 그 원인이 되었다는 전 목

사님의 결론이었다.[32]

"하다노波多野라는 일본인", "교회 평신도平信徒로서 독실한 신자였"던 사람의 나환자 수용에 관한 일을 언급하면서 "결과적으로 소록도의 창설에는 한 기독교인의 봉사정신이 그 원인이 되었다는 전 목사님의 결론이었다."고 언급한다.

이 부분에서 소록도에 관한 일화를 단순하게 언급한 것이라고 여길 수도 있겠지만, 소록도 나환자 수용 시설 설립이 일본인 '기독교 신자'의 헌신과 봉사정신에 근원을 두고 있다는 점을 드러내 읽을 필요가 있다. 이것은 소록도 요양소 설립에 관한 여러 견해들 중에서 '일본인'의 영향과 '기독교'의 관점이 투영된 것이다.

▌「한국의 나병」, 「한국 나원 방문기」, 「한국의 요원을 찾아서」

1965년 7월호에는 유준 박사(대한나협회장)의 「일본의 나병을 보고」(2)와 함께 濱野規矩雄 박사(日本藤楓協會理事長)의 글 「한국의 나병」(상)이 함께 실렸다. 이어서 1969년 8월호에는 山崎宗太郎(일본 MTL이사)의 「한국 나원癩園 방문기」(1), 1970년 9월호에는 播磨醇(일본광명원 가족교회 목사)의 「한국의 요원療園을 찾아서」를 게재했다.

위의 글에서 필자들은 일본인의 입장에서 한국 나병 관리 정책 및 정착촌 사업의 전개 과정에 대해 보고들은 것을 서술하였다. 외국인의 시선으로 본 1965년경 한국 한센병 요양소의 풍경은 어떤 모습이었을까.

한국의 나병관리사정은 일본보다 월등히 진보되어 있다는 것입니다.

---

32 辛定夏(본지 편집국장), 「日本癩界見聞記」(4), 《새빛》 1968년 9월호, 21쪽.

한국의 환자들은 마음으로부터 치료되어 있다는 사실입니다. 균음성자菌陰性者들이 정착촌에서 사회복귀에 노력하고 있었습니다. 인천 근교에 있는 것이 오래된 것인데 (…) 이 부락의 약간은 초가집이지만 대부분은 개와집이었습니다.[33]

소록도에 가보고 감탄한 것은 소록도는 장도長島(愛生園에 있는 섬)보다 작은 섬인데 그곳에 삼삼오오 다들 농경을 하고 있었습니다. (…)

그리고 이면裏面에도 '나병은 낫는다'라는 간판이었습니다. 현재 6,000명 가까운 환자가 있습니다. 소록도에서 제일 곤란했던 일은 일본 나병관리 식대로 사용하던 모자, 마스크 및 고무장화를 옛직원으로부터 회수하는 것이었다고 합니다.

지금은 다른 외국과 같이 모두 맨얼굴과 맨손으로 하고 있었습니다. 한국에서 말하기를 이 정착사업은 일본시대 강제수용되었었던 사람들로서 균음성菌陰性이 된 사람들을 유선생柳先生 같은 분들의 생각으로 정착지를 만들어서 이제까지의 못쓸 것은 잘라버리고 다들 한덩어리가 되어 자활의 길을 알고 모든 일을 하기 위해 되돌아 가는 것이었습니다. 일제 때 무리하게 자동차로 끌려간 사람들, 그리하여 균菌이 안나오는 사람들, 또한 부랑환자였던 사람들을 모아 불용지不用地를 찾아 그 황무지를 착착 파고 갈아 농업과 축산을 하고 있는 현상입니다.[34]

하오에는 김金목사 차로 도내島內를 일주했는데, 소록도가 관광지로 되어 나병원이 있다는 것을 알면서도 일반인의 관광객이 모여 드는데는 놀랐다. 아무렇지도 않은 평온한 기분으로 원래를 여기저기 산책하는 모습을 보고, 이거는 역시 일본에서는 볼수 없는 광경이라고 감탄했다.[35]

33 濱野規矩雄 박사(日本藤楓協會理事長), 「韓國의 癩病」(上), 《새빛》 1965년 7월호, 14쪽.

34 濱野規矩雄 박사(日本藤楓協會理事長), 「韓國의 癩病」(中), 《새빛》 1965년 8월호, 16쪽.

35 山崎宗太郎(日本 MTL理事), 「韓國 癩園 訪問記」(1), 《새빛》 1969년 8월호, 12쪽.

濱野規矩雄의 기행문 「한국의 나병」(1965년 7월호~9월호)은 총3회 연재되었다. 하마노 키쿠오 박사 일행은 대구, 부산, 소록도 등지의 한센병 관리 시설을 방문한 후, 일본과 다른 한국의 나병 관리 실태에 감동했다고 한다.[36] 일행은 한센인 정착촌 사업이 성공적으로 이루어진 점이 일본보다 "진보"되어 있다고 평가했다. 아울러 1965년 중반 이후 소록도를 방문했을 때 일제 나병관리에서 사용한 도구들을 회수하는 데에 어려움이 있었다고 하면서 지금은 강제로 입원한 사람들, 부랑환자들이 황무지를 개간해 정착하고 있는 현장에 주목했다.

■ 紀行文

韓國의 癩病 (上)

濱野規矩雄 博士
<日本藤楓協會理事長>

《編輯者 註》 日本 藤楓協會 (救癩協會) 理事長 濱野規矩雄 博士는 1964년 9월 7일 大韓癩協會의 招請으로 來韓하여 약 10일간 韓國의 癩事業을 視察하고 歸國한 후, 그의 시찰 소감을 여러곳에서 이야기 했는데, 11월29일 長島愛生園에서의 강연內容이 「愛生」 4월호에 揭載되어 이것을 抄譯 轉載한다.

내가 韓國에 가게 된 첫째 要件은 솔직히 말씀해서 "사과하고 싶었던 것입니다" 「謝過」란 말은 使用하기 곤난하므로 人事하러 가고 싶었던 것입니다. 그것은 過去 臺灣, 오키나와, 韓國 등 세 곳에서 그릇된 日本의 癩病行政이 强行되었기 때문에 많은 사람들이 피해를 입었던 것입니다.

14

濱野規矩雄, 기행문 「韓國의 癩病」(上), 《새빛》 1965년 7월호.

36 濱野規矩雄 박사(日本藤楓協會理事長), 「韓國의 癩病」(中), 《새빛》 1965년 8월호, 15쪽.

播磨醇(일본광명원가족교회 목사)의 「한국의 요원療園을 찾아서」(1970년 10월호)에서는 "소록도 창립 53주년"을 축하하는 자리에 참가한 소감을 이렇게 남겼다.

> 일본의 요원療園에서는 도저히 생각할 수 없는 광경이다. 일본에서도 경치가 좋은 장도長島를 '장도국립공원'으로 만들어 일반인에게 '광명공원光明公園' '애생공원愛生公園'으로 개방할 수 있다면, 그 어려운 나병 계몽의 문제도 자연히 해결될 것이라는 것을 멀리 이곳에 와서 생각하게 되었다. (…) 도내島內를 순회하면서 일본의 요원에 눈익어 있는 나 자신은 이곳이 과연 요양소인지 의문을 가지게 되었다. 그 이유로서는 도내의 어느 부락에도 넓은 구획된 농경지로 둘러싸여 있어서 어떻게 보든지 그것이 어느 전원의 풍경이라고만 내 눈에는 보이고 있었다.
>
> 이 의무부장李 醫務部長이 병원을 설명하면서 한국에서는 이 소록도를 「국립요양소」라고 부르지 않고 「국립나병센터」라고 부른다는 설명이 있었는데, 과연 이 소록도는 「센터」라고 불러도 손색이 없는 곳이다. (…)
>
> 이미 한국의 요원은 소록도를 중심으로 전국적인 규모로 굵게 움직이고 있다. 그리고 지금 한국의 요원은 신新환자나 재발의 보균자를 소록도센터에 옮기어, 치료되는 사람은 치유시키어 다시 사회의 정착촌으로 복귀시키어 그곳에서 자활시키고 있다고 한다.[37]

그는 "경치 좋은 이 섬이 일반인의 관광지로서 개방되어 육지에서 많은 인파가 모인다고 한다."고 하면서 소록도병원을 일본의 요양소 상황

37 "筆者註: 작년 5월, 2주일 동안에 걸쳐 한국의 나병 療養所와 나병 回復者들이 개척한 몇몇 定着村을 견학할 수 있는 기회를 얻었다. 그 訪問記는 이미 同行했던 日本MTL理事 야마사끼山崎宗太郎 씨가 MTL기관지 《楓の蔭》에 「韓國癩園訪問記」라는 제목으로 9호에 걸쳐 連載되었다. … 日本의 療園에서 본 韓國療園의 현황을 적어보고 싶다." 播磨醇(日本光明園家族敎會 牧師), 「韓國의 療園을 찾아서」, 《새빛》 1970년 10월호, 17-19쪽.

과 비교한다. 소록도와 같이 일본의 한센인 요양소를 "「광명공원光明公園」「애생공원愛生公園」으로 개방할 수 있다면, 그 어려운 나병 계몽의 문제도 자연히 해결될" 수 있다고 생각한다. "요양소"가 아니라 "센터"라고 명칭을 바꾸어 "어느 전원의 풍경"을 보는 듯하다는 느낌을 전했다.

일본의 방문단 일행은 인천 정착촌 성계원 견학, 이후 부여, 익산, 보성, 순천 등지를 돌면서 한국의 "정착촌의 성공은 촌민村民 한사람 한사람의 생활 확립, 그 자체가 무엇보다도 커다란 나병 계몽이 되며 편견타파가 되고 있는 것을 보여주고 있는 것이"[38]라고 높게 평가했다. 그러나 1960년대 말에서 1970년대 초반 "사회의 정착촌으로 복귀시키어 그곳에서 자활시키"려는 한국의 한센병 정착촌 건설 사업은 본래 계획한 대로 실현되지 않았다.

■ 컬럼 몰로카이 「현대의 '욥'들—고사통」

1975년 5월호에 게재된 신정하의 컬럼·몰로카이 「현대의 '욥'들」(5)에서는 일본에서 결성된 '일본한센씨병자복음선교협회' 소식과 구라선교의 달라진 방향을 소개하였다.

> 일본에서는 1969년 「일본한센씨병자복음선교협회福音宣教協會」란 모임이 결성하게 되었고 그 약칭을 MOL이라고 했다. MOL은 Mission of Lepers의 약자로서 MTLMission to Lepers과 대조적 표현인 것이다. 즉 영어의 「to」를 「of」로 바꾸어 놓음으로서 수동적受動的 선교에서 이제는 능동적能動的 선교로 나서자는 것이다./ (…)
>
> 그리하여 MOL운동의 하나로 환우들의 간증집 「현대의 욥들」을 출판하였다. 극한極限상태라고도 말할 수 있는 절망의 구렁텅이에서 그리스

38 播磨醇(日本光明園家族教會 牧師), 「韓國의 療園을 찾아서」, 《새빛》 1970년 9월호, 19쪽.

도에 의하여 죽음에서 생명으로, 절망에서 희망으로, 암흑에서 광명으로 구원받는 은혜의 체험은 일반 병약자나 건강인을 막론하고 많은 사람들에게 소망과 평안을 주었고 일본 기독교의 부흥에 이바지했다고 믿는다.[39]

필자는 "수동적인 선교"에서 "능동적인 선교"로 방법을 바꾸는 운동을 계기로 한센병 환우들의 간증집 「현대의 욥들」을 출판하게 되었다고 한다. 이 간증집 발간이 건강인과 환자 모두에게 희강을 주고 일본 기독교의 부흥에 이바지했다고 그 의미를 부여했다. 이어지는 1975년 7·8월호 「현대의 '욥'들—고사통」(7)에서는 한일 구라교류사에서 중요한 역사 자료를 제공하고 있다.

이러한 韓日間의 유적답사 공동조사가 救癩交流史에도 확대되었으면 바라는 마음 간절하다. 그것은 「韓號」가 추적하던 年代보다도 1천 3백년이나 후의 일로서 近世 16世紀 壬亂 때의 史實로서 韓國人 전도사 「카이오」가 北九州에서 행했다는 癩病者의 救療行蹟이다. (…)

유일한 癩患 詩人 H씨가 병석에 누워있던 어느날 問病을 갔더니, 癩文學과 救癩사업에 관하여 환담을 나누던 자리에서 H씨는 「六堂선생은 正確하기로 定評이 있는 분이니 틀림없는 사실일 거다」라면서 古書 한 권을 傳하여 주면서 어떤 부탁같은 것을 남겼었다.

그후 약 20일 만에 H씨는 他界하였고 그 부탁은 우언(?)이 되고 말았다.

그 한 권의 책은 1942년에 三中堂이 발행한 崔南善 著 「故事通」이란 낡은 역사책이었다. 우리의 역사를 上古, 中古, 近世, 最近의 4編으로 나누어 저술되어 있다.

---

39 辛定夏, 컬럼 몰로카이 「現代의 '욥'들」(5), 《새빛》 1975년 5월호, 29쪽.

우리가 관심과 흥미를 가지고 話題로 삼았던 부분은 그 「故事通」에서 救癩사업에 관한 몇 구절이었다.

즉 153페이지 「제3편 近世」의 「人口의 流出」 중에서 「東海方面」에 기술된 내용이었다. 우선 原文을 그대로 옮겨보면

> 壬亂七年의 間에 여러가지 關係로 海東으로 流出한 人口는 실로 엄청난 數爻가 된다. 和約이 成立한 後에 刷還도 만히 하얏지마는 그대로 各地에 散居하야 編戶된 數는 더 만핫슬 것이다.
>
> 土佐의 高知, 肥前의 佐賀 等地에 「唐人町」이라 하야 그네의 邸宅 혹은 部落의 遺跡을 시방도 傳하는 것이 잇스니 唐人이라 함은 거긔서 當時에 一般外國人을 부르든 이름이다. 佐賀의 唐人町에는 朝鮮人의 歸依를 爲하야 特設한 鏡圓寺가 잇서서 朝鮮人의 墓가 수북하여 잇는터이다.
>
> 이들 俘虜中의 二千餘人은 當時에 한참 宣布되고 잇든 耶穌教에 歸依하야 칭찬할만한 道徵的 生活을 하고 後日 耶穌教 禁制時에 毅然히 殉教한 이가 數千人에 達하얏다.
>
> 一例를 들건대 一六二四년에 炮烙刑을 당한 教名 「카이오」(Caio)란 이는 求道와 入信에다 異行이 잇고 마츰내 傳道師의 소임을 보고 특히 癩病者의 救療에 從事하야 그 一生의 行蹟은 「기리시단」 史家의 못내 嘆頌하는 바이다. 「기리시단」이라 함은 그때 耶鮮教人을 닐컷든 이름이다.

요약해 본다면 임진왜란 7년 동안에 많은 人口가 여러 가지 이유로 일본으로 건너하게 되었고, 수많은 사람들이 그곳에 定着하게 되었다. 그러나 약 2천명은 기독교에 귀의하게 되었고 그중에서 수 10명은 나중에 순교까지 당하게 되었다.

특히 「카이오」란 教名의 전도사는 나환자의 구료사업에 종사했으며, 그 행적은 기독교 史家의 칭송을 받은 바 있으나 1624년 드디어는 砲烙刑으로 순교 당하여 일생을 마쳤다.

여기에서 큰 관심거리는 「카이오」 전도사가 행한 구라사업의 行跡이다.

歷史的으로 볼 때 壬辰倭亂時代를 통하여 우리나라에서 5만명이란 숫자의 사람들이 俘虜로 잡혀갔으며, 그들은 노예시장에서 마구 팔려나갔다고 한다.

여기에서 폴투갈의 神父는 수많은 韓國人 포로를 값을 치르고 사서 그대로 解放시켜 주었다. 약 2천명의 해방된 포로들은 神父님의 은혜에 감사하는 나머지 천주교에 歸依하여 永世까지 받았던 것이다. 「카이오」도 그중에 한 사람이 틀림 없을 것만 같다. 그리하여 오늘날 日本敎界의 26名의 聖人 중에서 3명이, 또 205명의 福者 중에서 12명이 한국인이라고 한다.[40]

컸든 이름이다.

임진왜란 7년 동안에 많은 人口가 여 일본으로 건너가게 되었고, 수많은 사 定着하게 되었다. 그러나 약 2천명은 -게 되었고 그중에서 수 10명은 나중 하게 되었다.

란 數名의 전도사는 나환자의 구료사, 그 행적은 기독교 史家의 칭송을 받 624년 드디어는 炮烙刑으로 순교 당하 다.

관심거리는 〈카이오〉 전도사가 행한 구 다.

· 때 壬辰倭亂時代를 통하여 우리나 란 숫자의 사람들이 俘虜로 잡혀갔으 시장에서 마구 팔려나갔다고 한다.

의 神父는 수 많은 韓國人 포로를 값 그대로 解放시켜 주었다. 약 2천명의 神父님의 은혜에 감사하는 나머지 천 永世까지 받았던 것이다. 〈카이오〉도 이 틀림 없을 것만 같다. 그리하여 오 26名의 聖人 중에서 3명이, 또 205명 12명이 한국인이라고 한다.

서 日本에서 크게 추앙을 받고 있는 쥬리아〉라고 말하지 않을 수 없다.

〈카이오〉와 같은 年代인 壬亂 때에 將 小西行長에게 볼모로 끌려가서, 小 로서 入信하게 되었다. 小西는 유명한 大阪에 나병 요양소를 만들기도 했다. 이 멸망하고 德川家康가 정권을 잡으 이에야스(家康)의 宮女로 넘어가게 는 기독교 信者를 탄압했던 人物이 이 귀엽고 영특하고 아름다운 高麗 貴 아〉에게 야심을 품고 회유하기도 했지 그렇게 쉽게 응할 리가 없었다 뜻을 이 야스가 이번에는 〈쥬리아〉에게 「脫敎 령을 명령하였으나, 〈쥬리아〉는 「地上 1 天主님을 버릴 수 없다」고 거절하여 당하게 되었다.

마(大島)로, 니이시마(新島)로 나중 (神津島)에서 40여년을 살다가 1612년 하고 말았다. 현재 2천3백명의 섬사람 은 神津島에는 流配人들의 묘소인 〈流 墓의 묘가 있는데 그 중에서 제일 큰 적이고 기독교적인 것이 〈쥬리아〉의 쥬리아〉는 神津島의 守護神으로서 80 서왔을 뿐 아니라, 부귀와 영예를 버 리고 신앙을 따랐으며 또한 끝까지 守節을 했다는 점에서 日本에서는 크게 추앙을 받고 있었다. 그러다가 지난 6년 전부터는 東京大主敎區 주최로 매년 5월 끝에서 두번째 主日에 〈쥬리아祭〉가 神津島에서 거행되고 있다.

네번이나 〈쥬리아祭〉에 참석하고 돌아온 朴신부님에 의하면 전날인 토요일이 巡禮團이 조성되며 人員이 제한되어서 약 750名의 성직자와 신자들이 3천톤의 배를 타고가서, 〈쥬리아祭〉의 미사를 올리고 돌아오는데, 금년부터는 〈쥬리아硏究會〉가 발족하여 韓日 양국의 史家들이 한 자리에 모여 학술대회도 갖게 되었다고 한다.

한편 神津島의 村長과 島民들은 금년에 로마 교황에게 〈쥬리아〉를 〈聖女〉로 시송하여 줄 것을 건의했다고 한다.

여하튼 韓國의 한 女性 〈쥬리아〉가 日本에서 정신적인 사표로서 크게 추앙을 받고 있는데 韓國民으로서 어떤 긍지와 보람을 느끼지 않을 수 없다. 그러나 〈쥬리아〉가 공식으로 인정 받기는 불과 6년 전의 일이다. 〈쥬리아〉를 회상하면서 너무나 흡사하게 같은 俘虜, 같은 年代, 같은 敎人, 같은 殉敎者로서, 救癩사업에 봉사한 〈카이오〉의 行跡을 추적하여 脚光을 비쳐야 될 것이 아닐까. 祖國의 光復30년을 맞는 8월에 우리 韓民族의 긍지와 자랑을 되새기며 〈카이오〉祭(?) 같은 것을 생각해 보는 것도 헛된 꿈만은 아니겠지.

〈崔南善 著 故事通 관계 부문〉

33

40 辛定夏(本誌 主幹), 컬럼 몰로카이 「現代의 '욥'들—故事通」(7), 《새빛》 1975년 7·8월호, 32~33

필자는 먼저 '카이오' 전도사와 '다나까' 여의사의 구라진료에 관한 사실을 소개한다. 이어서 시인 한하운이 신정하 편집장에게 건네준 책, 1942년 삼중당三中堂에서 발행한 최남선의 저서 『고사통』에 얽힌 이야기를 들려준다. 신정하는 최남선의 글을 요약해 읽으면서 '카이오' 전도사의 구라행적에 대해 관심을 가졌다고 한다. 신정하의 글에서 소개한 자료는 앞으로 한일 구라교류사에서 주목할 부분이다.

2) 한일 한센인 수기

▌재일교포 환우 수기 『외딴 섬—고도』, 「형극의 반생기」

한센인의 삶과 역사는 기록하는 주체와 기록물의 성격에 따라 다른 모습으로 현상된다. 《새빛》에 수록된 재일한센인의 수기와 한일 양국의 한센병 관계자들이 남긴 한센인 요양소 기행문의 주체는 환자, 의사, 목사, 잡지 편집자 등 다양했다. 기록하는 주체들의 다른 위치는 기록된 것과 실제 현실 간의 균열을 보게 한다.

1965년 6월호에는 '일본 장도애생원 한국인동지회'(1965년 4월 22일)에서 보낸 「재일교포 환우의 호소」라는 글을 게재해 "한국인이라는 까닭으로 실제로 차별대우를 받고 있"는 재일한센인들의 실상을 알리는 계기를 마련하였다.[41] 일본 한센병 요양소에 거주한 한센인들의 수기는 한국 내 한센인들과는 다른 기억을 들려준다.

쪽. 칼럼의 저자 신정하 주간이 최남선의 원문에서 인용한 부분 중에서 한자 표기가 혼란스러운 부분이 있었는데[故事通/古事通, 耶稣教人/耶鮮教人] 그것이 의도적인 것인지 단순한 오류인지 분명하지 않아 원문대로 옮겼다.("그 한 권의 책은 1942년에 삼중당三中堂이 발행한 최남선 저崔南善 著 『고사통故事通』이란 낡은 역사책이었다."/ "「기리시단」이라 함은 그때 耶鮮教人을 널컷든 이름이다." 등)

41 일본 장도애생원 한국인동지회(1965년 4월 22일), 「在日僑胞 患友의 呼訴」, 《새빛》 1965년 6월호, 12쪽.

《새빛》에서는 '재일교포환자의 생활기록' '재일교포 환우 수기'라는 코너를 마련해, 일본 한센인 요양소 장도애생원長島愛生園과 읍구광명원邑久光明園 등지에 거주한 재일교포 한센인들의 글을 수록하였다. 여기에 실린 글들은 대부분 『외딴 섬 – 고도孤島: 재일한국인나환자들의 생활수기』(1961)의 글을 다시 게재한 것이다.[42] 거기에는 식민지 조선에서 일본으로 건너간 후의 생활과 투병 여정이 생생하게 그려져 있다.

1965년 6월호 '재일교포환자의 생활기록'란에 첫 번째 글로 소개된 박학선의 「먼 추억」은 그가 일본으로 건너가기까지의 경로와 이후 겪은 고통의 실상을 상세하게 전해준다. 이동의 경로를 요약하면 다음과 같다. 박학선은 1943년 11월 18일 경찰서의 호출을 받고, 19일 부산에서 집결, 20일 관부연락선關釜連絡船에 실려 하관下關 선창에 이르렀다. 이후 광도廣島를 거쳐 대판大阪으로, 천왕사天王寺 – 기노가와 대교를 건너 마생진촌麻生津村을 빠져나가 광산에 도착했다. 그는 감시 통제가 엄격해서 여러 차례 탈출을 시도한 끝에 광산에서 겨우 탈출했다고 회고했다.[43]

다음 인용문에서 읽을 수 있듯이, 박학선의 「먼 추억」은 중일전쟁 이후에 고향을 떠나 일본에서 어렵게 연명했던 일들을 보고한다. 하종천의 「신변수기」는 비참한 요양소 생활을 더욱 선명하게 그려준다.

---

42 『외딴 섬—孤島: 在日韓國人癩患者들의 生活手記』(1961), 李石珩·趙成奎 편역, 고려출판사, 1986. 『孤島』의 발간은 일본 요양소에 있는 한센인들에게 "조국상실감"을 위로하고 "고독한 요양생활"을 지탱하는 힘이 되어주었다. "'고도'는 한국인 요양자의 마음에 깃들어 있는 조국상실감을 시정하는 데도 역할을 하고 있다. '고도'를 통하여 사회와의 연결을 가지게 된 것은 오랫동안 고독한 요양생활 속에서 부모, 형제, 친척들로부터 버림을 받았기 때문에 타인인 일반한국인 교포들에게서 버림받아도 당연하다고 생각하던 것이 그렇지 않다고 느끼게 된 것은 커다란 삶의 지주가 되었다."(『孤島』 第二集에서). 배성근(邑久光明園), 在日僑胞 患者의 生活記錄 「北風은 불고」, 《새빛》 1965년 7월호, 22쪽.

43 『孤島』 第二集에서(편집부 역), 박학선(邑久光明園), 在日僑胞患者의 生活記錄 「먼 추억」, 《새빛》 1965년 6월호, 18쪽.

조국의 불행은 일본의 식민지가 됨으로써 깃들어 있었으나, 나의 불행은 중일전쟁中日戰爭이 발발한 때부터 시작되었습니다.

그때부터 물가는 날마다 올라가 우리들 백성들은 가련하였습니다. 쌀농사 때는 쌀밥을, 보리를 거둘 때는 보리밥이라도 겨우 먹을 수 있었으나 전쟁 때문에 쌀보리의 강제적 공출로 그것마저 빼앗아가 버리고 좁쌀 등의 잡곡으로 노명露命을 이어가고 있었습니다.

젊은이들은 일본의 공장이나 탄광의 자유모집에 응하여 고향을 떠나야 했습니다. 살기 위해서는 속는 줄을 알면서도 그렇게 할 수밖에 없었습니다. 그것도 전쟁이 점차 심하여 확대됨에 따라 자유모집이 아닌 강제동원으로 젊은이는 어느 공장, 탄광, 비행장 같은 곳에 끌려가게 되었습니다.[44]

그 전쟁만 없었더라면 하는 사무친 말을 들으면서 실명자인 친구가 놓여 있는 위치를 나의 처지와 비교해 본다. 만약 그 친구가 실명이 안 되었더라면 나도 또한 수족의 기능을 상실치 않았을런지도 모를 일이다. 제대로 치료를 받지 못했을뿐 아니라 식량난도 대단했다. 그러면서도 국민의용대國民義勇隊라고 불리우는 봉사대가 조직되어 일반 건강인 못지 않는 중노동을 맡아했던 그 비참한 시절의 일은 까닭도 없이 독방에 끌려가 얼어 죽어간 많은 친구들의 얼굴과 함께 나의 생애에 잊어버릴 수 없으리라. 1천명을 넘는 입원자가 이질赤痢병과 영양실조 때문에 일본 패전 후 한때는 500명도 채 못되는 상태가 계속되었다. 그들 중에는 괴로움에 견디다 못해 도망간 자도 있었으나 3년간에 사망한 수는 400명을 넘지 않았나 보다. 물론 한국인 요우도 많이 희생이 되었다. 어느 시대 어느 경우에도 최대의 희생자는 무력하고 약한 인간인 것을 나는 결코 잊을 수 없다.[45]

---

44 박학선(邑久光明園), 在日僑胞 患者의 生活記錄 「먼 추억」, 《새빛》 1965년 6월호, 17쪽.

45 하종천(長島愛生園), 在日僑胞 患者의 生活記錄 「身邊手記」, 《새빛》 1965년 8월호, 22쪽.

박학선의 글에서는 “조국의 불행=일본의 식민지”라면 “나의 불행=중일전쟁이 발발한 때부터 시작”이라고 말한다. 그에게 ‘중일전쟁’이 시작인 것은 “전쟁 때문에” “강제적 공출”과 “강제동원으로” “고향을 떠나야 했”다는 이유에서만이 아니라 한센병에 걸리게 된 것이 “조국”과 다른 “나”의 “불행”을 각인시킨 원점이라는 뜻에서였다. 하종천은 “중노동”과 “식량난”, “이질赤痢병과 영양실조”를 겪어야 했던 “비참한 시절”을 “그 전쟁만 없었더라면”하는 체념섞인 어조로 회고한다.

허순이의 「기나긴 세월속에서」와 변영자의 「스물세살」은 요양소 안과 밖에서의 생활을 다음과 같이 기록한다.

> 차별이나 편견이라고 간단하게 불러야 좋을지 모르겠습니다마는 일본의 나요양소에 들어 있는 나에게는 병과 고국故國 문제가 이중으로 무거운 짐이 되어 그것이 때로는 나를 슬프게 하고 또한 어느때는 살아가는 힘이 되기도 합니다. (…)
>
> 지금 광명원光明園에는 120명 가량의 사람들이 있답니다. (…) 내가 광명원에 들어온 것은 1949년이었으니까 벌써 발을 들여 놓은지 13년이나 됩니다. 이층에서 혼자 숨어 살며 이 병에 잘 들은 다는 수은액을 밥에 섞어서 먹고 입속이 불어트고 이가 치솟아 며칠이고 식사를 하지 못한 것을 기억하고 있습니다.
>
> 입원했을 즈음 말을 알지 못하고 또한 여자뿐인 공동생활에 익숙하지 못하기 때문에 퍽이나 곤난했습니다. 또한 당시는 어느 방에도 고참인 높은 사람이 있어 국적이 다른 나는 이중 삼중으로 괴로웠습니다. 그렇지만 이제 생각해 보면 언어와 습관이 다른 자가 일본인 속에 살기 위하여 한번은 겪지 않으면 아니 될 길이었던 모양입니다.[46]

46 許順伊(邑久光明園), 在日僑胞患者의 生活記錄 「기나긴 歲月속에서」, 《새빛》 1965년 9월호, 21~22쪽.

> 한편으로는 사회에 나가는 것을 체념하고 이 섬 속에서 일생을 지낼 것을 생각하는 것이 어떨까했으나 그래서는 너무나 자신이 비참합니다. 병상이라고 중하면 체념도 되지마는 지금의 나에게는 사회란 동경의 적입니다.[47]

필자는 1949년 무렵, 광명원에 들어가 지냈을 때를 회상한다. "병과 고국故國", "이중"으로 얽혀 있는 문제로 괴로웠다고 말한다. "일본에서 출생했거나 어릴적에 일본에 온 사람과 중년 이후에 일본에 온 사람들"로 나누어진 요양소 생활에서 "국적이 다른", "언어와 습관이 다른 자가 일본인 속에 살기 위하여 한번은 겪지 않으면 아니 될" 일들을 호소한다. 이들의 기록에 따르면 요양소에서 병이 낫는다는 마음에 수은액을 밥에 섞어서 먹은 적도 있었다. 일본'말'을 하지 못한 상태에서 공동생활을 하는 것이 어려웠으며 '고참'이 있는 병실은 중압적인 분위기였다고 했다.[48]

재일한센인들이 요양소에서 실제로 경험한 일들은 아픈 몸을 치료하는 것보다 더 견디기 힘든 고통이었다. 하지만 그들은 요양소 바깥으로 나갈 수도 없었다. 재일한센인들에게 요양소가 자리한 섬 바깥의 "사회"는 여전히 "동경"할 수 없는 곳이었다.

재일한센인들은 "질병과의 싸움뿐 아니라 일본의 잘못된 한센병 정책과의 싸움, 한센병환자에 대한 차별·편견과의 싸움, 그리고 한국인이기 때문에 겪을 수밖에 없었던 일본사회와의 싸움을 해야만 했다."[49] 그들은 일본 사회에서 언어와 국적이 다른 조선인이라는 사실 외에 한센인이라

---

47 변영자(長島愛生園), 在日僑胞患者의 生活記錄 「스물세살」, 《새빛》 1965년 9월호, 22쪽.

48 참고로, 1968년 8월호에 실린 신정하 편집국장의 「일본나계견문기」(3)에는 「재일교포한센씨병환자분포」를 표로 정리해 게재했다 일본에 거주하고 있는 교포 한센병 환우의 실태를 요양원의 이름, 재일 교포 단체명, 인원수를 통해 확인할 수 있다. 辛定夏(본지 편집국장), 「日本癩界見聞記」(3), 《새빛》 1968년 8월호, 10쪽.

는 이유로 차별과 배제의 대상이 되었기 때문이다.

川野順의 재일교포 환우 수기 「형극荊棘의 반생기半生記」(총16회, 1973년 2월호~1974년 10월호)는 《새빛》에 오랜 기간 연재되었다. 저자는 이 수기가 1971년 일본에서 발간한 자신의 책을 1972년 한국기독교구라회 부회장 신정하 선생님에게 증정한 계기로 《새빛》에 싣게 되었다고 말한다.[50] 약력에 따르면 그는 1937년 중일전쟁 시기에 발병해, 1942년 태평양전쟁 무렵 국립 한센병 요양소 경애원敬愛園에 들어간 것으로 되어 있다.

在日僑胞한센씨病患者分布		
園名	團體名	人員數
長島愛生園	韓國人同志會	60
〃	親和會	84
邑久光明園	韓國人互助會	63
〃	同鄉會	36
駿河療養所	親睦會	31
多摩全生園	互助會	104
栗生樂泉園	協親會	44
松丘保養園	互愛會	13
東北新生園	朝友會	8
大島靑松園	友與會	9
菊池惠楓園	友愛會	96
星塚敬愛園	同友會	24
神山復生病院		3
身延深敬園		3
待勞病院		4
計		582

49 김귀분, 「재일한국인 한센병환자·회복자의 인생과 역사: 가인 김하일의 단카 작품을 중심으로」, 『횡단인문학』4, 숙명인문학연구소, 2019, 37쪽.

50 川野順, 「人間은 누구나 最善으로 살아갈 責任: 「새빛」 통한 祖國과 마음의 交流가 기쁨」, 《새빛》 1975년 1월호, 37쪽.

저자의 약력: 저자 川野順씨는 한국본명을 유俞씨라고만 밝히고 있다. 1915년 경상북도에서 출생. 1929년 공립보통학교公立普通學校 졸업. 1933년 일본 복강福岡에 거주하는 외숙을 의지하고 도일하다. 1937년 음악가에 뜻을 두고 전전하면서 여러번 직職을 바꾸다. 나병이 발병되다. 1939년 복강福岡의 사립신연심경원私立身延深敬園 분원에 입원하다. 1940년 구주九州의 국립국지혜풍원國立菊池惠楓園으로 이전하다. 「아라라기」 단가회短歌會에 입회하다. 기독교에 입신入信하여 세례를 받다. 1942년 국립성총경애원國立星塚敬愛園으로 전원轉園되다. 1947년 동환同患의 여성과 결혼하다. 1950년 실명하여 앞을 못보게 되다. 1955년 「미래」 단가회에 입회. 1968년 이혼하다. 가을에는 광명원光明園 가족교회家族敎會에서 간증하다. 1971년 전구주맹신도수양회全九州盲信徒修養會에서 간증하다.[51]

川野順은 수기 「형극의 반생기」에서 발병할 때부터 요양소에서의 생활, 소년 시절의 회상, 미신적 치료 요법, 생존하기 위한 고단한 과정을 상세하게 기록한다. 어머니는 한센병에 걸린 아들을 치료할 수 있다는 치료약으로 "뱀술蛇酒"을 만들어 보낸다.

그 무렵 고향의 어머니로부터 다음과 같은 편지를 받았다. 「네 병의 회복을 위하여 맹세할 것이 있는데, 4발 동물의 고기는 먹지 말아라. 그리고 네 병에 잘 듣는다는 뱀술蛇酒을 만들어 보낸다. 그것을 먹을 때 특히 주의할 점이 있다. 조반 전에 전부 먹어야 한다. 그 후에는 죽은 듯이 깊은 잠에 들어간다. 자연히 눈을 뜰 때까지 도중에 깨우는 일이 없도록 주위의 사람들에게 미리 주의시켜 두어라. 만약 도중에서 깬다면 효력이 없어진다. 죽은 듯이 자고 있는 동안에 모든 균菌은 소멸한다. 먹기 거북할지 모르지만 낫는다는 확신을 가지고 이것을 먹고 옛 몸으로 돌아가도

51 川野順, 安晟蕙 譯, 「在日僑胞 患友 手記: 荊棘의 半生記」(2), 《새빛》 1973년 3·4월호, 21쪽.

록 빌고 있다.」[52]

어머니가 보낸 편지에는 뱀술 복용 지침이 상세하게 적혀 있다. 뱀술을 먹고 잠이 들면, "죽은 듯이 자고 있는 동안에 모든 균菌은 소멸한다." 민간치료법이 한센병을 치료하는 데에 실제로 효과가 있었는지를 확인할 방법은 없다. 분명한 것은 한센병 치료 의약품이 개발 보급되는 동안에도 한센인들은 병원에서 제대로 치료받지 못하거나 민간요법에 의지했다는 사실이다.

수기의 필자는 "이국異國의 요양소"의 위치를 설명하는 것으로 시작해 자신의 이름에 대한 고민(한국 이름과 일본 이름)을 언급하면서 "전쟁", "실명失明", "결혼생활" 등 비극적인 삶에 대한 감회를 진술한다. 그 일부를 인용해 본다.

> 지금 내가 있는 국립'한센'씨병요양소 경애원敬愛園은 (…) 태평양전쟁 중에는 특공대特攻隊의 기지基地가 있던 거리이며, 지금은 항공자위대航空自衛隊를 가지고 있는 '가노야'시鹿屋市의 교외이다. 나는 30년에 가까운 오랜 세월을 이곳에서 살아 왔다.[53]

> 중일전쟁이 일어나고 이미 5년, 태평양전쟁도 벌써 반년 가까이 되었으며, 원내에서는 진흥대振興隊라고 하여 자주 봉사작업이 있었다. (…) (당시 나는 松野洋一이라는 일본 이름을 사용하고 있었다.)[54]

> 일자리를 찾아 다니면서 '후꾸오까'福岡에서의 쓰라린 경험에서 한 가지 지혜를 배웠다. 그것은 국적을 옮기는 일이었다. 신용도 받지 못하고 천대만 받는 인간이란 그 나름대로의 지혜를 찾아내는 것이다.[55]

---

52 川野順, 安晟蕙 譯, 「在日僑胞 患友 手記: 荊棘의 半生記」(10), 《새빛》 1974년 2월호, 36쪽.
53 川野順, 安晟蕙 譯, 「在日僑胞 患友 手記: 荊棘의 半生記」(1), 《새빛》 1973년 3월호, 16쪽.
54 川野順, 安晟蕙 譯, 「在日僑胞 患友 手記: 荊棘의 半生記」(2), 《새빛》 1973년 3월호, 21-22쪽.

> 그것은 아무에게도 털어 놓을 수 없는 비밀을 나는 간직하고 있었기 때문이다. 국적을 숨기고 일본인 행세하는 조선인, 거기에 한센씨병. 그것은 어떤 경우이든지 내 행동을 제약制約하며 '브래이크' 역할을 하고 있었다.[56]

> 지금이야말로 '한센'씨병은 의학적으로 불치의 병은 아니라고 하지만 후유증을 가진 균음성자로서는 뿌리 깊은 세상의 편견을 인식하지 않을 수 없기 때문에 감히 본명을 숨기기로 했다.[57]

그가 거의 30여 년을 지내온 경애원敬愛園은 태평양전쟁 중에는 특공대 기지가 있던 곳이다. 태평양전쟁 때에는 "松野洋一이라는 일본 이름을 사용"했다고 한다. 한센병에 대한 뿌리 깊은 편견 때문에 본명을 숨기고 일본 이름을 쓸 수밖에 없었던 것이다.

차별과 배제의 경험은 후쿠오카와 오사카에서의 생활을 기록한 부분에서 잘 드러난다. "후쿠오카에서 일자리를 찾았지만 「내지인內地人=日本人에 한함」이라는 단서가 써진 광고문 발견"한 후, "국적을 옮기는 일"을 결심했었다. '조선'이라는 '국적'을 숨기고 '일본인' 행세를 한 것은 생존을 위해 선택할 수밖에 없는 일, 그것은 "지혜를 찾아내는 것"에 가까운 일이었다고 회상한다.

일본에 거주한 한국 한센인들은 조선인이면서 한센인이라는 이중적인 소외와 차별을 겪어야 했다. 다음에 인용한 부분은 동경의 거리 한복판에서, 일본 순경에게 심문을 당하는 장면이다. 이 장면은 국적이 다른 외국인으로서 재일한센인들이 어떤 차별과 배제를 경험했는지를 보여준다. 재일한센인들을 향한 차별과 배제는 매우 복잡한 구조를 지니고 있었다.

---

55 川野順, 安晟蕙 譯, 「在日僑胞 患友 手記: 荊棘의 半生記」(4), 《새빛》 1973년 8월호, 19쪽.
56 川野順, 安晟蕙 譯, 「在日僑胞 患友 手記: 荊棘의 半生記」(9), 《새빛》 1974년 1월호, 31쪽.
57 川野順, 安晟蕙 譯, 「在日僑胞 患友 手記: 荊棘의 半生記」(16), 《새빛》 1974년 10월호, 35쪽.

사나이가 돌아간 후에 나는 성난 얼굴로 나오려는데 「잠간만」 하는 순경의 부름에 되돌아 섰다.

「자네는 조선 사람인가? 일본인이 아니던가?」

「네 조선인입니다.」

「정말로 일본인이 아닌가?」

「네 조선입니다.」

이 때에 나는 생각해 봤다. 「내 말씨가 일본인 같지 않아서 그것으로 의심하게 된 것이 아닌가」 하고

「자네는 정말로 일본인이 아니란 말이지」

「네 일본인이 아닙니다.」

이 때에 순경의 손바닥이 내 뺨에 날랐다. 2번, 3번 눈에서 불꽃이 튀긴다.

「이 자식, 끝까지 조선인이라고 버틸 셈인가. 일본인이 아니란 말이지. 조선이라는 나라가 어디에 있어. 조선도 일본이야」

순경은 외친다.

「아아 그런 사연이군」 나는 바보스럽게 되었다.

「그래 이제 알았나. 일본인으로서의 자부심을 가지란 말이야. 위축될 필요는 없어. 당당하게 하란 말야.」

순경은 격려해 주는 것처럼 말한다.

「이제 돌아가도 좋아. 힘을 내란 말이야.」

「미안 합니다.」

머리를 숙이고 나는 그곳을 빠져 나왔다. 갑자기 그칠 수 없는 눈물이 흐른다.[58]

두 사람의 대화로 이루어진 위의 장면은 섬세한 독해를 요구한다. 일본 순경은 '나'에게 일본인인지, 조선인인지를 묻는다. '나'는 조선인이라

58 川野順, 安晟蕙 譯, 「在日僑胞 患友 手記: 荊棘의 半生記」(9), 《새빛》 1974년 1월호, 28쪽.

고 대답하지만 일본 순경은 "정말로 일본인이 아닌가?"라고 다시 묻는다. 이후 "일본인이 아니란 말이지"라는 말로 앞서 말한 내용을 거듭 확인한다. 일본 순경은 "조선 사람인가"라고 묻고 있지만, 그가 원하는 대답은 "일본인"이라는 말이다.

조선이 일본의 지배를 받고있는 상황이라면, 조선인은 이미 일본인에 포함된 존재라는 논리가 스며들어 있다. 즉 "조선이라는 나라가 어디에 있어. 조선도 일본이야"라는 단언에 가까운 표현은 조선이라는 나라는 이미 없다고 할 수 있기 때문에 조선인이란 없는 것이라는 말과 다르지 않다. 여기에는 식민지배의 논리가 투영되어 있다.

일본 순경이 '나'에게 '조선 사람'인가, '일본인'인가라고 묻는 것은 단순히 국적을 확인하기 위한 질문이 아니다. '조선인'과 '일본인'이라는 국적을 구별하는 물음 안에는 '한센인인가, 한센인이 아닌가'를 식별하는 더 근본적인 물음이 들어 있다. "조선 사람"이면서 "한센인"이라는 이중의 정체성, 거기에는 '조선인=한센인'이라는 차별과 배제의 등식이 위험스러운 표정을 짓고 있다. 조선인이면서 일본인으로 위장하는 것과 한센병에 걸렸다는 사실을 숨기고 건강한 사람으로 보이게 하는 것은 동일한 논리를 지니고 있었다.

재일한센인의 얼굴은 '조선인/일본인', '한센인/건강인'이라는 이중 대립 구도에서 일본 국민이 아닌 조선인, 혹은 한센병에 걸린 사람, 건강하지 않은 피식민자의 위치를 의미했다. 그것은 국민이면서 국민이 아닌, 국민이 아니면서 국민인 경계인의 징표, 다시 말해 '비/국민'을 식별하는 표지였다.

> 조국이란 무엇일까. 그것은 섭리에 따라 태어난 장소이다. 그러면서도 그곳에 태어난 자의 운명을 결정지어갔다. 정부란 무엇일까. 그것은 목적을 위한 수단이다. 그러면서도 거기에는 권력과 증오가 있다. 인간이

란 무엇일까. 그것은 하나님의 형태대로 만들어진 것이지만 자기보존이란 자아의식 과잉으로 인하여 괴로워하며 슬퍼하며 미워하며 고민에 빠지는 것이 아닌가.

어느 사람은 말한다. 「육친을 떠나서 사랑을 알며, 빛을 잃고서 청산백운靑山白雲을 본다」고. 그래서 나는 말한다. 「병을 얻어서 생명의 귀중함을 알고, 실명을 하고서 진실을 봤다」고.

사람의 마음은 모두 아름다웠다. 그리고 또 추했다. 이 근처의 잡초도 바람도 공기도 태양도 달도 별도 나에게 속삭여 준다. 「너는 보았는가. 너는 들었는가. 그리고 지금은 행복한가」라고.[59]

1975년 7·8월호에 실린 정을병(작가)의 서평에서는 이 수기를 읽고 "형극荊棘이라기보다도 '성장의 반생기'를 쓴 것 같은 느낌이" 든다고 표현했다.[60] 川野順의 수기는 한 사람의 "영적인 성장"을 기록한 것이라고 간단하게 표현하기엔 그 역사성이 깊다. 수기의 저자는 다음과 같이 덧붙인다. "이 책은 반세기 이상에 걸친 나의 일생 기록이라고 말할 수 있다. 인간에게는 각기 살아온 역사라는 것이 있다.'[61] 한센인으로서 "각기 살아온 역사"가 그 안에는 깃들어 있는 것이다.

1937년 중일전쟁과 1941년 태평양전쟁을 겪는 동안, 재일한센인들이 겪은 낙인과 차별은 복잡한 층위에서 접근할 영역이다.[62] 일본에 거주하고 있는 소수자 한센인들에 대한 차별과 배제의 양상은 한센인들을 특정한 시설에 '격리'하는 방식이 아니라 일상에서 더욱 정교하게 이루어졌기 때문이다.

59 川野順, 安晟蕙 譯, 「在日僑胞 患友 手記: 荊棘의 半生記」(16), 《새빛》 1974년 10월호, 38쪽.

60 鄭乙炳(作家), 「靈的인 成長을 그리고 있는 「荊棘의 半生記」」(書評), 《새빛》 1975년 7·8월호, 30쪽.

61 川野順, 安晟蕙 譯, 「在日僑胞 患友 手記: 荊棘의 半生記」(16), 《새빛》 1974년 10월호, 35쪽.

62 정근식, 「차별 또는 배제의 정치와 '소수자'의 사회사 재구성」, 『경제와 사회』 100, 비판사회학회, 2013, 195쪽.

■ 일본한센인 환우 신앙수기 「구라사도행전」, 「이 가시 있으므로」 외

한일 구라관계자들의 교류가 활발해지면서 《새빛》에는 "조국"과 "환우"에 대한 "사랑의 실천"과 "사랑에 바탕을 둔 인간애"를 중시하는 글들[63]을 망라해 "생활적 신앙수기" "생활 자서전" "간증" 수기 형식의 글들이 지면을 채웠다. 1974년 1월호부터 「한센 환우의 신앙수기」, 1974년 11월호부터 「구라기관 순례」 연재, 일본 나요양소 방문기 「역정歷程 속에 흐르는 여로」, 磯部昭介의 일본환우수기 「이 가시 있으므로」(1975년 2월호~1975년 10월호)[64], 오까노 유끼오의 「구라사도행전」(1975년 2월호~1975년 7·8월호)[65] 등을 들 수 있다.

「한센 患友의 信仰手記」, 《새빛》 1974년 1월호~1974년 11월호[66]

光岡善江, 「한 걸음 한 걸음」, 1974년 1월호.
松村好之, 「천사의 날개」, 1974년 2월호.
古谷綾子, 「주님의 은혜로 산다」, 1974년 3월호.
岡本廣好, 「은총(恩寵)으로 인도함」, 1974년 4월호.
坂本十一, 「면회오신 어머니」, 1974년 5월호.
田畑 繁, 「주님의 깊은 지혜와 지식」, 1974년 6월호.
다나까 사마에, 「주님은 살아 계신다」, 1974년 7월호.
島津久雄, 「이 병이라 할지라도」, 1974년 8월호.
도시미 구찌 쓰루, 「포도나무의 가지」, 1974년 9월호.
成田喜三郎, 「무(無)로 돌아가자」, 1974년 10월호.
宇佐美邦子, 「은혜 가운데 살게하시다」, 1974년 11월호.

---

63 박근혜(청와대), 「患友에게 주는 書信: 社會復歸 본보기 되어 希望 심길—어머니의 사랑 항상 患友 곁에」, 《새빛》 1975년 2월호; 유준, 「救癩主日 특별강연: 사랑에 바탕을 둔 人間愛」, 《새빛》 1975년 2월호; 創刊 12주년 特輯座談 「在日교포 患友: 祖國 發展은 患友의 간절한 念願」, 《새빛》 1975년 2월호, 12~18쪽.

64 磯部昭介, 高月溪 譯, 日本患友手記 「이 가시 있으므로」(8), 《새빛》 1975년 10월호, 46쪽.

65 오까노 유끼오, 辛定夏 역, 「救癩使徒行傳」(6), 《새빛》 1975년 2월호~1975년 7·8월호, 총6회.

救癩使徒行傳 (1)

林文雄의 生涯

오까노 유끼오 著
辛定夏 譯

I. 삿뽀로 시대①

29

오까노 유끼오, 신정하 역, 「구라사도행전救癩使徒行傳」(1), 《새빛》 1975년 2월호.

역자 주譯者 註: 이번 6회로서 첫째 장인 삿뽀로시대는 끝이 났다. 그 동안 6회에 걸쳐 재미있게 애독해 주시고 격려해 주신 독자 여러분께 깊은 사의를 표한다. 이번 회로서 연재는 일단 중단하고 다음 기회에 또 다시 소개하고 싶다. 이 실화實話는 주인공 林文雄씨 개인의 전기傳記라기 보다는 제호題號가 말해 주듯이 오늘날 하나님의 사도使徒로서 어떻게 구라救癩사업에 참여할 것인가를 소상하게 소개하고 있다. 그리하여 기독인을 비롯한 구라인구救癩人口의 확대로 하나님께 봉사하자는데 역자譯者로서의 의도와 사명이 있다고 확신한다.[67]

66 「한센 患友의 信仰手記」, 《새빛》 1974년 1월호~1974년 11월호.

67 오까노 유끼오, 辛定夏 역, 「救癩使徒行傳」(6), 《새빛》 1975년 6월호, 39쪽.

신앙수기, 간증수기, 구라인물의 행적을 기록한 글들에서는 기독교적인 믿음을 토대로 한센인 스스로 질병을 예방하고 치유하려는 '자발적인 의지'를 중요한 과제로 제시하였다.

□ 連 載

이 가시 있으므로 (1)

磯部昭介 著

복잡한 환경

1927년 10월 9일 나는 「아이찌겡」(愛知縣南知多)에서 태어났다. 지능지수(知能指數)가 낮아서 그런지는 모르나 소학교에 입학하기 이전의 일은 무엇하나 기억하고 있지 못했다. 아버지와 사별했던 것도 어머니와 생이별 했던 것도, 숙부(叔父)집으로 데려왔던 것 등 아무 것도 기억하고 있지 못했다. 따라서 숙부내외가 정말 친부모처럼 대했고 나 자신도 그렇게 생각하고 있었다.

그런데 내가 분명히 소학교 3학년 때였다. 학교에서 돌아오는 길에 집 근처에 있는 담배가게 앞을 지나려는 데,

『저애는 혜자(惠子)씨의 자식이 아니라지요』

『그래요. 혜자씨는 친자식이 따로 있지요』

이러한 대화가 등 뒤에서 내 귀에 들려오는 것이었다. 혜자란 어머니의 이름이니까 그 자식이라면 나를 가르키는 것이다. 나는 그때 이상한 말을 하고 있구나 하는 생각으로 소리나는 쪽을 돌아 보았다. 그랬더니 동네 부인들은 말을 딱 멈추고 겸연쩍은 듯 고개를 숙이고 말았다. 설마 내게 들리리라고는 생각하지 않았으리라. 내가 돌아보니까 대단히 당황하고 놀란 모습을 드러낸 것이다.

>편집자 주<

이 책은 日本 聖登社에서 1974년 10월 15일 發行한 문고판 188「페이지」의 조그

편집자 주:

이 책은 일본 성등사聖登社에서 1974년 10월 15일 발행한 문고판 188페이지의 조그만 책으로서 제1부에는 책의 제목과 같이 「이 가시 있으므로」라는 필자 「이소베쇼우스께」磯部昭介씨의 자전自傳으로 되어 있고 후반은 수상隨想과 간증서干證書로 엮어져 있다.

여기에는 자전自傳부문을 고월계高月溪 선생의 번역으로 연재한다.

필자는 나병에 감염되어서 절망과 비애의 극한을 체험했을 뿐만 아니라 자살 미수를 경험한 바도 있었으나 그리스도의 구원을 받고 암흑으로부터 구출되었던 증언을 하고 있다.

「나는 '가시가 있으므로'해서 그리스도의 구원을 받고 죄의 사함을 받고 영생을 얻어 기독교에 밀착하게 되었다.

만약에 나에게 건강만 있고 하나의 가시가 없었다면 나는 과연 지금쯤 어떻게 되었을까? 성질이 교만하고 고집이 센 나는 십자가의 존재를 우습게 여기며 이 세상의 재미에 몰두해서 죄의 나날을 보내고 있었을 것이다. 그러나 나는 이 가시가 있으므로 현재와 같은 희망에 넘치는 생활을 하고 있다」고 기술하고 있다.

그래서 신앙에 대한 하나의 산 증언이 되는 책자이다.[68]

1975년 이후 국제적으로 저명한 나학자들의 업적을 소개하는 지면이 늘어났다. 1975년 10월호 「권두언: 피얼스 박사와 한국의 나병」와 「특집: 한국봉사 25주년 밥·피얼스 박사」라는 제목의 글을 게재하였다.[69] 1976년 1월호 「특집: 새해를 말하는 구라인사救癩人士들」을 기획해 한센병 연구자와 학자들을 '표지인물'로 선정했다. 1976년 2월호의 표지인물로 '일본의 슈바이처—宮崎松記'가 실렸다.

1984년 당시, 소록도병원에서 1974년부터 10여 년을 보낸 간호원 수녀의 수필에서는 요양소 생활과 나환자들의 모습을 긍정적인 필치로 기록하고 있다. 그녀의 글 속의 각주에는 '외국인 의료선교사 명단'이 정리되어 있는데 소록도병원에 들어온 간호원들의 이름, 성별, 생년월일, 국적 등을 확인할 수 있다.

몸이 성치 못한 환자들이 이곳에서 계속 머물기를 원한다. 여기에서는

68 磯部昭介, 高月溪 譯, 「이 가시 있으므로」(1), 《새빛》 1975년 2월호.

69 柳駿, 「卷頭言: 피얼스 박사와 韓國의 癩病」, 《새빛》 1975년 10월호, 4~6쪽; 「특집: 韓國奉仕 25周年 밥·피얼스 박사」, 《새빛》 1975년 10월호, 7~24쪽.

환자들이 계속 보호받을 수 있기 때문이다. 나의 한 환자가 지적하였다. "여기에서는 나에게 아무도 손가락질을 하지 않는다. 나는 남들과 다르지 않다."

점점 더 발전하는 약물치료와 처치로 새 나병환자들은 곧 떠날 것이고 정상적인 생활을 영위할 수 있을 것이라고 희망해 본다. 늙고 병약한 장애자들에게는 이곳은 그들의 가정일 뿐만 아니라 나의 가정이기도 하다. (…)

註. 外國人 醫療宣教師 名單[70]

職名	姓名	性別	生年月日	來院年月日	國名
看護員	마리안느 스퇴거 (Marianne Stoger)	女	34. 4. 24.	62. 2. 24.	오스트리아
	마가리다 피사랙 (Magaritha Pissarek)	〃	35. 6. 9.	68. 10. 16.	〃
	존 써빈 (Joan Souvigne)	〃	24. 7. 8.	74. 5. 30.	미국
	카더린 쿨렌 (Catherine Cullen)	〃	24. 10. 20.	〃	〃
	바바라 파벨카 (Barbara Pavelka)	〃	53. 6. 2.	78. 8. 1.	〃
	켄네스 스레이먼 (Kenneth Sleyman)	男	54. 5. 15.	〃	〃
	메드로인 크레이즈스트 (Madeloine Clairegiusto)	〃	40. 5. 27.	79. 1. 7.	〃

70 존 써빈 수녀(Sr. Joan Sauvigne, 美國 메리놀 修女會 看護員, 1974. 5. 30~1984 현재). 申汀植 엮음, 「소록도 10년」, 『續小鹿島日記』, 국립소록도병원, 1984, 33~34쪽.

한센인들의 삶과 역사를 읽기 위해서는 국립소록도병원, 한센병 관련 역사 자료, 한센병 문학 관련 자료 등 다양한 자료들을 광범위한 영역에서 수집, 검토해야 한다. 한센병 치료를 담당한 의사와 간호사 등 의학계 인물들과 한센인의 신앙 활동에 관여한 목사, 선교사, 신부 등 종교계 인물들이 남긴 여러 유형의 기록들을 참조할 필요가 있다.

이 책에서는 주로 잡지 《새빛》을 중심으로 기독교 구라운동을 살폈다. 향후 천주교 등 종교계 구라인물의 활동에 관한 연구를 보완해야 한다. 또한 각 지역에 분포된 요양소 자료들을 포함해 한센인들의 자전적 기록과 허구적 서사들을 함께 검토하는 작업이 요구된다. 1972년 창간된 《복지》와 《새빛》의 자료들을 비교해 본다면 나병 계몽 운동의 복잡한 내면을 더욱 선명하게 들여다볼 수 있으리라 기대한다.

나오며

한센병 기록을 분산分散하는 문학의 시위示威

이 책은 '한국' 한센병 문학을 어떻게 읽을 것인가라는 물음 아래 출발하였다. 한국 한센병 문학에 대한 본격적인 접근이 이루어지지 않은 상태에서 한센병 계몽 잡지 《새빛》을 중심으로 방대한 문학 관련 자료들을 살펴보았다는 데에 의미를 둔다. 문학작품에 국한하지 않고 역사와 의학, 문학 '사이'에 있는 다양한 자료들에서 한센인/한센병의 기억과 서사, 흔적을 읽을 때 한국 한센병 문학의 특수한 지점을 드러낼 수 있을 것이다.

이 연구는 우리 사회에서 지속되고 있는 사회적 약자에 대한 뿌리 깊은 편견과 멸시, 차별의 감성에 대한 진단과 성찰에서 시작되었다. 시대가 달라질 때마다 '새로운' 낙인의 대상이 출현하는 상황에서 낙인의 계보학적 탐색은 타자, 소수자, 공동체 등의 기원과 형성의 구조를 탐색하는 작업과 연계된다. 한센인/한센병에 대한 낙인의 감성 연구는 한국 근대성과 타자성의 영역을 접근하는 방법론이 될 수 있으리라 기대한다.

근대 이후 한국 한센병 문학 연구는 일제강점기에서 해방과 전쟁, 그리고 유신체제로 이어지는 정치적, 역사적, 사회적인 변동과 분리해서 진행할 수 없는 영역이다. 이는 또한 동아시아 한센병 역사라는 보다 너른 범위에서 조명할 과제다.

이 책은 아직 시작 단계에 불과하다. 지금까지 연구한 내용을 요약하고 향후 주요한 연구 과제를 정리하는 것으로 결론을 대신하고자 한다.

1. 기록을 분산하는 힘

역사와 문학의 긴장: 한국 한센인/한센병 문학 연구는 아직 시작 단계에 있다. 본 연구의 목표는 한국 한센인의 삶과 역사를 '문학'의 시각에서 읽는 것이다. 《새빛》에 수록된 다양한 유형의 자료들, 한센병 관련 기록들을 분석 대상이다. 역사적, 사회적 소수자minority인 한센인들의 기록에서는 역사와 문학 사이의 긴장이 감지된다. 문학은 역사 기록을 명료한 언어로 설명하지 못하게 하고 체계적으로 정리할 수 없게 하는 분산하는 힘을 지녔다.

〈한센병 기록을 분산하는 문학의 시위〉에서 '분산'은 한센인의 삶과 역사를 명확하게 포착할 수 없게 하는 힘이다. 다시 말해, 그것은 기록의 이면에 자리한 이야기/그림자/어둠/침묵 등과 같은 것이 무엇인가를 감지하고 드러나게 하는 효과에 비유할 수 있다. 기록을 분산하는 문학의 '시위'revelation라는 표현은 체계적인 질서에 혼란을 야기하고, 단일한 해석에 저항한다는 뜻이다. 문학의 시위는 역사 기록에 대항한 일종의 '무질서/혼란/시위'chaos/confusion/demonstration를 연상하기 위해 사용한다.

문둥이와 소록도/병원: 문둥이와 소록도는 한국근현대사를 가로지르는 '뜨거운 상징'이라 해도 과언이 아니다. 그것은 감금의 공간과 소수자 차별의 역사를 증거한다. 한국의 한센병 연구는 동아시아 한센병 역사 연구로 확장해 다룰 과제이다.(鄭根埴, 1997; 2002)

한센인들을 가리키는 비칭 중의 하나인 '문둥이'는 그들에게 부여된 '낙인stigma'의 흔적을 잘 보여주는 표지다. 소록도의 안과 밖은 환자와 건강인, 비정상과 정상의 경계를 뜻하게 되었다. 그 경계를 가르는 선은 한센인을 '우리(사회)'로부터 배제, 추방할 수 있었던 무의식적 근거로 작동

하였다. 그것은 가시적인 것이 아니라 비가시적인 감성sensibility의 지층에 자리한 것이기에 더욱 문제적이다.

한센인들은 낙인의 표지를 벗기도 전에, 역사의 그늘로 사라졌다. 그러나 환자들의 얼굴이 우리의 시선에서 사라졌다고 해서, 고통의 '기억과 흔적'까지 소멸된 것은 아니다. 여전히 그들의 목소리는 침묵 속에 묶여 있고 그들의 슬픈 역사는 아직 충분하게 말해지지 않았다.

1916년에 설립되어 100년의 역사를 간직한 국립소록도병원은 한국 한센인들의 삶과 분리할 수 없는 역사문화적 공간이다. 소록도(병원)의 표상과 낙인의 감성을 연결해 읽어볼 수 있다. 병원은 환자들의 병을 치유하는 공간이라기보다는 건강한 일반인과 사회, 국가를 보호하기 위해 격리하기 위한 장소였다. 이 '추방'된 자들은 인간도 아닌 짐승도 아닌 존재로서 여겨진 것이다.(Giorgio Agamben)

자전/허구의 교차점: 한센인 혹은 한센인 작가들이 자신들의 경험과 기억을 증언하고 기록하는 방식은 서로 적지 않은 차이를 보인다. 한센병과 한센인을 향한 낙인의 감성을 읽기 위해서는 단지 문학작품만이 아니라 서로 다른 유형의 다양한 텍스트들을 교차해서 보는 작업이 요구된다. 다양한 성격의 자료들은 '대리 보충'代理補充, le supplément의 관계를 형성한다.(Jacques Derrida)

한센병 문학은 기억과 서사의 주체가 누구인가에 따라서, 한센인에 의한 자전적 기록인 '자전서사'와 한센병을 소재 혹은 주제로 한 '허구서사'로 나눌 수 있다. 그런데 한국 한센인/한센병의 서사를 독해하면서 자전/허구의 이분법적 구도는 견고하지 않다. 자전과 허구 서사는 혼재되어 있는데 이는 사실과 허구, 역사와 문학의 관계가 대립적이지 않다는 것을 말해준다. 이렇듯 한센인에 의한 기록, 한센인에 대한 기록은 어떤 특정한 장르의 서사로 말할 수 있고 쓸 수 있는 것이 아니라 다양한 말하기와 글쓰기의 장소를 요청한다.

감각과 증언: 한센인의 자전적 기록은 체험과 기억, 자전과 허구가 중첩된 증언이면서 이야기이다. 거기에는 한센인만이 아니라 일반인의 기억과 인식이 함께 얽혀 있다. 한센인의 자전적 기록은 역사적 증언이기 이전에 한센인의 실존적 성찰과 존재론적 물음이 담긴 고백록이기도 하다. 증언의 사실성과 역사성을 중시하는 시각에서 보면 한센인의 감각, 감정, 이미지들은 지극히 개인적인 것이며 사소한 것들로 여겨질 수 있다. 한센인의 자전적 기록을 읽는 작업에서 질병의 문화사를 살피기 위해서는 '증언'에 초점을 두었던 흐름에서 '감각'을 중심으로 다룰 필요가 있다.(坪井秀人, 2018)

2. 한국 한센병 문학의 계보와 특수성

곁에서 쓴다는 것: 한센인들의 요양 시설이 자리한 소록도는 육지의 곁에 바로 인접해 있으나 육지와는 구별되는 장소였다. 한센인이 아닌 위치에서, 소록도에 거주한 한센인들, 다시 말해 이름과 고향을 잃어버린 사람들의 기억을 듣는다는 것은 가능한가. 명료하게 정돈되지 않는 기록들에서 어떤 말들의 조각에 휘말리게 될 것인가. 거기에서 누구의 목소리와 몸짓을 보고 들을 수 있을 것인가. 사라진 얼굴들의 흔적을 매만지게 될 '나'는 어디에 위치할 수 있을 것인가.

점점 사라져가는 한센인들의 얼굴을 '곁에서 쓴다는 것'은 결코 그들이 될 수 없는 채로 그들이 남긴 기록들 사이를 더듬기 위한 방법적 장소로 요청된다. 즉 한센인들의 삶과 역사를 읽어보려는 시도는 어느 한 곳에 머물 수 없는 '난민'의 위치를 요구한다. 곁에 머물러 있으려 하지만 떠날 수밖에 없는 추방된 몸, 떠나길 원하지만 곁에 머물러 있을 수밖에 없는 연루된 몸.

사라져가는 한센인들의 얼굴 곁에서 우리가 할 수 있는 것은 유랑하는 언어들에게 길을 내어주면서 거기에서 속삭이고 웅성거리는 증인들을 기다리는 일이다. '곁에서 쓴다는 것'이라는 표현은 한센병 문학을 연구하는 정교한 이론이나 방법론이라고 하긴 어렵다. 다만 이 표현으로, '한국' 한센병 문학 연구에 있어서 다른 질병문학과 달리 당사자들의 입장에 다가서기 위해서는 신중한 접근이 요구된다는 점을 다시 강조해 두고 싶다.

'문학'의 시선: 한국 한센병 역사를 읽는다는 것은 우리에게 어떤 고민을 안겨 주는가. 연구자의 위치에서 한센인/한센병의 '곁을 쓴다는 것'은 그 대상과의 윤리적인 거리를 요구한다. '곁에서 쓴다는 것'은 곁의 무엇과 완전히 동일한 것이 되지 않으면서, 그것과 함께 머물러 있으려 하는 행위이다.

누가 어떤 관점에서 바라보고 기록하느냐에 따라 역사 자료가 배치를 달리할 수 있다면 한센병의 역사는 과연 누구의 것인가. 여기에 '문학의 시선'을 개입하는 것은 어떤 의미가 있는가. 문학의 시선은 구술증언, 역사 기록, 담론, 언설, 발화행위uttering, 문예 작품 등 자전과 허구의 '서사'narrative에 담긴 징후를 분석하는 데에 도입된다. 아직 충분히 말해지지 않은(말할 수 없었던) 한국 한센인들의 기억과 흔적을 읽기 위한 방법으로서 요청된 것이다.

한센인들의 삶과 역사를 읽기 위해서는 구술증언, 심층면접, 현지조사와 더불어 역사학, 사회학, 의학, 인류학 분야의 연구를 병행해야 한다. 또한 보건 의료, 통치 정책과 신체 규율, 국립소록도병원 및 각 지역에 설립된 한센병 요양소 등 다양한 연구 성과를 참조해야 할 것이다. 문학 연구가 기여할 것이 적지 않다고 생각한다. 문학작품으로만 한정하지 않으면서 역사와 의학, 문학 자료들 '사이'에 거주하고 있는 다양한 목소리voices와 몸짓들gestures에 주목하려 한다.

작가 심숭沈崧이 남긴 두 편의 장편소설 『낙화유수落花流水』(1933~1934)와 『애생금哀生琴』(상권, 1949.8, 중권, 1950)은 사회적 타자로서의 한센인이 자신의 위치를 어떻게 발언하고 있는지, 사회와 역사가 그들을 어떤 존재로 표상했는지를 함께 읽어볼 수 있다. 작가에게 나병은 신체적 고통을 가져오는 원인일 뿐 아니라 인간/비非인간, 자기와 이웃의 경계를 질문하는 바탕이었다. 한센병은 몸과 마음, 삶과 죽음의 관계를 사유하며 궁극적으로 사회, 민족, 국가, 종교란 무엇인지를 묻는 '원原흔적'Jacques Derrida과 같은 것이었다.

시인 한하운(韓何雲, 1919~1975)은 나환자로서의 자신의 입장을 발언하고 계몽 운동에 적극적으로 관여한 인물이다. 서러움의 '정치적 무의식'Fredric Jameson을 다음과 같이 분석했다. 그의 자서전적 서사에서 '서러움'sorrow의 감정은 민족과 국가 전체를 가리키는 표지로 확장된다. 민족의식과 신체론은 근대 의학담론의 시선과 개발근대화의 논리와 입장이 같은 부분도 있다. 병 치유에 대한 확신은 '우생학'eugenics에 기초한 식민규율과 맞닿아 있다. 사랑의 이야기는 해방 후 '반공주의'anti-communism라는 새로운 대상을 발견하면서 점차 사라진다. 그의 자전적 고백은 대한민국의 '국민'으로 편입되고자 했던 흔적을 보여준다.

자기를 말하는/쓰는 방식과 장소: 한국 한센병 작가 중에서 노석현의 작품들이 특히 흥미롭다. 그의 작품들은 한 작가가 쓴 것들인데 서로 다른 성격과 분위기를 보인다. 특히 작가가 한센인로서의 자신의 질병체험과 요양소 생활을 그린 자전적 성격의 글이 아니라 허구적 성격이 짙은 '문학'이라는 장르에 담은 것은 관심을 자극한다.

그는 왜 '문학'을 선택했던 것일까? 그는 문학을 통해 자기 자신을 어떻게 말하고/쓰고 있는가? 아니, '무엇'이 그에게 말하지/쓰지 않을 수 없게 한 것일까? 그에게 '문학'이란 대체 무엇인가? 아울러 노석현의 문학 작품 속의 화자나 주인공들은 실제 작가와 관련이 없어 보이는 경우도 많다. 그는 왜 실제의 '나'와 작품 속의 '나'를 다르게 설정한 것일까? 그는 왜 그렇게 해야만 했던 것일까?

이 말하기/쓰기의 장소를 노석현의 작품에서 자주 만날 수 있는 "고독", "질병", "사랑", "가면"에 관한 단상들과 함께 읽을 수 있다. 이와 같은 단상들은 작가 노석현의 문학적 사유를 전개하는 핵심적 방법론이라 할 수 있는데 이를 분석함으로써 우리는 그에게 문학이라는 행위, 즉 사회적 타자의 위치에서 자기 자신을 말하고 쓴다는 것, 달리 말해 문학이라는 장르를 통해 자기 자신을 설명한다는 것이 과연 어떤 의미를 지니고 있는 것이었는지를 읽을 수 있다. 이 같은 논의를 진행하면서 이 글에서 궁극적으로 다루려는 문제는 소수자로서의 한센인이 직면한 폭력에 저항하는 방식에 관한 것이다.

3. 추방된 자들의 목소리

낙인찍힌 몸의 언어: 한센인의 몸은 단지 나병에 걸린 신체만을 지시하지 않는다. 한센인의 몸은 사회적 억압과 배제의 시선을 응축한 곳이다. 한센인에 대한 낙인stigma은 숱한 상상, 이미지, 표상 등이 붙여져 형성되었다는 점을 간과하지 않아야 한다. 즉 '차별의 감성'은 의미와 표상체계의 변화와 사회의 정치체제regime의 변화가 긴밀한 짜임관계를 이루면서 전개되었다. 비유적 언어들은 개인의 신체, 집단, 사회, 민족, 국가와 결합하여 타자성他者性, otherness의 계기를 더욱 확장시켰다.(小森陽一, 阿部安成 외 공저, 2011)

해방공간과 한국전쟁기에 있었던 '나환자 학살사건'은 나환자들에게 부여된 스티그마stigma가 정치적, 역사적, 사회적인 상황과 만나면서 어떻게 그들이 국가폭력에 의한 학살의 근거가 되었는지를 보여주는 대표적인 사례다. 1960년 이후 활발하게 추진된 한센병 정책과 정착마을 건설 사업은 나환자들의 권리와 복지 향상을 위한다는 애초의 목적과는 다르게 전개되었다. 그러므로 나환자들의 얼굴이 서서히 보이지 않게 된 것은 차별의 문제가 극복되었기 때문이라기보다는 상대적인 격리에 의한 비가시화 정책이 성공적이었기 때문이라는 지적(鄭根埴, 2005)은 타당해 보인다.

격리－낙인(혐오)－추방: 한국 나환자의 기억과 서사를 '격리－낙인(혐오)－추방'으로 읽어볼 수 있는데 여기에는 혐오의 감정이 관통하고 있다. 한센병/한센인에 대한 혐오 발화는 나환자와 그의 가족, 마을 공동체, 의료 관계자, 그리고 일반 대중의 시선들이 집중/분산되는 교차점에서 만들어진 것이다. 또한 그것은 사회 일반의 낙인과 나환자의 자기혐오가 겹친 구조물이기도 하다.

임시 수용을 목적으로 만든 집단부락에서 나환자들의 "탈출" 사건이 이어졌기 때문에 당국의 대책을 요청하는 목소리가 높았다. "총살론"에 비해 다소 완화된 방식이긴 했지만, 경찰당국은 부랑나환자로 인한 피해를 줄이고 나환자들을 "절멸"하는 방법으로 그들을 "트럭"truck에 실어 "먼 산촌"으로 보내겠다고 하여 일반사회의 기대를 모았다. 이 '절멸의 시선'은 나환자를 격리도 아니고 추방도 아닌 상태, 그러니까 완전한 존재의 소멸을 주장하는 입장이다. 거기에는 나환자에 대한 극단적인 혐오의 감정이 내포되어 있다. 요컨대 "총살"로 "절멸"을 주장하는 의견은 사회 전체를 위해서 '소수의 희생'을 요구하는 것은 '죄악'이 아니며 그 죽음은 사회 전체를 구원할 수 있는 죽음으로 정당화된다.

한센인들은 도시의 위생 청결과 일반인의 건강을 보호하기 위해서 통제와 관리가 필요한 사람들로 분류된 한편 민족, 동포애를 자극하는 대상으로 호명되기도 했다. 한센병 혹은 한센인에 관한 발화에서 "당신/우리"라는 주어는 고정된 의미와 위치를 지니고 있지 않았다. 일제강점기, 해방, 미군정기, 한국전쟁, 유신독재 하의 정치사회 변동과 함께 나병 계몽 운동의 흐름, 한센병 관리 정책의 방향을 고려한다면 변화의 굴곡을 더욱 풍부하게 볼 수 있을 것이다.

서사의 위치–실화/설화/이야기: 한센인들은 왜 고향을 떠나야 했고 고향으로 다시 돌아갈 수 없었는가? 한센인들은 고향에서 떠난 것이 아니라 그곳에서 쫓겨난 것이라고 증언한다. 한센인들의 증언에서 자주 들을 수 있는 '우물'에 관한 기억은 그들이 공동체에서 어떻게 낙인과 추방의 대상이 되었는지를 보여준다. 한센인들은 마을 사람들이 우물을 공동으로 사용하는 것을 금기했기 때문에 마을에서 더 이상 살지 못하게 되었다고 말한다. 한센인들은 인근의 공동묘지 샘물을 마시면서 연명하거나 고향을 떠나 다른 곳으로 거처를 옮겨야 하는 경우도 있었다.(국립소록도병원, 2011) 이 우물의 증언은 한센병에 대한 전염의 공포가 한센인에 대한 낙인을 야기하고 결국 한센인을 공동체에서 추방하는 결정적 계기가 되었다는 사실을 들려준다.

'문학적인 것'은 역사적인 기록이 지닌 사실성에 대립하는 것에서 나아가 사실의 범위를 확장한다. 본 연구에서는 한센인들의 '삶과 역사'의 흔적을 '기억과 서사'를 매개로 살필 수밖에 없다는 것을 한계가 아니라 오히려 하나의 '가능성'으로 설정하고 있다. 기억의 회귀는 근원적인 폭력성을 상기시킨다.(岡眞理, 2004)

한센인은 자기 자신의 이야기를 1인칭 주어를 사용해 '사실 그대로' 쓸 수 없었다. 한센인의 자전서사에서 이야기, 설화, 소문 등 허구적인 요소가 많은 것은 계몽의 밝은 빛에 노출되고 싶지 않았던 숨은 이야기 때문이었다. 소문, 설화, 이야기, 소설 등은 허구적 성격의 서사는 자전서사와 서로 다른 방향에서 기억과 흔적을 재구성한다. 소설 속에 등장하는 '소문'과 '이야기'와 같은 서사체들은 역사적 사실에 접근할 수 있는 매개가 되기도 한다. 이청준의 장편소설『당신들의 천국』에서 "분홍빛"은 낙인과 저주의 상징적 이미지이며 소록도라는 섬은 낙원과 공동체의 가능성을 다시 묻는 장소이다.

추방된 자들의 목소리: 한센인들의 자전 기록에는 그들의 실제 경험과 기억, 그리고 여러 사람들에게서 수집한 증언과 이야기가 혼란스럽게 뒤섞여 있다. 또 그것은 르포, 수기, 실화, 역사, 문학 등 여러 유형의 서사체에 담겨 있다. 이들의 기록에는 누구의 것인지 밝힐 수 없는 목소리들이 충돌하면서 공존한다. 또 자전적 성격의 글인데도 사실과 허구의 경계가 모호하다. 이것은 자유롭게 발언할 수 없었던 한국 한센인의 상황을 보여주는 서사적 징후로 보인다.

이 '추방된 자의 삶'Giorgio Agamben의 기록에서는 하나의 목소리가 아니라 누구의 것인지 밝힐 수 없는 목소리들이 겹쳐 들린다. 이것은 '서발턴은 말할 수 있는가?'Gayatri Chakravorty Spivak라는 질문 외에 더 복잡한 물음들을 불러온다. 누구의 목소리인가? 그 목소리는 어디에 위치해 있는가? 어디로 갈 것인가? 우리의 과제는 여러 유형의 텍스트들을 겹쳐 읽기 함으로써 이 모호한 목소리들의 행간을 듣는 것이다. 사실과 허구, 역사와 문학의 경계가 분명하지 않은 서사들은 한센인의 비극적인 삶과 역사를 보여주는 징후이다. 이 서사의 혼종성Hybridity은 식민지 권력과 국가권력에 균열을 가하는 장치이자 사회의 차별적 시선을 향한 저항적 전략으로도 해석할 수 있을 것이다.(Homi K. Bhabha)

4. 한센병 계몽 잡지 《새빛*The Vision*》(1964~1979)

한센병 통치 정책과 대중 감성: 《새빛》은 '어둠' 속에 있는 '문둥이'들에게 '새로운 빛'을 주기 위한 목적으로 출간되었다. 잡지의 영문 제목인 '비전Vision'이 지시하는 것처럼 절망적 현실에서 희망을 발견하고 비전 없는 사회에서 비전을 제시하겠다는 의지를 안고 출발했다. 그러나 그런 요청이 계속되었지만 사회의 분위기는 쉽게 달라지지 않았다. '미감아未感兒' 등 차별적인 언어와 감정을 없애기 위한 교육을 강조했지만 나환자의 사회복귀는 여전히 논쟁적인 문제였다. 이 잡지의 자료들은 유신체제 하에 한센병 정책의 흐름과 연관하여 계몽 운동의 구체적인 양상과 대중 감성의 변화를 보여준다.

계몽 광고와 의학상식 강좌: 계몽 광고와 의학상식 강좌: 광고, 방송, 연극, 영화 등 대중매체, 그리고 의학교실, 의학상담 등 대중강좌들이 1960년대 중반 이후 나병 계몽 운동의 한 축을 형성했다. 대중들의 인식을 개선하기 위한 방법으로 '대중강연'과 '광고'가 활용되었다. 광고 「당신은 (이 사실을) 아십니까」, 「나병은 낫는다」, 「나병의 危險과 安全」 등을 대표적인 예로 들 수 있다. 이 광고들에서 주의 깊게 보아야 할 것은 나병만이 아니라 다양한 병을 대중들이 습득해야 할 '건강 상식'으로 간주하고 있는 점이다. 질병에 대한 상식은 건강을 지키기 위한 '지식'으로 부상하면서 질병에 대한 무지함은 우선 교육해야 할 대상이 된다.

1967년 3월호부터 1969년 6월호까지 「나병의 위험과 안전」이라는 제목의 전면 광고가 오랜 기간 게재되었다. 이 광고는 광고 메시지와 삽화를 실어 나병 예방의 수칙을 입체적으로 구성했다. 이러한 분위기 속에서 《새빛》에는 한센병에 대한 강좌와 의학 상식 시리즈물이 실렸다. 이와 함께, 치료제의 개발에 따른 한센인 정착사업의 변화를 주목할 필

요가 있다. “치료제의 개발은 정착을 가능하게 만든 의료적 배경이었다.”(朴潤裁, 2021)

5. 재일한국인 한센인 기록

한국과 일본의 한센병 요양소: 《새빛》에 수록된 재일한센인의 수기手記와 한일 한센인 요양소 기행문을 기록한 주체들은 서로 다른 위치에 있었다. 재일한센인의 수기는 일본에 거주한 한센인들이 남긴 자전적 기록이라면, 한국과 일본의 한센인 요양소 기행문은 의학계, 종교계, 출판계 인물들이 양국의 요양소를 다녀온 후 감상을 담은 보고서이다.

《새빛》 1965년 6월호에는 ‘일본 장도애생원 한국인동지회’(1965. 4. 22)가 보낸 「재일교포 환우의 호소」라는 글을 게재해 “한국인韓國人이라는 까닭으로 실제로 차별대우를 받고 있”는 재일한센인들의 실상을 알렸다. 이어서 일본 요양소 애생원長島愛生園과 광명원邑久光明園 등지에 거주한 재일교포 한센인들의 생활을 소개했다. 이 ‘생활기록’ ‘수기’는 식민지 조선에서 일본으로 건너간 후 생존 투쟁과 투병 생활이 담겨 있는데 그 중의 일부는 『외딴 섬－고도孤島: 재일한국인나환자들의 생활수기』(1961)의 글들을 다시 게재한 것이다.

재일한센인들의 생활기록: 이 기록에서 우리는 다음 두 가지 점에 우선 관심을 둔다. 이 기록은 일본에서 조선인이자 한센인으로서 차별과 배제의 경험에 대한 상세한 보고라는 점이다. 재일한센인들의 자전적 기록은 국민이면서 국민이 아닌 존재, 혹은 국민이 아니면서 국민이라는 경계인, 즉 비/국민의 위치에서 발언한 것이기에 더욱 예민한 논점을 제기한다. 다음에서 그 한 단락을 읽을 수 있다.

> 「자네는 조선 사람인가? 일본인이 아니던가?」/ 「네 조선인입니다.」/ 「정말로 일본인이 아닌가?」/ 「네 조선입니다.」/ 이 때에 나는 생각해 봤다. 「내 말씨가 일본인 같지 않아서 그것으로 의심하게 된 것이 아닌가」하고/ 「자네는 정말로 일본인이 아니란 말이지」/ 「네 일본인이 아닙니다.」/ 이 때에 순경의 손바닥이 내 뺨에 날랐다. 2번, 3번 눈에서 불꽃이 튀긴다./ 「이 자식, 끝까지 조선인이라고 버틸 셈인가. 일본인이 아니란 말이지. 조선이라는 나라가 어디에 있어. 조선도 일본이야」(川野順, 安晟蕙 譯, 「在日僑胞 患友 手記: 荊棘의 半生記」(2), 《새빛》 1974년 1월호)

일본 순경이 '나'에게 '조선 사람'인가, '일본인'인가라고 묻는 것은 단순히 국적을 확인하기 위한 질문이 아니다. 그것은 '조선인'과 '일본인'이라는 국적을 구별하는 물음 안에 '한센인인가, 한센인이 아닌가'를 식별하는 더 근본적인 물음을 내장하고 있다. "조선 사람"이면서 "한센인"이라는 이중의 정체성, 거기에는 〈조선인=한센인〉이라는 차별과 배제의 등식이 위험스러운 표정을 짓고 있는 것이다. 따라서 조선인이 아니라 일본인으로 위장하는 것과 한센병에 걸렸다는 사실을 숨기고 건강한 사람으로 보이게 하는 것은 동일한 논리다.

재일한센인의 얼굴은 〈조선인:일본인〉, 〈한센인:건강인〉이라는 이중 대립 구도에서 일본 국민이 아닌 조선인, 혹은 한센병에 걸린 사람, 건강하지 않은 피식민자의 위치를 의미했다. 그것은 국민이면서 국민이 아닌, 국민이 아니면서 국민인 경계인의 징표, 다시 말해 '비/국민'을 식별하는 표지였다.

한센인의 자기서사와 재난: 한국과 일본 간의 교류가 활발해지면서 《새빛》에는 일본 한센인들의 글을 소개했다. 1974년 1월호부터 '한센 환우의 신앙수기'라는 코너를 마련해 일본 한센인의 기록을 장기간에 걸쳐 수록하였다. 이 연재물은 "「편집자 주」: 절망의 구렁텅이에서 그리스도에 의해 구원되어 희망과 환희의 세계에 들어간 한센 환우들의 은혜의 간증干證들이다. 이 글들은 일본 한센씨병자 복음선교회福音宣教會, MOL에서 편집"해서 발간한 『현대의 '욥'들』에서 번역한 것이다.(《새빛》 1974년 6월호)

한편 릿쿄대학 사학과에서 엮은 책(1993)에서 '재일한국인 한센병 환자', 국립요양소 다마전생원多磨全生園에 거주했던 한센인들의 질병 체험, 강제수용, 차별의 경험 등을 읽을 수 있다. 이 책은 다음과 같은 내용으로 구성되었다. "일본에서의 생활과 투병생활에 대한 기록" "강제징용, 강제노동의 결과로 한센병을 앓았던 사람들의 기록" "민족적 편견과 한센병에 대한 편견에 여자로서 그리고 어머니로서의 고난까지 짊어진 여환자들의 형극의 삶에 대한 기록" "1932년 동포환자의 모임인 호조회互助會를 설립해서 전생원의 동포환자들을 위해 바친 문수봉 씨의 기록" "해방운동을 추진한 사람들의 기록"(아마다 쇼지山田昭次의 발간사) 등이다.

한센인들의 자전적 기록에서 질병 체험을 중일전쟁, 태평양전쟁, 해방과 한국전쟁 등 주요한 역사적 사건의 흐름을 따라 서술하고 있는 것이 특징이다. 한국과 일본 요양소에 거주한 한센인의 기록에서 다양한 재난들은 질병, 신체, 역사를 교차 서술하는 긴밀한 고리와 같은 역할을 한다. "궁핍"－"공습"－"해방"－"나병"－"죽음"－"지진" 등 여러 사건들은 밀접하게 연결된다. 방점을 두고 읽을 부분은 재난과 겹쳐 서술한 자전적 경험에서 무엇이 은폐된 채 드러나고 있는가에 관한 것이다. 여기에서 재일한국인 한센인들의 고난의 여정을 상세하게 그려볼 수 있을 것이다.

참고문헌

기본 자료

■ 잡지 《새빛》(새빛사)

「'健康犯罪 告發센터' 개설」, 《새빛》 1970년 1월호.

健康저어널 「北傀의 細菌株發注－작년의 '콜레라'도 북괴의 짓? '콜레라' '페스트' 등 4가지 菌 발주」, 《새빛》 1970년 2월호.

「계몽 문예 작품 당선작 특집」, 《새빛》 1968년 7월호.

「계몽영화 <새빛> 제작」, 《새빛》 1965년 8월호.

광고 「나병에 관하여 알아야 할 사실」, 《새빛》 1972년 1월호.

「國立癩病院長會議에서－未感兒는 年內 隔離토록 在家治療를 勸奬」, 《새빛》 1964년 10월호.

「극단 '架橋' 地方公演, 나병 啓蒙劇 前夜祭 「미련한 팔자대감」」, 《새빛》 1969년 3·4호.

「나계 소식: 啓蒙座談會 放送」, 《새빛》 1964년 8월호.

「나계 소식: 나영화시사회(癩映畫試寫會)」, 《새빛》 1966년 1월호.

「나계 소식: 소록도 목사, 새빛 편집장 일본 나계 시찰」, 《새빛》 1967년 11·12월호.

「나계 소식: 漆谷分院의 患者 移送」, 《새빛》 1969년 5·6월호.

「나계 소식: 啓蒙劇 歸京 公演」, 《새빛》 1969년 8월호.

「나계 소식: 계몽 '스라이드' 제작」, 《새빛》 1969년 11월호.

「나계 소식: 浮浪 나환자 團束」, 《새빛》 1970년 11월호.

「나계 소식: 癩協, 부랑 癩患者 특별단속」, 《새빛》 1971년 2·3월호.

「나병 계몽 문예 작품 및 표어 모집」, 《새빛》 1969년 4월호.

「나병에 대한 여론조사 통계표」, 《새빛》 1968년 10월호.
「나병정복은 가능한가?」, 《새빛》 1968년 9월호.
「癩協主催 제2회 계몽 문예 작품 및 표어 모집 공고」, 《새빛》 1968년 3월호.
르뽀 「協同이 이룬 福祉마을」, 《새빛》 1976년 2월호.
보건사회부 광고 「나병은 낫는다」, 《새빛》 1970년 2월호.
「볼펜: 제3의 의학」, 《새빛》 1964년 11월호.
「볼펜: 客病을 治療해 줄 곳은」, 《새빛》 1968년 12월호.
「볼펜: 목욕과 나병」, 《새빛》 1971년 8월호.
「분노의 계절 증인들: 모국 방문한 재일 교포 환우들」, 《새빛》 1976년 12월호.
「3천원 현상퀴즈」, 《새빛》 1968년 6월호.
「10月 維新에 대한 聲明書」, 《새빛》 1972년 11월호.
안보단합대회 「定着民들 뜻 모은 總力安保: 自助, 自立, 協同으로 만세소리 진동」, 《새빛》 1975년 9월호.
「'알림' 투병기 모집」, 《새빛》 1968년 11월호.
「알림: 나병 홍보 라디오 방송안내—아세아 방송국에서 '그 손길'」, 《새빛》 1979년 6월호.
「映畫臺本連載 「그대옆에 가련다」」(1), 《새빛》 1965년 10월호.
療養相談 「희망의 등대(6): 재가 치료의 섭생」, 《새빛》 1967년 11·12호.
「陸英修 女士 金一封 전달」, 《새빛》 1969년 2월호.
醫療宣敎 「福祉사회 구현은 醫療 사회화로」(完), 《새빛》 1975년 1월호.
의학 강좌 「한센씨병 診療와 實際」, 《새빛》 1974년 1월호~1975년 4월호.
일본 장도애생원 한국인동지회(1965년 4월 22일), 「在日僑胞 患友의 呼訴」, 《새빛》 1965년 6월호.
「작품 해설: 映畫臺本連載 「그대옆에 가련다」」(1), 《새빛》 1965년 10월호.
재활 강좌 「한센씨병 患者의 身體的 再活」, 《새빛》 1975년 6월호.
「在家癩患者 登錄救療 指針」, 《새빛》 1967년 1월호.
「제1회 계몽 문예 작품 당선작 발표」, 《새빛》 1967년 10월호.

「제2회 계몽 문예 작품 당선작」, 《새빛》 1968년 6월호.
全國癩事業機關巡禮 「韓國救癩事業의 母體－大韓癩協會篇」, 《새빛》 1964년 9월호.
좌담 「문둥병과 한센씨병」, 《새빛》 1970년 2월호.
좌담회 「나사업의 문제점」, 《새빛》 1966년 9월호.
좌담회 「사랑의 손길을 뻗치자」(1967년 1월 28일 밤 東洋TV '이브닝 싸롱' 프로에서 방영), 《새빛》 1967년 3월호.
좌담회 啓蒙劇 '미련한 팔자대감' 「全國巡廻公演의 決算」, 《새빛》 1969년 7월호.
「지방소식: 서울」, 《새빛》 1968년 9월호.
創刊 12주년 特輯座談 「在日교포 患友: 祖國 發展은 患友의 간절한 念願」, 《새빛》 1975년 2월호.
創刊五周年特輯 言論人座談會, 「啓蒙事業과 言論」, 《새빛》 1968년 3월호.
「KBS－TV 서, 나병계몽 영화製作」, 《새빛》 1970년 6월호.
투병기 「絕望을 넘어서」, 《새빛》 1968년 11월호.
「特輯: 光復 20年의 癩病」, 《새빛》 1965년 8월호.
特輯 座談會 「國民保健과 啓蒙宣傳」, 《새빛》 1966년 3월호.
特輯 「救癩運動의 어제와 오늘」, 《새빛》 1966년 8월호.
特輯 「癩專門家의 座談會: 癩事業의 問題點」, 《새빛》 1966년 9월호.
특집 대담 「癩病은 征服되려는가」, 《새빛》 1968년 6월호.
特輯 移動診療班長 座談會 「患者의 秘密은 保障되어야 한다」, 《새빛》 1968년 9월호.
「特輯 光復節 座談會 救癩 24年」, 《새빛》 1969년 8월호.
특집 좌담 「정착농원 대표－정착 후 12년과 오늘의 현실」, 《새빛》 1974년 3월호.
「특집: 韓國奉仕 25周年 밥·피얼스 박사」, 《새빛》 1975년 10월호.
「특집 座談: 나병, 그 계몽과 치료 어디까지 와 있나」, 《새빛》 1976년 5월호.
「8.15 광복 특집대담: 구라운동의 어제와 오늘」, 《새빛》 1966년 8월호.
편집실, 「약의 바른 안내 「리파딘」: 약(藥)의 양극성」, 《새빛》 1976년 10월호.

「편집자 주」, 《새빛》 1967년 6월호.
「편집자 주」, 《새빛》 1968년 9월호.
「편집자 주」, 세계 보건의 날 특집 「나병 계몽 만화 해설 「어둠을 헤치고」」, 《새빛》 1969년 3·4월호.
「편집자 주」, 金光彰, 고난의 半生記 「비바람을 헤치고」(1), 《새빛》 1978년 12월호.
「편집자 주」, 癩病 상식 「당신은 잘못 알고 있읍니다—나병은 낫는다!—」(1), 《새빛》 1977년 8월호.
「편집자 주」, 특집 대담 「癩病은 征服되려는가」, 《새빛》 1968년 6월호.
「편집자에게 주는 편지」, 《새빛》 1968년 9월호.
「편집자에게 주는 편지」, 《새빛》 1968년 10월호.
「편집 후기」, 《새빛》 1970년 1월호.
「편집 후기」, 《새빛》 1971년 4월호.
「편집 후기」, 《새빛》 1972년 7·8월호.
「편집 후기」, 《새빛》 1974년 1월호.
「편집 후기」, 《새빛》 1974년 2월호.
「편집 후기」, 《새빛》 1975년 1월호.
「편집 후기」, 《새빛》 1975년 6월호.
「편집 후기」, 《새빛》 1976년 3·4월호.
「편집 후기」, 《새빛》 1976년 6월호.
「편집 후기」, 《새빛》 1978년 12월호.
표어 「단란한 우리가정 안보만이 지켜준다」, 《새빛》 1979년 7·8월호.
「標語當選作發表」, 《새빛》 1964년 8월호.
「표지 사진 설명」, 《새빛》 1978년 2월호.
「필자의 말: 「한국의 나인(癩人)」」, 《새빛》 1972년 11월호.
「하단 광고」, 《새빛》 1975년 5월호.
「한센 안테나」, 《새빛》 1968년 6월호.
「한센씨병 再活 심포지움: 한센씨병에 있어서 再活이란 무엇—再活은 早期에, 팀웍이고, 自立이 목적」, 《새빛》 1974년 10월호.

한국기독교구라회, 전국교회에 드리는 말씀 「구라주일(救癩主日)을 지킵시다」, 《새빛》 1970년 10월호.

한센 안테나 「DDS는 萬病通治 아니다」, 《새빛》 1968년 7월호.

한센 안테나 「在韓 日人환우 歸國」, 《새빛》 1969년 1월호.

現地 르뽀 「꾸준한 意慾으로 발전하는 上智園: 새마을 사업으로 소득증대에 박차」(3), 《새빛》 1972년 9월호.

現地 르뽀「가난을 씻고 생산대열에 앞장선 신흥·비룡농원」(4), 《새빛》 1972년 11월호.

康柄元, 「國家는 곧 나의 運命: 잘 사는 마을 이루는 게 과업」, 《새빛》 1975년 9월호.

鞠弘一, 의학 강좌 「알기 쉬운 피부병 강좌」(11), 《새빛》 1977년 4·5월호.

權東福, 「귀향증」, 《새빛》 1976년 6월호~1976년 7월호.

金剛石, 「아내」, 《새빛》 1967년 9월호~1967년 10월호.

金斗鍾 박사, 「나의 健康管理(3)-아침 散策 한 시간」, 《새빛》 1969년 12월호.

金新芽(國立漆谷病院), 「療養生活은 얼마나 改善되었나」, 《새빛》 1965년 8월호.

金鐘恩(대구 애락보건병원 목사), 「'문둥이'란 낱말을 '나병환자'로-새로 번역한 신약성경에서」, 《새빛》 1968년 1월호.

金彩峰 글, 尹錫沅 그림, '連載實話' 「定着記」(1), 《새빛》 1966년 9월호.

金泰東(保健社會部長官), 特輯 나병관리 세미나 「癩病管理 事業에 盡力」, 《새빛》 1970년 12월호.

金道一 박사(가이아나 공화국 마하이카 病院長), 인터뷰 「불구를 막을 수 있다」, 《새빛》 1973년 1월호.

金白, 「救癩像-近代韓國驅癩先驅者의 片貌」, 《새빛》 1964년 6월호~1965년 6월호.

金白(羅州互惠園), 「崔興琮: 구라상救癩像 Pioneer's Profile-근대한국구라선구자近代韓國驅癩先驅者의 편모片貌⑤ Modern Anti-Leprosy Campaign

in Korea」, 《새빛》 1964년 10월호.
金白, 癩機關巡禮 羅州互惠院篇 「우리의 目標는 유토피아」(4), 《새빛》 1964년 12월호.
金白(작가), 「특집 광복 20년의 나병: 成形手術을 받고 난 所感」, 《새빛》 1965년 8월호.
金白, 連載實話 「무지개 피는 날까지」, 《새빛》 1965년 9월호~1966년 8월호.
金白, 르뽀 「여기 이 별을 보라: 湖星保育園을 찾아서」, 《새빛》 1967년 3월호.
金白, 실화소설 「구라은화」, 《새빛》 1968년 9월호~1969년 8월호.
金尙泰, 「6.25特輯 悲歡어린 小鹿의 6.25」, 《새빛》 1975년 6월호.
金泳麟(大韓癩協會 事務局長), 特輯座談 「제16회 세계나병의 날을 맞으며」, 《새빛》 1969년 1월호.
김용실, 「患友書信: 어떻게 할까요? 자가치료 10년」, 《새빛》 1976년 3·4월호.
金允植(서울大學校 人文大 교수), 특집 故 韓何雲씨 「韓何雲의 文學과 生涯」, 《새빛》 1975년 3월호.
김이삼(가명·환우), 「필요 이상의 생산 지혜롭게 삼가야」, 《새빛》 1977년 6월호.
김주덕(육군제일야전 의무시험소), 「제7차 대한나학회 참관기」, 《새빛》 1964년 11월호.
金泰東(保健社會部 長官), 新年辭 「名實相符한 國民복지 實現」, 《새빛》 1970년 1월호.
金炫順(前 宣明會특수피부진료소 간호원), 信仰手記 「내 이름은 無名草」, 《새빛》 1974년 12월호.
남용환(국립칠곡병원), 「"새빛"을 온 누리에 - 우리의 代辯紙 -」, 《새빛》 1964년 8월호.
노석현(國立小鹿島病院), 愛讀者 페이지 「님의 오솔길」, 《새빛》 1967년 3월호.
노석현, 「님의 오솔길」, 《새빛》 1967년 3월호.
노석현, 「波濤에 멍든 바위」, 《새빛》 1968년 11월호~1970년 5월호.

盧碩賢(전남 소록도), 한국의 癩人들 「44年의 年齡을 小鹿島에서」(1), 《새빛》 1972년 11월호.

노석현, 「스물아홉 해의 고독」, 《새빛》 1977년 1월호~1978년 12월호.

孟光鎬, 「생활속의 의학 상식」, 《새빛》 1977년 4·5월호.

文永福(대구 애락보건병원), 「I will 운동과 구라사업」(한국기독교구라회 창립 1주년 기념 강연), 《새빛》 1971년 2·3월호.

문장선(부산 상애원교회 목사), 「未感兒는 천대 받아야 하나」, 《새빛》 1967년 3월호.

박근혜(청와대), 「患友에게 주는 書信: 社會復歸 본보기 되어 希望 심길—어머니의 사랑 항상 患友 곁에」, 《새빛》 1975년 2월호.

朴成煥(경남 밀양군 무안면), 「알찬 새 마을 건설에 부푼 信生농장: 희망찬 自助, 自立 계획을 중심으로」, 《새빛》 1972년 7·8월호.

박정희, 「5.16 여덟돌 기념 및 69년도 민족상 시상식 치사」, 《새빛》 1969년 5·6호.

朴快得(대구 병리 기술학교), 愛讀者 페이지 「無識이 罪란 말인가」, 《새빛》 1968년 3월호.

박학선(邑久光明園), 在日僑胞患者의 生活記錄 「먼 추억」, 《새빛》 1965년 6월호.

朴花城(소설가), 「권두언: 자기의 몫을 하는 데 최선을」, 《새빛》 1979년 3월호.

方洙源(世界老壯誠友會事務總長), 「光復直後 救癩事業은 이렇게 始作됐다」, 《새빛》 1965년 8월호.

배성근(邑久光明園), 在日僑胞 患者의 生活記錄 「北風은 불고」, 《새빛》 1965년 7월호.

裵正善(인천시 새마을농장대표), 수기 「絕望을 넘어서: 답답하고 괴로워도 忍苦만을—3만평의 간척지는 우리생애의 보람」(3), 《새빛》 1968년 6월호.

변영자(長島愛生園), 在日僑胞患者의 生活記錄 「스물세살」, 《새빛》 1965년 9월호.

송용식(국립소록도병원), 애독자 페이지 「울었던 얼굴에 웃음이」, 《새빛》 1965년 7월호.
신경림(시인), 「原罪意識, 바람직하지 못해」, 《새빛》 1977년 8월호.
신경호(광주 제일고 3), 癩協主催 계몽 문예 작품모집 당선작 「죄인」, 《새빛》 1967년 11·12월호.
辛定夏(편집부장), 「代名詞 "그것"」, 《새빛》 1965년 2월호.
辛定夏(본지 편집국장), 「日本癩界見聞記」(3), 《새빛》 1968년 8월호.
辛定夏(본지 편집국장), 「日本癩界見聞記」(4), 《새빛》 1968년 9월호.
辛定夏(본지 편집국장), 「日本癩界見聞記」(5), 《새빛》 1968년 10월호.
辛定夏(本誌 主幹), 創刊 第9周年紀念論文 「나병에 관한 啓蒙敎育」, 《새빛》 1972년 2·3월호.
辛定夏, 기행문 「臺灣 香港의 癩園을 찾아서」(1), 《새빛》 1972년 6월호.
辛定夏(本誌 主幹), 「僑胞患友에게 「애국가」와 「찬송가」를」, 《새빛》 1975년 1월호.
辛定夏, 컬럼 몰로카이 「現代의 '욥'들」(5), 《새빛》 1975년 5월호.
辛定夏(本誌 主幹), 컬럼 몰로카이 「現代의 '욥'들」(7), 《새빛》 1975년 7·8월호.
沈田潢, 현지르뽀 「대지를 적시는 환우의 혈루－낙동갱생원의 정착을 보고」, 《새빛》 1964년 9월호.
沈田潢(국립소록도병원 문예실), 애독자 페이지 「경계선」, 《새빛》 1967년 3월호.
沈田潢(국립소록도병원 문예실), 애독자 페이지 「淑이에게 보내는 斷腸의 病窓」, 《새빛》 1967년 10월호.
沈田潢, 「小鹿島 50年史의 發刊은 언제나-제52周年을 맞으며」, 《새빛》 1968년 4월호.
沈田潢, 「走馬看山의 見學길」(上), 《새빛》 1968년 11월호.
沈田潢, 「走馬看山의 見學길」(中), 《새빛》 1969년 2월호.
沈田潢(小鹿島), 「小鹿島 半世紀」(7), 《새빛》 1971년 7월호.
沈田潢, 논·픽숀 「小鹿島의 半世紀」(21), 《새빛》 1972년 11월호.

沈田潢, 르뽀 「내일을 향한 영일(零日)없는 주민들-광역한 익산농장을 찾아서」(상), 《새빛》 1975년 4월호.

梁容泰(연세의대), 醫學教室 「患者發見은 啓蒙教育으로」(1), 《새빛》 1973년 1월호.

梁在謨(大韓家族計劃協會理事長), 「未感兒童과 家族計劃」, 《새빛》 1965년 2월호.

양재모(연세 인구 및 가족계획연구소장), 「가족계획사업 외면, 시대변천 부적응 탓」, 《새빛》 1977년 6월호.

吳蘇白(言論人), 특집 故 韓何雲씨 「나와 韓何雲 兄-그를 回想하며」, 《새빛》 1975년 3월호.

오중산·유준(연세의대 미생물학교실), 학술 「나환자들의 정신자세가 그들의 사회 경제적 재활에 미치는 영향」, 《새빛》 1978년 7월호.

유덕용(천성교회 전도사), 투병기「나는 왜 살아야 했던가」, 《새빛》 1972년 11월호.

유덕용(소록도교회 강도사), 「나의 신앙干證: 「골고다」섬의 새 생명」, 《새빛》 1978년 6월호.

유재덕(연세의대), 「나병과 성형수술(Hansen's Disease and Plastic Surgery)」, 《새빛》 1964년 12월호.

柳駿, 「改刊辭」, 《새빛》 1964년 8월호.

柳駿, 간담회 「未感兒童就學問題 懇談會: 共同就學의 門」을 활짝 열자」, 《새빛》 1965년 2월호.

柳駿(大韓癩學會會長), 「日本의 癩病을 보고」, 《새빛》 1965년 6월호~1965년 9월호.

柳駿(大韓癩學會長), 「눈부신 癩病管理의 發展」, 《새빛》 1965년 8월호.

柳駿, 卷頭言 「社會復歸에 앞장 서자」, 《새빛》 1966년 7월호.

柳駿, 「SET만이 나병관리의 열쇠-우리의 定着事業 國際的으로 認定」(歸國報告), 《새빛》 1968년 3월호.

柳駿/韓何雲 대담, 「희망의 등대: 나병은 낫는다」(9), 《새빛》 1968년 3월호.

柳駿, 創刊五周年特輯 言論人座談會 「啓蒙事業과 言論」, 《새빛》 1968년 3

월호.
柳駿, 「卷頭言: 한센씨병과 연관된 用語 淨化 문제—「음성나환자」에 관하여—」(1), 《새빛》 1974년 3월호.
柳駿, 「하나님을 통한 환자와의 대화」, 《새빛》 1974년 6월호.
柳駿(연세의대 교수), 「學問에는 國境없고 學者에겐 祖國있다—歸國을 앞둔 K군에게—」, 《새빛》 1975년 1월호.
柳駿, 「救癩主日 특별강연: 사랑에 바탕을 둔 人間愛」, 《새빛》 1975년 2월호.
柳駿, 「卷頭言: 피얼스 박사와 韓國의 癩病」, 《새빛》 1975년 10월호.
柳駿, 「卷頭言: 韓國 癩病問題 解決을 爲한 基本姿勢」, 《새빛》 1976년 3·4월호.
柳駿, 「專門醫答信: 바른 치료 안내—전문의의 진찰을 받도록」, 《새빛》 1976년 3·4월호.
柳駿(연세의대 교수), 강연문 「나병에 의해 장해받은 사람들의 사회 복귀에 대하여(The Integration of People Handicapped Due to Hansen's Disease into the Community)」, 《새빛》 1979년 4월호.
陸英修, 「全國定着村民들에게: 수모와 질병의 청산은 스스로의 노력으로」, 《새빛》 1972년 5월호.
陸英修/柳駿, 特別 인터뷰 「救癩사업의 이모저모—세계보건의 날을 맞아」, 《새빛》 1971년 4월호.
육영수, 「特別寄稿: 자립으로 소담한 열매를」, 《새빛》 1972년 7·8월호.
李景炯(소록도 教會), 「五旬의 빛나는 7촛대-小鹿島 교회 50年史」(1), 《새빛》 1972년 11월호.
이영수(전북 황등초등학교), 癩協主催 계몽 문예 작품모집 당선작 「세상에서 제일 무서운 것」, 《새빛》 1968년 2월호.
李永春 박사(전북 개정농촌위생연구소장), 「나의 건강관리(6): 화해와 양보로 원만한 생활」, 《새빛》 1970년 5월호.
이윤배(崇田대학교 종합개발원장), 「現 經濟상황에서의 外援團體 사업의 再整備」(完), 《새빛》 1975년 7·8월호.
이정의(서울강남보건소 가족계획담당), 「정착촌에 펴는 가족계획사업」, 《새빛》 1977년 6월호.
李貞子, 「계몽 방송극 「異放人」」, 《새빛》 1970년 9월호~1971년 7월호.
李貞桓(소설가), 「피의 중량담기는 이야기여야」, 《새빛》 1977년 8월호.
李泰俊(산업의학센터 교수), 특집 「醫療·韓國 속의 背景－保健醫療에 對한 一般認識」, 《새빛》 1977년 4·5월호~1977년 6월호.
李鶴松(大韓癩協會長), 特輯 나병관리 세미나 「大韓癩協會의 나아갈 길」, 《새빛》 1970년 12월호.
李鶴松(대한나협회장), 「나병의 날을 맞으며」, 《새빛》 1971년 1월호.
鄭昱(부산 용호병원), 「龍湖 새마을 소식: 이제 어두웠던 과거는 없다－자매결연, 소득증대, 시설확장」, 《새빛》 1972년 10월호.
鄭乙炳(作家), 「靈的인 成長을 그리고 있는 「荊棘의 半生記」」(書評), 《새빛》 1975년 7·8월호.
趙燦善(醫師日報社 編輯局長), 特輯 座談會 「國民保健과 啓蒙宣傳」, 《새빛》 1966년 3월호.
池娥, 「진달래 필 때」, 《새빛》 1976년 3·4월호.
진영금(전남 구례농고), 癩協主催 계몽 문예 작품모집 당선작 「강바람 부는 언덕」, 《새빛》 1967년 11·12월호.
蔡一錫, 「人工甘味料－'싸이크라메이트'를 중심으로」, 《새빛》 1969년 12월호.
川野順, 安晟蕙 譯, 『在日僑胞 患友 手記: 荊棘의 半生記』, 《새빛》 1973년 2월호~1974년 10월호.
川野順, 「人間은 누구나 最善으로 살아갈 責任: 「새빛」 통한 祖國과 마음의 交流가 기쁨」, 《새빛》 1975년 1월호.
千榮鎬(소록도), 「마름골의 봄」(1), 《새빛》 1972년 12월호.
千榮鎬, 「마름골의 봄」(2), 《새빛》 1973년 1월호.
千榮鎬(소록도), 「正常的인 슬픔」, 《새빛》 1973년 5월호.
千榮鎬(소록도), 「癩患者의 現實 復歸와 念願」, 《새빛》 1973년 7월호.
崔大卿(연세의대), 「한센氏病은 이렇게 고칠 수 있다」, 《새빛》 1964년 10월호.

崔始龍(醫博·가醫大교수), 學術(연재) 「癩病의 진단과 治療」, 《새빛》 1977년 11월호~1977년 12월호.
최옥천(崔玉天, 보급부장), 「住所없는 購讀申請者」, 《새빛》 1965년 2월호.
최일담(전남 나주 호혜원), 수기 「絕望을 넘어서: 黃土와 雜草뿐인 荒蕪地를－平和스러운 樂園 互惠園으로」(2), 《새빛》 1968년 4·5월호.
崔興琮(牧師), 特輯 光復 20年의 癩病 「8.15 光復 前後의 救癩回顧」, 《새빛》 1965년 8월호.
沈田潢(小鹿島), 르뽀 「來日을 向한 零日없는 住民들－廣域한 益山농장을 찾아서」(上), 《새빛》 1975년 4월호.
K記, 「迷信－그 毒性과 副作用: 朴令洙 여인의 경우」, 《새빛》 1968년 7월호.
K記, 「癩病征服은 가능한가?」, 《새빛》 1968년 9월호.
하종천(長島愛生園), 在日僑胞 患者 生活記錄 「身邊手記」, 《새빛》 1965년 8월호.
韓日泳, 「피부과 진찰실에서」, 《새빛》 1976년 3·4월호.
韓何雲, 「새빛-祝 『새빛』 創刊」, 《새빛》 1964년 8월호.
韓何雲, 「世界癩文學小史」(Ⅰ-Ⅴ), 《새빛》 1964년 12월호~1965년 4월호.
韓何雲(詩人), 「癩者의 地位는 얼마나 向上되었나」, 《새빛》 1965년 8월호.
韓何雲, 「癩者 社會復歸에 있어서 實際的 問題」, 《새빛》 1965년 9월호.
韓何雲, 「文學作品에 挑戰하는 愚를 버리자: '聖' '愛'字 辯護에 대하여」, 《새빛》 1966년 3월호.
韓何雲, 수기 「絕望을 넘어서: 새 인생을 찾는다」(1), 《새빛》 1968년 3월호.
韓何雲, 「1. 續, 世界癩文學小史」(16)(칼럼 「月平線」(11)), 《새빛》 1970년 2월호.
韓何雲, 「1. 모나리자像의 癩女說」(칼럼 「月平線」(12)), 《새빛》 1970년 3월호.
韓何雲, 「2. 李朝 世祖 癩患說과 他 癩王의 이야기」(칼럼 「月平線」(12)), 《새빛》 1970년 3월호.
韓何雲, 「陸 女士님 修行記」(칼럼 「月平線」(22)), 《새빛》 1971년 12월호.
許順伊(邑久光明園), 在日僑胞患者 生活記錄 「기나긴 歲月속에서」, 《새빛》 1965년 9월호.

허정(서울대학교 보건대학원), 特輯 나병관리 세미나 「나병에 관한 보건계몽」, 《새빛》 1970년 12월호.

「한센 患友의 信仰手記」, 《새빛》 1974년 1월호~1974년 11월호.
宮岐松記, 辛定夏 역, 「菩提樹의 그늘에서-印度救癩의 길」(1), 《새빛》 1972년 6월호.
宮岐松記, 辛定夏 역, 「菩提樹의 그늘에서-印度救癩의 길」(4), 《새빛》 1972년 11월호.
金衡翼(厚生日報 社長), 「나의 健康管理(2): '一日 二食' 主義」, 《새빛》 1969년 11월호.
磯部昭介(이소베쇼우스께), 高月溪 譯, 日本患友手記 「이 가시 있으므로」(8), 《새빛》 1975년 10월호.
吉田源治郎(牧使, 日本 MTL理事), 「韓國旅行」, 《새빛》 1969년 8월호.
內田守(醫博, 日本熊本短大敎授), 「물과 한센씨병」, 《새빛》 1971년 4월호.
濱野規矩雄 박사(日本藤楓協會理事長), 「韓國의 癩病」(上), 《새빛》 1965년 7월호.
濱野規矩雄, 기행문 「韓國의 癩病」(上), 《새빛》 1965년 7월호.
濱野規矩雄 박사(日本藤楓協會理事長), 「韓國의 癩病」(中), 《새빛》 1965년 8월호.
山崎宗太郎(日本 MTL理事), 「韓國 癩園 訪問記」, 《새빛》 1969년 8월호~1970년 4월호.
犀川一夫, 「沖繩의 癩病 문제」, 《새빛》 1972년 7·8월호.
成田喜三郎, 「한센 患友의 信仰手記: 無로 돌아가자」, 《새빛》 1974년 10월호.
鹽沼英之助(醫博, 日本光明園醫療部長), 「小鹿島 印象記」, 《새빛》 1970년 5월호.
오까노 유끼오, 辛定夏 역, 「救癩使徒行傳」, 《새빛》 1975년 2월호~1975년 7·8월호.
播磨醇(日本光明園家族敎會 牧師), 「韓國의 療園을 찾아서」, 《새빛》 1970년 10월호.

로드리게즈 박사(國際나학회 부회장), 「놀랍게 發展한 한국의 나병—定着사업은 成功」, 《새빛》 1972년 11월호.
스탄리 스타인, 柳駿·辛定夏 共譯, '連載實話: 美國 스타誌 編輯長의 一代記' 『이제는 외롭지 않다(ALONE NO LONGER)』, 《새빛》 1964년 12월호.
폴 브랜드, 양용태 역, 醫學敎室 「발의 불구를 예방하자」, 《새빛》 1967년 6월호~1969년 1월호.
폴 브랜드, 유준 역, 「불구를 예방할 수 있다: 손」, 《새빛》 1971년 8월호~1971년 12월호.
Dr Paul W. Brand, 유준 역, 「"편집자 주": 불구를 예방할 수 있다」(1), 《새빛》 1971년 8월호.

■ 신문

《경향신문》 1969년 1월 25일.
《동아일보》 1962년 7월 7일.
《동아일보》 1984년 5월 7일.
《매일경제》 1984년 5월 4일.
「61주년을 맞이하는 국립나병원인 소록도 소식」, 《매일경제》 1977년 5월 17일.
「남매 죽이고 자살—주부가 나병을 비관」, 《조선일보》 1968년 8월 17일.
「당신들도 문둥이 되오!—경성나환자격리문제」, 《조선일보》 1932년 1월 21일.
「당신은 무엇을 원하나?: 문둥병자의 대책에 앞서 보건부서 전국환자 소원조사」, 《동아일보》 1949년 9월 4일.
「문둥이 너무 만하」, 《동아일보》 1939년 6월 16일.
「새생활 새바람 새마을 도시에도 불은 붙고 있다—종교계」, 《경향신문》 1976년 6월 12일.
「小鹿島更生園 癩病者가 逃走」, 《동아일보》 1939년 1월 18일.
「통속의강성황(通俗醫講盛況)」, 《동아일보》 1933년 6월 7일.

■ 잡지 《복지》(사단법인 대한나협회)

「복지상담」, 《복지》 1972년 11월호.

보건사회부 광고 「나병없는 우리마을 나병은 낫는다」, 《복지》 1972년 11월호.

정착장 탐방 「새마을 운동에 앞장선 경천원」, 《복지》 1972년 11월호.

표어 「나병없는 우리마을 살기좋은 새마을」, 《복지》 1972년 11월호.

증언집 및 기타 자료

大韓癩管理協會, 『韓國癩病史』, 1988.

『외딴 섬－孤島: 在日韓國人癩患者들의 生活手記』(1961), 李石珩·趙成奎 편역, 고려출판사, 1986.

국가인권위원회 인권상황실태조사 연구용역보고서, 『한센인 인권 실태조사』, 서울대학교사회발전연구소, 2005.

국립소록도병원, 『소록도 80년사』, 1996.

국립소록도병원, 정근식 편, 『자유를 향한 여정, 세상에 내딛는 발걸음』(국립소록도병원 100년 구술사료집 2), 선인, 2012.

국립소록도병원, 정근식 편, 『또 하나의 고향, 우리들의 풍경』(국립소록도병원 100년 구술사료집 1), 선인, 2011.

국립소록도병원, 정근식·채규태 편저, 『소록도 100년 : 한센병 그리고 사람, 100년의 성찰』(역사편/의료편), 2017.

국립소록도병원, 『사진으로 보는 소록도 100년-한센병 그리고 사람, 백년의 성찰』, 정근식 외 편저, 국립소록도병원, 2017.

국사편찬위원회 한국사데이터베이스 http://db.history.go.kr.

국사편찬위원회, 『한센병, 고통의 기억과 질병 정책』(구술사료선집 1), 2005.

김병련, 『그리 아니하실찌라도』, 소망사, 1985.

김창직 편저, 『가도 가도 황톳길 : 비운의 시인 한하운의 시와 생애』, 지문사, 1982.

노석현, 「社會의 沒理解가 만든 未感兒 問題, 兒童의 해에 다시 생각한다」, 《세대》 17, 세대사, 1979년 5월호.
대한나관리협회, 『한국나병사』, 1988.
대한나협회, 『나병은 고칠 수 있다』, 1964년 7월 25일.
柳駿, 『癩病 LEPROSY』, 延世大學校出版部, 1962.
박용규, 『죄라면 문둥병』, 일맥사, 1974.
성기조, 「문둥이가 아니란 한하운의 절규—한국문단, 남기고 싶은 이야기 6」, 『수필시대』 통권 제10호, 2006.
申汀植 편, 『續小鹿島日記』, 국립소록도병원, 1984.
신정식, 『소록도 일기(Ⅲ)』, 녹십자혈액원, 1988.
심윤섭, 『목가의 미학』, 날빛닷컴, 2002.
심전황, 「우리의 낙원 소록도」, 『대한나학회지』 1, 대한나학회, 1960.
沈田潢, 『小鹿島 半世紀』, 全南日報出版局, 1979.
심전황, 『아으, 70년-찬란한 슬픔의 소록도』, 도서출판 동방, 1993.
애양원100년사 간행위원회, 『구름기둥, 불기둥: 섬김의 동산, 애양원 100년』, 2009.
이주수, 「전북지방에 있어서의 나병에 대한 여론조사」, 『대한나학회지』 6(1), 대한나학회, 1969.
조창원 원장, 『허허 나이롱의사 외길도 제 길인 걸요』, 명경, 1998.
주태익, 『늘봄 선생과 함께』, 종로서적, 1978.
차종순, 『손양원: 애양원과 사랑의 성자』, The KIATS Press, 2008.
채규태, 『가톨릭대학교 의과대학 한센병연구소 50년사』, 가톨릭대학교 의과대학 한센병 연구소, 2011.
피해진상규명위원회, 『소록도 한센병환자의 강제노역에 관한 조사』, 일제강점하강제동원피해진상규명위원회, 2006.

문학작품(《새빛》 수록 작품 제외, 참고한 작품)

노석현, 『몇 개의 고독』, 은성문화사, 1971.
盧碩賢, 『五季』, 호암문화사, 1982.
無名生, 『落花流水』, 正音社, 1953.
沈崧, 『哀生琴』(上), 正音社, 1949.
沈崧, 『哀生琴』(中), 正音社, 1950.
沈田潢, 『小鹿島 半世紀』, 全南每日出版局, 1979.
尹之影, 『祝福』, 人間社, 1959.
韓何雲, 『孤孤한 生命—나의 슬픈 半生記』, 人間社, 1958.
(재)인천문화재단 한하운 전집 편집위원회 편, 『한하운 전집』, 문학과지성사, 2010.

金芝燕, 『사슴의 마을』, 靑子閣, 1978.
金洪信, 「해방영장」, 『해방영장 외』(현대의 한국문학 5), 汎韓出版社, 1985.
南智尋, 『솔바람 물결소리』, 동아출판사, 1980.
류영국, 『유령의 자서전』, 실천문학사, 2003.
朴榮濬, 「小鹿島」, 『현대문학』 7·8월호, 현대문학, 1961.
유금호, 「하늘을 색칠하라」(1964년 《서울신문》), 『계간문예』.
윤정모, 『섬』, 한마당, 1983.
李丙求, 「岐路에 나선 意味」, 『자유문학』 4집, 자유문학자협회, 1960.
이청준, 『당신들의 천국』, 문학과지성사, 1976/2003.
임철우, 『그 섬에 가고 싶다』, 살림, 1991.
임철우, 『붉은 산, 흰 새』, 문학과지성사, 1990.
정소성, 『아테네 가는 배』, 고려원, 1987/1994.
주길순, 「소록도」, 『한국문학』 12월호, 한국문학사, 1974.
한승원, 「꽃과 어둠—안개바다·3」, 『아리랑별곡』, 문이당, 1999.
한승원, 『해일: 1부 비나리 갯비나리』, 범조사, 1991.
한승원, 『해일: 2부 그 바다, 끓며 넘치며』, 범조사, 1991.

연구논문과 국내외 저서

■ 연구논문

고봉준, 「세계 상실에 맞선 생명의 영가(靈歌) – 한하운의 시세계 – 」, 『사이間SAI』 23, 국제한국문학문화학회, 2017.

김귀분, 「재일한국인 한센병환자·회복자의 인생과 역사: 가인 김하일의 단카 작품을 중심으로」, 『횡단인문학』 4, 숙명인문학연구소, 2019.

김려실, 「냉전과 박애 – 냉전기 미국의 구라활동과 USIS 영화 <황토길>의 사례」, 『현대문학의 연구』 55, 한국문학연구학회, 2015.

김성리, 「한센인의 생애구술과 치유」, 『의사학』 22(2), 대한의사학회, 2013.

김아람, 「1960–70년대 한센인 정착촌의 형성과 '자활'의 한계」, 『동방학지』 194, 연세대학교 국학연구원, 2021.

김영수, 「일본 의학사의 연구동향과 전망: 연구 주제와 방법론의 확대」, 『의사학』 29, 대한의사학회, 2020.

김옥주, 「한국 현대 의학사 연구에서 구술사의 적용: 의학자들의 구술을 중심으로」, 『의사학』 22(2), 대한의사학회, 2013.

김원중, 「한센병 강제격리 정책의 전환 요인 코크레인 보고서를 중심으로」, 『아세아연구』 63, 고려대학교 아세아문제연구원, 2020.

김윤정, 「애도 (불)가능의 신체와 문학의 정치성–한센병 소설을 중심으로–」, 『이화어문논집』 46, 이화어문학회, 2018.

김태희, 「박정희 정부의 의료복지와 연극–한센병 소재 연극을 중심으로」, 『드라마 연구』 56, 한국드라마학회, 2018.

박윤재, 「한국 근대 의학사 연구의 성과와 전망」, 『의사학』 19(1), 대한의사학회, 2010.

서기재, 「한센병을 둘러싼 제국의학의 근대사–일본어 미디어를 통해 본 대중관리 전략」, 『의사학』 26(3), 대한의사학회, 2017.

신규환, 「동아시아의학사 연구의 동향과 전망」, 『의사학』 19(1), 대한의사학회, 2010.

신규환, 「최근 한국의학사 연구에서 구술사 연구의 성과와 한계」, 『의사학』

22(2), 대한의사학회, 2013.
신동원, 「세균설과 식민지 근대성 비판」, 『역사비평』 58, 역사비평사, 2002.
정근식, 「'식민지적 근대'와 신체의 정치-일제하 나(癩) 요양원을 중심으로」, 『사회와 역사』 51, 한국사회사학회, 1997.
정근식, 「동아시아 한센병사 연구를 위하여」, 『보건과 사회과학』 12, 한국보건사회학회, 2002.
정근식, 「사회적 타자의 자전문학과 몸-심숭의 "나문학"을 중심으로」, 『현대문학이론연구』 23, 현대문학이론학회, 2004.
정근식, 「일제 말기 소록도갱생원과 이춘상 사건」, 『역사비평』 72, 역사비평사, 2005.
정근식, 「질병공동체의 해체와 이주의 네트웍-두 정착마을 사례를 중심으로」, 『사회와 역사』 69, 한국사회사학회, 2006.
정근식, 「차별 또는 배제의 정치와 '소수자'의 사회사 재구성」, 『경제와 사회』 100, 비판사회학회, 2013.
정충실, 「1970, 1980년대 한국영화에서 한센병 재현」, 『인문연구』 83, 영남대학교 인문과학연구소, 2018.
주윤정, 「해방 후 한센인 관련 사회사업-천주교계의 활동을 중심으로」, 『교회사연구』 29, (재)한국교회사연구소, 2007.
최정기, 「일제하 조선의 나(癩)환자 통제에 대한 일연구: 나환자 관리조직을 중심으로」, 전남대학교 사회학과 석사학위논문, 1994.
한순미, 「나환과 소문, 소록도의 기억-나환 인식과 규율체제의 형성에 관한 언술 분석적 접근」, 『지방사와 지방문화』13(1), 역사문화학회, 2010.
한순미, 「나환의 기억과 서사적 욕망: 맥락과 징후」, 『국어국문학』 155, 국어국문학회, 2010.
한순미, 「'서러움'의 정치적 무의식: 역사적 신체로서 한하운의 자전(自傳)」, 『사회와 역사』 94, 한국사회사학회, 2012.
한순미, 「상처는 왜 쓰는가: 한국 나환자 심숭의 자전문학과 치유서사의 역사적 맥락」, 『인문과학연구』 34, 강원대학교 인문과학연구소, 2012.

한순미, 「한센인의 삶과 역사, 그 증언 (불)가능성」, 『민주주의와 인권』 14(3), 5.18연구소, 2014.
한순미, 「한국 한센병과 가족이라는 장치: 전통 시기 설화에서 근대 소설로의 이행 과정에 관한 몇 가지 검토」, 『인문사회과학연구』 15(2), 부경대학교 인문사회과학연구소, 2014.
한순미, 「고독의 위치: 폭력과 저항의 유착(流着): 한센인 노석현에 기대어」, 『상허학보』6, 상허학회, 2016.
한순미, 「분홍빛 목소리－한센인의 기록에서 혼종성이 제기하는 질문들」, 『한국민족문화』 62, 부산대학교 한국민족문화연구소, 2017.
한순미, 「점점 사라져가는 얼굴들 곁에서: 한국 한센병문학 연구의 특수한 시점」, 『횡단인문학』4, 숙명인문학연구소, 2019.
한순미, 「"나병은 낫는다": "당신은 (이 사실을) 아십니까?" -잡지 《새빛》 수록 나병 계몽 운동 자료 검토(1964～1970)」, 『구보학보』21, 구보학회, 2019.
한순미, 「"달과 별이 없어도 밝은 밤": 한센병의 감각과 증언」, 『구보학보』 26, 구보학회, 2020.
한순미, 「비/국민의 차별과 배제－재일한센인의 수기와 한일 요양소 기행」, 『상허학보』58, 상허학회, 2020.
한순미, 「위생, 안보, 복지: 1970년대 나병 계몽 운동의 변곡점－잡지 《새빛》 수록 나병 계몽 운동 자료 검토(1970-1979)」, 『지방사와 지방문화』23(2), 역사문화학회, 2020.
한순미, 「거울과 카메라: 한센병 발화에서 "당신"의 각도」, 『의료사회사연구』 7, 의료역사연구회, 2021.
황임경, 「질병과 이야기-문학과 의학이 만나는 지점들-」, 『서강인문논총』 40, 서강대학교 인문과학연구소, 2014.

■ 국내 저서

김성리, 『꽃보다 붉은 울음(한센인 할머니의 시, 삶을 치유하다)』, 알렙, 2013.
김재형, 『질병, 낙인』, 돌베개, 2021.

김진균·정근식 편, 『근대주체와 식민지 규율권력』, 문화과학사, 1997.
김행선, 『박정희와 유신체제』, 선인, 2006.
박윤재, 『한국현대의료사』(한국의 과학과 문명 018), 들녘, 2021.
白永漢 편저, 『醫學史概論』, 癸丑文化社, 1991.
신규환, 『질병의 사회사』, 살림, 2019.
신규환, 『페스트 제국의 탄생(제3차 페스트 팬데믹과 동아시아)』, 역사공간, 2020.
신동원, 『한국근대보건의료사』, 한울, 1997.
신형기, 『이야기된 역사』, 삼인, 2005.
여인석·이현숙·김성수·신규환·박윤형·박윤재 공저, 『한국의학사』, 대한의사협회 의료정책연구소, 2012.
윤택림, 『구술사, 기억으로 쓰는 역사』, 아르케, 2010.
이임하, 『전염병 전쟁—한국전쟁과 전염병 그리고 동아시아 냉전 위생지도』, 철수와영희, 2020.
이지형, 『과잉과 결핍의 신체: 일본문학 속 젠더, 한센병, 그로테스크』, 도서출판 보고사, 2019.
정과리·이일학 외, 『감염병과 인문학』, 강, 2014.
최정기, 『감금의 정치』, 책세상, 2005.
한순미, 『다초점 렌즈로서의 재난인문학』, 문학들, 2022.
한순미, 『미적 근대의 주변부: 추방당한 자들의 귀환』, 문학들, 2014.

■ 국외 저서

고모리 요이치, 허보윤 외 공역, 『감성의 근대, 1870-1910년대 Ⅱ』, 소명출판, 2011.
나리타 류이치, 서민교 역, 『근대 도시공간의 문화경험』, 뿌리와이파리, 2011.
도미야마 이치로, 손지연·김우자·송석원 역, 『폭력의 예감』, 그린비, 2009.
도미야마 이치로, 심정명 역, 『유착의 사상: ‘오키나와 문제’의 계보학과 새로운 사유의 방법』, 글항아리, 2015.
도미야마 이치로, 임성모 역, 『전장의 기억』, 도서출판 이산, 2002.

릿쿄대학 사학과 편, 김근희 역, 『일본 한센병요양소 한국인 수용자들의 증언록: 징용과 원폭 그래도 끝나지 않은』, 기득교문사, 1993.
모던일본사, 『일본잡지 모던일본과 조선 1940: 완역 《모던일본》 조선판 1940년』, 홍선영·박미경·채영님·윤소영 역, 도서출판 어문학사, 2009.
미즈노 나오키 외, 정선태 역, 『생활 속의 식민지주의』, 산처럼, 2007.
스즈키 토미, 한일문학연구회 공역, 『이야기된 자기: 일본 근대성의 형성과 사소설담론』, 생각의 나무, 2004.
쓰보이 히데토, 박광현·손지연·신승모·장유리·이승준 역, 『감각의 근대: 소리·신체·표상』, 어문학사, 2018.
오카 마리, 김병구 역, 『기억·서사』, 소명출판, 2004.

기욤 르 블랑, 박영옥 역, 『안과 밖-외국인의 조건』, 글항아리, 2014.
미셸 푸코, 오생근 역, 『감시와 처벌』, 나남, 2000.
미셸 푸코, 홍성민 역, 『임상의학의 탄생』, 인간사랑, 1993.
수전 손택, 이재원 역, 『은유로서의 질병』, 도서출판 이후, 2002.
아르준 아파두라이, 장희권 역, 『소수에 대한 두려움-분노의 지리학』, 에코리브르, 2011.
아서 프랭크, 최은경 역, 『몸의 증언: 상처 입은 스토리텔러를 통해 생각하는 질병의 윤리』, 갈무리, 2013.
얼레인 아일런드, 김윤정 역, 『일본의 한국 통치에 관한 세밀한 보고서』, 살림, 2008.
조르조 아감벤, 박진우 역, 『호모 사케르-주권 권력과 벌거벗은 생명』, 박진우 역, 새물결, 2008.
조르조 아감벤, 양창렬 역, 『장치란 무엇인가』, 난장, 2010.
조르조 아감벤, 조형준 역, 『내전: 스타시스, 정치의 패러다임』, 새물결, 2017.
프란츠 파농, 노서경 역, 『검은 피부 하얀 가면』, 문학동네, 2014.
필립 르죈, 윤진 역, 『자서전의 규약』, 문학과지성사, 1998.
호미 바바, 나병철 역, 『문화의 위치: 탈식민주의 문화이론』, 소명출판, 2014.
Christine M. Boeckl, *Images of Leprosy: Disease, Religion, and Politics in European*

Art, Truman State University Press, 2011.
Rod Edmond, *Leprosy and Empire: A Medical and Cultural History*, Cambridge University Press, 2006.

ハンセン病の記録を分散させる文学の示威

ー癩病啓蒙雑誌『セビッ*The Vision*』とハンセン病の記録における研究課題

「それはもちろん、彼らが息を引き取った後ですよ。
彼らは誰でも息を引き取ってからようやく語り始めます。
死者の島では、いつものように死者だけが話をするものですから。」
ー 李清俊、『あなたたちの天国』、文学と知性社、1976。

記録を分散させる力

歴史と文学における緊張: 韓国におけるハンセン病者 / ハンセン病文学の研究はまだ始まりの段階にある。当研究の目標は、韓国のハンセン人の人生と歴史を「文学」の観点から読み取ることである。「癩病啓蒙雑誌」である『セビッ』に収録された様々な類型の資料、ハンセン病に関する記録がその分析対象となる。歴史的及び社会的少数者(minority)であるハンセン病者たちの記録では、歴史と文学との間の緊張が感知される。文学は歴史の記録を明瞭な言語で説明できないようにし、体系的に整理できないようにする、分散させる力を持っている。

『ハンセン病の記録を分散させる文学の示威』において「分散」とは、ハンセン人の人生と歴史を明確に掴めなくする力である。言い換えれば、それは記録の裏面に存在する物語 / 影 / 暗闇 / 沈黙のようなものが現れる効果にたとえられる。記録を分散させる文学の「示威」(revelation)という表現は、体系的な秩序に混乱を引き起こし、単一解釈に抵抗するという意味である。文学の示威は、歴史の記録に対抗した一種の「無秩序 / 混乱 / 示威」(chaos / confusion / demonstration)を連想させるために使用される。

癩者と小鹿島 / 病院: 癩者と小鹿島は、韓国の近現代史を貫く「熱い象徴」と言っても過言ではない。それは、監禁の空間及び少数者に対する差別の歴史を裏付ける。(鄭根埴、1997; 2002) ハンセン人たちを指す卑称のひとつである「癩者」は、彼らに与えられた「烙印(stigma)」の痕跡をよく示している標識である。小鹿島の中と外は患者と健常者、非正常と正常の境界を意味するようになった。それは、可視的なものではなく、非可視的な感性(sensibility)の地層に位置したものであるため、一層問題になる。

ハンセン病患者たちは、烙印の標識が剥がされる前に歴史の影に消えてしまった。しかし、患者たちの顔が我らの視線から消えたからといって、苦しみの「記憶と痕跡」まで消滅したわけではない。彼らの声は依然として沈黙の中に縛られており、彼らの悲しい歴史はまだ充分に語られていない。

1916年に設立され、100年の歴史を持つ国立小鹿島病院は、韓国のハンセン人たちの人生と分離しがたい歴史文化的な空間である。小鹿島(病院)の表象と烙印の感性を結び付けて読むことができる。病院は患者の病気を治癒する空間というより、健康な一般人及び社会、国家を保護するために隔離する場所であった。その「追放」された者たちは、人間でも獣でもない存在として扱われていたのである。(Giorgio Agamben)

自伝 / 虚構の交点: ハンセン人若しくはハンセン人作家たちが自分たちの経験と記憶を証言し、記録する方法には互いに少なくない差がある。ハンセン病及びハンセン人に対する烙印の感性を読み取るためには、異なる類型の多様なテキストを交差して読む作業が求められる。多様な性格を持つ資料は「代理補充」(le supplément)の関係を形成する。(Jacques Derrida)

感覚と証言: ハンセン人の自伝的記録は体験と記憶、自伝と虚構が重畳した証言でありながら、物語である。そこには、ハンセン人だけでなく、一般人の記憶と認識が絡み合っている。ハンセン人の自伝的記録は歴史的証言である前に、ハンセン人の実存的省察及び存在論的疑問が含まれた告白録でもある。証言の事実性や歴史性を重視する観点から見ると、ハンセン人の感覚、感情、イメージはごく個人的なものであり、些細なものとして扱われる可能性がある。ハンセン人の自伝的記録を読む作業において、疾病の文化史を探るためには「証言」に焦点を置いた流れから「感覚」を中心的に取り上げる必要がある。(坪井秀人、2018)

韓国におけるハンセン病文学の系譜及び特殊性

傍で記録するということ: ハンセン人たちの療養施設が位置する小鹿島は、陸地のすぐそばに隣接しているが、陸地とは区別される場所であった。ハンセン人ではない立場から、小鹿島に居住したハンセン人たち、つまり、名前と故郷を失った人たちの記憶について聴取するということは可能であろうか。明瞭に整頓されていない記録の中から、どのような言葉の欠片に巻き込まれることになるのだろうか。その場所で誰の声と身振りを見て聞き取ることができるだろうか。消えてしまった顔たちの痕跡を撫でることになる「筆者」は、どの立場に置かれるべきだろうか。

傍に留まろうとするが、去るしかない追放された体。去ることを望むが、傍に留まるしかない巻き込まれた体。ハンセン人たちの消えていく顔の傍で我々ができることは、流浪する言語に道を差し出し、そこでささやきざわめく証人たちを待つことであろう。

「文学」の視線: 韓国のハンセン病の歴史について読むということは、我らにどのような悩みを抱かせるのか。研究者の立場でハンセン病患者 / ハンセン病の「傍で記録するということ」は、その対象との倫理的なディスタンスを要求する。「傍で記録するということ」は、傍にいる存在と完全に同じ対象にならなくとも、それと一緒に留まろうとする行為である。

文学の視線は、口述証言、歴史の記録、談論(言説)、発話行為(uttering)、文芸作品などの自伝や虚構の「叙事」(narrative)に込められた兆候を分析することに導入される。まだ充分に語られていない(語ることができなかった)韓国のハンセン人たちの記憶と痕跡を読み取るための方法として要請されたものである。そこに文学研究が寄与することが少なくないと思われる。文学作品だけに限らず、歴史及び医学、文学資料の「間」に存在している様々な声と身振りに注目したい。

韓国のハンセン病文学の系譜: 無名生(ムミョンセン)－沈崧(シム・スン)－尹之影(ユン・ジヨン)－韓何雲(ハン・ハウン)－金白(キム・ベク)－盧碩賢(ノ・ソクヒョン)－沈田潢(シム・ジョンファン)。沈崧(シム・スン)作家が残した二編の長編小説『落花流水』(1933～1934)及び『哀生琴』(1949～1950)では、社会的他者としてのハンセン人が、自分の立場についてどのように発言したかを見ることができる。作家にとって、ハンセン病は体と心、人生と死の関係を思惟し、最終的に社会、民族、国家、宗教とは何かを問う「原痕跡」(Jacques Derrida)のようなものであった。韓何雲(ハン・ハウン)は癩患者としての自分の立場を発言し、啓蒙運動に積極的に関わった人物である。彼の自伝的叙事の中で「悲しさ」(sorrow)は、民族と国家全体を指す感情的標識である。民族意識と身体論は、近代医学談論の視線及び開発近代化の論理と立場を同じくする。病気の治癒に対する確信は「優生学」(eugenics)に基づく植民規律と相まっている。悲しさを打ち明けることは、大韓民国の「国民」に編入されようとした痕跡として解釈される。

自分を語る / 書く方法と場所: ハンセン病患者である自身の疾病体験及び療養所での生活を手記または闘病記のような自伝的性格の文章ではなく、虚構的な性格が強い「文学」というジャンルに入れ込んだことは関心を刺激する。文学を通して自分自身をどのように語り / 書いているのか。「何」によっ

て言わざる / 書かざるを得なくなったのだろうか。さらに、文学作品の中の話者や主人公たちは、実際の作家と関係がないように見える場合も多い。なぜ、実存する「自分」と作品の中の「自分」を別々に設定したのだろうか。

それは、自分を語る / 書く方法と関連する問題である。筆者は「棄民ー離脱ー未来の可能性、すなわち流着の思想」(富山一郎、2015)で沖縄問題を論議したことを以て、文章を書く立場について見当をつけようとした。このような論議を進めながら、この文章で最終的に取り上げようとする問題は、少数者としてのハンセン人が直面した暴力に抵抗する方法に関するものである。

追放された者たちの声: 隔離 − 烙印(嫌悪) − 追放

烙印を押された体の言語: ハンセン病患者に対する烙印(stigma)は数々の想像、イメージ、表象などが付けられて形成されたことを看過してはいけない。すなわち「差別の感性」は、意味や表象体系の変化及び社会の政治体制(regime)の変化が緊密な仕組みを構成しながら展開された。比喩的な彰多様な病気を言語は個人の身体、集団、社会、民族及び国家と結合し、他者性(otherness)の契機をさらに拡張させた。(小森陽一、阿部安成 外共著、2011)

解放空間と朝鮮戦争期、「癩患者虐殺事件」は、スティグマ(stigma)がどのように国家暴力による虐殺の根拠になったのかを示す代表的な事例である。1960年以後、活発に推進されたハンセン病に対する政策及び定着村の建設事業は、癩患者の権利及び福祉向上という目的と異なる展開となった。癩患者たちの顔が徐々に見えなくなったのは、差別問題が克服されたためではなく、相対的な隔離による非可視化政策が成功したためという指摘(鄭根埴、2005)は妥当であると思われる。

隔離－烙印(嫌悪)－追放: ハンセン人たちの記憶や叙事を「隔離－烙印－追放」と読み取ることができるが、ここには嫌悪の感情が貫かれている。ハンセン病 / ハンセン病患者に対する嫌悪発話は、癩患者や家族、村共同体、医療関係者、そして一般大衆の視線が集中 / 分散される交点で作られたものである。また、それは社会一般の烙印及び癩患者の自己嫌悪が重なった構造物ともいえる。

「銃殺」で「絶滅」を主張する意見は、社会全体のために「少数の犠牲」を求めることは 「罪悪」ではなく、その死は社会全体を救援できる死として正当化される。その「絶滅の視線」は、癩患者を隔離でも追放でもない状態、すなわち存在の完全な消滅を主張する立場である。そこには、極端的な嫌悪感情が含まれている。

ハンセン人たちは、都市の衛生の徹底や一般人の健康を守るために統制と管理を要する人たちとして分類された一方、民族、同胞愛を刺激する対象として呼名されることもあった。ハンセン病 / ハンセン人に関する発話の中で「あなた / 私たち」という主語は、固定した意味や地位を有していなかった。これを政治社会の変動とともにハンセン病啓蒙運動の流れ、ハンセン病に対する管理政策の方向を考慮すると、その変化の波を豊かに捉えることができるだろう。

叙事の位置－実話 / 説話 / 物語: 当研究では、ハンセン人たちの「人生と歴史」の痕跡を「記憶と叙事」を媒介に探るしかないということを限界ではなく、むしろ一つの「可能性」として設定している。記憶の回帰は根源的な暴力性を思い出させる。(岡眞理、2004) ハンセン病患者は自分の物語を1人称の主語を用いて「事実のままに」書くことができなかった。噂、説話、物語、小説などの虚構的性格を持つ叙事は、自伝叙事とは異なる方向から記憶と痕跡を再構成する。「噂」と「物語」は歴史的事実に近づくことができる媒介となる。

追放された者たちの声: ハンセン人たちの自伝記録には、彼らの実際の経験と記憶、そして多数の人から収集した証言と話が混乱して入り交じっている。一つの声ではなく、誰の声なのかを明かすことができない音声が重なって聞こえる。我々の課題は、様々な類型のテキストを「重ね読み」することで、声の行間を聞くことであろう。叙事の混種性(Hybridity)は、統治権力に亀裂を加える装置であり、社会の差別的な視線に対する抵抗の戦略とも解釈できるだろう。(Homi K. Bhabha)

癩病啓蒙雑誌『セビッ(*The Vision*)』(1964~1979)

ハンセン病に対する統治政策と大衆感性: 雑誌『セビッ』は「暗闇」の中にいる「癩者」たちに「新しい光」を与える目的で出版された。雑誌の英訳タイトルである「ビジョン(Vision)」が意味する通りに、絶望的な現実の中から希望を見出し、ビジョンのない社会からビジョンを提示するという意志を抱いて出版された。しかし、そのような要請が続いたにもかかわらず、社会の雰囲気は簡単には変わらなかった。

啓蒙広告と医学常識講座: 広告、番組、演劇、映画などのマスメディア、そして医学教室、医学相談などの大衆向けの大衆講座が1960年代半ば以後における癩病啓蒙運動の一つの軸を成した。大衆の認識改善に向けた方法として「大衆講演」及び「広告」が活用された。広告「あなたは(この事実を)ご存知ですか」、「癩病は治る」、「癩病の危険と安全」などが代表的な例として挙げられる。これらの広告から注意深く見るべきことは癩病だけでなく、多様な病気を大衆が習得しなければならない「健康常識」とみなしていることである。疾病に関する常識は、健康を守るための「知識」として浮上し、疾病に対する無知は優先的に教育しなければならない対象となる。

「癩病の危険と安全」という広告は、広告メッセージと挿画を載せ、癩病予防の心得を立体的に構成した。そのような雰囲気の中で『セビッ』にはハンセン病に関する講座及び医学常識のシリーズ物が載せられた。それとともに、治療剤の開発によるハンセン人定着事業の変化に注目する必要がある。「治療剤の開発は、定着を可能にさせた医療的背景であった。」(朴潤裁、2021)

在日韓国人のハンセン病患者に関する記録

韓国と日本のハンセン病療養所: 『セビッ』 1965年6月号には「日本長島愛生園韓国人同志会」(1965.4.22)から送られた「在日僑胞患友の呼訴」という文章を掲載し、日本の療養所愛生園(長島愛生園)及び光明園(邑久光明園)などに居住した在日僑胞のハンセン人たちの生活を紹介した。この「生活記録」や「手記」の一部は 『孤島: 在日韓國人の癩患者たちの生活手記』(1961)に掲載された文章を再掲載したものである。それは、非 / 国民の立場から発言したものであるため、敏感な論点を提起する。次の文からそのひとつの段落を読むことができる。「この野郎！最後まで朝鮮人だと言い続けるつもりか。日本人ではないというわけか。朝鮮という国がいったいどこにあるんだ。朝鮮も日本だよ」(川野順、 安晟蕙 譯、『在日僑胞患友の手記: 荊棘の半生記』(9)、『セビッ』 1974.1.)

日本人巡査が「僕」に「朝鮮人」か「日本人」かを問い詰めるのは、ただ国籍を確認するための質問ではない。在日ハンセン人の顔は 『朝鮮人:日本人』、『ハンセン人:健常者』 という二重対立構図の中で、日本の国民ではない朝鮮人、若しくはハンセン病にかかった人、不健康な被植民者を意味した。それは、国民でありながら国民ではない、国民ではないが国民である境界人、つまり、「非 / 国民」を識別する標識であった。

在日韓国人のハンセン病患者に関する記録: 韓国と日本との交流が盛ん

になるにつれ、雑誌『セビッ』は日本のハンセン人たちの文章を紹介した。1974年1月号から『ハンセン患友の信仰手記』というコーナーを設け、日本のハンセン人の記録を長期にわたって収録した。一方で、立教大学史学科編(1993)にて国立療養所多磨全生園に居住した「在日韓国人のハンセン病患者」たちの疾病体験、強制収容、差別の経験などについて読むことができる。(山田昭次の発刊の辞を参照)

ハンセン人の自己叙事と災難: ハンセン人たちの自伝的記録では、疾病体験を中日戦争、太平洋戦争、解放及び朝鮮戦争などの主な歴史的事件に沿って叙述していることが特徴である。ハンセン人の記録の中で様々な災難は疾病、身体、歴史を交差叙述する緊密な輪のような役割を担う。自然災害、戦争のような歴史的な災難を重ねて叙述した自伝叙事の中から、在日韓国人のハンセン病患者たちの苦難を詳しく描くことができると考えられる。

(한국번역기술원 KAIOTT)